【改訂版】
基本を学ぶ建築法規

一級建築士試験・学科Ⅲ（法規）対策テキスト

町田修二／著

大成出版社

改訂にあたって

　本書が世に出てから5年が経過しました。この間、熊本地震、新潟県糸魚川市の大火、大規模流通倉庫の火災等が発生しました。このような災害、事故等に接するたびに、安全な建築物の必要性を強く感じています。

　国は平成30年に建築基準法を大幅に改正しました。また、建築物省エネ法など新たな関係法令も制定されています。

　このような状況を受けて、今回全体を見直し改訂するとともに、平成30年に実施された一級建築士の試験問題とその解説を加えることで、より実践的な知識と法令の理解に資するようにしました。また、改正建築士法が2018年12月に公布され2020年12月までに施行されることになっているため、「参考」として改正部分を挿入してあります。

　平成30年改正の建築基準法まで反映していますが、施行日が本年6月であったことから改訂作業の期間が限られてしまいました。内容に不備な点や不明確な部分があった場合には、読者のご教示を頂きたいと思います。本書が少しでも皆様のお役にたつことを願うものです。

2019年8月
町田　修二

はしがき

　建築基準法は、制定されてから60年を超える歴史を重ねてきました。この間、建築物に関わる災害や事故が、数多く発生しています。平成だけでも、平成7年の阪神・淡路大震災、13年の新宿歌舞伎町雑居ビル火災、16年の新潟県中越地震、17年の一級建築士等による構造計算書偽装事件、そして、23年3月11日の東日本大震災などです。

　建築基準法をはじめとする建築法規は、これらの災害や事件とともに、社会の変革や経済の発展、都市計画や街づくりに対する国民の意識の高まりなどを要因として、種々の改正が行われてきました。

　建築法規は、改正を繰り返すなかで、内容が多様化し、条文相互や他法令との関係なども複雑になってきました。また、建築技術に関する法律であることから、専門用語や数式が多く、条文の言い回しが難解な部分もあります。建築法規は解りにくいという言葉を聞くことがありますが、このような理由によるものと考えられます。

　建築物は、人々の生活を守り、社会や経済を支え、都市景観を形成するなど大切な役割を担っています。建築物がその役割を果たすためには、安全、衛生、防災、快適性などに関する十分な性能を有していなければなりません。そのための、必要不可欠な基準として定められているのが建築法規です。

　本書は、「わかりやすい建築基準法（大成出版社）」を母体として、新たに内容を精査し執筆し直したものです。建築技術者を目指す学生、建築士試験の受験者、日常業務で建築法規に携わる人々の、法規に関する基本的事項の理解に資することを目的に作成しました。

　本書の構成は、建築基準法を中心に、都市計画法や消防法などの関係法令を可能な限り網羅するとともに、わかりやすく解説するため、平易な言葉使いに努め、理解に役立つように図や表を多くしています。

　作成にあたり意を尽くしたつもりですが、内容に誤謬や不明確のものがあった場合には、読者のご教示を頂ければ幸いです。

　本書が、建築法規を初めて勉強される方、建築士試験を受験される方をはじめとして、皆様の日常業務や勉学のお役に立つことができれば、筆者の望外の喜びとするものです。

2014年8月
町田　修二

CONTENTS　目次

第1章　建築法規の概要

第1節　建築法規とは　3
1　建築法規の範囲　3
2　建築法規の目的　3
3　建築法規の変遷　4

第2節　法令の一般知識　9
1　法令の種類　9
2　建築法規の体系　10
3　法律の形式　11
4　法令用語の知識　12

第3節　建築に関連する法規　14

第2章　建築基準法の基本事項

第1節　建築基準法の目的と構成　17
1　建築基準法の目的　17
2　建築基準法の構成　17

第2節　建築基準法の適用区域及び適用対象　19
1　適用区域　19
2　適用対象　19
3　建築基準法の適用除外　20
4　建築基準関係規定　22

第3節　執行体制　24
1　法律に基づく事務の種類　24
2　行政機関の役割　24

第3章　建築基準法のしくみ

第1節　建築計画の手続き　33
1. 確認申請　33
2. 計画通知　37
3. 計画の変更　37
4. 特定行政庁による許可　38
5. 消防同意・保健所長通知　40
6. 完了検査　40
7. 中間検査　42
8. 構造計算適合性判定　42
9. 定期報告　43
10. 違反建築物に対する措置　44
11. 罰則　46
12. 不服申立て　47
13. 公開による意見の聴取　47
14. 型式適合認定制度　48
15. 工事現場の危害防止　48
16. 建築工事届・建築物除却届　49

第2節　用語の定義　52

第3節　面積・高さの算定方法　67
1. 面積の算定方法　67
2. 高さの算定方法　68

第4章　一般構造・建築設備

第1節　一般構造　75
1. 敷地の衛生及び安全　75
2. 居室の採光　76
3. 居室の換気　80
4. 開放された居室の緩和　86

5　地階に設ける住宅等の居室　　86
　　　6　居室の天井の高さ、床の高さ、防湿方法　　87
　　　7　共同住宅等の遮音　　88
　　　8　階段　　89
　　　9　石綿等の物質の飛散又は発散に対する衛生上の措置　　91

　第2節　建築設備　　95
　　　1　給水・排水などの配管設備　　95
　　　2　便所　　97
　　　3　昇降機　　102
　　　4　電気設備　　109
　　　5　避雷設備　　109
　　　6　建築物に設ける煙突　　109

第5章　防火・避難

　第1節　建築物の防火　　115
　　　1　大規模建築物の防火規定　　115
　　　2　特殊建築物の防火規定　　117
　　　3　防火壁等　　120
　　　4　防火区画　　122
　　　5　界壁、間仕切壁、隔壁　　128

　第2節　内装制限　　131
　　　1　一般規定　　131
　　　2　用途別の内装制限　　131

　第3節　避難　　135
　　　1　廊下・避難階段・出入口　　135
　　　2　非常用の進入口　　146
　　　3　敷地内の避難上及び消火上必要な通路　　148
　　　4　排煙設備　　150
　　　5　非常用の照明装置　　154

　　　　6　非常用の昇降機（非常用のエレベーター）　　155
　　　　7　地下街　　158
　　　　8　避難安全検証法　　160

第6章　構造計算・各種構造

第1節　敷地の安全　　169
　　　　1　擁壁　　169
　　　　2　災害危険区域　　169

第2節　建築材料　　170
　　　　1　建築材料の品質　　170
　　　　2　認定に関する取扱い　　170

第3節　構造耐力に関する基準　　172
　　　　1　建築物の構造耐力　　172
　　　　2　構造設計の原則　　174
　　　　3　構造部材等　　175

第4節　構造計算　　177
　　　　1　総則　　177
　　　　2　荷重及び外力　　184
　　　　3　許容応力度　　190
　　　　4　材料強度　　191

第5節　建築物の構造基準　　193
　　　　1　木造　　193
　　　　2　組積造　　199
　　　　3　補強コンクリートブロック造　　203
　　　　4　鉄骨造　　205
　　　　5　鉄筋コンクリート造　　208
　　　　6　鉄骨鉄筋コンクリート造　　212
　　　　7　無筋コンクリート造　　213

8　構造方法に関する補則　213

第6節　工作物　215
　　　1　工作物の指定　215
　　　2　工作物の技術的基準　216

第7章　道路・用途・防火

第1節　道路と建築　223
　　　1　道路の役割と定義　223
　　　2　幅員4m未満の道路　225
　　　3　予定道路の指定　229
　　　4　敷地等と道路との関係　230
　　　5　道路内の建築制限　233
　　　6　私道の変更・廃止　233
　　　7　壁面線　234

第2節　用途地域　236
　　　1　用途地域の種類　236
　　　2　用途の制限　237
　　　3　既存不適格建築物に対する緩和　251
　　　4　用途の変更　251
　　　5　工作物の制限（用途地域関連）　253
　　　6　特別用途地区内の用途の制限　254
　　　7　特定用途制限地域内の用途の制限　255
　　　8　卸売り市場等の位置　255
　　　9　建築物の敷地が地域、地区の内外にわたる場合の措置　255

第3節　防火地域　258
　　　1　防火地域及び準防火地域内の建築物　258
　　　2　屋根　260
　　　3　隣地境界線に接する外壁　261
　　　4　看板等の防火措置　261

5　防火地域又は準防火地域の内外にわたる場合の措置　　261
　　　6　既存建築物に対する緩和　　262
　　　7　屋根不燃化等区域の制限　　263

第8章　容積率・建蔽率・敷地

第1節　容積率　　269
　　　1　容積率の定義　　269
　　　2　容積の算定　　270
　　　3　容積算定の特例　　272
　　　4　容積率制限の特例　　273
　　　5　既存建築物に対する緩和　　275

第2節　建蔽率　　276
　　　1　建蔽率の制限　　276
　　　2　敷地に2以上の建蔽率制限がある場合　　276
　　　3　角地等の建蔽率制限の特例　　277
　　　4　壁面線の指定等がある場合　　278
　　　5　特定行政庁の許可による特例　　278
　　　6　建蔽率制限の適用除外　　279
　　　7　防火地域の内外にわたる場合の特例　　279
　　　8　準防火地域の内外にわたる場合の特例　　279

第3節　敷地面積　　283
　　　1　敷地面積の最低限度による制限　　283
　　　2　都市計画の基準　　283
　　　3　既存不適格の敷地に対する特例　　283

第4節　外壁の後退距離　　284

第9章　高さ・日影

第1節　絶対高さ制限　　287

第 2 節　斜線制限　288
　　1　道路高さ制限　288
　　2　隣地高さ制限　299
　　3　北側高さ制限　304
　　4　高架工作物内建築物の高さの特例　308
　　5　天空率による高さ制限　309

第 3 節　日影規制　314
　　1　日影規制の制限内容　314
　　2　特定行政庁の許可による特例　319
　　3　日影規制の制限の緩和　319
　　4　制限の異なる区域の内外にわたる場合　320
　　5　日影規制の適用除外　320
　　6　既存不適格建築物の取扱い　321

第10章　市街地の開発整備と建築規制

第 1 節　総合設計制度　325
　　1　制度の概要　325
　　2　総合設計制度の種類　326
　　3　敷地内の空地の規模と敷地面積　326
　　4　特定行政庁の許可要綱の例（東京都総合設計許可要綱）　328

第 2 節　まちづくりを誘導する手法　331
　　1　特例容積率適用地区　331
　　2　高層住居誘導地区　333
　　3　高度地区　335
　　4　高度利用地区　337
　　5　特定街区　338
　　6　都市再生特別地区　340
　　7　特定防災街区整備地区　342
　　8　景観地区　343
　　9　風致地区　345

　　　　10　一の敷地とみなすことによる制限の緩和　347
　　　　11　建築協定　350

　　第3節　地区計画　352
　　　　1　地区計画の目的　352
　　　　2　地区計画の決定主体　352
　　　　3　地区計画の種類　352
　　　　4　地区計画の類型別の概要　353
　　　　5　行為の届出　361
　　　　6　条例による制限　362
　　　　7　予定道路の指定　363

第11章　都市計画法

　　第1節　都市計画法の変遷　367
　　　　1　旧都市計画法の時代　367
　　　　2　新都市計画法の制定　367
　　　　3　都市計画法の主な改正経緯　368

　　第2節　国土計画関係法令　370
　　　　1　国土形成計画法　370
　　　　2　国土利用計画法　371

　　第3節　都市計画法の概要　373
　　　　1　都市計画法の目的　373
　　　　2　基本理念　373
　　　　3　都市計画区域・準都市計画区域　373
　　　　4　基礎調査　374
　　　　5　都市計画の内容　374
　　　　6　都市計画の決定手続き　380

　　第4節　都市計画制限　382
　　　　1　開発許可制度　382

2　田園住居地域内の建築規制　　383
　　3　市街地開発事業予定地の建築規制　　383
　　4　都市計画施設等の区域内の建築規制　　383
　　5　風致地区内の建築等の規制　　384
　　6　地区計画等の区域内の建築等規制　　384
　　7　都市計画事業の施行による建築等の制限　　385

第12章　都市計画関連法令

第1節　都市再開発法　　389
　　1　目的　　389
　　2　用語の定義　　389
　　3　都市再開発の方針　　389
　　4　市街地再開発事業の概要　　390
　　5　第一種市街地再開発事業　　391
　　6　第二種市街地再開発事業　　392
　　7　市街地再開発事業の施行者　　392

第2節　区画整理法　　394
　　1　目的　　394
　　2　定義　　394
　　3　土地区画整理事業の概要　　394
　　4　土地区画整理事業の施行者　　396

第3節　密集市街地法　　397
　　1　概要　　397
　　2　目的　　397
　　3　定義　　397
　　4　防災街区整備方針　　398
　　5　建替え計画の認定　　398
　　6　防災街区整備地区計画等　　398
　　7　整備計画区域内の建築制限　　399

第4節 都市緑地法　400
　1　目的　400
　2　定義　400
　3　緑地保全・緑化推進の基本計画　400
　4　緑地保全地域　401
　5　緑地保全地域の行為の届出等　401
　6　特別緑地保全地区に関する都市計画　402
　7　特別緑地保全地区における行為の制限　402
　8　地区計画等緑地保全条例　402
　9　緑化地域の都市計画　403

第5節 景観法　404
　1　目的　404
　2　基本理念　404
　3　責務　405
　4　定義　405
　5　景観計画の策定等　406
　6　行為の規制等　407
　7　景観重要建造物の指定　407
　8　景観重要樹木の指定　408
　9　管理協定　408
　10　景観重要公共施設の整備　408
　11　景観農業振興地域整備計画　408
　12　景観地区に関する都市計画　408
　13　地区計画区域内の形態意匠の制限　409
　14　景観協定　409
　15　景観整備機構　409
　16　市町村の事務処理　410
　17　罰則　410

第13章　建築士法・建設業法等

第1節 建築士法　413

- 1 目的　413
- 2 用語の定義　413
- 3 職責　414
- 4 建築士でなければ設計・工事監理ができない建築物　414
- 5 免許　415
- 6 「構造設計一級建築士」と「設備設計一級建築士」　418
- 7 業務　419
- 8 建築士としての禁止事項等　420
- 9 定期講習　421
- 10 建築士事務所　421

第2節　建設業法　427
- 1 目的　427
- 2 用語の定義　427
- 3 建設業の許可　427
- 4 請負契約　428
- 5 一括下請負の禁止　430
- 6 工事監理に関する報告　431
- 7 下請代金の支払　431
- 8 帳簿の備付け等　431
- 9 紛争への対応　432
- 10 施工技術の確保　432

第3節　宅地建物取引業法　434
- 1 目的　434
- 2 免許　434
- 3 名義貸しの禁止　434
- 4 宅地建物取引士の設置　434
- 5 誇大広告の禁止　434
- 6 重要事項の説明　434

第14章　建築関連法令

第1節　消防法　439
1　目的　439
2　用語の定義　439
3　建築許可・確認に関する同意　440
4　防火管理者の選任　440
5　維持管理　441
6　住宅用防災機器　441
7　消防用設備の設置　441
8　危険物の貯蔵、取扱いの制限等　443
9　その他の規定　443

第2節　耐震改修促進法　445
1　目的　445
2　用語の定義　445
3　基本方針・耐震改修促進計画　446
4　所有者が講ずべき措置　446
5　建築物の耐震改修の計画の認定　449
6　建築物の地震に対する安全性に係る認定等　451
7　耐震改修支援センター　451
8　罰則　452

第3節　バリアフリー法　453
1　目的　453
2　基本理念　453
3　定義　453
4　特定建築物と特別特定建築物　454
5　特別特定建築物の建築主等の基準適合義務等　455
6　特別特定建築物に係る基準適合命令等　456
7　特定建築物の建築主等の努力義務等　456
8　特定建築物の建築等及び維持保全計画の認定　457
9　建築物移動等円滑化基準　457

10　建築基準法の特例　459

第4節　建築物省エネ法　461

1　目的　461
2　定義　462
3　基本方針等　462
4　特定建築物の建築主の義務等　464
5　一定規模以上の建築物のエネルギー消費性能の確保の措置　465
6　特殊な構造又は設備を用いる建築物等の認定　466
7　一戸建て住宅のエネルギー消費性能の向上に関する基準　466
8　建築物エネルギー消費性能向上計画の認定　466
9　建築物のエネルギー消費性能に係る認定　467

第5節　住宅の品質確保の促進等に関する法律　468

1　目的　468
2　用語の定義　468
3　住宅性能表示制度　469
4　住宅に係る紛争処理　469
5　瑕疵担保責任の特例　470

第6節　住宅瑕疵担保履行法　472

1　概要　472
2　資力確保の対象となる新築住宅　472
3　瑕疵担保責任と対象事業者　472
4　保険制度　473
5　設計施工基準　474
6　供託制度　474
7　紛争処理体制　474

第1章 建築法規の概要

第1節　建築法規とは

1　建築法規の範囲

　建築法規とは、建築物の生産に関わる諸々の「法令」のことである。「法令」には、法律、政令、省令、規則、告示、条例などがあり、国や地方公共団体が定める。

　建築物を生産するという観点からみると、関係する法令は広範囲にわたっている。建築法規の中で大きな役割を担うのが建築基準法関係法令であり、これに都市計画関係法令が加わり、具体的な規制が行われる。建築生産を業務の面からみると、建築士法と建設業法が重要な法律である。これらに、消防法や省エネ法、旅館業法、学校教育法、児童福祉法、道路法など、関係する法令の建築物に関する基準が適用される。

　建築基準法では、法6条1項および令9条に"建築基準関係規定"として、建築基準法以外の法律の規定を明示している。これは、建築確認の際に審査対象となる法令とその規定を定めているものである。

　建築基準法に適合しているか否かを審査する手続きが建築確認であるが、建築確認の対象となる法令と、確認対象には含まれないが建築に際して適用を受ける他の法令との区別を、十分に知っておくことが必要である。

　確認対象とならない法令とは、建築確認のときに審査対象とされないということだけであって、建築生産に際しては建築基準法と同様に適用されるものである。建築する場合には、関係する法令すべてに適合するようにしなければならないのは当然のことである。

　実際の建築生産現場では、法令に基づくものではないが、各種制度を補完するため、あるいは行政指導などのために、公共団体が要綱を定め様々な指導や要請が行われる場合も多くなっている。法令ではないが、事実上の対応を求められるものであり、留意する必要がある。

　建築法規は、同じ内容のものが固定化されているわけではなく、時代の要請に応じて法改正が行われている。このことを充分に認識し、社会経済の新しい動きへの関心を、常に持ち続けることが大切である。

2　建築法規の目的

　建築物は、国民の生活の基盤であり、市街地の中で大きな空間を占め、都市を構成する重要な要素であることから、社会的に大きな影響を与える存在であ

る。
　このため建築法規では、建築物が秩序あるものであり、安全で快適に利用でき、その効用が全うされるように法令ごとに目的、規制、誘導などに関する規定が定められており、内容や範囲も多岐にわたっている。建築法規全般を通じて、概ねつぎのような事項を、建築法規の目的としてあげることができる。

① 都市計画、まちづくりの規制、誘導
② 建築物個々の衛生、防災、安全の確保
③ 地域的な防災性の確保と周辺環境との調和、改善
④ 自然環境等の保全
⑤ 国や地方公共団体の広域計画や公共施設配置などの事業の促進
⑥ 資格・免許制度を含めた適性な建築生産の確保
⑦ 適正な民事的相隣関係の保持

3　建築法規の変遷

　建築物に関係する法令は、建築基準法、都市計画法、建築士法、消防法など多岐にわたるが、その中でも最も基本となるものが建築基準法である。ここでは、建築基準法を中心に建築法規の変遷を述べる。

[1] 市街地建築物法

　建築物に関する規制誘導は、歴史的にも様々な形で行われてきたが、法令による取り組みとしては「市街地建築物法」が我が国において建築物そのものを規制誘導する初めての法律であった。
　大正時代にはいり大都市は、産業の発展による都市の膨張や人口集中などから、無秩序な市街地が形成され、様々な都市問題が指摘されるようになった。
　大正8年4月4日、市街地建築物法が公布され、翌9年12月1日に、東京、京都、大阪、神戸、横浜、名古屋の6大都市で施行された。この時、同時に都市計画法も制定されている。その後、次第に適用される地域が追加されて行き、全国の大部分の市に適用されることとなった。
　市街地建築物法は、用途地域制、建築物の高さ制限、建ぺい率、防火地区、建築構造、設備等の規定が設けられていた。現行の建築基準法の前身であるが、建築許可については都道府県知事の許認可事務としており、警察行政の一環とされていたことなど現行法との相違がある。昭和18年に警察行政事務から一般行政事務に移管された。

市街地建築物法の考え方は、現在の建築基準法にも多く受け継がれているが、次のような特徴がある。

市街地建築物法の特徴

❶ 用途地域は、住居地域、商業地域、工業地域の3種類で、主務大臣（内務大臣）が指定する。
（現行；13種類に細分化され、都市計画で指定する。）

❷ 用途地域内の建築制限
（現行；規制対象用途の拡大）

❸ 行政官庁が建築線を指定する。
（現行；特定行政庁による道路位置指定が近い。）

❹ 建築線内での建築禁止
（現行；道路内の建築制限）

❺ 防火地区（甲種及び乙種）を主務大臣が指定
（現行；防火地域、準防火地域を都市計画で指定する。指定範囲の拡大）

❻ 建築物の高さ制限—住居地域65尺以下、その他の地域100尺以下
（現行；隣地斜線制限の隣地に接する部分—住居系地域20m、その他の地域31m）

❼ 道路斜線制限の勾配—住居地域1.25、その他の地域1.5
（現行；基本的数値は同じ、適用距離内に限定）

❽ 木造建築物の高さ50尺以下、軒の高さ35尺以下
（現行；高さ13m以下、軒の高さ9m以下（いずれも特別な構造方法以外のもの））

❾ 建蔽率—住居地域6／10、商業地域8／10、工業地域7／10
（現行；考え方は踏襲されている。）

[2] 建築基準法

　終戦を迎え、建築規制も新たな展開が求められることとなる。戦後間もなくは、建築資材の不足などから物資統制が行われ、この面からの臨時的な建築規制が実施された。その後、徐々に統制が緩和されるとともに、民主化された社会へ対応する建築行政への見直しが必要となっていた。

　新たな建築法規の必要性は、終戦後間もない時期から認識されていたようである。昭和21年9月に、戦災復興を促進するため「特別都市計画法」が制定された。これと並行して戦災復興院では、市街地建築物法の全面的な改定の検討を進めた。

　このような経過を経て「建築基準法」は、昭和25年5月24日法律第201号と

して公布され、同年11月23日に施行された。同時に「建築士法」も制定されている。

新たな建築基準法の特徴として、次のものがある。

新たな建築基準法の特徴
1. 全国へ適用
2. 原則として市町村行政
3. 建築主事による確認制度を導入
4. 安全と衛生に関する基本的および重要な事項を法律に規定
5. 建築主事の確認および特定行政庁の許可に際して、「消防長又は消防署長の同意」を法定化
6. 国の建築物にも適用
7. 違反責任を明確化

建築基準法と建築士法の施行とともに、市街地建築物法や関連規則などが廃止され、建築法規は名実ともに新しい展開を迎えることとなった。その後日本は、高度経済成長期などを通じて、急激な都市の膨張、大都市への人口集中、新たな建築工法の開発、建築構造材料の進歩、建築物の巨大化などが進展し、社会的にも経済的にも大きく変化していった。建築法規も、このような変化を要因として、時代の要請とも相まって、容積率制度の導入、31mの絶対高さ制限の廃止、日影規制の導入等、度々法改正が行われて今日に至っている。

近年の主要な改正をまとめると、以下のようになる。

近年の主な法改正
1. 昭和48年　用途地域を8種類とし低層住居専用地域などを導入
2. 昭和55年　地区計画制度および道路交通騒音に対処する沿道整備計画を創設
3. 昭和56年　新耐震設計法の施行
4. 昭和62年　準防火地域内の木造3階建築物の緩和
　　　　　　特定道路制度による容積率の緩和
　　　　　　斜線制限の後退距離による緩和
　　　　　　道路斜線制限の適用範囲の限定等
5. 平成4年　用途地域を8種類から12種類に細分化
　　　　　　誘導容積制度の創設

		準耐火構造、準耐火建築物の新設等
❻	平成10年	建築確認・検査の民間開放（民間指定確認検査機関の導入）
		建築物の性能規定化（構造、耐火、避難）
		連担建築物設計制度の創設
		中間検査制度の導入
		住宅の居室の日照規定の廃止
		準防火地域内の木造3階建共同住宅の緩和
		型式適合認定制度の導入等
❼	平成12年	準都市計画区域の創設
		特例容積率適用区域（現、特例容積率適用地区）の創設等
❽	平成14年	シックハウス対策の導入
		天空率の導入
		日影制限の緩和（測定面6.5mの導入）
		容積率・建ぺい（蔽）率の制限数値の拡充
		斜線制限の緩和
		都市再生特別地区の創設
		都市計画提案制度の創設等
❾	平成15年	特定防災街区整備地区の創設
❿	平成16年	既存不適格建築物に対する是正命令、遡及適用の緩和等
		計画通知建築物に対する定期報告
		景観法に基づく景観地区
		地方公共団体による別の地盤面の設定等
⓫	平成18年	石綿に対する衛生上の措置
		大規模集客施設の立地規制、開発整備促進区の創設
		構造計算適合性判定の義務付け
		指定構造計算適合性判定機関の創設
		建築確認・検査の審査指針の策定
		建築確認審査期間の延長
		中間検査の義務付け
		指定確認検査機関の業務の適正化
		図書保存の義務付けおよび期間延長
		構造設計一級建築士および設備設計一級建築士の創設
		建築士に対する定期講習の義務付け、建築士試験の見直し等
⓬	平成19年	地域における歴史的風致の維持及び向上に関する法律

　　　　　　　・歴史的風致維持向上地区計画
⑬　平成23年　地域の自主性及び自立性を高めるための改革の推進に関する法律
⑭　平成23年　東日本大震災復興特別区域法
　　　　　　　津波防災地域づくりに関する法律の施行に伴う関係法の整備
⑮　平成24年　こども・子育て支援法
⑯　平成25年　建築物の耐震改修の促進に関する法律の改正
　　　　　　　・既存耐震不適格建築物の耐震診断・耐震改修の促進
　　　　　　　・計画認定建築物の容積率・建ぺい率の特例等
⑰　平成26年　構造計算適合性判定の申請・対象の合理化
　　　　　　　仮使用認定手続きの見直し
　　　　　　　防火設備に関する定期検査制度の創設
⑱　平成27年　指定確認検査機関による仮使用認定制度の創設
　　　　　　　特殊の構造方法又は建築材料に関する規定の制定
⑲　平成28年　老人ホーム等の地下室の緩和
　　　　　　　建築物のエネルギー消費性能の向上に関する法律（建築物省エネ法）の誘導的措置の施行
⑳　平成29年　上記建築物省エネ法の規制的措置の施行
㉑　平成30年　田園住居地域の創設
　　　　　　　老人ホーム等の共用廊下・階段の容積率の不算入
　　　　　　　木造建築物等である特殊建築物の外壁等の規制廃止
　　　　　　　条例による接道規制の強化の対象拡大
　　　　　　　興行場等の仮設建築物の存続期間の延長

第2節　法令の一般知識

　建築の生産に際して関係法令を遵守することは当然の義務である。建築にたずさわる技術者として、関係法令に準拠して業務を遂行するためには、法令に関する一般的知識は欠かすことができない。ここでは、法令を理解するうえで最小限必要な事項を説明する。

1　法令の種類

[1] 国が制定するもの

- 憲法—国の最高法規であり、国としての基本的事項を定める根本法
- 法律—国会の議決を経て制定される。一般に国民の権利を制限し、あるいは義務を課する場合は、法律によらなければならない。
- 政令—内閣が制定する。法律から委任された事項、法律の実施に必要な事項を定める。
- 省令—各省大臣が制定する。法律・政令から委任された事項、実施に必要な事項を定める。

　法令の役割として、基本事項を法律で定め、法律を補う技術的なことは法律に基づいて政令で定める。さらに細かい技術的な事項や手続きに関することなどは、省令で定めることになる。

[2] 地方自治体が制定するもの

- 条例—地方公共団体（都道府県および市町村）が、その議会の議決を経て制定するもの。法令に違反しない範囲内で必要な事項を定める。法律から委任された事項、あるいは地方自治法に基づき独自に定める場合がある。
- 規則—地方公共団体の長が定めるもの。条例の委任事項、条例の執行上必要な事項を定める。地方議会の議決は必要ない。

[3] 法令の施行に必要なもの

- 告示—行政機関が決定した事項を一般に衆知するためのもの。
- 通達—行政機関が、所管する法令の運用等について地方公共団体などに知らせるもの。平成11年7月に成立した地方分権一括法（平成12年4月施行）

により機関委任事務が廃止され、地方公共団体の事務は、自治事務と法定受託事務となった。このため、機関委任事務に関して出されていた通達は、一部を除き技術的助言とみなすこととなった（平成13年住宅局長通知）。建築基準法の事務は自治事務とされている。
・技術的助言─国土交通大臣または都道府県知事が、地方自治法第245条の4に基づき、事務の運営その他の事項について適切と認める技術的な助言もしくは勧告を行うこと。

法令の種類と一般的体系

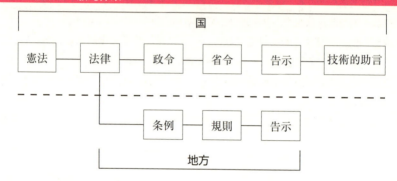

2　建築法規の体系

建築基準に関する法令は以下のような体系である。

［1］国が定めるもの

・法律─建築基準法（建築基準に関する基本的事項）
・政令─建築基準法施行令（制限の具体的および技術的な内容）
・省令─建築基準法施行規則（手続的事項等）

［2］地方公共団体が定めるもの─東京都の例

・条例─東京都建築安全条例
　　　　高齢者、障害者等が利用しやすい建築物の整備に関する条例
　　　　東京都文教地区建築条例
　　　　東京都日影による中高層建築物の高さの制限に関する条例
　　　　東京都中高層建築物の建築に係る紛争の予防と調整に関する条例
　　　　東京都駐車場条例
　　　　緊急輸送道路沿道建築物の耐震化の促進に関する条例

（建築協定条例……特別区および市町でそれぞれ制定されている）
・規則—東京都建築基準法施行細則（省令の施行規則との混同を避けるため細則という名称になっている）

[3] 法令の施行に必要なもの

・告示—建設省は2001年（平成13年）1月6日から国土交通省に名称変更となったため、それ以前に出された告示は建設省告示、それ以後は国土交通省告示である。東京都の場合は、「東京都告示」となる。
・行政実例—具体的事例の判断にあたり、法令の解釈に疑義が生じた場合に、国など上級庁へ照会しその回答を得て処理したもの。判例とともに実務上重要である。

3　法律の形式

一般的に法令は、官報に登載されるときは縦書きである。最近は横書きの法令集も見受けられるが、基本的な読み方は同じである。

条文の読み方

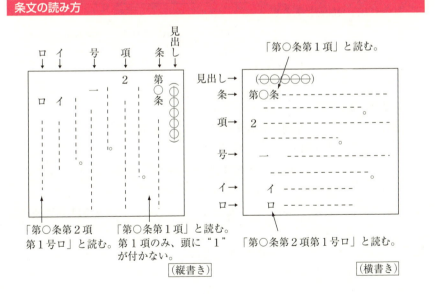

4　法令用語の知識

［1］「以上―以下、超える―未満」

ある数値を基準として、その数値より多いか少ないかを表す場合の用語である。

> ❶ 「以上」　　基準となる数値を含んで多い場合に用いる。
> 　 「超える」　基準となる数値を含まずに多い場合に用いる。
> ❷ 「以下」　　基準となる数値を含んで少ない場合に用いる。
> 　 「未満」　　基準となる数値を含まずに少ない場合に用いる。

100㎡を基準となる面積とした場合の例を次に示す。

「以上・以下」と「超える・未満」の例

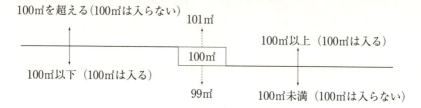

［2］「及び、並びに」

名詞や文章などを、並列に表現する場合に用いる用語である。

(1)「及び」　　「AとB」のように直接的な接続に用いる。3個以上の並列のときは、初めの語句は読点でつなぎ、最後の語句を「及び」で結ぶ。

(2)「並びに」　「A及びB並びにC及びD」のように、大きな意味の接続に用いる。

例　　A及びB並びにC＝（A及びB）並びにC
　　　　A及びB並びにC及びD＝（A及びB）並びに（C及びD）

［3］「又は、若しくは」　　並列に表現する場合に用いる用語である。

(1)「又は」　　「AかBか」などの単純で並列的な接続に用いる。3個以上

の接続の場合は、初めの語句は読点でつなぎ、最後の語句を「又は」で結ぶ。
(2)「若しくは」「又は」よりも小さい接続の場合に用いる。
　　　　　「A若しくはB又はC若しくはD」のように接続する。
■例　A若しくはB又はC＝（A若しくはB）又はC
　　　A若しくはB又はC若しくはD＝（A若しくはB）又は（C若しくはD）

[4]「階数と階」
(1)「階数」　その建築物において、床が重なっている数をいう。
　　　　　　「5以上の階数を有する」のように用いる。
(2)「階」　地盤面から数えて何番目にあるかを表す。

第 3 節　建築に関連する法規

　建築に関連する法規は、広範囲に及んでいる。以下に主な関係法規を挙げる。

（土地利用関係法）
　都市計画法、国土利用計画法、都市再開発法、土地区画整理法、都市公園法、都市緑地法、宅地造成等規制法等

（安全・衛生関係法）
　消防法、労働安全衛生法、電気事業法、高圧ガス保安法、水道法、下水道法、廃棄物の処理及び清掃に関する法律、建築物における衛生的環境の確保に関する法律、浄化槽法等

（住宅関係法）
　公営住宅法、高齢者、障害者等の移動等の円滑化の促進に関する法律、地方住宅供給公社法、住宅地区改良法、住宅の品質確保の促進等に関する法律、住生活基本法等

（特殊建築物関係法）
　学校教育法、医療法、児童福祉法、老人福祉法、旅館業法、興行場法、食品衛生法、風俗営業等の規制及び業務の適正化等に関する法律、建築物の耐震改修の促進に関する法律等

（公害及び環境関係法）
　環境基本法、水質汚濁防止法、大気汚染防止法、騒音規制法、エネルギーの使用の合理化に関する法律、景観法、屋外広告物法、地域における歴史的風致の維持及び向上に関する法律等

（資格及び営業関係法）
　建築士法、建設業法、宅地建物取引業法等

（その他）
　民法、建物の区分所有等に関する法律等

第 2 章 建築基準法の基本事項

第1節　建築基準法の目的と構成

1　建築基準法の目的

建築基準法は、法の目的を第1条において、「この法律は、建築物の敷地、構造、設備及び用途に関する最低の基準を定めて、国民の生命、健康及び財産の保護を図り、もつて公共の福祉の増進に資することを目的とする。」と定めている。

条文にあるとおり、建築物が存する敷地、構造、建築物に附帯する設備、建築物の用途に関して、最低限必要な基準を定めているものである。

この目的を達成するため、法では、建築物の安全面、衛生面などの条件を確保するための単体規定と、都市計画などを実現するための集団規定、各種手続き、執行体制や権限等を定めている。

またこの法律は、建築物の技術的な基準に関する規定であり、国民として守るべき最低の基準を定めたものである。

2　建築基準法の構成

建築基準法は、以下に示すとおり、大きく分けて制度規定と実体規定で構成されている。

建築基準法の構成

（制度規定）

第1章　総則　　　・目的、用語の定義、適用除外、執行体制、確認・検査、維持保全、違反措置、権限、等

第3章の2　型式適合認定
　　　　　　　　　・定義、認証基準、手続き、報告、検査、等

第4章　建築協定　・目的、手続き、意見聴取、効力、等

第4章の2　指定建築基準適合判定資格者検定機関等
　　　　　　　　　・建築基準適合判定資格者検定の実施機関、指定確認検査機関、指定構造計算適合性判定機関、指定認定機関

第4章の3　建築基準適合判定資格者の登録

第5章　建築審査会

第7章　罰則

（実体規定）

第2章	建築物の敷地、構造及び建築設備
	・単体規定―敷地、構造耐力、各種構造、防火、避難、採光、換気、電気設備、昇降機、等
第3章	都市計画区域等における建築物の敷地、構造、建築設備、及び用途
	・集団規定―道路、用途、容積率、建ぺい率、高さ、日影規制、防火地域、高度地区、都市再生特別地区、特定防災街区整備地区、景観地区、地区計画、等
第6章	雑則 ・仮設建築物、各種制限の緩和、規定の準用、工作物、工事現場の危害防止、工事中の安全措置、消防長等の同意、不服申立て、権限の委任、特別区の特例、手数料、等

第 2 節　建築基準法の適用区域及び適用対象

1　適用区域

　建築基準法は、原則として全国適用である。

　敷地の衛生および安全、建築物の構造耐力、大規模建築物の主要構造部、特殊建築物（学校、病院、百貨店、旅館、共同住宅等の不特定または多数の人が利用するもの）に関する規定、防火、居室の採光、換気、便所、電気設備、避雷設備、昇降機（エレベーター、エスカレーター等）等のいわゆる単体規定については、全国共通に適用される。

　一方で、敷地と道路との関係、道路内の建築制限、用途地域制（住居、商業、工業地域等）、建築物の密度・形態・敷地内の空地（容積率、建蔽率、高さ、斜線制限、日影規制等）および防火地域などのいわゆる集団規定は、その地域の特性に応じて運用されるべきであり、原則として、都市計画区域および準都市計画区域内に限り適用される（法41条の2）。

2　適用対象

　建築基準法の対象は、原則としてすべての建築物である。建築物に加えて、煙突、広告塔、高架水槽、擁壁等の工作物、観光用のエレベーター、エスカレーターおよびウォーターシュート、コースター、メリーゴーランド、観覧車、オクトパス、飛行塔等の遊戯施設、鉱物・岩石等の粉砕工場、生コン工場等の製造施設、サイロ等の貯蔵施設、汚物処理場、ごみ焼却場等の処理施設などにも適用される。

　これらの工作物は、建築物または敷地内に設けられ建築物と関係の深いものが多く、風圧、地震等災害防止の見地や用途地域制の趣旨などを考慮して指定されている（法88条、令138条）。

　建築基準法に定める建築物とは次のものである（法2条）。

① 　土地に定着する(※)工作物のうち、屋根があり柱か壁があるもの（これらに類する構造のものも含む）……移動可能な屋台のようなものは該当しない。また、壁がなく屋根とは見られないもののうち、例えば載置式自走式の2段式駐車場等で床版（屋根）に穴があいているものであっても建築物に該当するものがある。

② ①に附属する門、塀……更地の塀、垣根の類は該当しない。
③ 観覧のための工作物（野球場、競馬場のスタンド等）
④ 地下または高架工作物内に設ける事務所、店舗、興行場、倉庫等
⑤ 建築設備　建築物に設ける電気、ガス、給排水、換気、暖冷房、消火、排煙、汚物処理の設備、煙突、昇降機、避雷針……建築物の内部にあるのが通常であるが、汚物処理の設備のように屋外に設ける場合もある。また、敷地内のものに限られる。

> **用語チェック**
> （※）**土地に定着する**：陸地のみでなく、建築可能な水面、海底等を含み、定常的に定着されている状態、例えば桟橋に繋留されている場合または鎖等で支持されている場合も含むとされている。

3　建築基準法の適用除外

建築基準法は、全国すべての建築物に適用されるのが原則であるが、次のものについては適用が除外されている。

［1］建築基準法の建築物の定義から除かれているもの（法2条1号）
(1) 鉄道および軌道の線路敷地内の運転保安に関する施設、跨線橋、プラットホームの上家、貯蔵槽の類の施設
(2) 運転保安に関する施設とは、信号装置、転てつ装置、列車運転用通信装置等の列車の運転保安に直接関係する施設であり、駅の事務室、待合室、荷扱所等は含まれない。また軌道とは、軌道法に定める軌道である。
(3) プラットホームの上家、貯蔵層等についても、建築物として全面的に規制することは適当でないという理由から除外されている。

［2］文化財建築物（法3条1項）
(1) 文化財保護法に基づく国宝、重要文化財等の貴重な文化遺産である建築物
(2) 旧重要美術品等の保存に関する法律により重要美術品等として認定された建築物
(3) 文化財保護法182条2項の条例などにより、現状変更の規制および保存の措置が講じられている建築物（「保存建築物」という）で、特定行政庁が建築審査会の同意を得て指定したもの。
(4) (1)から(3)の建築物の原形を再現する場合で、特定行政庁が建築審査会の同意を得てやむを得ないと認めたもの

[3] 既存不適格建築物（法3条2項）
(1) 建築基準法または条例が施行または適用される以前からあった建築物
(2) 法および条例の施行日に工事中の建築物

- 既存不適格建築物とは、法改正や都市計画変更などにより既存の建築物が新しい規定に合致しなくなったものをいい、違反建築物と区別している。
- 工事中の判断は、現に着工していることが必要である。建築確認を受けたが着工していないものは含まれない。
- 工事の着手とは、基礎工事のための根切り工事または杭打ち工事を開始した時点であり、継続的に行われる必要がある。現地への資材の搬入、整地、地質調査のボーリング等では認められない。

次の場合は、既存不適格建築物とはならない（法3条3項）。
① 法令の改正前の規定または変更前の都市計画区域、準都市計画区域、用途地域、防火地域、準防火地域、容積率の指定区域における制限に違反している建築物もしくはその敷地部分（元々違反していた建築物である）
② 改正法令の施行または適用後に増築、改築、大規模の修繕または大規模の模様替を行った建築物もしくはその敷地（改正後の建築行為は適法にすることが当然であるため）

[4] 仮設建築物に対する緩和（法85条）
建築基準法の一部または以下に示すとおり、大部分の規定が適用除外される。
① 非常災害があった場合に、非常災害区域等において行う、応急の修繕または次に該当する建築物で、災害の日から1か月以内に工事をするもの（防火地域内を除く）
　ア　国、地方公共団体または日本赤十字社が災害救助のために建築するもの
　イ　被災者が自ら使用するために建築するもので延べ面積が30㎡以内のもの
② 災害があった場合に建築する停車場、官公署等の公益上必要な応急仮設建築物
③ 工事用の現場事務所、下小屋、材料置場等
④ 仮設興行場、博覧会建築物、仮設店舗等で特定行政庁が安全上、防火

上、衛生上支障がないものと認めて許可したもの（原則として1年以内の期間である）

⑤　特定行政庁は、国際的な会議又は競技会等のため1年を超えて使用する必要がある仮設興行場等について、安全上、防火上、衛生上支障がなく、かつ、公益上やむを得ないと認める場合には建築審査会の同意を得て許可することができる。

[5] 景観重要建造物に対する緩和（法85条の2）

景観法に基づき指定された景観重要建造物で、良好な景観の保全のため、その位置または構造を、その状態で保存すべき建築物が対象となる。

市町村は、国土交通大臣の承認を得て、法の一部を適用しないまたは制限を緩和する条例を定めることができる。

[6] 伝統的建造物群保存地区（法85条の3）

文化財保護法に基づく伝統的建造物群保存地区内で、建築物の現状変更の規制および保存のための措置を確保するため必要なときは、市町村は国土交通大臣の承認を得て、規定の一部を緩和する条例を定めることができる。

4　建築基準関係規定（法6条1項、令9条）

建築基準法は、法6条、法6条の2において建築物を建築しようとする場合には、工事に着手する前に、その計画が当該建築物の敷地、構造および建築設備に関する法律ならびにこれに基づく命令および条例の規定に適合するものであることについて、建築確認申請書を提出し、建築主事または指定確認検査機関の確認を受けなければならないとしている。

建築基準法に基づく確認は、建築基準法ならびにこれに基づく命令および条例のみではなく、建築物の敷地、構造および建築設備に関する技術的基準を定めた他の法令も含まれる。これらの法令について、建築基準法では「建築基準関係規定」として規定している。

建築基準関係規定の他にも、「都市緑地法」、「高齢者、障害者等の移動の円滑化の促進に関する法律」「事業附属寄宿舎規程、建設業附属寄宿舎規程、労働安全衛生規則等」等が適用される場合もあり、法の目的と建築物の用途に応じて、関係する法令が適用されることになる。

建築基準関係規定—令9条に列記されているもの

❶ 消防法9条、9条の2、15条、17条
❷ 屋外広告物法3条から5条まで（広告物の表示、掲出物件の設置禁止または制限に限る。）
❸ 港湾法40条1項
❹ 高圧ガス保安法24条
❺ ガス事業法40条の4
❻ 駐車場法20条
❼ 水道法16条
❽ 下水道法10条1項、同3項、30条1項
❾ 宅地造成規制法8条1項、12条1項
❿ 流通業務市街地の整備に関する法律5条1項
⓫ 液化石油ガスの保安の確保及び取引の適正化に関する法律38条の2
⓬ 都市計画法29条1項、同2項、35条の2第1項、41条2項、42条、43条1項等
⓭ 特定空港周辺航空機騒音対策特別措置法5条1項から3項まで
⓮ 自転車の安全利用の促進及び自転車等の駐車対策の総合的推進に関する法律5条4項
⓯ 浄化槽法3条の2第1項
⓰ 特定都市河川浸水被害対策法8条

第 3 節　執行体制

1　法律に基づく事務の種類

［1］自治事務と法定受託事務

　地方自治体の行う事務は、「地方分権の推進を図るための関係法律の整備等に関する法律（平成11年7月16日公布）」に基づき、「自治事務と法定受託事務」に分類されている。

　それぞれの内容は地方自治法に定められており、次のとおりである。

① 　自治事務（地方自治法2条8項）
　　地方公共団体が処理する事務のうち、法定受託事務以外のものをいう。
② 　第一号法定受託事務（地方自治法2条9項1号）
　　法律またはこれに基づく政令により都道府県、市町村または特別区が処理することとされる事務のうち、国が本来果たすべき役割に係るものであって、国においてその適正な処理を特に確保する必要があるものとして法律またはこれに基づく政令に特に定めるもの
③ 　第二号法定受託事務
　　法律またはこれに基づく政令により都道府県、市町村または特別区が処理することとされる事務のうち、都道府県が本来果たすべき役割に係るものであって、都道府県においてその適正な処理を特に確保する必要があるものとして法律またはこれに基づく政令に特に定めるもの

［2］建築基準法に定める事務

　建築基準法の規定のほとんどの部分は自治事務であり、法律の運用は原則として地方公共団体が行う。実際の運用においては、建築基準法の運用の仕組みが複雑なため、都と特別区との関係のように、様々な行政機関や自治体の役割が複雑に関係している。

2　行政機関の役割

　建築法令の運用にあたっては、各行政機関が役割を担っている。各機関の主な役割は次のとおりである。

［1］国土交通大臣

　法律の制定や改正に関する事務、条文解釈の判断など建築基準法の運用を所管する。主な事務は次のとおりである。

① 省令、告示の制定・公布（建築基準法施行規則等）
　② 指定確認検査機関の指定（法6条の2）
　③ 建築基準適合判定資格者検定の実施（法5条）
　④ 型式適合認定・型式部材等製造者の認証（法68条の10、法68条の11）
　⑤ 特定行政庁等に対する指示等（法17条）
　⑥ 高さ60mを超える建築物の構造耐力の認定（法20条1号）

［2］都道府県知事

　地方公共団体の首長である知事も、一定の役割を担っている。主な事務は次のとおりである。
　① 建築主事の任命・指揮監督（法4条）
　② 建築主事をおく市町村長に対する指示等（法17条）
　③ 確認申請が必要な区域の指定（法6条1項4号）
　④ 建築主事をおく市町村長に対する勧告、助言、援助、参考資料の提供（法14条）
　⑤ 届出及び統計（法15条―建築工事、除却の届出。滅失または損壊の報告。建築統計）
　⑥ 建築審査会委員の任命（法79条2項）
　⑦ 指定確認検査機関の指定（法6条の2、法77条の18）
　⑧ 指定構造計算適合性判定機関の指定（法18条の2、法77条の35の2）

［3］市町村長

　基礎的自治体としての市町村長および特別区の区長も、建築基準法の執行に関する役割を担っている。主な事務は次のとおりである。
　① 建築主事の任命および指揮監督（法4条）
　② 建築審査会委員の任命（法79条2項）
　③ 市町村または特別区の区域内の建築物が滅失または損壊した場合の知事への報告（法15条3項）

［4］建築主事

　法6条1項の規定による確認に関する事務を実施する者をいう（法4条）。確認の申請がされた建築計画が、建築基準関係規定など関係する法令に適合していることを確認する役割を担っている（羈束行為という）。

① 建築基準適合判定資格者検定に合格し、国土交通大臣の登録を受けた者のうちから市町村長または都道府県知事が任命する。
② 都道府県および人口25万人以上の市には必ず置かれる。
　その他の市には置くことができるとされており、逆に置かないことも可能である。
③ 市町村の建築主事の特例：市町村は一部の事務のみを所管する建築主事を置くことができる。（法97条の２）　所管する事務は、法６条１項４号の建築物、令138条１項の工作物の一部（令148条）
④ 都の特別区の特例：延べ面積10,000m²以下の建築物等を所管する（法97条の３）。

建築主事が所管する主な事務を以下にあげる。
① 確認申請の受理、審査、確認（法６条）
② 国、都道府県、建築主事を置く市町村の建築計画（法18条）
　ア　計画通知の受理、審査、確認済証の交付
　イ　構造計算適合性判定
　ウ　工事完了通知の受理、完了検査、検査済証の交付
　エ　中間検査通知の受理、中間検査、中間検査合格証の交付
③ 中間検査申請の受理、中間検査、中間検査合格証の交付（法７条の３）
④ 工事完了申請の受理、完了検査、検査済証の交付（法７条）
⑤ 完了届受理後の建築物の仮使用承認（法７条の６、法18条）
⑥ 建築物の敷地、構造、建築設備、用途または建築物に関する工事計画もしくは施工状況に関する報告を求める[※]（法12条）。
[※]　求める対象者は、所有者、管理者、占有者、建築主、設計者、工事管理者、工事施工者である。

⑦ 指定確認検査機関が完了検査および中間検査を引き受けた旨の通知の受理（法７条の２、法７条の４）

[５]　特定行政庁
　建築主事を置く地方公共団体の首長をいう。特別区及び市町村に建築主事を置く場合は区市町村長がなり、その他の市町村では都道府県知事がなる。一部の事務のみを行う建築主事を置く市町村と特別区については、所管する事務の範囲内について特定行政庁となる。

① 一般的な用語の用い方として、首長そのものをさす場合に限らず、地方公共団体をさす場合もある。
② 建築主事が覊束行為を行うのに対し、特定行政庁は許可、命令、指定、認定などの裁量行為を行う権限を有する。

特定行政庁の所管する主な事務は以下のとおりである。
① 建築監視員の任命（法9条の2）
② 法に基づく指定（法42条他）、認定（法86条他）、許可（法43条他）
③ 建築協定の認可（法70条）
④ 定期に報告および検査すべき建築物、昇降機、その他の建築設備の指定（法12条）
⑤ 建築物の敷地、構造、建築設備、用途または建築物に関する工事計画もしくは施工状況に関する報告を求める(※)（法12条）。
(※) 求める対象者は、所有者、管理者、占有者、建築主、設計者、工事管理者、工事施工者である。
⑥ 検査済証の交付を受ける前（工事中に該当する）の建築物の仮使用の承認（法7条の6）
⑦ 違反建築物に対する是正措置の命令（法9条）
⑧ 保安上危険な建築物に対する措置（法10条）—所有者、管理者、占有者に対する保安上または衛生上必要な措置をとることの勧告および命令
⑨ 3章の規定に適合しない公益上著しく支障がある建築物に対する措置（法11条）—所有者、管理者、占有者に対して、相当の猶予期限を付けて、除却、移転、修繕、模様替、使用禁止、使用制限を命ずることができる。
　この場合、建築物が所在する市町村議会の同意が必要であり、措置によって通常生ずべき損害を時価によって補償しなければならない。
⑩ 工事中の特殊建築物に対する措置（法90条の2）—安全上、防火上、避難上著しく支障のある建築物の所有者、管理者、占有者に対する措置命令
⑪ 工事中における安全上の措置等に関する計画の届出（法90条の3）
⑫ 指定確認検査機関が実施した確認済証、完了検査報告書、中間検査報告書の受理（法6条の2第10項、法7条の2第6項、法7条の4第6項）

[6] 指定確認検査機関（法77条の18）

建築主事の権限の一部を行うことができる民間の機関である（法6条の2他）。

① 次の区分により指定を受ける。
　ア　2以上の都道府県の区域において確認等の業務を行う者―国土交通大臣
　イ　一の都道府県の区域において確認等の業務を行う者―都道府県知事
② 建築基準適合判定資格者検定に合格し、国土交通大臣の登録を受けた者のうちから選任された確認検査員により、建築確認（法6条の2）、完了検査（法7条の2）、中間検査（法7条の4）の業務を行うことができる。
③ 指定確認検査機関が行った建築確認は、建築主事が行った確認とみなされる（法6条の2第1項）。
④ 指定確認検査機関は確認済証を交付したときは、その旨を特定行政庁に報告しなければならない。
　　指定確認検査機関が完了検査を実施し検査済証を交付したときは、検査結果を特定行政庁に報告しなければならない。
⑤ 特定行政庁は、指定確認検査機関が確認を行った建築計画が、建築基準関係規定に適合していないと認めるときは、その旨を指定確認検査機関に通知する。この場合に、指定確認検査機関が行った確認は無効となる。

[7] 建築審査会（法78条）

建築審査会は、建築主事を置く都道府県及び市町村に設置され、以下の機能を持っている。
① 建築基準法の規定中にでてくる特定行政庁の許可、認定、指定に対する同意（法43条1項他）
② 建築主事、特定行政庁、建築監視員、指定確認検査機関の処分（※1）または不作為（※2）に関する審査請求に対する審査、採決
③ 特定行政庁の諮問に応じた重要事項の調査審議
④ 建築基準法の執行に関する事項について、関係行政機関に対する建議
⑤ 委員は、法律、経済、建築、都市計画、公衆衛生または行政に関する知識と経験のある者のうちから任命され、5人または7人によって構成される。
⑥ 委員の任期は原則2年である。
⑦ 事務に関する内容は、地方公共団体の条例で定められる。

用語チェック　（※1）処分：確認、許可、命令等。
　　　　　　　　（※2）不作為：あえて行動をしないこと。

[8] 建築監視員（法9条の2）
　緊急の場合に特定行政庁の権限を行わせるために、当該市町村および都道府県の吏員のうちから特定行政庁が命ずる者をいう。以下のような事務を行うことができる。
　① 緊急に対応する必要がある場合の違反建築物に対する使用禁止または使用制限の命令（法9条7項）
　② 違反することが明らかな工事中の建築物で、緊急の必要のある場合の工事停止の命令（法9条10項）
　③ 工事計画、施工状況に関する報告を求める（法12条5項）。

[9] 消防長・消防署長
　建築主事もしくは指定確認検査機関の確認、または特定行政庁の許可に際して、同意を行う。消防本部の長が消防長であり、消防署の長が消防署長である。消防組織法による区別である。

[10] 保健所長
　保健所は、公衆衛生の向上および増進を目的に地域保健法に基づいて、都道府県、政令市、中核市、特別区等に設置される。以下の役割を担う。
　① 建築主事または指定確認検査機関からの、屎尿浄化槽または「建築物における衛生的環境の確保に関する法律」による特定建築物の建築確認を受理した旨の通知の受理（法93条5項）
　② 建築主事または指定確認検査機関の建築確認、特定行政庁の許可に対して意見を述べる。

第3章 建築基準法のしくみ

第 1 節　建築計画の手続き

　建築基準法は、建築物に関する技術的な基準を定めている。法の目的を実現していくためには、その基準が正しく運用されることが必要である。そこで、建築基準法では、建築生産の適法性を確保するしくみとして、建築確認をはじめとして届出、報告、是正などの各種の制度を定めている。

　建築主は、建築物を建築する場合には、工事に着手する前に、その建築計画が法令に適合していることについて確認審査を受ける必要がある。

1　確認申請（法6条、6条の2）

　建築主は、建築物の①建築、②大規模の修繕、③大規模の模様替、④用途の変更、⑤建築設備の設置、⑥工作物の築造を行う場合には、当該工事に着手する前に、その計画が建築基準関係規定に適合するものであることについて、確認の申請書を提出して建築主事または指定確認検査機関の確認を受け、確認済証の交付を受けなければならない。

　建築基準関係規定とは、建築基準法ならびにこれに基づく命令および条例の規定その他建築物の敷地、構造または建築設備に関する法律ならびにこれに基づく命令および条例の規定で、令9条で定めるものをいう（参照 2章2節4）。

[1] 確認行為の性質

　確認とは、建築基準法に定められている手続きのなかで、中心となる重要なしくみであり、"法律の規定（ものさし）に適合していることを建築主事または指定確認検査機関が確認する"という意味である。判例が示すように、「準法律行為的行政行為」とされており、法律に基づいて効果が成立するもので、建築主事の裁量による判断の要素はほとんどないと解釈されるものである。

判例―昭和36年山口地裁

　建築基準法6条所定の建築主事の確認は、地方公共団体の機関である建築主事が、当該建築計画が建築物の敷地、構造及び建築設備に関する法令に適合するものであることを公権的に判断確定するものであって、それは正しく行政庁が具体的事実について公権力の行使として何が法であるかを宣言し、法律的規制を加えるところの一の準法律行為的行政行為である（判例）。

［２］確認と私法上の権利関係

　建築基準法の規定は、民法の権利関係とは直接の関係がないと解釈されている。自らが所有権を有しない敷地に関する申請であっても、そこに計画された建築物が建築基準関係規定に適合していれば確認は可能である。しかし、その建築物をそこに建てる権利があるか否かとは直接関係しておらず、確認は取得しても所有権などの権利を有しない者は、結果として建築することはできないことになる。

> **判例―昭和35年東京高裁**
> 　建築主事が与える建築の確認は、建築法令に基づいてその敷地に建築を許すことが建築行政上支障がないと認めた場合にする行政処分であって、その敷地の私法上の権利関係になんら直接の関係がなく、建築の確認があったからといって、確認を得た申請者がその敷地につきなんらの実体上の使用権をも取得するものではない。

［３］申　請
(1)　確認申請の義務者は、建築主である。建築士に手続きを委任して行うのが通常である。
(2)　確認申請の提出先は、建築主事または指定確認検査機関のいずれでもよい。
(3)　指定確認検査機関は、確認済証を交付したときは７日以内に建築計画概要書等（確認審査報告書、確認審査等に関する指針に従って確認審査等を行ったことを証する書類、構造計算適合性判定結果通知書等）を特定行政庁に提出しなければならない。
(4)　特定行政庁は、指定確認検査機関の行った審査の内容が建築基準関係規定に適合しないと認めたときは、建築主および指定確認検査機関にその旨通知する。この場合、確認済証は効力を失う（法６条の２第６項）。

［４］確認等の審査（法６条、法６条の２、法18条）
　確認審査は、建築基準法およびこれに基づく命令、条例、令９条に規定する建築基準関係規定に基づいて行われる。
　建築主事、指定確認検査機関、指定構造計算適合性判定機関は、確認の審査、構造計算適合性判定、中間検査、完了検査について、国土交通大臣が定め

る「確認審査等に関する指針（平成19年国交省告示第835号）」に従って行わなければならない。計画通知も同様である。

[5] 申請の受理

確認申請書が提出された場合、建築主事または指定確認検査機関は、その計画の設計・工事監理に必要な建築士の資格条件（一級建築士、二級建築士、木造建築士、構造設計一級建築士、設備設計一級建築士）と合致するか審査し、合致しないときは受理することができない（建築基準法6条3項）。

[6] 審査期間（法6条4項）

(1) 確認申請書を受理した場合、建築主事は35日（法6条1項1～3号に該当するもの）または7日（同4号に該当するもの）以内に審査し、計画建築物が法令に適合することを確認したときは、申請者に確認済証を交付しなければならない。
(2) 指定確認検査機関には、審査期間に関する規定はなく契約による。
(3) 構造計算適合性判定が必要な建築物について、合理的な理由がある場合は、さらに35日（合計最長70日）の延長ができる。
(4) 建築主事または指定確認検査機関は、建築基準関係規定に適合しないまたは適合するか否か決定できない正当な理由があるときは、その旨および理由を記載した通知書を交付しなければならない（法6条、法6条の2）。

確認申請手続の流れ

[7] 確認が必要な建築物等（法6条、法87条、法87条の4、法88条）

❶ 建築物―法6条

　次の①～③の建築物の建築、大規模の修繕、大規模の模様替を行うとき、用途変更により①の特殊建築物とする場合、④の建築物を建築する場合には、建築確認が必要である。

① 「法6条1項1号建築物」…法別表1（い）欄に掲げる特殊建築物で床面積が200㎡を超えるもの
　　例　劇場、集会場、病院、ホテル、共同住宅、学校、百貨店、キャバレー等

② 「法6条1項2号建築物」…木造建築物で3以上の階数を有しまたは、延べ面積が500㎡、高さが13m、もしくは軒の高さが9mを超えるもの
　　例　木造3階建て、軒高9mを超える木造2階建て等

③ 「法6条1項3号建築物」…木造以外の建築物で2以上の階数を有し、または延べ面積が200㎡を超えるもの
　　例　鉄筋コンクリート造2階建て、延べ200㎡超の鉄骨造平家建て

④ 「法6条1項4号建築物」…①～③以外で、都市計画区域、準都市計画区域、準景観地区または都道府県知事が関係市町村の意見を聞いて指定する区域内の建築物
　　例　都市計画区域内の小規模木造2階建て個人住宅（①～③に該当しないもの）等

　以上の規定は、防火地域、準防火地域外で、床面積の合計が10㎡以内の増築、改築、移転をする場合には適用しない。確認が不要であっても法令は適用されるので、適合義務はある。法令に適合しないときは違反になる場合がある。

❷ 工作物―法88条、令138条

　建築基準法は、一定の工作物についても、安全性の確保及び環境の保全の観点から、一部の規定が準用される。

① 煙突、広告塔、高架水槽、擁壁等の工作物で政令で指定するものおよび昇降機、ウォーターシュート、飛行塔等の工作物で政令で指定するものについては、主として安全性についての規定が準用されている。

② 製造施設、貯蔵施設、遊戯施設等の工作物で政令で指定するものについては、主として用途に関する規定が準用されている。

③ 防火地域内の看板等の防火措置（法64条）の規定についても、維持保

全、違反等の規定が準用されている。

❸ 建築設備―法87条の4、令146条

既存建築物に設置する場合と建築と同時に計画する場合がある。建築主事の審査期間は7日以内である。

① エレベーター、エスカレーター、小荷物専用昇降機
② 法12条3項（定期報告を要する建築設備）の規定により特定行政庁が指定する建築設備（屎尿浄化槽、合併処理浄化槽を除く）

[8] 確認の特例（法6条の4、令10条、規則1条の3）

次の①、②に掲げる建築物の建築、大規模の修繕もしくは模様替、または③に掲げる建築物の建築については、建築基準法令の一部を確認の対象法令から除外している。

① 法68条の10第1項の認定を受けた型式（「認定型式」という）に適合する建築材料を用いる建築物
② 認定型式に適合する建築物の部分を有する建築物
③ 法6条1項4号に掲げる建築物で建築士の設計に係るもの

2 計画通知（法18条）

(1) 建築主が、国、都道府県または建築主事が置かれている市町村の場合、その建築物および敷地については、確認申請に関する規定を適用せず、法18条の規定による。

(2) 工事着手前に計画を建築主事に通知し、建築主事は建築確認と同様に、法6条4項に規定された審査期間内に建築基準関係規定に適合するかどうかを審査し、適合しているときは確認済証を交付しなければならない。

(3) 建築計画が、特定構造計算基準または特定増改築構造計算基準に適合するかどうかの審査を要するもののときは、建築主は知事に構造計算適合性判定を求めなければならない。

3 計画の変更（法6条1項、法6条の2第1項）

(1) 確認済証を受けた後に、建築基準関係規定にかかわる変更を行う場合は、軽微な変更に該当する場合を除き、計画変更の確認申請を行い確認済証の交付を受けなければならない。

(2) 確認済証を受けた計画の修正等が対象であり、まったく異なった変更は認められない。
(3) 計画変更は、変更対象部分の工事着工前に確認済証の交付を受けなければならない。
(4) 軽微な変更（規則3条の2）とは、建築基準関係規定に関する変更のうち、規則3条の2に該当するものをいい、建築基準関係規定に関して、「安全上、防火上及び避難上の危険の度並びに衛生上及び市街地の環境の保全上の有害の度が高くならないもの」が前提である（平成19年国住指3110号）。
(5) 軽微な変更は、確認申請を要せず、完了または中間検査申請書に変更された図書の種類と変更内容を記載し、必要に応じ「軽微な変更説明書」を添付する。
(6) 軽微な変更の取扱いについて技術的助言が出ている（平成20年国住指858-1号）。

> **規則第3条の2第1項**
> 法第6条第1項（法第87条第1項において準用する場合を含む。）の国土交通省令で定める軽微な変更は、次に掲げるものであって、安全上、防火上および避難上の危険の度ならびに衛生上および市街地の環境の保全上の有害の度が高くならないものとする。

規則に掲げられている軽微な変更の主なもの
①敷地に接する道路幅員および接道長の変更、②敷地面積の増加、③高さ、階数、建築面積、床面積の減少、④類似用途間の変更（令137条の17）、⑤構造耐力上主要な部分の基礎杭、横架材等の位置の変更、⑥構造耐力上主要な部分の部材の材料または構造の変更　等

4　特定行政庁による許可

建築基準法に規定されている事項は、一般的な条件のもとに全国一律に適用されることを前提に定められている。周囲の状況、敷地条件、公益上の判断などによっては、一律に適用することが適切ではない場合もあることから、特例として例外を認める制度が特定行政庁による許可である。
(1) 禁止されている事項について、その「禁止を解除する」ことが許可である。
(2) 許可権者は特定行政庁であり、法令に許可できる旨の明文がある場合に限られる。

(3) 許可事項によっては、公聴会の開催、建築審査会の同意が必要である。
(4) 許可にあたって必要な条件を附すことができる（確認には条件を附すことはできない）。
(5) 許可を受けた場合であっても、確認が不要となるものではない。

> **許可の例―法43条1項**
> 建築物の敷地は、道路に2m以上接しなければならない。ただし、（中略）特定行政庁が交通上、安全上、防火上および衛生上支障がないと認めて建築審査会の同意を得て許可したものについては、この限りでない。

> **許可の主なもの**
> ❶ 敷地等と道路との関係（法43条）……建築審査会の同意
> ❷ 道路内の建築物（法44条）……建築審査会の同意
> ❸ 壁面線を超える歩廊の柱等（法47条）……建築審査会の同意
> ❹ 用途地域内の制限建築物（法48条）……公聴会、建築審査会の同意
> ❺ 卸売市場等特殊建築物の位置（法51条）……都市計画地方審議会の議を経る
> ❻ 容積率制限を超える建築物（法52条）……建築審査会の同意
> ❼ 建ぺい率制限を超える建築物（法53条）……建築審査会の同意
> ❽ 建築物の敷地面積（法53条の2）……建築審査会の同意
> ❾ 第1種・第2種低層住居専用地域内の高さ制限を超える建築物（法55条）……建築審査会の同意
> ❿ 日影規制を超える建築物（法56条の2）……建築審査会の同意
> ⓫ 特例容積率適用地区内の高さ制限を超える建築物（法57条の4）……建築審査会の同意
> ⓬ 高層住居誘導地区内の敷地面積（法57条の5）……建築審査会の同意
> ⓭ 高度利用地区内の制限を超える建築物（法59条）……建築審査会の同意
> ⓮ 総合設計の建築物（法59条の2）……建築審査会の同意
> ⓯ 都市再生特別地区内の制限の緩和（法60条の2）……建築審査会の同意
> ⓰ 特定防災街区整備地区内の制限の緩和（法67条の2）……建築審査会の同意
> ⓱ 景観地区内の制限の緩和（法68条）……建築審査会の同意
> ⓲ 再開発等促進区等内の制限の緩和等（法68条の3）……建築審査会の同意
> ⓳ 高度利用地区計画区域内の制限の緩和（法68条の5の3）……建築審査会の同意

⑳　予定道路の指定（法68条の7）……公聴会、建築審査会の同意
㉑　仮設建築物（法85条）

5　消防同意・保健所長通知（法93条、令147条の3）

(1)　特定行政庁、建築主事または指定確認検査機関は、建築物の許可または確認をする場合には、管轄する消防長または消防署長の同意を得なければ、許可または確認をすることができない。

　①　計画通知の場合は、消防長等へ通知をしなければならない。
　②　防火地域または準防火地域以外の住宅については、原則として、消防長等の同意は不要であるが、次の住宅は同意を要する。
　　ア　長屋、共同住宅
　　イ　一戸建ての住宅で、住宅の用途以外の部分の面積の合計が、延べ面積の1／2以上であるものまたは50㎡を超えるもの

　なお、同意不要の住宅についても、建築主事または指定確認検査機関は、管轄の消防長等に通知をしなければならない。

　同意に要する期間は7日（法6条1項4号のものは3日）である（法93条1項～4項）。

(2)　建築主事または指定確認検査機関は、屎尿浄化槽（法31条2項）または「建築物における衛生的環境の確保に関する法律」に規定する特定建築物に該当する建築物の確認申請または計画通知を受けた場合は、管轄の保健所長に通知しなければならない（法93条5項）。

　①　保健所長は必要に応じて、意見を述べることができる。
　②　法に規定する特定建築物
　　ア　興行場、百貨店、集会場、図書館、博物館、美術館、遊技場、店舗、事務所、旅館、学校教育法1条に規定する学校以外の学校の用途の建築物で延べ面積が3,000㎡以上のもの
　　イ　学校教育法1条に規定する学校で延べ面積が8,000㎡以上のもの

6　完了検査

[1]　建築主事による検査（法7条）

建築主事による検査の手続きは次のとおりである。
　①　建築主は、建築主事の確認を受けた工事が完了したときは、4日以内に

到達するように完了検査申請書等を建築主事に提出しなければならない。
② 建築主事または委任を受けた職員（以下「建築主事等」という）は、7日以内に検査を実施しなければならない。
③ 法令に適合していると認めるときは、建築主に対して検査済証を交付する。

[2] 指定確認検査機関による検査（法7条の2）
指定確認検査機関が検査の引受けを行った場合の手続きは次による。
① 確認を受けた工事の完了日から4日が経過する日までに、建築基準関係規定に適合しているかどうかの検査を引き受ける。
② 引き受けた旨の書面を建築主に交付し、建築主事に通知する。
③ 確認を受けた工事が完了した日または検査の引受けを行った日のいずれか遅い日から7日以内に検査をする。
④ 法令に適合していることを認めたときは、建築主に検査済証を交付する。この場合の検査済証は、建築主事が交付した検査済証とみなされる。
⑤ 検査をしたときは、国土交通省令で定めるところにより完了検査報告書等を作成し、検査済証の交付の日から7日以内に、特定行政庁に提出する。
⑥ 特定行政庁は、完了検査報告書の提出を受けた場合に、法令に適合しないと認めるときは、必要な措置を講ずる。

[3] 検査済証交付前の使用制限（法7条の6）
(1) 建築主は、次のような用途、規模、構造の建築物については、検査済証の交付を受けた後でなければ使用することができない。
① 法6条1項1号～3号の建築物の新築
② 法6条1項1号～3号の建築物の増築、改築、移転、大規模の修繕、大規模の模様替の工事で避難施設工事を含むもの（共同住宅以外の住宅および居室を有しない建築物を除く）
(2) 次に該当する場合は、検査済証の交付前でも使用できる。
① 特定行政庁又は指定確認検査機関が安全上、防火上または避難上支障がないと認めて仮使用の承認をしたとき
② 完了検査申請受理後7日を経過したとき

7　中間検査（法7条の3、法7条の4）

中間検査は、建築基準法の規制の実効性を確保するため、導入された制度である。

(1) 中間検査の対象となる区域、建築物の構造、用途、規模、検査を受けるべき工程（特定工程という）は、特定行政庁が指定する。

(2) 中間検査の手続きは次のとおりである（法7条の3、法7条の4）。

① 建築主は、建築工事が次のいずれかの特定工程を含む場合に、その特定工程の工事を終えたときは、建築主事等（指定確認検査機関を含む。以下同じ）に、中間検査申請書を提出しなければならない。

　ア　階数が3以上の共同住宅の床およびはりに鉄筋を配置する工事の工程のうち政令（令11条）で定める工程

　イ　特定行政庁が、その地方の建築物の建築動向または工事に関する状況その他の事情を勘案して指定する工程

② 中間検査の申請は、特定工程に係る工事を終えた日から4日以内に、建築主事に到達するようにしなければならない。指定確認検査機関は契約による。

③ 建築主事等は、検査により、工事中の建築物等が建築基準法関係規定に適合すると認めた場合は、建築主に特定工程に係る中間検査合格証を交付しなければならない。

④ 令12条（※）に規定する共同住宅における特定工程後の工事は、中間検査合格証の交付後でなければ施工することができない。

> **用語チェック**　（※）**令12条**：2階の床およびこれを支持するはりに配置された鉄筋をコンクリートその他これに類するもので覆う工事の工程。

⑤ 指定確認検査機関は、検査の後規則で定める中間検査報告書等を作成し、工事中の建築物等に関する書類を添えて、中間検査合格証の交付の日から7日以内に、特定行政庁に提出しなければならない。

⑥ 特定行政庁は、中間検査報告書等の提出を受けた場合に、建築基準関係規定に適合しないと認めるときは、必要な措置を講ずる。

8　構造計算適合性判定（法6条5項、法6条の2第3項、法18条4項）

建築物の構造基準への適合性を判定し建築物の安全性を確保するために、平成19年6月20日から施行された規定である。平成26年6月の法改正により、建

築主が判定機関を選べることになった。
　構造計算適合性判定とは、構造耐力を規定している法20条2号イまたは3号イに基づく構造計算が、同条2号イに規定する国土交通大臣が定めた方法もしくは大臣が認定したプログラム、または同条3号イによる大臣認定のプログラムによって適正に行われたかどうかを判定することをいう。

(1)　次に挙げる建築物の確認申請がなされたときは、建築主事または指定確認検査機関は知事に対し、構造計算適合性判定を求めなければならない。
　①　高さ60m以下の建築物で、構造計算方法が"許容応力度等計算、保有水平耐力計算、限界耐力計算等"（高度な構造計算）の場合
　②　高さ20m超の鉄筋コンクリート造・鉄骨鉄筋コンクリート造、地階を除く階数4以上の鉄骨造、高さ13m超または軒高9m超の木造などの建築物
(2)　知事は、原則として14日以内に判定結果の通知書を建築主事等に交付する。合理的な理由があるときは、35日以内で期間延長できる（14日＋35日＝最長49日）。
　延長できる合理的な理由としては、大臣認定プログラムによらない場合、入力データを磁気ディスク等で提出しなかった場合、構造計算適合性判定員相互で意見が異なる場合などである（規則2条3項）。
(3)　知事は、構造計算適合性判定の全部または一部を行わせるために、指定構造計算適合性判定機関を指定することができる。

9　定期報告（法12条、令16条）

建築基準法では、建築物の良好な維持管理を確保するため、所有者に対し報告義務を定めている。その内容は以下のとおりである。
　①　法6条1項1号の特殊建築物、政令で定める建築物、特定行政庁が指定する建築物（法12条1項）
　　ア　所有者（所有者と管理者が異なる場合は管理者）は、その建築物の敷地、構造、建築設備について、国土交通省令の定めるところにより定期に調査し、結果を特定行政庁に報告しなければならない。
　　イ　調査は、一級建築士、二級建築士、国土交通大臣が定める資格を有する者（特殊建築物等調査資格者）に実施させなければならない。
　②　国、都道府県および建築主事を置く市町村の建築物（法12条2項）
　　　国、都道府県および建築主事を置く市町村と特別区の建築物と建築設備

の管理者である「国の機関の長等」は、①と同様に建築物の敷地、構造建築設備について、定期に一級もしくは二級建築士または特殊建築物調査資格者に、損傷、腐食その他の劣化の状況を点検させなければならない。

③　昇降機等（法12条3項）

　ア　昇降機等の特定の建築設備で、政令で定めるもの及び特定行政庁が指定するものの所有者（管理者）は、国土交通省令の定めるところにより定期に調査し、結果を特定行政庁に報告しなければならない。

　イ　検査は、一級建築士、二級建築士、国土交通大臣が定める資格を有する者（昇降機検査資格者、建築設備検査資格者）に実施させなければならない。

　ウ　法88条により準用される工作物に該当する昇降機等も、定期報告の対象となる。

10　違反建築物に対する措置（法9条）

建築物を建築する際に関係法令に適合しなければならないことは、国民の当然の義務であるが、現実には手続きを怠ったり、確認を受けた計画と相違する工事を行う等の違反行為も存在するため、違反行為に対する措置が定められている。

[1] 一般的措置（法9条）

(1)　特定行政庁は、建築基準法、これに基づく命令、条例、または建築基準法に基づく許可条件に違反した建築物等の建築主、工事の請負人などに対し、違反を是正するために必要な措置を命ずることができる。

(2)　命令は次のものである。

　①　工事の施工の停止

　②　相当の猶予期間を付けた除却、移転、改築、増築、修繕、模様替、使用禁止、使用制限等

(3)　特定行政庁が措置命令をする場合には、あらかじめ、命じようとする措置、事由、意見書の提出先、提出期限を記載した通知書を交付する。

(4)　通知を受けた者は、3日以内に意見書に代えて公開による意見の聴取を請求できる。

(5)　請求を受けた特定行政庁は、本人または代理人の出頭を求めて公開による意見の聴取を行う。

[2] 緊急の使用禁止及び工事停止等

　法9条1項に基づく命令（以下では、本命令という）は、手続きに時間がかかり、違反への対応が手遅れになることがある。このため、違反が明らかで緊急の必要がある場合には、現場をその時点で凍結し、その間に違反是正に対応できるようにしたものである。

① 　特定行政庁または建築監視員は、緊急の必要がある場合には、通知書の交付等の手続きを取らないで、仮に、使用禁止または使用制限の命令をすることができる（法9条7項）。

② 　特定行政庁または建築監視員は、違反が明らかな建築、修繕、模様替の工事中の建築物について、緊急の必要があり手続きが取れない場合には、建築主、工事請負人（下請人を含む）、現場管理者（これらの者が現場にいない場合には、工事従事者）に対し、工事施工の中止を命ずることができる（法9条10項）。

[3] 違反者不明の場合（法9条11項）

　特定行政庁に過失がなく、命令の相手を確認できないときで、かつ、違反を放置することが著しく公益に反すると認められるときは、特定行政庁は自らその措置を行うことができる。

[4] 行政代執行（法9条12項）

　特定行政庁は、本命令を命ぜられた者が、是正命令を履行しないとき、履行が十分でないとき、期限内に完了する見込みがないときには、行政代執行法の定めるところに従い、義務者に代わって自ら是正措置を行うか、第三者に行わせることができる。

[5] 標識の設置（法9条13項、14項）

(1) 　特定行政庁または建築監視員は、法9条1項または10項による命令をした場合には、標識の設置その他国土交通省令で定める方法により、その旨を公示しなければならない。

(2) 　第三者に違反処理中であることを知らせて、売買などでのトラブルを防止しようとするものである。

(3) 　標識は、建築物または敷地内に設置することができる。この場合、所有者、管理者、占有者は、標識の設置を拒み、または妨げてはならない。

(4) 標識を毀棄(きき)した者は公文書毀棄罪に該当する。

11　罰　則（第7章─法98条～106条）

　建築基準法の違反建築物への対応としては、是正措置命令によるものと、行政代執行によるものがあるが、一方では、法律上の義務違反者に対して刑罰を科すことにより法律の実行を図っている。罰則は、違反の程度に応じて定められており、平成19年改正（6月20日施行）より、3年以下の懲役または300万円以下の罰金を科すことができる旨規定された。法人は、最高1億円の罰金も定められている。

　また、平成19年改正では、構造耐力、防火壁、特殊建築物等の避難等の規定に違反した建築物の設計者などに、3年以下の懲役を科すことができることとなった。

[1]　罰則の対象者
(1)　特定行政庁、建築監視員の命令に違反した者
(2)　確認が必要な建築物を、確認を受けずに工事した建築主および工事施工者
(3)　設計上の違反があった場合の設計者（建築主の故意の場合は建築主もあわせて対象）
(4)　申請書、届出書、報告書などを提出しなかった場合の提出義務者

[2]　罰則の内容
(1)　命令違反、構造耐力等の規定違反等─3年以下の懲役または300万円以下の罰金
(2)　手続規定違反、検査申請しなかった者等─1年以下の懲役または100万円以下の罰金
(3)　その他、違反内容等に応じて、50万円以下の罰金、30万円以下の過料
(4)　法人の代表者、法人もしくは人の代理人、使用人などの従事者が、特定行政庁の是正命令に違反した場合─行為者を罰するほか、その法人に対して一億円以下の罰金

[3]　設計者等に対する措置（法9条の3）
(1)　特定行政庁は、法9条1項または10項の命令をした場合（建築監視員の命令を含む）は、その建築物の設計者、工事管理者、工事請負人（下請人を含

む)、宅地建物取引業者、浄化槽の製造業者の氏名または名称および住所等を、建築士法、建設業法、浄化槽法、宅地建物取引業法の定めるところにより、国土交通大臣または都道府県知事に通知しなければならない。
(2) 国土交通大臣または都道府県知事は、この通知を受けた場合は遅滞なく、免許または許可を取消し、業務の停止の処分その他必要な措置を講じ、その結果を特定行政庁に通知しなければならない。

12 不服申立て（法94条～96条）

(1) 一般に行政庁の処分や不作為に不満があるときは、行政不服審査法による不服申立ておよび行政訴訟を提起することができる。建築基準法では、特定行政庁、建築主事、建築監視員、指定確認検査機関の処分または不作為に関する不服申立ては、管轄建築審査会に対して審査請求を行うことになっている。
(2) 審査請求は、処分のあったことを知った日の翌日から起算して60日以内にしなければならない。ただし、天災等やむを得ない理由があるときは、この限りでない。
(3) 建築審査会は、審査請求人、特定行政庁、建築主事などの関係人または代理人の出頭を求めて、口頭審査（公開）を行い、審査請求の受理日から起算して1か月以内に裁決を行うことになっている。
(4) 実際の審査では、審査請求に対する処分庁の弁明書の提出、弁明書に対する請求人の反論書の提出などのやり取りが行われた後に、口頭審査が行われ裁決となるので、1か月を超えることも多い。
(5) 管轄建築審査会の裁決に不服があるときは、国土交通大臣に対して「再審査請求」をすることができる。
(6) 処分取り消しの訴え（訴訟）は、当該処分についての審査請求に対する建築審査会の裁決を経た後でなければ提起することができない（審査請求前置という）とされていたが、現在は法が改正され、裁決を経なくても訴訟を提起することができることになっている。

13 公開による意見の聴取

(1) 行政庁が一定の行政行為を行う場合に、その行為の必要性や妥当性などを判断するため、利害関係者の意見を聞くことを「意見の聴取」という。
(2) 建築基準法では、特定行政庁が、①用途地域の許可、②違反建築物に対す

る是正命令、③壁面線および予定道路の指定を行う場合に、公開による意見の聴取が規定されている。
(3) 特定行政庁が建築協定を認可する際には、市区町村長が公開による意見の聴取を行う。

14 型式適合認定制度（第3章の2―法68条の10～68条の26）
(1) 型式適合認定とは、規格化された建築物等の建築材料または主要構造部、建築設備等の型式が、材料または構造等の技術基準に適合しているとして、国土交通大臣があらかじめ認定することをいう。
(2) 同一の型式で生産されるエレベーターやプレハブ造の住宅などに適用されることが多く、認定された型式に従っているものは適法性を定型的に確認できることから、確認申請図書の省略が可能となる。
(3) 建築主事等は、確認審査、各検査の際に審査の一部を省略することができる。
(4) 型式適合認定と同様に、規格化された型式の建築材料、建築物の一部の製造をする者を認証することができる（「型式部材等製造者認証」という）。
(5) 国土交通大臣は、型式適合認定および型式部材等製造者認証を、民間の指定認定機関に行わせることができる。

15 工事現場の危害防止（法90条）
(1) 工事の施工に際しては、周囲を通行する車や歩行者、隣接家屋などに危害が及ばないように、十分な安全対策をとらなければならない。建築物の建築、修繕、模様替え、除却の工事施工者は、その工事の施工に伴う地盤の崩落、建築物または工事用の工作物の倒壊等による危害を防止するために、政令（令136条の2の20～令136条の8）で定める技術的基準に従い必要な措置を講じなければならない。
(2) この規定は全国適用であり建築基準法により準用される工作物、建築設備にも適用される。
(3) 確認等の申請手続きは不要であるが、法12条5項に基づき報告の義務がある。

> **技術的基準**
>
> ❶ 仮囲い（令136条の2の20）―工事現場の周囲に高さ1.8m以上の仮囲い
> ❷ 根切り工事、山留め工事（令136条の3）―地下埋設管への措置、地盤調査による施工図の作成、深さ1.5m以上の根切りは原則山留めを設ける、山留めは土圧計算に基づき安全を確認する等
> ❸ 基礎工事用機械等の転倒（令136条の4）―杭打ち機、アース・ドリル、移動式クレーン等を使用する場合は、敷板などにより転倒防止措置を講ずる。
> ❹ 落下物に対する防護（令136条の5）―工事現場の境界線から水平距離5m以内で、かつ、地盤面からの高さ3m以上の場所からくず等を投下する場合は、飛散防止措置（ダストシュート等）を講ずる。高さ7m以上で工事を行う場合は鉄網、帆布でおおうなどの措置を講ずる。
> ❺ その他に、建て方（令136条の6）、工事用材料の集積（令136条の7）、火災の防止（令136条の8）について規定されている。

16 建築工事届・建築物除却届（法15条）

(1) 建築主が建築物を建築する場合、または除却工事の施工者が建築物を除却する場合は、これらの者は建築主事を経由して、その旨を都道府県知事に届け出なければならない。
(2) これらの届出は、建築物の動態統計に使用される。いずれの届出も、10㎡以内は不要である。
(3) 届出を受けた知事は、建築統計を作成し、国土交通大臣に送付する。

● H30年度 一級建築士 学科試験(法規)に挑戦!

〔No.3〕都市計画区域内における次の行為のうち、建築基準法上、確認済証の交付を受ける必要がないものはどれか。ただし、建築等に関する確認済証の交付を受ける必要がない区域の指定はないものとする。

1. 鉄骨造、延べ面積100㎡の、屋外観覧場の新築
2. 鉄筋コンクリート造、延べ面積500㎡、地上3階建ての物品販売業を営む既存の店舗内における、エレベーター(認証型式部材等に該当するもの)の設置
3. 鉄骨造、延べ面積200㎡、平家建ての事務所の、屋根の過半の修繕
4. 木造、延べ面積300㎡、高さ8m、地上2階建ての共同住宅の、寄宿舎への用途の変更(大規模の修繕又は大規模の模様替を伴わないもの)

【正解 3】確認済証の交付

1. 法2条1項一号 観覧のための工作物も建築物。**正しい。**
2. 法6条1項 増築しようとする場合においては、建築物が増築後において第一号から第三号までに掲げる規模のものとなる場合を含むとされ、三号に該当する。**正しい。**
3. 法2条1項五号 主要構造部に屋根が含まれるが、法6条1項で、第一号から第三号までに掲げる建築物の大規模の修繕若しくは大規模の模様替をしようとする場合とあり問題の建築物が一号から三号に該当しないため必要なし。**誤り。**
4. 令137条の18 共同住宅と寄宿舎は類似用途に該当しないため必要。**正しい。**

〔No.4〕次の記述のうち、建築基準法上、誤っているものはどれか。

1. 既存の地上5階建ての病院(5階における当該用途に供する部分の床面積の合計が2,000㎡のもの)に設けた非常用の照明装置に用いる照明カバーの取替えの工事の施工中に、当該建築物を使用する場合においては、当該建築主は、あらかじめ、工事の施工中における建築物の安全上、防火上又は避難上の措置に関する計画を作成して特定行政庁に届け出なければならない。
2. 都市計画区域内においては、延べ面積500㎡の卸売市場を準住居地域内に新

築する場合には、都市計画においてその敷地の位置が決定していないものであっても、当該建築主は、特定行政庁の許可を受ける必要はない。

3．延べ面積1,000㎡、地上3階建ての、昇降機を設けていない自動車車庫の敷地、構造及び建築設備については、当該所有者（所有者と管理者が異なる場合においては、管理者）は、定期に、一級建築士等にその状況の調査をさせてその結果を特定行政庁に報告する必要はない。

4．鉄骨造、延べ面積300㎡、地上2階建ての飲食店を物品販売業を営む店舗とする用途の変更に係る確認済証の交付を受けた場合においては、当該建築主は、当該用途の変更に係る工事を完了したときは、建築主事に工事完了届を届け出なければならない。

【正解　1】手続き

1．法7条の6及び令13条の2　非常用の照明装置に用いる照明カバーの取替えの工事は軽易な工事に含まれるため届出は必要ない。誤り。
2．法51条及び令130条の2の3　準住居地域内で500㎡以下のものと規定されている。正しい。
3．法12条及び令16条2項から令14条の2　報告の対象は各号のいずれにも該当するものと規定され、一号で階数5以上に該当しないため報告不要。正しい。
4．法87条1項　建築主事に届け出なければならいと読み替え規定。正しい。

第 2 節　用語の定義

　法令の規定には、いろいろな用語が使用されている。用語の定義をあらかじめ明確に定めることにより、解釈、運用上疑義が生じないようにすることが必要である。

　建築基準法では、法2条および令1条に規定している。また、児童福祉施設等（令19条）のように、各条文の中で用語の定義を行っているものもある。

[1] 建築物（法2条1号）

　土地に定着する工作物のうち、下表の①～⑤のいずれかに該当するものである。ただし、鉄道または軌道の線路敷地内の運転保安に関する施設(※)ならびに跨線橋、プラットホームの上家、貯蔵槽その他これらに類するものは除かれる。

> **用語チェック**　(※) **運転保安に関する施設**：信号装置、転てつ装置、列車運転用通信装置等直接関係する施設であり、駅の事務室、待合室、荷扱所等は含まれない。軌道とは軌道法にいう軌道である。

建築物の定義

	建築物	例
①	屋根があり、柱または壁があるもの。類似の構造のものも含まれるので、例えば、グレーチングなどの雨風をしのぐ機能がないものでも屋根と判断される場合がある。	載置式自走式2段駐車場やコンテナ利用のカラオケボックス等
②	①に附属する門または塀	
③	観覧のための工作物	野球場、競馬場のスタンド等であり、屋根の有無に関係がない。
④	地下もしくは高架の工作物内に設ける事務所、店舗、興行場、倉庫その他これらに類する施設	地下街、道路、公園等の地下駐車場およびガード下の店舗等
⑤	①～④に設ける建築設備	

[2] 特殊建築物（法2条2号）

　特殊建築物は、防火・避難などの規定についてより厳しい制限が適用される。「特殊」とは、主として不特定、多数の者が使用するものであり、用途に

着目したもので構造、形態ではない。

特殊建築物は、❶法2条2号と❷法別表第一、令115条の3に規定されている。

[特殊建築物に該当する建築物]

❶ **法2条2号に規定する特殊建築物**

学校（専修学校、各種学校を含む）、体育館、病院、劇場、観覧場、集会場、展示場、百貨店、市場、ダンスホール、遊技場（パチンコ屋等）、公衆浴場、旅館、共同住宅、寄宿舎、下宿、工場、倉庫、自動車車庫、危険物貯蔵場、と畜場、火葬場、汚物処理場その他これらに類する用途に供する建築物

❷ **法別表第一、令115条の3（❶以外）**

映画館、演芸場、公会堂、診療所（患者の収容施設のあるもの）、ホテル、児童福祉施設等、博物館、美術館、図書館、ボーリング場、スキー場、スケート場、水泳場又はスポーツの練習場、マーケット、キャバレー、カフェー、ナイトクラブ、バー、ダンスホール、遊技場、公衆浴場、待合、料理店、飲食店、物品販売業を営む店舗（床面積＞10㎡）、自動車修理工場、映画スタジオ、テレビスタジオ

(注1) 学校の講堂は雨天体操場を兼ねるもの、教室に類するもの等は学校の校舎として取り扱うが、舞台および客席を有するオーディトリウムで一般の集会にも使用されるものは、集会場として取り扱う（行政実例）。

(注2) 官公庁、会社等の寮、保養所と称して特定の人を対象とした旅館類似のもので、設備、利用度の点から旅館と同一のものは、旅館として取り扱われる（行政実例）。

［3］建築設備（法2条3号）

建築物に設ける電気、ガス、給水、排水、換気、暖房、冷房、消火、排煙、汚物処理の設備、煙突、昇降機、避雷針をいい、建築物に含まれる。

工場等の独立煙突や東京タワーなどの観光用のエレベーターは、工作物である。

［4］居室（法2条4号）

居住、執務、作業、集会、娯楽その他これらに類する目的のために継続的に使用する室をいう。「継続的に使用する」とは、必ずしも同一人でなくても人が入れ替わり使用する場合も含まれる。

居室に該当するかどうかにより、採光や換気、避難施設等の規定の適用に違いがある。

[居室]	
居室とみなすものの例	居室とみなさないものの例
公衆浴場の浴室や脱衣室、事務所の事務室、工場の作業場、飲食店の厨房　など	便所、住宅の浴室や脱衣室、小規模な台所(※)　など

(※) ダイニングキッチンは居室とみなされる。

[5] 主要構造部（法2条5号）

　壁、柱、床、はり、屋根、階段をいい、構造上重要でない間仕切壁、間柱、附け柱、揚げ床、最下階の床、廻り舞台の床、小ばり、ひさし、局部的な小階段、屋外階段その他これらに類する建築物の部分を除く。

　主要構造部は、防火上の見地からの定義であり、構造耐力上からの見地の「構造耐力上主要な部分（令1条3号）」とは異なる。基礎や最下階の床は除かれているのはこのためである。

[6] 構造耐力上主要な部分（令1条3号）

　基礎、基礎ぐい、壁、柱、小屋組、土台、筋かいや火打材等の斜材、床版、屋根版、けたやはり等の横架材で、建築物の自重、積載荷重、積雪荷重、風圧、土圧、水圧、地震その他の震動または衝撃をささえるものをいう。

[7] 延焼のおそれのある部分（法2条6号）

(1)　隣地境界線または道路中心線から、1階にあっては3m以下、2階以上にあっては5m以下の距離にある建築物の部分をいう。これは、火災が発生した場合、延焼する危険がある距離の内にある隣接建築物の部分のことであり、火炎は上部に広がるため、1階より2階のほうが延焼距離が長い。

(2)　同一敷地内に2以上の建築物がある場合は、建築物相互の外壁間の中心線からの距離となるが、建築物の延べ面積の合計が500㎡以内の場合は除かれる。

(3)　次のイまたはロのいずれかに該当する部分は除かれる。

　①　防火上有効な公園、広場、川等の空地、水面、耐火構造の壁その他これらに類するものに面する部分は除かれる。附属建築物のうち自転車置場、開口部に防火設備を設けた小規模な物置、受水槽や浄化槽の上家、ポンプ室で主要構造部が不燃材料で造られたものなどは、その他これらに類するものに該当する。

② 建築物の外壁面と隣地境界線等との角度に応じて、建築物の周囲に発生する通常の火災時における火熱により燃焼するおそれのないものとして国土交通大臣が定める部分。

延焼のおそれのある部分

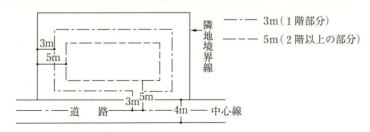

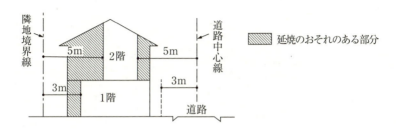

[8] 耐火構造（法2条7号）

　壁、柱、床その他の建築物の部分の構造のうち、耐火性能に関する技術的基準（令107条）に適合する鉄筋コンクリート造、れんが造その他の構造で、国土交通大臣が定めた構造方法（平成12年建設省告示1399号）を用いるか、国土交通大臣の認定を受けたものをいう。

　耐火性能とは、通常の火災が終了するまでの間、当該火災による建築物の倒壊や延焼を防止するために当該建築物の部分に必要とされる性能をいう。

　耐火性能に関する技術的基準では、下表のように、建築物の各部位について、最上階から数えた階数別に非損傷性、遮熱性、遮炎性などの要件が定められている。

耐火構造の技術的基準

耐火性能に関する技術的基準					
性能	建築物の部分		最上階、最上階から数えた階数が2〜4の階	最上階から数えた階数が5〜14の階	最上階から数えた階数が15以上の階
非損傷性 (令107条1号)	壁	間仕切壁、外壁のうち耐力壁であるもの	1時間	2時間	2時間
		柱	1時間	2時間	3時間
		床	1時間	2時間	2時間
		はり	1時間	2時間	3時間
	屋根		30分		
	階段		30分		
遮熱性 (令107条2号)	壁	一般	1時間		
		非耐力壁で延焼のおそれのある部分以外	30分		
	床		1時間		
遮炎性 (令107条3号)	外壁	一般	1時間		
		非耐力壁で延焼のおそれのある部分以外	30分		
	屋根		30分		

耐火についての階数

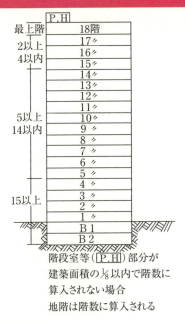

階段室等（P.H）部分が
建築面積の1/8以内で階数に
算入されない場合
地階は階数に算入される

［9］準耐火構造（法2条7号の2）

　耐火構造に準ずる耐火性能が求められる構造であり、柱、はり、壁、床、その他の建築物の部分のうち、準耐火性能に関する技術的基準に適合するもので、国土交通大臣が定める構造方法を用いるか、国土交通大臣の認定を受けたものをいう。

　準耐火性能とは、通常の火災による延焼を抑制するために当該建築物の部分に必要とされる性能をいう。

　準耐火性能に関する技術的基準では、下表のように、建築物の各部位について、非損傷性、遮熱性、遮炎性などの要件が定められている。

準耐火構造の技術的基準

準耐火性能に関する技術的基準			
性能	建築物の部分		耐火時間
非損傷性 （令107条の2 1号）	壁	間仕切壁、外壁のうち耐力壁であるもの	45分間
	柱		45分間
	床		45分間

第3章●建築基準法のしくみ　57

遮熱性 (令107条の2 2号)		はり	45分間
		屋根（軒裏を除く）	30分間
		階段	30分間
	壁	一般	45分間
		非耐力壁で延焼のおそれの ある部分以外	30分間
	軒裏	延焼のおそれのある部分	45分間
		同上以外	30分間
遮炎性 (令107条の2 3号)		床	45分間
	外壁	一般	45分間
		非耐力壁で延焼のおそれの ある部分以外	30分間
		屋根	30分間

[10] 防火構造（法2条8号）

　外壁、軒裏の構造のうち、防火性能に関する技術的基準（令108条）に適合するもので、国土交通大臣が定める構造方法（平成12年建設省告示1399号）を用いるか、国土交通大臣の認定を受けたものをいう。

　防火性能とは、建築物の周囲において発生する通常の火災による延焼を抑制するために当該外壁または軒裏に必要とされる性能をいう。

　防火性能に関する技術的基準では、建築物の外壁および軒裏に必要とされる要件が定められている。

［防火性能の技術的基準］

防火性能に関する技術的基準		
防火性能	建築物の部分	防火時間
非損傷性（令108条 1号）	外壁のうち耐力壁であるもの	30分間
遮熱性（令108条 2号）	外壁	30分間
	軒裏	30分間

[11] 不燃材料（法2条9号）

建築材料のうち、不燃性能に関する技術的基準（令108条の2）に適合するもので、国土交通大臣が定めたもの（平成12年建設省告示1400号）か、国土交通大臣の認定を受けたものをいう。

不燃性能とは、通常の火災時における火熱により建築材料に必要とされる性能であり、技術的基準では、建築材料に必要とされる要件が定められている。

[12] 準不燃材料（令1条5号）、難燃材料（令1条6号）

準不燃材料は、建築材料のうち、通常の火災による火熱が加えられた場合に、加熱開始後10分間、不燃性能の要件（令108条の2）を満たしているものとして国土交通大臣が定めたもの（平成12年建設省告示1401号）か、国土交通大臣の認定を受けたものをいう。

難燃材料は、建築材料のうち、通常の火災による火熱が加えられた場合に、加熱開始後5分間、不燃性能の要件（令108条の2）を満たしているものとして国土交通大臣が定めたもの（平成12年建設省告示1402号）か、国土交通大臣の認定を受けたものをいう。

不燃材料、準不燃材料、難燃材料に関する技術的基準

材料		性能	不燃時間
不燃材料	①	燃焼しないもの	20分間
準不燃材料	②	防火上有害な変形、溶解、き裂等の損傷を生じないもの	10分間
難燃材料	③	避難上有害な煙、ガスを発生しないもの(※)	5分間

（※）建築物の外部の仕上に用いるもの以外

[13] 耐水材料（令1条4号）

れんが、石、人造石、コンクリート、アスファルト、陶磁器、ガラス等で耐水性の建築材料をいう。

[14] 耐火建築物（法2条9の2）

耐火建築物は、次の要件を満たすものをいう。

① 主要構造部が耐火構造、または耐火性能検証法により技術的基準（令108条の3）に適合することが確かめられたもの

② 外壁の開口部で延焼のおそれのある部分に、防火戸その他の防火設備を有するもの

❶ 防火設備

(1) 防火設備とは、防火戸、ドレンチャーその他火炎を遮る設備をいう。
(2) これまでの甲種防火戸は特定防火設備に含まれ、乙種防火戸は防火設備に含まれる。
(3) ドレンチャーは、窓等の上部に取り付けて一定の温度に達した場合、自動的に水を噴出して水で膜を作り、火炎を遮る装置である。

❷ 特定防火設備

(1) 令109条に規定する防火設備であって、これに通常の火災による火熱に対し、加熱開始後1時間加熱面以外の面に火炎を出さないものとして国土交通大臣が定めた構造方法（平成12年建設省告示1369号）を用いるものまたは国土交通大臣の認定を受けたものをいう。
(2) 防火区画に設置する場合と換気、冷暖房の風道が防火区画を貫通する場合の防火ダンパーとして設置する場合がある。

[15] 準耐火建築物（法2条9の3）

準耐火建築物は、次の要件を満たすものをいう。
　① 主要構造部は、準耐火構造または準耐火構造と同等の性能を有するものとして技術的基準（令109条の3）に適合するもの
　② 外壁の開口部で延焼のおそれのある部分に、防火戸その他の防火設備を有するもの

[16] 設　計（法2条10号）

建築士法2条6項に規定する設計であり、その者の責任において、設計図書を作成することをいう。
建築士は、設計を行う場合、法令や条例を順守し、また、設計の委託者に適切な説明を行うよう努めなければならない（2項）。

[17] 工事監理者（法2条11号）

建築士法2条8項に規定する工事を監理する者であり、その者の責任において、工事を設計図書と照合し、それが設計図書のとおりに実施されているかいないかを確認することをいう。
工事監理者は、工事監理を行う場合、工事が設計図書のとおりに実施されて

いないときは、直ちに、工事施工者に対し、その旨を指摘し設計図書どおりに施工するよう求め、工事施工者がこれに従わないときは、建築主に報告しなければならない（建築士法18条3項）。

[18] 設計図書（法2条12号）
　建築物、その敷地または工作物（法88条1項～3項）に関する工事用の図面および仕様書をいう。現寸図その他これに類するものは除かれる。

[19] 建　築（法2条13号）
　建築物を新築し、増築し、改築し、または移転することをいう。
　改築とは、火災などによる滅失または除却の後、既存建築物と用途、規模、構造の著しく異ならないものを全部または一部建て替えることをいい、材料の新旧を問わない。
　移転とは、建築物を同一敷地に移すことをいい、他の敷地に移す場合は、新築または増築となる。

[20] 大規模の修繕、大規模の模様替（法2条14号、15号）
　建築物の主要構造部の一種以上について行う過半の修繕または模様替をいう。
　修繕とは、例えば、木造の柱が腐朽したため、新しい木造の柱に取り替えることをいい、瓦ぶき屋根を金属板ぶき屋根にふき替える場合は、模様替という。
　過半とは5割を超えることをいい、2種以上を修繕・模様替する場合であっても、そのうちいずれも過半に達しない場合や、天井板や壁紙の張替え、畳の取替えなどの単なる改修工事は該当しない。

[21] 敷　地（令1条1号）
　一の建築物または用途上不可分の関係にある2以上の建築物のある一団の土地をいう。
　用途上可分、不可分の判断は、建築物の用途の内容、使用上および維持管理の態様等、社会通念などを勘案し総合的に判断すべきである。
　学校は、校舎、体育館、事務所、図書館等すべて学校の設置目的から見て当然必要な施設であり、用途上不可分の関係にあるものとして取り扱われる。

一団の土地とは、複数の土地のかたまりをいう。道路、河川等によって分離されている場合は一団とはいわない。

[22] 地　階（令1条2号）
　床が地盤面下にある階で、床面から地盤面までの高さが、その階の天井の高さの1／3以上のものである。

[23] 児童福祉施設等（令19条）
　児童福祉施設（幼保連携型認定こども園を除く。）、助産所、身体障害者社会参加支援施設（補装具制作施設および視聴覚障害者情報提供施設を除く）、保護施設（医療保護施設を除く）、婦人保護施設、老人福祉施設、有料老人ホーム、母子保健施設、障害者支援施設、地域活動支援センター、福祉ホーム、障害福祉サービス事業（生活保護、自立訓練、就労移行支援、就労継続支援を行う事業に限る）の用に供する施設をいう。

[24] 建築主（法2条16号）
　建築物に関する工事の請負契約の注文者または請負契約によらないで自らその工事をする者をいう。

[25] 設計者（法2条17号）
　その者の責任において、設計図書を作成した者をいい、建築士法の規定により構造関係規定又は設備関係規定に適合することを確認した構造設計一級建築士、設備設計一級建築士を含む。

[26] 工事施工者（法2条18号）
　建築物、その敷地もしくは法律の規定による工作物に関する工事の請負人または請負契約によらないで自らこれらの工事をする者である。

[27] 都市計画（法2条19号）
　都市計画法4条1項に規定する都市計画をいう。都市計画には、都市の健全な発展と秩序ある整備を図るための土地利用、都市施設の整備および市街地開発事業に関する計画などがある。

[28] 都市計画区域又は準都市計画区域（法2条20号）
　都市計画法4条2項に規定する都市計画区域または準都市計画区域をいう。

[29] 用途地域等（法2条21号）
　都市計画法8条1項1号から6号までに掲げる第一種・第二種低層住居専用地域、第一種・第二種中高層住居専用地域、第一種・第二種・準住居地域、田園住居地域、近隣商業地域、商業地域、準工業地域、工業地域、工業専用地域、特別用途地区、特別用途制限地域、特例容積率適用地区、高層住居誘導地区、高度地区、高度利用地区、特定街区、都市再生特別地区、特定用途誘導地区、防火地域、準防火地域、特定防災街区整備地区、景観地区をいう。

[30] 地区計画（法2条22号）
　都市計画法12条の4第1項1号に掲げる地区計画をいう。地区計画とは、建築物の建築形態、公共施設等の配置等から、それぞれの区域の特性にふさわしい態様を備えた良好な環境の各街区を整備、開発、保全するための計画をいう。

[31] 地区整備計画（法2条23号）
　都市計画法12条の5第2項1号に掲げる地区整備計画をいう。地区整備計画は、主として街区内の居住者等の利用に供される道路、公園等の地区施設や建築物等の整備、土地の利用に関する計画をいう。

[32] 防災街区整備地区計画（法2条24号）
　都市計画法12条の4第1項2号に掲げる防災街区整備地区計画をいう。防災街区整備地区計画は、密集市街地内の土地の区域で、特定防災機能の確保と土地の合理的かつ健全な利用を図るため、当該区域の各街区を防災街区として、一体的かつ総合的に整備することが適切であると認められるものについて都市計画に定めるものをいう。

[33] 特定建築物地区整備計画（法2条25号）
　密集市街地における防災街区の整備の促進に関する法律（以下「密集市街地整備法」という。）32条2項1号に規定する特定建築物地区整備計画をいう。地区防災施設のうち、建築物等と一体となって特定防災機能を確保するために

整備されるべき区域に定める。この区域では、建築物の構造に関する防火上必要な制限、建築物の特定地区防災施設に係る間口率の最低限度等を定めることができる。

[34] 防災街区整備地区整備計画（法2条26号）
　密集市街地整備法32条2項2号に規定する防災街区整備地区整備計画をいう。主として街区内の居住者等の利用に供される道路、公園等地区施設や建築物等の整備、土地の利用に関して、地区防災施設の区域以外の防災街区整備地区計画の区域について定める計画である。

[35] 歴史的風致維持向上地区計画（法2条27号）
　都市計画法12条の4第1項3号に掲げる歴史的風致維持向上地区計画をいう。区域内の歴史的風致の維持・向上と土地の合理的、健全な利用を図るため、その歴史的風致にふさわしい用途の建築物その他の工作物（伝統美術工芸品の製作工場や美術館、地域特産品の販売や飲食店舗等）の整備や当該区域内の市街地の保全を総合的に行う。

[36] 歴史的風致維持向上地区整備計画（法2条28号）
　地域における歴史的風致の維持及び向上に関する法律31条2項1号に規定する歴史的風致維持向上地区整備計画をいう。主として街区内の居住者、滞在者などの利用に供される道路、公園等の施設、建築物等の整備、土地の利用などに関する計画をいう。

[37] 沿道地区計画（法2条29号）
　都市計画法12条の4第1項4号に掲げる沿道地区計画をいう。都市計画区域内において、沿道整備道路に接する土地の区域で、道路交通騒音等により生ずる障害の防止と適正かつ合理的な土地利用の促進を図るため、一体的かつ総合的に市街地を整備することが適切であると認められる地区に定める。

[38] 沿道地区整備計画（法2条30号）
　幹線道路の沿道の整備に関する法律9条2項1号に掲げる沿道地区整備計画をいう。緑地その他の緩衝空地および主として区域内の居住者等の利用に供される道路等の沿道地区施設、建築物等の整備、土地の利用などの沿道の整備に

関する計画をいう。

[39] **集落地区計画**（法2条31号）
　都市計画法12条の4第1項5号に掲げる集落地区計画をいう。集落地域の土地の区域で、営農条件と調和のとれた良好な居住環境の確保と適正な土地利用を図るため、地域特性にふさわしい整備および保全を行うことが必要と認められる地区に定める。

[40] **集落地区整備計画**（法2条32号）
　集落地域整備法5条3項に規定する集落地区整備計画をいう。主として区域内の居住者等の利用に供される道路、公園等の集落地区施設、建築物等の整備、土地の利用などに関する計画をいう。

[41] **地区計画等**（法2条33号）
　都市計画法4条9項に規定する地区計画等をいう。

[42] **プログラム**（法2条34号）
　電子計算機に対する指令であって、一の結果を得ることができるよう組み合わされたものをいう。

[43] **特定行政庁**（法2条35号）
　建築主事を置く市町村の区域は当該市町村の長をいい、その他の市町村の区域は都道府県知事をいう。ただし、法97条の2第1項または法97条の3第1項により建築主事を置く市町村及び特別区の区域内においては、政令で定める建築物は都道府県知事とする。

● **H30年度 一級建築士 学科試験（法規）に挑戦！**

〔No．1〕次の記述のうち、建築基準法上、誤っているものはどれか。

1．高架の工作物内に設ける店舗は、「建築物」である。
2．傾斜地等で敷地に高低差のある場合は、建築物の避難階が複数となることがある。
3．「遮炎性能」とは、通常の火災時における火炎を有効に遮るために外壁に必要とされる性能をいう。
4．建築材料の品質における「安全上、防火上又は衛生上重要である建築物の部分」には、主要構造部以外のバルコニーで防火上重要であるものとして国土交通大臣が定めるものも含まれる。

【正解　3】用語の定義

1．法2条1項一号　高架の工作物内に設ける店舗は建築物。正しい。
2．令13条1項一号　避難階は直接地上へ通ずる出入口のある階。正しい。
3．法2条1項九号の二　ロ　遮炎性能は外壁に求められる性能ではなく、防火設備に必要とされる性能をいう。誤り。
4．法37条及び令144条の3第1項五号　主要構造部以外のバルコニーその他これらに類する部分で防火上重要であると国土交通大臣が定めるものと規定。正しい。

第3節　面積・高さの算定方法

1　面積の算定方法

[1]　敷地面積（令2条1項1号）

　敷地の水平投影面積をいい、敷地に勾配があっても水平投影による面積としなければならない。ただし、法42条2項、3項、5項の規定によって道路の境界線とみなされる線と道との間の部分の敷地は算入しない。

[2]　建築面積（令2条1項2号）

　建築物の外壁またはこれに代わる柱の中心線で囲まれた部分の水平投影面積をいう。建築物が地面と接している部分だけでなく、上階において外壁などが突出しているときは、当該部分も含めて算定する。

　ただし、地階で地盤面上1m以下にある部分、軒やひさしの類や国土交通大臣が高い開放性を有すると認めて指定する構造の建築物（平成5年建設省告示1437号）で、その端から水平距離1m以内の部分の水平投影面積は、建築面積に算入しない。

建築面積

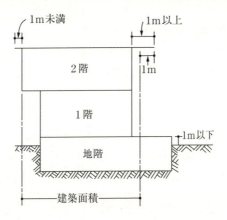

[3]　床面積（令2条1項3号）

　建築物の各階またはその一部で壁その他の区画の中心線で囲まれた部分の水平投影面積をいう。ピロティ、吹きさらしの廊下、ベランダ・バルコニー、屋外階段、エレベーターシャフト、パイプシャフト、出窓、機械式駐車場等の床面積の算定方法や区画の中心線の設定方法については、詳細な取扱いが通達で

定められている（昭和61年4月30日建設省住指発115号）。

[4] 延べ面積（令2条1項4号）
建築物の各階の床面積の合計をいう。ただし、容積率算定のための延べ面積（法52条1項）で、次の表に掲げるものは算入しない。

容積率算定の延べ面積に算入されない建築物の部分
対象となる建築物の部分
自動車車庫等部分（自転車車庫、誘導車路、操車場、乗降場を含む）
備蓄倉庫部分、蓄電池設置部分
自家発電設備設置部分、貯水槽設置部分、宅配ボックス設置部分
地階で天井が地盤面からの高さ1m以下で住宅または老人ホーム等の用途に供する部分（法52条3項）
エレベーターの昇降路、共同住宅の共用廊下、階段の用に供する部分（法52条6項）

（注）敷地内の建築物の床面積の合計（当該部分の床面積を含む）にそれぞれ定める割合を乗じて得た面積を限度として適用される。

2　高さの算定方法

[1] 高さの起点（令2条1項6号イ）
建築物の高さは、地盤面からの高さによる。ただし、道路による高さ制限（法56条1項1号、令130条の12、令135条の19）の場合は前面道路の路面の中心からの高さによる。

[2] 階段室等の屋上部分の高さの算定（令2条1項6号ロ）
水平投影面積の合計が建築面積の1／8以内の階段室、昇降機塔、装飾塔、物見塔、屋窓等の屋上部分の取扱いは、規定によって異なる。

水平投影面積の合計が建築面積の1／8以内の階段室等の屋上部分の取扱い		
	規定	内容
①	第一種・第二種低層住居専用地域・田園住居地域の高さの限度（法55条1項、2項）、日影規制（法56条の2第4項、法別表第四（ろ）二、三、四欄の各項）、総合設計制度による高さの限度（法59条の2第1項）	高さ5mまで建築物の高さに算入しない。
②	避雷設備の設置義務（法33条）、北側斜線制限（法56条1項3号）、特例容積率適用地区内における高さ制	すべて建築物の高さに算入する。

限（法57条の4）、高度地区の北側斜線制限（法58条）、特定用途誘導地区の高さの限度（法60条の3第2項）	
上記①②以外	高さ12mまで建築物の高さに算入しない。

[3] 棟飾等の屋上突出部の取扱い（令2条1項6号ハ）

　建築物の屋上に部分的に設置され、屋内的空間を有しないものをいう。パラペットは高さに算入するが、棟飾、防火壁等の屋上突出部は、建築物の高さに算入されない。

[4] 軒の高さ（令2条1項7号）

(1)　地盤面または前面道路の路面の中心から建築物の小屋組またはこれに代わる横架材を支持する壁、敷げたまたは柱の上端までの高さによる。

(2)　片流れ屋根の場合は、原則として高い側の軒の高さを当該建築物の軒の高さとする。

[5] 階数（令2条1項8号）

(1)　昇降機塔、装飾塔、物見塔その他これらに類する建築物の屋上部分または地階の倉庫、機械室その他これらに類する建築物の部分で、水平投影面積の合計がそれぞれ当該建築物の建築面積の1／8以下のものは、当該建築物の階数に算入しない。

(2)　建築物の一部が吹抜きとなっている場合、建築物の敷地が斜面または段地である場合、その他建築物の部分によって階数を異にする場合においては、これらの階数のうち最大のものによる。

階数

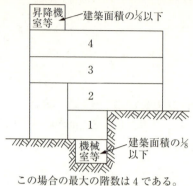

この場合の最大の階数は4である。

［6］地盤面（令2条2項）

(1) 建築面積、建築物の高さ、軒の高さの算定基準である地盤面は、建築物が周囲の地面と接する位置の平均の高さにおける水平面であり、その接する位置の高低差が3mを超える場合においては、その高低差3m以内ごとの平均の高さにおける水平面である。

(2) 一つの建築物にいくつかの地盤面があることになり、その部分ごとに高さを算定する。

(3) 地方公共団体は、必要な場合に条例で区域を限って地盤面を別に定めることができる（法52条5項）。

平均地盤面の算定

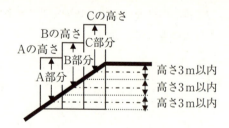

［7］小屋裏物置等

(1) 小屋裏物置等は、小屋裏、天井裏等の余剰空間を利用するもので用途は収納に限定される。

(2) 次の場合は階にみなさないとされている（平成12年6月1日建設省住指発682号）。

① 小屋裏物置の部分の水平投影面積は直下の階の床面積の1／2以下であること。
② 小屋裏物置の天井の最高の高さは、1.4m以下であること。
③ 物の出し入れのために利用するはしご等は固定式のものとしないこと。

(注) 床面積および構造上の取扱いについては平成12年建設省告示1351号が出されており、構造耐力上必要な軸組みの設置については、階に該当しなくても水平投影面積が1／2未満で1／8以上の場合は、小屋裏物置等の面積を加えることとされた。

小屋裏物置

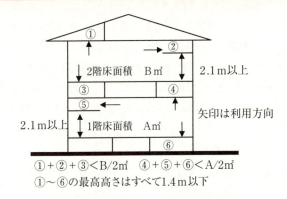

①＋②＋③＜B/2㎡　④＋⑤＋⑥＜A/2㎡
①〜⑥の最高高さはすべて1.4m以下

H30年度 一級建築士 学科試験（法規）に挑戦！

〔No．2〕面積、高さ又は階数に関する次の記述のうち、建築基準法上、誤っているものはどれか。

1. 容積率を算定する場合、建築物のエレベーターの昇降路の部分の床面積は、容積率の算定の基礎となる延べ面積に算入しない。
2. 「北側高さ制限」において、建築物の屋上部分に設ける高さ4mの階段室の水平投影面積の合計が当該建築物の建築面積の1／8である場合においては、その部分の高さは、当該建築物の高さに算入しない。
3. 日影による中高層の建築物の高さの制限の緩和の規定において、建築物の敷地の平均地盤面が隣地（建築物があるもの）又はこれに連接する土地（建築物があるもの）で日影の生ずるものの地盤面より1m以上低い場合においては、その建築物の敷地の平均地盤面は、原則として、当該高低差から1mを減じたものの1／2だけ高い位置にあるものとみなす。
4. 建築物の屋上部分で、水平投影面積の合計が当該建築物の建築面積の1／8の塔屋において、その一部に物置を設けたものは、当該建築物の階数に算入する。

【正解　2】面積・高さ・階数

1. 法52条6項　昇降機の昇降路の部分は算入しない。正しい。
2. 令2条1項六号のロ　1／8以内の緩和規定は、北側斜線の法56条1項三号は除くとされている。誤り。
3. 法56条の2第3項及び令135の12第1項二号の記載のまま。正しい。
4. 令2条1項八号　1／8以下の緩和規定の屋上部分は、昇降機塔、装飾塔、物見塔その他これらに類する建築物のみ。正しい。

第 4 章

一般構造・建築設備

第 1 節　一般構造

　建築基準法では、個々の建築物および敷地の安全、衛生、防火に関する構造方法や構造計算および建築設備について、必要な技術的基準を定めている。建築物そのものに対する基準であることから、一般に「単体規定」と呼ばれており、法第 2 章「建築物の敷地、構造及び建築設備」に規定されている。

　建築物の衛生については、建築敷地の衛生、常時人が生活する場所である居室の採光、換気、天井の高さ、床の高さ、便所および給排水設備等の規定を設けて、健康な生活の保護を図っている。

　また、住宅、学校、病院、保育所等の建築物の居室については、衛生上の観点から自然採光が必要とされており、換気についても自然換気あるいは機械換気設備を設ける等の規定が定められている。

1　敷地の衛生及び安全（法19条 2 項、4 項）

　建築物の敷地は、衛生上および安全上、常に良好な状態で維持されていなければならない。このため、次のような規定が定められている。

❶ 法19条 1 項

(1) 建築物の敷地は、敷地に接する道の境より高くなければならず、かつ、建築物の地盤面は、その敷地に接する周囲の土地より高くなければならない。
(2) ただし、敷地内の排水に支障がない場合または建築物の用途により防湿の必要がない場合にはこの限りでない。

❷ 法19条 2 項

(1) 湿潤な土地、出水のおそれの多い土地またはごみその他これに類する物で埋め立てられた土地に建築物を建築する場合には、盛土、地盤の改良その他衛生上または安全上必要な措置を講じなければならない。
(2) これは低地または湿地等の土地を建築敷地として利用する場合の規定であるが、特にごみ等によって埋め立てられた土地にあっては、メタンガスが発生することもあるのでその対策を考慮する必要がある。

❸ 法19条 3 項

　建築物の敷地には、雨水および汚水を排出し、または処理するための適当な

下水管、下水溝またはためますその他これらに類する施設を設置しなければならない。

❹ 法19条4項

建築物ががけ崩れ等による被害を受けるおそれのある場合においては、擁壁の設置その他安全上適当な措置を講じなければならない。

本項においては、条例により、地方の実情に応じた具体的な制限が付加されている場合が多い。なお、2mを超える擁壁については、建築基準法の規定が準用され、その構造は、令142条に規定されている。

2　居室の採光（法28条、令19条、令20条）

[1] 対象建築物（法28条1項、令19条1・2項）

(1)　次の建築物の居室は、採光のための窓その他の開口部を設けなければならない。

(2)　ただし、地階もしくは地下工作物に設ける居室、平成7年住指発第153号通達に示された温湿度調整を必要とする作業室その他用途上やむを得ない居室は除外されている。

対象建築物

住宅、学校、病院、診療所、寄宿舎、下宿、児童福祉施設等(※)の居室。

> **用語チェック**　(※) 児童福祉施設等：児童福祉施設、助産所、身体障害者社会参加支援施設（補装具製作施設および視聴覚障害者情報提供施設を除く）、保護施設（医療保護施設を除く）、婦人保護施設、老人福祉施設、有料老人ホーム、母子保健施設、障害者支援施設、地域活動支援センター、福祉ホーム、障害福祉サービス事業（生活介護、自立訓練、就労移行支援または就労継続支援を行う事業に限る）の施設をいう。

[2] 採光に有効な開口部（法28条、令19条3項）

(1)　[1]で示した採光が必要な対象建築物の居室には、窓その他の採光に有効な開口部が必要となる。

(2)　採光に有効な開口部の面積は、その居室の床面積に対して、それぞれ次の表に掲げる割合以上でなければならない。

採光に有効な開口部の面積の割合

	採光の必要な建築物	対象居室	割合
①	幼稚園、小学校、中学校、義務教育学校、高等学校、中等教育学校又は幼保連携型認定こども園	教室	1／5以上
②	保育所および幼保連携型認定こども園	保育室	
③	病院または診療所	病室	1／7以上
④	住宅	居室	
	寄宿舎または下宿	寝室または宿泊室	
⑤	児童福祉施設等の用途に供する施設	寝室（入所する者の使用する居室に限る）または保育・訓練室	
⑥	①の学校以外の学校	教室	1／10以上
⑦	病院、診療所または児童福祉施設等	入院患者または入所する者の談話または娯楽その他これらに類する目的のために使用される居室	

例 例えば、50㎡の床面積をもつ小学校の教室においては、その床面積の1／5以上の開口部が必要となり、50×1／5＝10㎡で、当該の小学校の教室は10㎡以上の開口部が必要となる。

この場合、窓が複数ある場合は、複数窓の面積を合計して算定して良いことから、2.5㎡の面積の窓が4枚あれば、有効採光面積が10㎡となる（令20条1項）。

(3) 令19条3項のただし書きでは、上記表の①〜⑤の居室で、国土交通大臣が定める基準に従い、照明設備の設置、有効な採光方法の確保などの措置が講じられているものは、1／10までの範囲内で、国土交通大臣が別に定めることができるとしている。この照明設備の設置等により、下記のように床面積に対する割合が定められている。

対象居室	割合
幼稚園、小・中・高校・中等教育学校の教室または保育所の保育室	1／7
小・中・高校・中等教育学校の音楽教室または視聴覚教室	1／10

参考 ○平成30年国住指第4672号による技術的助言により、保育所等に関する規定を緩和する取扱いが通知されている

[3] 有効面積の算定方法（令20条）

　居室の窓その他の開口部の面積が、すべて採光に有効な部分の面積にならないので注意しなければならない。

　採光に有効な部分の面積は、当該居室の開口部ごとの面積に、それぞれ採光補正係数を乗じて得た面積を合計して算定する。採光補正係数は、地域または区域の区分に応じて次の表の算定式に隣地境界線からの距離等により補正され求められる。

　ただし、国土交通大臣が別に算定方法を定めた建築物の開口部については、その算定方法によることができる。

［有効面積］＝［採光補正係数］×［開口部の面積］

採光補正係数の算定式

用途地域		算定値
住居系の用途地域 （次のイからハまでに掲げる場合にあってはイからハまでに定める数値）		D/H×6－1.4
	イ　開口部が道に面する場合であつて、当該算定値が1.0未満となる場合	1.0
	ロ　開口部が道に面しない場合であつて、水平距離が7メートル以上であり、かつ、当該算定値が1.0未満となる場合	1.0
	ハ　開口部が道に面しない場合であつて、水平距離が7メートル未満であり、かつ、当該算定値が負数となる場合	0
準工業地域、工業地域、工業専用地域 （次のイからハまでに掲げる場合にあつては、それぞれイからハまでに定める数値）		D/H×8－1
	イ　開口部が道に面する場合であつて、当該算定値が1.0未満となる場合	1.0
	ロ　開口部が道に面しない場合であつて、水平距離が5メートル以上であり、かつ、当該算定値が1.0未満となる場合	1.0
	ハ　開口部が道に面しない場合であつて、水平距離が5メートル未満であり、かつ、当該算定値が負数となる場合	0
近隣商業地域、商業地域、用途地域の指定のない区域 （次のイからハまでに掲げる場合にあつては、それぞれイからハまでに定める数値）		D/H×10－1
	イ　開口部が道に面する場合であつて、当該算定値が1.0未満となる場合	1.0

ロ　開口部が道に面しない場合であつて、水平距離が4メートル以上であり、かつ、当該算定値が1.0未満となる場合	1.0
ハ　開口部が道に面しない場合であつて、水平距離が4メートル未満であり、かつ、当該算定値が負数となる場合	0

(注)　D：開口部の直上の建築物の部分と隣地境界線、又は同一敷地内の他の建築物若しくは当該建築物の他の部分までの水平距離
　　　H：開口部の直上にある建築物の部分から開口部の中心までの垂直距離
　　　D/H: 採光関係比率（最も小さい数値を使用）

有効採光の窓

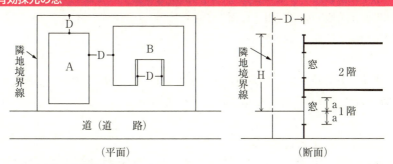

（平面）　　　　　　　　　（断面）

AとBは他の建築物
Dは、隣地境界線等までの距離

採光関係比率

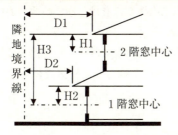

採光関係比率D/Hについて
2階窓は、D1/H1
1階窓は、D1/H3とD2/H2のうち小さい数値

(1)　天窓の場合は、用途地域に応じて算定した数値の3倍が採光補正係数になる。また、居室の外側に幅90cm以上の縁側等がある場合は、0.7倍した数値が採光補正係数になる。ただし、採光補正係数の上限は3.0である。

縁側等の取扱い

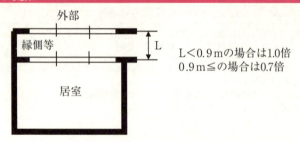

(2) 水平距離に関する緩和として、開口部が道に面する場合で、道の反対側の境界線が公園・広場・川等に面する場合は、これらの幅の1／2の位置を隣地境界線とみなして扱う。

(3) 国土交通大臣が別に算定方法を定めた開口部（平成15年国土交通省告示303号）は、その算定方法によることができる。

3　居室の換気（法28条2項）

日常継続的に使用する居室は、衛生上から常に換気が必要であり、法律で具体的な基準が定められている。

［1］一般の居室（法28条2項）

(1) 居室には、その床面積の1／20以上の換気に有効な窓その他の開口部を設けなければならない。

(2) ただし、政令（令20条の2）で定める自然換気設備、機械換気設備、中央管理方式の空気調和設備等の技術的基準に適合した換気設備を設けた場合は、この限りでない。

［2］劇場、映画館等の居室（法28条3項）

法別表第1（い）(1)項の特殊建築物（劇場、映画館、演芸場、観覧場、公会堂、集会場）の居室には、政令で定める換気設備（令20条の2）を設けなければならない。

［3］火気使用室（法28条3項）

(1) 調理室、浴室等で、かまど、こんろその他火を使用する設備又は器具を設

けた室には、政令で定める換気設備（令20条の2～3）を設けなければならない。
(2) ただし、次の室には、換気設備を設けなくてもよい（令20条の3第1項）。
① 火を使用する設備または器具で直接屋外から空気を取り入れ、かつ、廃ガス等の生成物を直接屋外に排出する構造のもので室内の空気を汚染するおそれがないもの（「密閉式燃焼器具等」という）を設けた室（■例 バランス型風呂釜）
② 床面積100㎡以内の住宅または100㎡以内の共同住宅の住戸の調理室（密閉式燃焼器具等または煙突を設けた設備器具のものは除かれる。また、発熱量の合計が12kW以下の火を使用する設備、器具を設けたものに限る）で、その調理室の床面積の1／10以上の有効開口面積を有する窓等の開口部を換気上有効に設けたもの

　これは、小住宅の台所で、発熱量も少ないもので、かつ、ある程度の窓、開口部があれば、適用されないことにしたものである。
③ 調理室以外の室で、発熱量の合計が、6kW以下の火を使用する設備、器具を設けた室で、換気上有効な窓等の開口部を設けたもの（密閉式燃焼器具等又は煙突を設けた設備、器具を設けたものは対象にならない）

(注) 換気の規定についても、採光の規定と同様に随時開放可能なふすま、障子等で仕切られた2室は1室とみなして適用される（法28条4項）。

［4］換気設備の基準
❶ 自然換気設備（令20条の2第1号イ、129条の2の6第1項）
① 換気上有効な給気口および排気筒を有すること。
② 給気口は、居室の天井の高さ1／2以下の高さの位置に設け、常時外気に開放された構造とすること。
③ 排気口（排気筒の居室に面する開口部をいう）は、給気口より高い位置に設け、常時開放された構造とし、かつ、排気筒の立上り部分に直結すること。
④ 排気筒は、排気上有効な立上り部分を有し、その頂部は外気の流れによって排気が妨げられない構造とし、かつ、直接外気に開放すること。
⑤ 排気筒は、その頂部および排気口を除いて開口部を設けないこと。
⑥ 給気口および排気口ならびに排気筒の頂部には、雨水またはねずみ、虫、ほこりその他衛生上有害なものを防ぐための設備をすること。
⑦ 排気筒の有効断面積は、次の式によって計算した数値以上とすること。

$$Av = \frac{Af}{250\sqrt{h}}$$

　　h：給気口の中心から排気筒の頂部の外気に開放された部分の中心までの高さ（m）
　　Av：排気筒の有効断面積（㎡）
　　Af：居室の床面積（㎡）（換気上有効な窓、開口部がある場合は、その開口部の有効換気面積を20倍した面積をその居室の床面積から減じた面積）

⑧　給気口および排気口の有効開口面積は、排気筒の有効断面積以上とすること。
⑨　そのほか、国土交通大臣が衛生上有効な換気を確保するために必要があると認めて定める構造とすること。

　○換気設備の衛生上有効な換気を確保するための構造（昭和45年建設省告示1826号）

自然換気設備

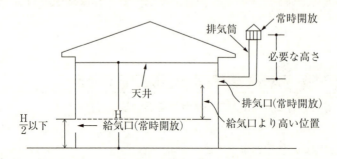

❷ 機械換気設備（令20条の2第1号ロ・第2号、129条の2の6第2項）

①　換気上有効な給気機および排気機、換気上有効な給気機および排気口または換気上有効な給気口および排気機を有すること。
②　給気口および排気口の位置および構造は、室内に取り入れられた空気の分布を均等にし、著しく局部的な空気の流れを生じないようにすること。
③　給気機の外気取り入れ口ならびに直接外気に開放された給気口および排気口には、雨水またはねずみ、虫、ほこりその他衛生上有害なものを防ぐ

ための設備をすること。
④ 直接外気に開放された給気口または排気口に換気扇を設ける場合には、外気の流れによって著しく換気能力が低下しない構造とすること。
⑤ 風道は、空気を汚染するおそれのない材料で造ること。
⑥ 有効換気量は、次の式によって計算した数値以上とすること。

$$V = \frac{20Af}{N}$$

V：有効換気量（㎥／h）

Af：居室の床面積（㎡）（特殊建築物の居室以外の居室が、換気上有効な開口部を有する場合は、その開口部の換気上有効な面積を20倍した面積を、その居室の床面積から減じた面積）

N：1人当たりの占有面積（㎡）

⑦ 1の機械換気設備が2以上の居室等に係る場合は、当該換気設備の有効換気量は、当該居室等のそれぞれについて必要な有効換気量の合計以上とすること。
⑧ そのほか、国土交通大臣が衛生上有効な換気を確保することができるとして定める構造（昭和45年建設省告示1826号）とすること。

❸ 中央管理方式の空気調和設備（令20条の2第1号ハ・2号、令129条の2の6第3項）

① ❷の①～⑤の構造とすること。
② 居室に関する次頁の表の事項が、基準に適合するように空気を浄化し、その温度、湿度または流量を調節して供給できる性能を有し、かつ、安全上、防火上および衛生上支障がないと国土交通大臣が定める構造としなければならない。
③ 空気調和設備の制御および作動状態の監視は、中央管理室において行うことができるものとすること（ただし、非常エレベーターを設ける建築物以外の建築物または各構えの床面積の合計が1,000㎡以内の地下街については除く）。
④ そのほか、国土交通大臣が衛生上有効な換気を確保することができるとして定める構造とすること。
⑤ 法34条2項の建築物（高さ31mを超え、非常用エレベーターを設ける建築物）または床面積の合計が1,000㎡を超える地下街に設ける機械換気設備の制御および監視は、中央管理室で行うことができるものとするこ

と。

	事　　項	基　　　　準
①	浮遊粉じんの量	空気1m³につき0.15mg以下
②	一酸化炭素の含有率	10／1,000,000以下
③	炭酸ガスの含有率	1,000／1,000,000以下
④	温度	ア　17℃以上28℃以下 イ　居室における温度を外気の温度より低くする場合は、その差を著しくしないこと。
⑤	相対湿度	40％以上70％以下
⑥	気流	1秒間につき0.5m以下

（注）この表の事項の測定方法は国土交通省令で定める。

　○中央管理方式の空気調和設備の構造の指定（昭和45年建設省告示1832号）

［5］　特殊建築物及び換気設備を設けるべき調理室等の換気（法28条3項、令20条の3）

　法別表第1（い）欄1項に掲げる劇場、映画館、演芸場、観覧場、公会堂、集会場の居室または建築物の調理室、浴室その他の室でかまど、こんろ等火を使用する設備または器具を設けた「換気設備を設けるべき調理室等」には、政令で定める技術基準に従った換気設備を設けなければならない。

［6］　換気設備を設けるべき調理室等の技術基準（法28条3項、令20条の3第2項）

　①　給気口は、換気設備を設けるべき調理室等の天井の高さの1／2以下の位置（煙突を設ける場合または換気上有効な排気のための換気扇等を設ける場合には適当な位置）に設け、かつ、火を使用する設備または器具の燃焼を妨げないように設けること。

　②　排気口は、換気設備を設けるべき調理室等の天井または天井から下方80cm以内の位置（煙突または排気フードを有する排気筒を設ける場合には、適当な位置）に設け、かつ、換気上有効な排気のための換気扇等を設けて、直接外気に開放し、もしくは排気筒に直結し、または排気上有効な立上り部分を有する排気筒に直結すること。

　③　給気口の有効開口面積または給気筒の有効断面積は、国土交通大臣が定

める数値以上とすること。
④　排気口の有効開口面積または排気筒の有効断面積は、排気口または排気筒に換気上有効な排気のための換気扇等を設ける場合を除き、国土交通大臣が定める数値以上とすること。
⑤　ふろがままたは発熱量が12kWを超える火を使用する設備もしくは器具（密閉式燃焼器具等を除く）を設けた換気設備を設けるべき調理室等には、ふろがままたは設備もしくは器具に接続して煙突を設けること。ただし、用途上、構造上等の理由により、これが著しく困難である場合で、排気フードを有する排気筒を設けたときは、この限りでない。
⑥　火を使用する設備または器具に煙突（ボイラーの煙突を除く）を設ける場合、その有効断面積は、当該煙突に換気上有効な換気扇等を設ける場合を除き、国土交通大臣が定める数値以上とすること。
⑦　火を使用する設備または器具の近くに排気フードを有する排気筒を設ける場合、排気フードは不燃材料で造るものとし、排気筒の有効断面積は、当該排気筒に換気上有効な換気扇等を設ける場合を除き、国土交通大臣が定める数値以上とすること。
⑧　直接外気に開放された排気口または排気筒の頂部は、外気の流れによって排気が妨げられない構造とすること。
⑨　そのほか、国土交通大臣が衛生上有効な換気を確保するために必要があると認めて定める構造とすること。

（注）昭和45年建設省告示1826号参照

換気設備の設置・種類

	換気設備の設置	換気設備の種類
①	無窓の居室 〔換気に有効な窓その他の開口部の面積がその居室の床面積の1／20未満〕	自然換気設備 機械換気設備 中央管理方式の空気調和設備
②	劇場・映画館・演芸場・観覧場・公会堂・集会場の居室	機械換気設備 中央管理方式の空気調和設備
③	火気使用室 〔調理室・浴室その他の室でかまど・こんろその他の火を使用する設備又は器具を設けた室〕	自然換気設備 機械換気設備

4　開放された居室の緩和（法28条4項）

　法28条4項の規定により、採光および換気に関する規定の適用については、ふすま、障子等随時開放可能なもので仕切られる2室は1室とみなされる。

2室を1室とみなす

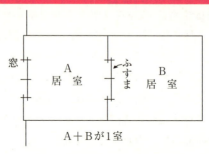

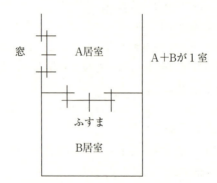

5　地階に設ける住宅等の居室（法29条、令22条の2）

(1)　住宅の居室、学校の教室、病院の病室、寄宿舎の寝室を地階に設ける時は、政令で定める衛生上の技術基準に適合しなければならない。

(2)　居室は、次のいずれかに該当すること。
　①　からぼり等の空地に面する開口部を設ける。
　②　令20条の2に適合する換気設備を設ける。
　③　湿度調節する設備を設ける。

(3)　外壁等は次のいずれかに適合すること。
　①　土に接する部分に防水層を設ける。
　②　土に接する部分を耐水材料で造り、かつ水の浸透防止のための空隙を設ける。
　③　居室内に水が浸透しないものとして、国土交通大臣の認定を受けたも

の。
(4) ドライエリアの大きさ等の基準は平成12年建設省告示1430号に、住宅の地下の居室については指導指針（建設省住指発408号）が示されている。

平成12年建設省告示1430号

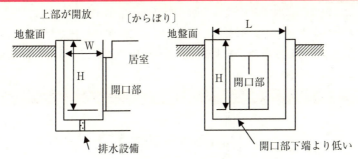

$L \geqq (2m、かつ、H)$
$W \geqq (1m、かつ、H \times 4/10)$

6　居室の天井の高さ、床の高さ、防湿方法

[1]　居室の天井の高さ（令21条）

居室の天井の高さは、次のように定められている。

① 居室の天井の高さは、2.1m以上とする。
② 天井の高さは室の床面から測る。1室で天井の高さの異なる部分がある場合は、その平均の高さとする。

天井の高さの算定方法

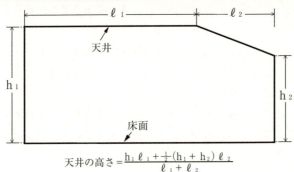

$$天井の高さ = \frac{h_1 \ell_1 + \frac{1}{2}(h_1 + h_2)\ell_2}{\ell_1 + \ell_2}$$

第4章　一般構造・建築設備

［２］ 居室の床の高さ、防湿方法（令22条）
(1) 最下階の居室の床が木造の場合、その床の高さを直下の地面から床の上面まで45cm 以上とする。
(2) 外壁の床下部分には、壁の長さ５ｍ以下ごとに、面積300cm²以上の換気孔を設け、これにねずみの侵入を防ぐための設備をする。
(3) 床下をコンクリート、たたきその他これらに類する材料でおおう等防湿上有効な措置を講じた場合、および国土交通大臣の認定を受けたものである場合はこの限りでない。

床の高さ

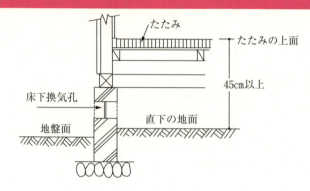

7 共同住宅等の遮音

長屋、共同住宅等は、それぞれ独立した生活を営む場所であるから、隣接する住戸相互の遮音の確保を図る必要がある。

［１］ 長屋、共同住宅の界壁（法30条）
(1) 長屋または共同住宅の各戸の界壁は、次に掲げる基準に適合しなければならない（１項）。
　① 政令（令22条の３）に定める技術基準に適合するもので、国土交通大臣が定めた構造方法を用いるか、または大臣の認定を受けたもの。
　② 小屋裏又は天上裏に達するもの。
(2) (1)の規定は各住戸の天井が、政令で定める技術基準に適合するもので大臣が定めた構造方法を用いるか又は大臣の認定を受けた場合は適用しない（２項）。

［２］ 界壁の遮音性能（令22条の３）
長屋または共同住宅の界壁の技術的基準は次表のとおり、振動数の音に対す

る透過損失により定められている数値以上であること。

振 動 数（ヘルツ）	透過損失（デシベル）
125	25
500	40
2,000	50

8 階 段
[1] 階段の幅、踊場の幅、蹴上げ、踏面寸法（令23条）
(1) 階段や踊場の寸法は、建築物の用途、居室の床面積等に応じて定められている（1項）。

（単位：cm）

	階段の種類	階段およびその踊場の幅	蹴上げの寸法	踏面の寸法
①	小学校における児童用のもの	140以上	16以下	26以上
②	・中学校、高等学校または中等教育学校における生徒用のもの ・物品販売業（※）を営む店舗で床面積の合計が1,500㎡を超えるもの ・劇場、映画館、演芸場、観覧場、公会堂もしくは集会場における客用のもの	140以上	18以下	26以上
③	・直上階の居室の床面積の合計が200㎡を超える地上階 ・居室の床面積の合計が100㎡を超える地階または地下工作物内におけるもの	120以上	20以下	24以上
④	①～③までに掲げる階段以外のもの	75以上	22以下	21以下

（※）物品販売業：物品加工修理業を含む。

　① 屋外階段の幅は、直通階段（令120条、令121条）は90cm以上、その他は60cm以上とすることができる。
　② 住宅の階段（共同住宅の供用階段を除く）の蹴上げは23cm以下、踏面は15cm以上とすることができる。
　③ 回り階段の踏面寸法は、狭い方の端から30cmの位置で測る（2項）。
(2) 階段の幅、踊場の幅は、通行上、および避難上から有効幅（内法幅）のことをいう。柱がある場合または通行に支障のある突出物等がある場合には、

その部分を除いた部分が有効幅となる。

ただし、階段や踊場に設ける手すりおよび階段の昇降を安全に行うための設備でその高さが50cm以下のもの（「手すり等」という）は、10cmを限度として、ないものとみなして算定する（3項）。

(3) 第1項の規定は、同項と同等以上に昇降を安全に行うことができるものとして国土交通大臣が定めた構造方法を用いる階段には適用しない。

手すりの緩和

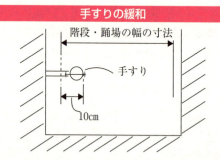

階段の蹴上げ、踏面寸法

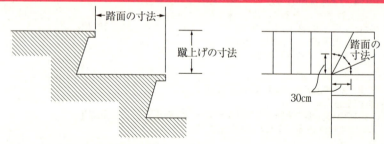

[2] 踊場の位置及び踏幅（令24条）

踊場を設置する基準は、次のとおりである。

階段種類	設置基準
前記表の①または②の階段で高さが3mを超えるもの	3m以内ごとに設けなければならない
その他の階段で高さが4mを超えるもの	4m以内ごとに設けなければならない

直階段（直通階段とは異なる）の踊場の踏幅は1.2m以上とする。

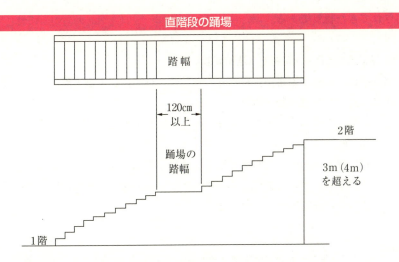

直階段の踊場

[3] 階段の手すり・傾斜路等（令25～27条）

部位	規定
手すりおよび側壁	・階段には、手すりを設けなければならない。 ・階段および踊場の両側で手すりが設けられていない場合は、側壁またはこれに代わるものを設けなければならない。 ・階段の幅が３ｍを超える場合は、中間に手すりを設ける。ただし、蹴上げが15cm以下で、かつ、踏面が30cm以上の階段は、この限りではない。
高さ１ｍ以下の階段	高さ１ｍ以下の階段には、上記の側壁、手すりの規定は適用されない。
傾斜路	階段に代わる傾斜路は、勾配が１／８以下で、表面は粗面とするかすべりにくい材料で仕上げる。また、傾斜路の幅、踊場の位置、踏幅、手すり等については階段の規定と同じである。
特殊な用途の専用階段	昇降機機械室用、物見塔用その他特殊な用途の専用階段には、幅、蹴上げ、踏面、手すりに関する規定は適用されない。 　ただし、昇降機機械室用の階段については、令129条の９で別に規定されている。

9　石綿等の物質の飛散又は発散に対する衛生上の措置（法28条の２）

　居室内において政令で定める規制対象の化学物質が発散するなど衛生上支障がないように、建築材料および換気設備について技術基準が定められている。

　政令では、著しく衛生上有害な物質として「石綿」が指定されており、衛生上の支障を生ずるおそれがある物質としてクロルピリホスおよびホルムアルデヒドも規制対象となっている。クロルピリホスは、これまで木造住宅のしろあり駆除剤として、また、ホルムアルデヒドは、建築材料に防腐剤として広く使

用されてきた物質である。

[1] 法に定める衛生上の措置（法28条の2）

建築物は、石綿等の建築材料からの飛散または発散による支障がないよう次の基準に適合しなければならない。

① 石綿等の著しく衛生上有害なものとして政令で定める物質を建築材料に添加しないこと。
② 石綿等をあらかじめ添加した建築材料を使用しないこと。
③ クロルピリホスおよびホルムアルデヒドは、建築材料及び換気設備について政令の技術基準に適合すること。

○平成18年国土交通省告示第1172号

[2] クロルピリホスに関する技術基準（令20条の6）

(1) 建築材料にクロルピリホスを添加しない。
(2) クロルピリホスをあらかじめ添加した建築材料を用いない。ただし、添加から長期間経過していること等により、クロルピリホスを発散するおそれがないものとして国土交通大臣が定める建築材料（建築物に使用された状態で添加後5年以上経過しているもの：平成14年国土交通省告示1112号）は使用できる。

[3] ホルムアルデヒドに関する技術基準（令20条の7）

❶ 内装仕上げの制限（第1項1号）

居室の壁、床、天井、建具の室内に面する部分の仕上げには、夏季において表面積1㎡につき0.12mg／時を超えるホルムアルデヒドを発散させるものとして、国土交通大臣が定める建築材料（第一種ホルムアルデヒド発散建築材料という。）を使用しないこと。ただし、建築物に使用して5年以上経過したもの（平成14年国土交通省告示第1113号）および令20条の8第1項1号ハの基準に適合する中央管理方式の空気調和設備を設ける場合は規制を受けない。
ここでいう居室には、常時開放された開口部を通じてこれと相互に通気が確保される廊下等を含む（令20条の7～20条の9において同じ）。

❷ 第二種、第三種ホルムアルデヒド発散建築材料の使用面積の制限（1項2号）

政令で定める第二種、第三種ホルムアルデヒド発散建築材料は、居室の種類および換気回数等に応じて、内装の仕上げに使用できる面積が制限される。

●H30年度 一級建築士 学科試験（法規）に挑戦！

〔No．5〕次の記述のうち、建築基準法上、誤っているものはどれか。

1. 準工業地域内の有料老人ホームの居室（天窓を有しないもの）で、外側にぬれ縁ではない幅1mの縁側を有する開口部（道に面しないもの）の採光補正係数は、水平距離が6mであり、かつ、採光関係比率が0.24である場合においては、0.7とする。
2. 集会場の用途に供する床面積400㎡の居室に、換気に有効な部分の面積が20㎡の窓を設けた場合においては、換気設備を設けなくてもよい。
3. 物品販売業を営む店舗で床面積の合計が1,600㎡のものにおける客用の階段で、その高さが3mを超えるものにあっては、高さ3m以内ごとに踊場を設けなければならない。
4. 居室の天井の高さは、室の床面から測り、1室で天井の高さの異なる部分がある場合においては、その平均の高さを2.1m以上としなければならない。

【正解　2】一般構造

1. 令20条1項　採光に有効な部分の面積は、当該居室の開口部ごとの面積に、それぞれ採光補正係数を乗じて得た面積を合計して算定する。
　　　令20条2項　1項の採光補正係数は、次の各号に掲げる地域又は区域の区分に応じ、それぞれ当該各号に定めるところにより計算した数値で、同項二号では、準工業地域は、同号ロにて、開口部が道に面しない場合であって、水平距離が5m以上であり、かつ、当該算定値が1.0未満となる場合は1.0とするとあるが、1項で、外側に幅90cm以上の縁側（ぬれ縁を除く。）その他これに類するものがある開口部にあっては当該数値に0.7を乗じて得た数値とあるため、1.0×0.7で採光補正係数は0.7。正しい。
2. 法28条3項　別表第一（い）欄一項に掲げる用途に供する特殊建築物の居室には、換気設備を設けなければならないとあるため集会場は換気設備が必要。誤り。
3. 令24条　前条第1項の表の（一）又は（二）に該当する階段でその高さが

3mをこえるものにあっては高さ3m以内ごとに踊場を設けなければならないとあり、令23条1項の表（二）に物品販売業を営む店舗で床面積の合計が1,500㎡を超えるものとあるため必要。正しい。
4．令21条1項及び2項の記載のまま。正しい。

第 2 節　建築設備

1　給水・排水などの配管設備

[1]　給排水の配管設備（令129条の2の5）

❶　一般の配管設備（1項）

① コンクリートへの埋設等により腐食するおそれのある部分には、材質に応じ有効な腐食防止のための措置を講ずること。

② 構造耐力上主要な部分を貫通して配管する場合は、はり等をはつることにより構造耐力に支障をきたさないようにすること。

③ エレベーターの昇降路内に設けないこと。ただし、昇降機および配管設備の機能に支障が生じないとして国土交通大臣が定めた構造方法（平成17年国土交通省告示570号）または認定を受けたものはこの限りでない。

④ 圧力タンクおよび給湯設備には、有効な安全装置を設けること。

⑤ 水質、温度等の特性に応じて、安全上、防火上、衛生上支障のない構造とすること。

⑥ 地階を除く階数が3以上の建築物、地階に居室のある建築物、延べ面積が3,000㎡を超えるものに設ける換気、暖冷房の風道、ダストシュート、メールシュート、リネンシュート等は、不燃材料で造ること（屋外に面する部分、国土交通大臣が定める部分（平成12年国土交通省告示1412号）を除く）。

⑦ 給水管、配電管等が、防火区画、防火壁、界壁等を貫通する場合は、これらの管の構造は、次のアからウまでのいずれかに適合すること。ただし、準耐火構造の床もしくは壁または特定防火設備で建築物の他の部分と区画されたパイプシャフト、パイプダクト等の中にある部分は、この限りでない。

ア　給水管、配電管等の貫通する部分および貫通する部分から両側に1m以内の部分を不燃材料で造ること。

イ　給水管、配電管等の外径が、管の用途、材質等の事項に応じて国土交通大臣が定める数値未満であること（平成12年建設省告示1422号）。

ウ　防火区画等を貫通する管に通常の火災による火熱が加えられた場合に、加熱開始後20分間防火区画等の加熱側の反対側に火災を出す原因となるき裂その他の損傷を生じないものとして、国土交通大臣の認定を受けたものであること。

⑧　3階以上の階の共同住宅の住戸に設けるガスの配管設備は、国土交通大臣が安全を確保するために必要があると認めて定める基準によること（昭和56年建設省告示1099号）。

❷ 飲料水の配管設備（2項）

❶の規定のほか、次に定めるところによる。
① 飲料水の配管設備とその他の配管設備とは直接連結させないこと（同一給水系統の配管設備を含む）……雑用水との分離
② 水槽、流し等に給水する配管設備の水栓の開口部にあっては、あふれ面と水栓の開口部との垂直距離を適当に保つ等有効な水の逆流防止の措置を講ずること（同一給水系統の配管設備を含む）。
③ 配管設備から漏水せず、また、水が汚染されるおそれのないものとすること（同一給水系統の配管設備を含む）（平成12年建設省告示1390号）。
④ 凍結防止の措置を講ずること。
⑤ 給水タンク、貯水タンクは、ほこり等有害なものが入らない構造とし、金属性のものは、有効なさび止めのための措置を講ずること。
⑥ そのほか、国土交通大臣の定める構造（昭和50年建設省告示1597号）とすること。

❸ 排水のための配管設備（3項）

❶の規定のほか、次に定めるところによる。
① 雨水、汚水の量、水質に応じ有効な容量、傾斜及び材質を有すること。
② 排水トラップ、通気管を設置する等衛生上必要な措置を講ずること。
③ 末端は、公共下水道、都市下水路等の排水施設に有効に連結すること。
④ 汚水に接する部分は、不浸透質の耐水材料で造ること。
⑤ そのほか、国土交通大臣の定める構造とすること（昭和50年建設省告示1597号）。

［2］冷却塔設備（令129条の2の7）

地階を除く階数が11以上である建築物の屋上に設ける冷房の冷却塔設備は、次に定めるいずれかの構造としなければならない。
① 主要な部分を不燃材料で造るか、国土交通大臣の定める防火上支障のない構造とすること。

② 冷却塔の構造に応じ、建築物の他の部分までの距離を国土交通大臣が定める距離以上にすること。
③ 冷却塔設備の内部が燃焼した場合においても建築物の他の部分を一定温度以上に上昇させないものとして国土交通大臣の認定を受けたもの

(注) 昭和40年建設省告示3411号参照

2 便所

便所は、環境衛生上から重要であるため、その構造、位置について、次の規定が設けられている。

下水が整備されており終末処理施設が完備している区域内では、水洗便所にすることが義務付けられているが、その他の区域で水洗便所にする場合には、屎尿浄化槽を設けなければならない。

[1] くみ取便所の禁止等（法31条）

(1) 下水道法2条8号に規定する処理区域内の便所は、水洗便所（汚水管が下水道法2条3号に規定する公共下水道に連結されたものに限る）以外の便所としてはならない。
(2) 便所から排水する汚物を下水道法2条6号に規定する終末処理場を有する公共下水道以外に放流しようとする場合は、衛生上支障がない構造の屎尿浄化槽を設けなければならない。

屎尿浄化槽の技術的基準は、令32条に規定されている。

○下水道法2条8号（処理区域）
　排水区域のうち排除された下水を終末処理場により処理することができる地域で、第9条第2項において準用する同条第1項の規定により公示された区域をいう。
○下水道法2条6号（終末処理場）
　下水を最終的に処理して河川その他の公共の水域又は海域に放流するために下水道の施設として設けられる処理施設及びこれを補完する施設をいう。
○下水道法2条3号（公共下水道）
　主として市街地における下水を排除し、又は処理するために地方公共団体が管理する下水道で、終末処理場を有するもの又は流域下水道に接するものであり、かつ、汚水を排除すべき排水施設の相当部分が暗渠である構造のものをいう。

［2］便所の採光、換気（令28条）

便所には、採光、換気のため直接外気に接する窓を設けなければならない。ただし、水洗便所でこれに代わる換気設備をした場合には、窓がなくてもよい。

［3］くみ取便所の構造（令29条）
(1) 屎尿に接する部分から漏水しないものであること。
(2) 屎尿の臭気が建築物の他の部分または屋外にもれないものであること。
(3) 便槽に、雨水や土砂等が流入しないものであること。

［4］特殊建築物及び特定区域の便所の構造（令30条）
(1) 都市計画区域および準都市計画区域内の学校、病院、劇場、映画館、演芸場、観覧場、公会堂、集会場、百貨店、ホテル、旅館、寄宿舎、停車場、地方公共団体が条例で指定する建築物の便所および公衆便所は、前記のくみ取便所の基準（令29条）および次の基準に適合するものとして国土交通大臣が定めるか、又は認定した構造方法を用いなければならない。
　① 便器から便槽まで不浸透質の汚水管で連絡すること。
　② 水洗便所以外の大便所の窓、換気用の開口部には、はえを防ぐ金網を張ること。
(2) 地方公共団体は、(1)の建築物または条例で指定する区域内の建築物のくみ取便所の便槽を改良便槽とすることが衛生上必要であり、かつ、有効に維持することができると認められる場合は、条例で改良便槽としなければならない旨の規定を設けることができる。

［5］改良便槽（令31条）

改良便槽は、次の構造としなければならない。
　① 便槽は、貯溜槽およびくみ取槽を組み合わせた構造とすること。
　② 便槽は、耐水材料で造り、防水モルタルを塗る等有効な防水措置を講じて漏水しないものとすること。
　③ 貯溜槽は、2槽以上に区分し、貯溜部分の深さは80cm以上の深さとし、その容積は0.75㎥以上で、かつ、100日以上貯溜できるようにすること。
　④ 貯溜槽には、掃除用の穴を設け、かつ、密閉できるふたを設けること。

⑤ 小便器からの汚水管は、先端を貯溜槽の汚水面下40cm以上の深さに差し入れること。

[6] 屎尿浄化槽（令32条〜35条）

浄化槽の設置、保守点検、清掃および製造については、浄化槽法（昭和58年法律43号）に基づいて行われる。

屎尿浄化槽は、建築工事と同時に設置することが多いが、建築主事または指定確認検査機関は屎尿浄化槽を設置する建築物について、確認申請書または計画通知を受理した場合には、遅滞なく、管轄する保健所長に通知することになっている（法93条5項）。

屎尿浄化槽による汚物処理性能の技術的基準は、令32条から35条に定められている。

❶ 屎尿浄化槽の性能（令32条1項）

次表に掲げる区域と処理対象人員の区分に応じ、国土交通大臣が定める性能を有し、かつ、衛生上支障がないと認めて指定する構造または認定を受けたものとしなければならない。また、放流水に含まれる大腸菌群数は1cm³につき3,000個以下にする性能が求められている。

屎尿浄化槽または合併処理浄化槽を設ける区域	処理対象人員（単位 人）	性　　能	
		生物化学的酸素要求量の除去率（単位　％）	屎尿浄化槽または合併処理浄化槽からの放流水の生物化学的酸素要求量（単位　mg/リットル）
特定行政庁が衛生上特に支障があると認めて規則で指定する区域	50以下 51以上 500以下 501以上	65以上 70以上 85以上	90以下 60以下 30以下
特定行政庁が衛生上特に支障がないと認めて規則で指定する区域		55以上	120以下
その他の区域	500以下 501以上 2,000以下 2,001以上	65以上 70以上 85以上	90以下 60以下 30以下

(注)　1．この表における処理対象人員の算定は、国土交通大臣の定める方法により行う。
　　　2．この表において、生物化学的酸素要求量の除去率とは、屎尿浄化槽または合併処理浄化槽への流入水の生物化学的酸素要求量の数値から屎尿浄化槽または合併処理浄化槽からの放流水の生物化学的酸素要求量の数値を減じた数値を屎尿浄化槽または合併処理浄化槽への流入水の生物化学的酸素要求量の数値で除して得た割合をいう。

○　屎尿浄化槽の処理対象人員の算定方法（昭和44年建設省告示3184号）（JAS A 3302）に定めるところによる。

○　屎尿浄化槽及び合併処理浄化槽の構造（昭和55年建設省告示1292号）

❷ 地下浸透方式の屎尿浄化槽（令32条2項）

　特定行政庁が地下浸透方式により汚物を処理しても衛生上支障がないと認めて規則で指定する区域内に設ける地下浸透方式の屎尿浄化槽は、❶の性能にかかわらず、下表に定める性能を有し、かつ、放流水に含まれる大腸菌群数が、1cm³につき3,000個以下にする性能を有すること。

性　　能		
1次処理装置による浮遊物質量の除去率 （単位　％）	1次処理装置からの流出水に含まれる浮遊物質量 （単位　mg/リットル）	地下浸透能力
55以上	250以下	1次処理装置からの流出水が滞留しない程度のものであること。

(注)　この表において、1次処理装置による浮遊物質量の除去率とは、1次処理装置への流入水に含まれる浮遊物質量の数値から1次処理装置からの流出水に含まれる浮遊物質量の数値を減じた数値を1次処理装置への流入水に含まれる浮遊物質量の数値で除して得た割合をいう。

　なお、この区域の指定にあたっては、下水道法、河川法、道路法及び廃棄物の処理及び清掃に関する法律の所管庁その他の関係機関と協議のうえ指定することになっている。

❸ 水質汚濁防止区域の屎尿浄化槽（令32条3項）

　水質汚濁防止法3条1項または3項の規定により、公共水域に放流水を排出する屎尿浄化槽または合併処理浄化槽について、❶の基準より厳しい排水基準が定められているときは、当該排水基準に適合すること。

○水質汚濁防止法
　　第3条第1項：排水基準は、排出水の汚染状態（熱によるものを含む。以下同じ。）については、環境省令で定める。

第3条第3項：都道府県は、当該都道府県の区域に属する公共用水域のうち、その自然的、社会的条件から判断して、第1項の排水基準によっては人の健康を保護し、又は生活環境を保全することが十分でないと認められる区域があるときは、その区域に排出される排出水の汚染状態について、政令で定める基準に従い、条例で、同項の排水基準にかえて適用すべき同項の排水基準で定める許容限度よりきびしい許容限度を定める排水基準を定めることができる。

[7] 漏水検査（令33条）

改良便槽、屎尿浄化槽および合併処理浄化槽は、設置後、満水にして24時間以上漏水しないことを確かめなければならない。

[8] 便所と井戸との距離（令34条）

くみ取便所の便槽は、井戸から5m以上離して設けなければならない。ただし、地盤面下3m以上埋設した閉鎖式井戸で、その導水管が外管を有せず、かつ、不浸透質で造られている場合またはその導水管が内径25cm以下の外管を有し、かつ、導水管および外管が共に不浸透質で造られている場合は、1.8m以上とすることができる。

この規定は、敷地内の便槽と井戸との関係だけではなく、隣地のものについても適用されるので注意を要する。

[9] 合併処理浄化槽の構造（令35条）

合併処理浄化槽の構造は、令32条の汚物処理性能に関する技術的基準に適合するもので、国土交通大臣が定めた構造方法を用いるものまたは国土交通大臣の認定を受けたものとしなければならない。

便槽と井戸の距離

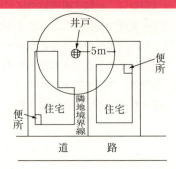

閉鎖式井戸

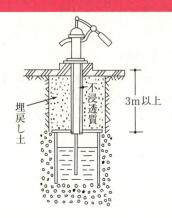

3　昇降機

　建築物に設ける昇降機は、安全な構造で、その昇降機の周壁および開口部は、防火上支障がない構造でなければならない（法34条1項）。
　ここでは、一般の昇降機について述べる。

[1] 適用の範囲（令129条の3）
(1) 昇降機の規定は、建築物に設けるエレベーター、エスカレーターおよび小荷物専用昇降機に適用される。
(2) ただし、特殊な構造や使用形態のもので国土交通大臣の定める構造に適合するもの（平成12年建設省告示1413号）は、政令の一部の規定は適用されない。
(3) エレベーターとは、人または人および物を運搬する昇降機並びに物を運搬

するための昇降機で、かごの水平投影面積が1㎡を超え、または天井の高さが1.2mを超えるものをいう。
(4) 小荷物専用昇降機とは、物を運搬するための昇降機で、かごの水平投影面積が1㎡以下で、かつ、天井の高さが1.2m以下のものをいう。

[2] エレベーターの構造上主要な部分（令129条の4）
(1) エレベーターのかごおよびかごを支え、または吊る構造上主要な部分（以下「主要な支持部分」という）は、次の各号のいずれかに適合する構造としなければならない。
　① 設置時および使用時のかごおよび主要な支持部分の構造が、次の基準に適合するとして、国土交通大臣が定めた構造方法を用いるものであること。
　　ア　かごの昇降によって摩損または疲労破壊を生ずるおそれのある部分以外の部分は、通常の昇降時の衝撃および安全装置が作動した場合の衝撃により損傷を生じないこと。
　　イ　かごの昇降によって摩損または疲労破壊を生ずるおそれのある部分は、通常の使用状態において、通常の昇降時の衝撃および安全装置が作動した場合の衝撃によりかごの落下をもたらすような損傷が生じないこと。
　② かごを主索でつるエレベーター、油圧エレベーターその他国土交通大臣が定めるエレベーターにあっては、通常の使用状態における摩損および疲労破壊を考慮したエレベーター強度検証法（令129条の4第2項）により、アに掲げる基準に適合すると確かめられたものであること（平成12年建設省告示1414号）。
　③ アに掲げる基準に適合するとして、国土交通大臣の認定を受けたものであること。
(2) (1)のほか、エレベーターのかごおよび主要な支持部分の構造は、次の基準に適合するものとしなければならない。（令129条の4第3項）
　① 腐食または腐朽のおそれのあるものにあっては、腐食もしくは腐朽しにくい材料を用いるか、または有効なさび止めもしくは防腐のための措置を講じること。
　② 主要な支持部分のうち、摩損または疲労破壊を生ずるおそれのあるものにあっては、2以上の部分で構成され、かつ、それぞれが独立してかごを

支え、またはつることができること。
　③　滑節構造とした接合部にあっては、地震その他の震動によって外れるおそれがないこと。
　④　滑車を使用してかごをつるエレベーターにあっては、地震その他の震動によって索が滑車から外れないこと。
　⑤　屋外に設けるエレベーターで昇降路の壁の全部または一部を有しないものにあっては、国土交通大臣が定める基準に従った構造計算により風圧に対して構造耐力上安全であることが確かめられたものであること。

[3] エレベーターの荷重（令129条の5）

　エレベーターの各部の固定荷重および積載荷重は、エレベーターの実況に応じたものにしなければならない。ただし、積載荷重については、かごの種類に応じて下限が定められている。

平成12年建設省告示1415号

かごの種類		積載荷重（単位　ニュートン）
乗用エレベーター（人荷共用エレベーターを含み、寝台用エレベーターを除く）のかご	床面積が1.5㎡以下のもの	床面積1㎡につき3,600として計算した数値
	床面積が1.5㎡を超え3㎡以下のもの	床面積の1.5㎡を超える面積に対して1㎡につき4,900として計算した数値に5,400を加えた数値
	床面積が3㎡を超えるもの	床面積の3㎡を超える面積に対して1㎡につき5,900として計算した数値に13,000を加えた数値
乗用エレベーター以外のエレベーターのかご		床面積1㎡につき2,500（自動車運搬用エレベーターにあっては、1,500）として計算した数値

[4] エレベーターのかごの構造（令129条の6）

　エレベーターのかごは、次の構造としなければならない。
　①　各部は、かご内の人、または物による衝撃に対して安全なものとすること。
　②　難燃材料で造り、または覆うこと（構造上軽微な部分および国土交通大臣が定めるかご（平成12年建設省告示1416号）は除く）
　③　かご内の人、または物がつり合おもり、昇降路の壁等かご外の物に触れるおそれのない構造とした壁または囲い、および出入口の戸を設けること。

④　非常の場合に、かご内の人を安全にかご外に救出することができる開口部をかごの天井部に設けること。
⑤　用途、積載量、最大定員（乗用エレベーターおよび寝台用エレベーターに限る）を明示した標識をかご内に掲示すること。
　　最大定員とは、積載荷重を施行令で定める数値とし、1人当たりの荷重を65kgとして計算した定員である。

[5] エレベーターの昇降路の構造（令129条の7）
　エレベーターの昇降路は、次の構造としなければならない。
①　昇降路外の人、物がかごまたはつり合おもりに触れるおそれのない構造とした丈夫な壁または囲い、および出入口（非常口を含む）の戸を設けること。
②　昇降路の壁または囲いおよび出入口の戸は、難燃材料で造り、または覆うこと（構造上軽微な部分および国土交通大臣が定めるかご（平成12年建設省告示1416号）は除く）。
③　昇降路の出入口の戸には、かごが戸の位置に停止していない場合に昇降路外の人および物の昇降路内への落下を防止することができるものとして、国土交通大臣が定める基準に適合する施錠装置を設けること。
④　出入口の床先とかごの床先との水平距離は、4cm以下とする。また、乗用および寝台用エレベーターにあっては、かごの床先と昇降路壁との水平距離は12.5cm以下とすること。
⑤　昇降路内には、次のいずれかに該当するものを除き、突出物を設けないこと。
　ア　レールブラケットその他のエレベーターの構造上昇降路内に設けることがやむを得ないもの（イに掲げる配管設備を除く）であって、地震時においても鋼索、電線その他のものの機能に支障が生じないように必要な措置が講じられたもの
　イ　令129条の2の5第1項3号ただし書の配管設備で同条の規定に適合するもの

[6] エレベーターの駆動装置及び制御器（令129条の8）
(1)　エレベーターの駆動装置および制御器は、地震等の震動によって転倒、移動するおそれがないものとして国土交通大臣が定める方法により設置しなけ

ればならない。
(2) 制御器は、かごの停止位置が著しく移動せず、かごおよび昇降路の全ての出入口の戸が閉じた後かごが昇降するもので、かつ、エレベーターの保守点検を安全に行うために制御できるものとして、国土交通大臣が定めた構造方法または国土交通大臣の認定を受けたものとすること。

[7] エレベーター機械室（令129条の9）

エレベーターの機械室は、次に定める構造とすること。
① 床面積は、昇降路の水平投影面積の2倍以上とすること。ただし、機械の配置及び管理に支障がない場合は、この限りでない。
② 床面から天井またははりの下端までの垂直距離は、かごの定格速度（積載荷重を作用させて上昇する場合の毎分の最高速度をいう）に応じて、次表の数値以上とすること。

定格速度と垂直距離

定格速度（毎分の最高速度）	垂直距離
60m以下	2.0m以上
60mを超え150m以下	2.2m以上
150mを超え210m以下	2.5m以上
210mを超える	2.8m以上

③ 換気上有効な開口部または換気設備を設けること。
④ 出入口の幅および高さは、それぞれ70cm以上および1.8m以上とし、施錠装置のある鋼製の戸を設けること。
⑤ 機械室に通ずる階段のけあげおよび踏面は、それぞれ23cm以下および15cm以上とし、階段の両側に側壁または手すりを設けること。

[8] エレベーターの安全装置（令129条の10）

(1) エレベーターには、次の各号の基準に適合するものとして、国土交通大臣が定めた構造方法を用いるもの、または国土交通大臣の認定を受けた制動装置を設けなければならない（平成12年建設省告示1423号）。
① かごが昇降路の頂部または底部に衝突するおそれがある場合に、自動的かつ段階的に作動し、これにより、かごに生ずる垂直方向の加速度が9.8m毎秒毎秒を、水平方向の加速度が5m毎秒毎秒を超えることなく安

全にかごを制止させることができること。
　② 保守点検をかごの上に人が乗り行うエレベーターの場合は、点検を行う者が昇降路の頂部とかごの間に挟まれることのないよう自動的にかごを制止させることができること。
(2) エレベーターには、(1)の制動装置のほか、次の安全装置を設けなければならない。
　① 次の場合に自動的にかごを制止する装置
　　ア　駆動装置または制御器に故障が生じ、かごの停止位置が著しく移動した場合
　　イ　駆動装置または制御器に故障が生じ、かごおよび昇降路のすべての出入口の戸が閉じる前にかごが昇降した場合
　② 地震等の衝撃により生じた国土交通大臣が定める加速度を検知し、自動的にかごを昇降路の出入口の戸の位置に停止させ、かつ、かごの出入口の戸および昇降路の出入口の戸を開き、またはかご内の人がこれらの戸を開くことができる装置
　③ 停電等の非常の場合に、かご内からかご外に連絡することができる装置
　④ 乗用エレベーターまたは寝台用エレベーターにあっては、次の安全装置
　　ア　積載荷重に1.1を乗じた数値を超えた場合において警報を発し、かつ、出入口の戸の閉鎖を自動的に制止する装置
　　イ　停電の場合においても、床面で1ルクス以上の照度を確保することができる照明装置

[9] 適用の除外（令129条の11）

　乗用エレベーターおよび寝台用エレベーター以外のエレベーターで、安全上支障がないものとして国土交通大臣が定めた構造方法を用いるものについては、昇降路、制御器、安全装置の一部の規定が除外される。

[10] エスカレーターの構造（令129条の12）

(1) エスカレーターは、次の構造としなければならない。
　① 通常の使用状態において人、物が挟まれ、または障害物に衝突することがないようにすること。
　② 勾配は、30度以下とすること。
　③ 踏段（人を乗せて昇降する部分をいう）の両側に手すりを設け、手すり

の上端部が踏段と同一方向に同一速度で連動するようにすること。
④　踏段の幅は、1.1m 以下とし、踏段の端から手すりの上端部の中心までの水平距離は25cm 以下にすること。
⑤　踏段の定格速度は、50m／分以下の範囲で、エスカレーターの勾配に応じて国土交通大臣が定める速度以下にする。
⑥　地震等の震動によって脱落するおそれがないものとして、国土交通大臣が定めた方法を用いるか認定を受けたものとすること。

(2)　建築物に設けるエスカレーターには、主要な支持部分や固定荷重の取扱いなどについて令129条の4および令129条の5のエレベーターの規定の一部が準用される。

(3)　エスカレーターの踏段の積載荷重は、次の式によって計算した数値以上としなければならない。

$$P = 2,600A$$

P：エスカレーターの積載荷重（単位　ニュートン）

A：エスカレーターの踏段面の水平投影面積（単位　平方メートル）

(4)　エスカレーターには、制動装置および昇降口において踏段の昇降を停止させることができる装置を設けなければならない。この制動装置の構造は、動力が切れた場合、駆動装置に故障が生じた場合、人または物が挟まれた場合その他の人が危害を受けまたは物が損傷するおそれがある場合に自動的に作動し、踏段に生ずる進行方向の加速度が1.25m 毎秒毎秒を超えることなく安全に踏段を制止させることができるものとして、国土交通大臣が定めた構造方法を用いるものまたは国土交通大臣の認定を受けたものとしなければならない。

[11] 小荷物専用昇降機の構造（令129条の13）

　　小荷物専用昇降機は、次の構造としなければならない。
①　昇降路には昇降路外の人、物がかごまたはつり合おもりに触れるおそれのない構造とし、大臣の定める基準に適合する壁または囲いおよび出し入れ口の戸を設けること。
②　昇降路の壁または囲いおよび出し入れ口の戸は、難燃材料で造り、または覆うこと（地階または3階以上の階に居室のない建築物に設けるもので、国土交通大臣が定める昇降路（平成12年建設省告示1416号）は除く）。
③　昇降路のすべての出し入れ口の戸が閉じた後かごを昇降させるものであ

ること。
④ 昇降路の出し入れ口の戸には、かごがその戸の位置に停止していない場合、かぎを用いなければ外から開くことができない装置を設ける。ただし、出し入れ口の下端が室の床面より高い場合は、この限りでない。

4 電気設備（法32条）

建築物の電気設備は、法律またはこれに基づく命令の規定で電気工作物に係る建築物の安全および防火に関するものの定める工法によって設けなければならない。

5 避雷設備（法33条）

高さ20mを超える建築物・工作物には、高さ20mを超える部分を雷撃から保護するように、避雷設備を設けなければならない。

[1] 対象建築物
(1) 高さ20mを超える建築物（周囲の状況により支障がない場合を除く）
(2) 高さ20mを超える煙突、広告塔、高架水槽などの工作物
  （注）この高さには、階段室、昇降機塔、装飾塔なども含まれる。

[2] 避雷設備の構造（令129条の15）
(1) 雷撃による電流を建築物に被害を及ぼすことなく安全に地中に流すことができるものとして、国土交通大臣の定める方法か認定を受けたものであること。
(2) 雨水等に対し腐食しにくい材料を用いるか、有効な腐食防止措置を講じたものであること。

 ○JIS　A4201（建築物等の雷保護）-2003に規定する外部雷保護システム

---

6 建築物に設ける煙突（令115条）

令20条の3に規定する火を使用する設備、器具に設ける煙突など建築物に設けるものが規定されている。

［1］構　造

①	屋上突出部は、屋根面から垂直距離を60cm以上とする。
②	高さは、先端からの水平距離1m以内に建築物がある場合で、その建築物に軒がある場合は、軒から60cm以上高くすること。
③	基準は、次のア、イのいずれかに適合すること。 　ア　次に掲げる基準に適合すること。 　　　a　煙突の小屋裏、天井裏、床裏等にある部分は、煙突の上または周囲にたまるほこりを煙突内の廃ガス等の生成物の熱により燃焼させないものとして国土交通大臣が定めた構造方法（平成16年国土交通省告示1168号）を用いるものとすること。 　　　b　煙突は、木材等可燃物から15cm以上離すこと。ただし、厚さが10cm以上の金属以外の不燃材料で造り、または覆う部分その他当該可燃物を煙突内の廃ガス等の生成物の熱により燃焼させないものとして国土交通大臣が定めた構造方法を用いる部分は、この限りでない。 　イ　国土交通大臣の認定 　　　その周囲にある建築物の部分（小屋裏、天井裏、床裏等にある部分は、煙突の上または周囲にたまるほこりを含む）を煙突内の廃ガス等の生成物の熱により燃焼させないものとして国土交通大臣の認定を受けたものであること。
④	壁付暖炉のれんが造、石造、コンクリートブロック造の煙突（屋内部分）には、その内部に陶管の煙道を差し込み、またはセメントモルタルを塗ること。
⑤	壁付暖炉の煙突の煙道の屈曲が120度以内の場合は、その屈曲部に掃除口を設けること。
⑥	煙突の廃ガス等の生成物により腐食または腐朽のおそれのある部分には、腐食もしくは腐朽しにくい材料を用いるか、または有効なさび止めもしくは防腐措置をすること。
⑦	ボイラーの煙突は、上記①〜⑥のほか、煙道接続口の中心から頂部までの高さがボイラーの燃料消費量に応じて国土交通大臣が定める基準に適合し、かつ、防火上必要があるものとして国土交通大臣が定めた構造方法を用いること。

［2］適用除外（2項）

　上記［1］の①から③までの規定は、廃ガス等の生成物の温度が低いこと等の理由で防火上支障がないものとして、国土交通大臣が定める基準（昭和56年建設省告示1098号）に適合する場合は、適用しない。

屋根面からの高さ

h…60cm以上

h≧60cm
a≧15cm
木造

●H30年度 一級建築士 学科試験（法規）に挑戦！

〔No.10〕建築設備に関する次の記述のうち、建築基準法上、誤っているものはどれか。

1. 乗用エレベーター（特殊な構造又は使用形態のもので国土交通大臣が定めたものを除く。）の昇降路については、昇降路の出入口の床先とかごの床先との水平距離は4cm以下とし、かごの床先と昇降路壁との水平距離は12.5cm以下としなければならない。
2. エスカレーター（特殊な構造又は使用形態のもので国土交通大臣が定めたものを除く。）は、勾配を30度以下とし、踏段の幅は1.1m以下としなければならない。
3. 準耐火構造の床若しくは壁又は防火戸その他の政令で定める防火設備で床面積200㎡以内に区画された共同住宅の住戸には、窓その他の開口部で開放できる部分の面積にかかわらず、排煙設備を設けなくてもよい。
4. 建築物（換気設備を設けるべき調理室等を除く。）に設ける自然換気設備の給気口は、居室の天井の高さの1／2を超える高さの位置に設け、常時外気に開放された構造としなければならない。

【正解　4】建築設備

1. 令129条の7第1項四号の記載のまま。正しい。
2. 令129条の12第1項二号及び四号の記載のまま。正しい。
3. 令126条の2第1項一号の記載のまま。正しい。
4. 令129条の2の6第1項二号　給気口は、居室の天井の高さの1／2以下の高さの位置に設ける。誤り。

第5章 防火・避難

第 1 節　建築物の防火

建築物の火災に対しては、建築物内部からの火災に対する防火対策としての単体規定と、火災が発生した場合の周辺市街地への延焼防止対策としての集団規定に分けられる。

単体規定は、建築物内部の他室への火災の広がりおよび構造耐力の低下を阻止し、居住者の避難経路を確保し、倒壊防止および財産の保護を図る。集団規定は、近隣建築物への延焼を防止し、市街地への火災拡大の防止を図る。

防火規定は、法、政令とともに国土交通省告示により、材料、工法、建築物の部位等に応じた耐火性能が詳細に定められている。

1　大規模建築物の防火規定

［1］大規模建築物の主要構造部（法21条）

(1) 大規模な建築物で政令で定める主要構造部（床、屋根、階段を除く）に木材、プラスチック等の可燃材料を用いたもので次のいずれかに該当するものは、その主要構造部を通常火災終了時間(※)が経過するまでの間、当該火災による建築物の倒壊および延焼を防止するために主要構造部に必要とされる性能に関する技術基準に適合するもので、国土交通大臣が定めた構造方法を用いるか大臣の認定を受けたものとしなければならない。

① 地階を除く階数4以上の建築物
② 高さ16mを超える建築物
③ 別表第1（い）欄5棟または6項の特殊建築物で高さが13mを超えるもの

> **用語チェック**　（※）**通常火災終了時間**：建築物の構造、設備、用途に応じて通常の火災が消火の措置により終了するまでに通常要する時間をいう。

(2) 延べ面積が3000㎡を超える建築物で、上記(1)と同様に政令で定める主要構造部に可燃材料を用いたものは、次のいずれかに適合するものとしなければならない。

① 法2条9の2イ（耐火建築物）の基準に適合するもの。
② 壁、柱、床、防火戸などの壁等が、通常火災による延焼防止に必要とされる性能に関する技術的基準に適合するもので、国土交通大臣が定めた構造方法または認定を受けたもので有効に区画し、かつ、各区画の床面積の

合計を3,000㎡以内としたもの。

(3) 階数4以上または高さ16mを超える木造建築物等に関する技術的基準（令109条の5）

① 主要構造部の性能に関する技術的基準

法21条1項の規定の対象となる階数4以上または高さ16mを超える木造建築物等の、主要構造部が次のアまたはイのいずれかの技術的基準に適合するものとする。

ア 通常の火災による火熱が加えられた場合に、下表に定める建築物の部分の区分に応じてそれぞれ各欄に定める時間が経過するまで、非損傷性・遮熱性・遮炎性を有すること。

建築物の部分		非損傷性	遮熱性	遮炎性
壁	間仕切壁（耐力壁）	通常火災終了時間	通常火災終了時間	—
	外壁（耐力壁）	通常火災終了時間	通常火災終了時間	通常火災終了時間
	間仕切壁（非耐力壁）	—	通常火災終了時間	—
	外壁（非耐力壁）	—	通常火災終了時間(※)	通常火災終了時間(※)
柱		通常火災終了時間	—	—
床		通常火災終了時間	通常火災終了時間	—
はり		通常火災終了時間	—	—
屋根	軒裏以外の部分	30分間	—	30分間
	軒裏の部分	—	通常火災終了時間(※)	30分間
階段		30分間	—	—

・通常火災終了時間の下限値は45分間

(※) 延焼のおそれのある部分以外の部分の場合は30分間

イ 耐火構造または耐火性能検証によって性能が確認された構造とすること。

② 延焼防止上有効な空地の技術的基準（法21条1項ただし書関係）

法21条1項の規定の対象となる階数4以上または高さ16mを超える木造建築物等の、主要構造部に対する制限を適用しない延焼防止上有効な空地の技術的基準は、当該建築物の敷地内に設けられた空地または防火上有効な公園、広場その他の空地で、当該建築物の各部分から当該空地の境界線までの水平距離が、当該各部分の高さに相当する距離以上のものであること。

[2] 大規模木造建築物等の外壁等（法25条）

　大規模な木造建築物等は、火災が発生した場合、被害が拡大する危険が大きいため、外壁や屋根などに一定の防火性能を求めている。

　延べ面積（同一敷地内の合計）が1,000㎡を超える木造建築物等（法23条）は、その外壁および軒裏で延焼のおそれのある部分を防火構造とし、その屋根を法22条1項に規定する構造としなければならない。

2　特殊建築物等の防火規定（法27条、法別表第1）

　不特定の人々、多数の人々が利用する特殊建築物等で、火災が発生した場合、避難や消火活動等が困難となる危険性が高いものについては、規模、階数によって耐火建築物または準耐火建築物としなければならないと規定されている。

[1] 耐火建築物又は準耐火建築物としなければならない特殊建築物（法27条）

　特殊建築物については法27条および法別表第一に規定されている。法27条1項では別表第一（い）欄1号から4号の用途について、2項および3項では別表第一（い）欄5号および6号について規定している。

(1)　第1項では、特殊建築物の主要構造部について、当該の特殊建築物内にいる全ての人々が地上までの避難を終了するまでの間、通常の火災による建築物の倒壊および延焼を防止するために主要構造部に必要とされる性能に関する技術的基準に適合するもので、国土交通大臣が定めた構造方法を用いるか大臣の認定を受けたものとし、かつ、外壁の開口部で延焼のおそれがあるとして政令で定める部分に防火設備を設けなければならない。

(2)　上記の防火設備は、遮炎性能に関する技術的基準に適合するもので、国土交通大臣が定めた構造方法を用いるか大臣の認定を受けたものに限られる。

(3)　第2項および3項では、法別表第一（い）欄5項、6項に掲げる特殊建築物と法別表第二（と）欄4号に規定する危険物の貯蔵場または処理場について、耐火建築物または準耐火建築物としなければならないものを定めている。

耐火建築物、準耐火建築物としなければならない特殊建築物（法別表第一及び関係政令）

欄 項	(い)	(ろ)	(は)	(に)
	用　途	(い)欄の用途に供す	(い)欄の用途に供す	(い)欄の用途に供す

第5章●防火・避難

		る階	る部分（①項の場合にあっては客席、②項及び③項の場合にあっては2階、⑤項の場合にあっては3階以上の部分に限り、かつ、病院及び診療所については、その部分に患者の収容施設がある場合に限る。）の床面積の合計	る部分の床面積の合計
①	劇場、映画館、演芸場、観覧場、公会堂、集会場その他これらに類するもので政令で定めるもの	3階以上の階	200㎡（屋外観覧場にあっては1,000㎡）以上	
②	病院、診療所（患者の収容施設があるものに限る）、ホテル、旅館、下宿、共同住宅、寄宿舎、児童福祉施設等	3階以上の階	300㎡以上	
③	学校、体育館、博物館、美術館、図書館、ボーリング場、スキー場、スケート場、水泳場、スポーツの練習場	3階以上の階	2,000㎡以上	
④	百貨店、マーケット、展示場、キャバレー、カフェー、ナイトクラブ、バー、ダンスホール、遊技場、公衆浴場、待合、料理店、飲食店、物品販売業を営む店舗（床面積が10㎡以内のものを除く）	3階以上の階	500㎡以上	
⑤	倉庫その他これに類するもので政令で定めるもの		200㎡以上	1,500㎡以上
⑥	自動車車庫、自動車修理工場、映画スタジオ、テレビスタジオ	3階以上の階		150㎡以上

⑦	法別表第2（と）項第4号に規定する危険物の貯蔵場又は処理場の用途に供するもの		貯蔵または処理に係る危険物の数量が政令で定める限度を超えるもの

〔注〕　1．い欄には政令（令115条の3）で指定する類似の用途を含む。
　　　 2．病院とは、患者20人以上の収容施設を有するものであり、診療所とは、患者の収容施設を有しないもの又は患者19人以下の収容施設を有するものをいう（医療法1条）。
　　　 3．⑥自動車車庫等については、令109条の3第1号の準耐火建築物は認められない（令115条の4）。
　　　 4．⑦危険物の数量は政令（令116条）に定められている。

［2］無窓居室等の防火規定（法35条の3、令111条）

(1)　無窓とは、窓がない場合だけでなく、一定の大きさの窓がない場合も該当する。無窓の場合、自然採光がとれない、避難や外部からの消火活動ができない、排煙ができないということから、火災の際に被害が拡大する危険性が高いため、壁、柱、はり、床等を耐火構造または不燃材料で造らなければならないとされている。

(2)　ただし、劇場、映画館、集会場等は、法27条で一定規模以上は耐火建築物としなければならないことから除外している。

(3)　政令（令111条）で定める窓その他の開口部を有しない居室は、その居室を区画する主要構造部を耐火構造とし、または不燃材料で造らなければならない。ただし、劇場、映画館、演芸場、公会堂、集会場等の法別表第1(い)欄(1)項に掲げる用途に供するものについては、この限りでない。

窓その他の開口部を有しない居室等（令111条）

(1)　次のいずれかに該当する窓その他の開口部を有しない居室とする。
　① 採光有効面積（令20条）の合計が当該居室の1／20以上のもの
　② 直接外気に接する避難上有効な構造で、かつ、その大きさが直径1m以上の円が内接可能なものまたはその幅×高さが75cm×1.2m以上のもの
(2)　ふすま、障子その他随時開放することができるもので仕切られた2室は、1室とみなし、上記①、②を適用する。

［3］既存建築物に対する緩和（令137条の4）

耐火建築物または準耐火建築物としなければならない特殊建築物で、既存不適格建築物（法3条2項）については、増築（劇場の客席、病院の病室、学校

の教室その他の当該特殊建築物の主たる用途部分以外の部分に限る）および改築について、工事の着手が基準時以後である増築および改築に係る部分の床面積の合計が50㎡を超えないこととする。

3 防火壁等

大規模な木造建築物等は、火災になった場合の被害が拡大する危険が大きいため、一定の床面積ごとに防火上有効な壁を設置することが規定されている。

[1] 防火壁等の設置（法26条）

延べ面積が、1,000㎡を超える建築物は、床面積1,000㎡以内ごとに防火上有効な防火壁または防火床によって区画しなければならない。ただし、次の①～③のいずれかに該当する場合は、この限りでない。

① 耐火建築物または準耐火建築物
② 卸売市場の上家、機械製作工場その他これらと同等以上に火災発生のおそれが少ない用途に供する建築物で、次のア、イに該当するもの
　ア　主要構造部が不燃材料で造られたものその他これに類する構造のもの
　イ　構造方法、主要構造部の防火の措置その他の事項について防火上必要な政令（令115条の2第1項）で定める技術的基準に適合するもの
③ 畜舎その他政令（令115条の2第2項）で定める用途の建築物で、その周辺地域が農業上の利用に供され、またはこれと同様の状況にあって、その構造および用途ならびに周囲の状況に関し避難上および延焼防止上支障がないものとして国土交通大臣が定める基準に適合するもの

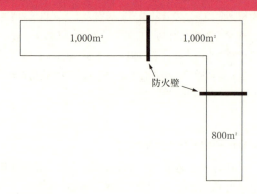

防火壁の設置

[2] 防火壁又は防火床の設置を要しない建築物の技術的基準（令115条の2）

(1) 法26条に基づき防火壁を設置しなくてもよい建築物に関する技術的基準は次のとおりである（1項）。

① 令46条2項1号イおよびロに適合していること。
② 地階を除く階数が2以下であること。
③ 2階の床面積が1階の床面積の1／8以下であること。
④ 外壁および軒裏が防火構造であり、かつ、1階の床および2階の床の構造が、加熱開始後30分間構造耐力上支障のある損傷を生じず、かつ、当該加熱面以外の面の温度が可燃物燃焼温度以上に上昇しないものとして、国土交通大臣が定めた構造方法を用いるか認定を受けたものであること。ただし、特定行政庁が周囲の状況から延焼防止上支障がないと認め建築物の外壁および軒裏はこの限りでない。
⑤ 地階の主要構造部が耐火構造または不燃材料で造られていること。
⑥ 調理室、浴室その他の火気使用室とその他の部分が、耐火構造の床もしくは壁または特定防火設備で防火区画されていること。
⑦ 壁および天井の内装仕上げが難燃材料でされ、または自動式の消火設備および排煙設備が設けられていること。
⑧ 柱、はりの接合部が、火災時に耐力の低下を防止することができるとして国土交通大臣が定めた構造方法を用いること。
⑨ 国土交通大臣が定める基準に従った構造計算により、通常火災により建築物全体が容易に倒壊するおそれがない構造であること。

(2) 畜舎等で政令で定める用途は、畜舎、堆肥舎、水産物の増殖場および養殖場の上家とする（2項）。

[3] 防火壁の構造（令113条）

木造等の防火壁の構造は、次のとおりとする。

①	耐火構造、かつ、自立する構造とする。
②	通常の火災による防火壁または防火床以外の部分の倒壊によって生ずる応力が伝えられた場合に倒壊しないものとして国土交通大臣が定めた構造方法を用いること。
③	通常の火災時において、当該防火壁または防火床で区画された部分から屋外に出た火災による他の部分への延焼を有効に防止できるものとして国土交通大臣が定めた構造方法を用いること。
④	防火壁に設ける開口部の幅および高さまたは防火床に設ける開口部の幅および長さは、各2.5m以下とし、かつ、特定防火設備で令112条18項1号の構造であること。

⑤ 給水管、配電管等が防火壁または防火床を貫通する場合は、防火壁とのすき間をモルタル等不燃材料で埋める。また、換気、冷暖房の風道（ダクト）が防火壁または防火床を貫通する場合は、貫通部分または近接部分に特定防火設備であって、次のアおよびイを満たすものとして、国土交通大臣が定めた構造方法を用いるものまたは国土交通大臣の認定を受けたものを設けること。
　ア　煙または火災温度により自動閉鎖するもの
　イ　閉鎖した場合、防火上支障のない遮煙性能を有すること。

[4] 既存不適格建築物に対する緩和（令137条の3）

　既存不適格建築物については、工事の着手が基準時以後である増改築に係る部分の床面積の合計が50㎡以内であれば、防火壁の規定は緩和される。

4　防火区画（令112条）

　耐火性能が要求される規模の大きな建築物内では、火災が発生した場合に建築物内部で急激に拡大するおそれが高く、また、不特定多数の人々が同時に避難行動を起し避難経路に人々が集中する事態となることから、大きな被害が発生することが予想される。

　このため建築基準法では、耐火建築物および準耐火建築物について、火災を封じ込めて延焼拡大を防止するために、建築物内を一定範囲ごとに耐火構造等の床、壁、防火設備などで区画する防火区画を設置することを規定している。

　防火区画には、面積区画、高層区画、たて穴区画、異種用途区画などがある。

[1] 面積区画（1項）

　一定の床面積ごとに1時間耐火以上の床、壁で区画することで、火災をその範囲内に留め拡大を阻止するものである。

❶ 主要構造部を耐火構造とした建築物又は準耐火建築物（1項）	
面積	延べ面積1,500㎡を超えるものは1,500㎡以内ごとに、1時間準耐火基準に適合する準耐火構造の床、壁または特定防火設備で区画する。
特定防火設備	令109条の防火設備であって、通常の火災による火熱に対して加熱開始後1時間加熱面以外の面に火炎を出さないものとして、国土交通大臣が定めた構造方法を用いるものまたは国土交通大臣の認定を受けたものをいう。
面積緩和	スプリンクラー設備、水噴霧消火設備、泡消火設備等で自動式のものを設けた場合は、その床面積部分の1／2は除く。

適用除外	面積区画の適用除外事項として、次のア、イがある。 ア　劇場、映画館、演芸場、公会堂または集会場の客席、体育館、工場等の用途の部分 イ　階段室、昇降機の昇降路（乗降ロビー含む）で準耐火構造（1時間耐火）の床、壁または特定防火設備で区画されたもの

面積区画

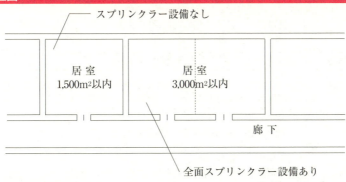

❷ 1時間準耐火基準（2項）

　主要構造部の壁、柱、床、はりおよび屋根の軒裏の構造が、次に掲げる構造に適合するとして国土交通大臣が定めた構造方法を用いるか大臣の認定を受けたものであること。

① 次の表に掲げるものは、通常の火災による加熱開始後同表に定める時間構造耐力上支障のある変形、溶融、破壊等の損傷を生じないものであること（1号）。

壁	間仕切壁（耐力壁に限る。）	1時間
	外壁（耐力壁に限る。）	1時間
柱		1時間
床		1時間
はり		1時間

② 壁、床および屋根の軒裏は、通常の火災による加熱開始後1時間加熱面以外の面の温度が可燃物燃焼温度以上に上昇しないものであること（2号）。

③ 外壁は、屋内において発生する通常の火災による加熱開始後1時間屋外に火炎を出す原因となる亀裂その他の損傷を生じないものであること（3号）。

❸ 床面積500㎡以内ごとに区画する建築物（3項）

面積	法21条、27条、61条、67条に該当する建築物で延べ面積500㎡を超えるものは、500㎡以内ごとに1時間準耐火基準に適合する準耐火構造の床、壁または特定防火設備で区画する。また、防火上主要な間仕切壁を準耐火構造とし、小屋裏または天井裏まで達すること
適用除外	天井（天井のない場合は屋根）、壁の内装仕上げを準不燃材料としたもので次のア、イの該当するものについては適用しない。 　ア　体育館、工場等の用途の建築物の部分 　イ　階段室、昇降機の昇降路（乗降ロビー含む）部分

❹ 床面積1,000㎡以内ごとに区画する建築物（4項）

面積	法21条、27条、61条、67条に該当する建築物で延べ面積1,000㎡を超えるものは、床面積1,000㎡以内ごとに1時間準耐火基準に適合する準耐火構造の床、壁または特定防火設備で区画しなければならない。
適用除外	天井（天井のない場合は屋根）、壁の内装仕上げを準不燃材料としたもので次のア、イに該当するものについては適用しない。 　ア　体育館、工場等の用途の建築物の部分 　イ　階段室、昇降機の昇降路（乗降ロビー含む）部分

［2］高層区画（6項）

区画	建築物の11階以上の部分で、各階が100㎡を超えるものは、100㎡以内ごとに耐火構造の床、壁または防火設備（法2条9号の2ロ）で区画しなければならない
仕上げ材等による緩和	壁および天井の室内に面する部分の仕上げおよび下地を準不燃材料としたものは、200㎡以内で区画することで足りる（7項）。ただし、特定防火設備以外の防火設備で区画する場合を除く。
	壁および天井の室内に面する部分の仕上げおよび下地を不燃材料としたものは、500㎡以内で区画することで足りる（8項）。ただし、特定防火設備以外の防火設備で区画する場合を除く。
適用除外	次のア、イには適用しない（9項）。 　ア　階段室もしくは昇降機の昇降路（乗降ロビーを含む）、廊下その他避難のための部分 　イ　200㎡以内の共同住宅の住戸で耐火構造の床、壁または特定防火設備（建築物の11階以上の部分で、100㎡以内ごとに区画する場合は法2条9号の2ロの防火設備）で区画された部分
全体緩和	スプリンクラー設備、水噴霧消火設備、泡消火設備等で自動式のものを設けた場合は、その床面積部分の1／2は除く（1項）。

［3］竪穴区画（10項）

　建築物の竪穴部分は、下層階に火災が発生した場合に、火炎や煙が上層階に

向けて早い速度で上昇し、上層階からの避難を困難にする。このため、上層階への火災およびそれに伴う煙の被害拡大を防止し、避難等を容易にするために階段室やエレベーター部分等を他から区画する。

対象建築物	主要構造部を準耐火構造とした建築物または令136条の2（防火地域関係）に適合する建築物で、地階または3階以上に居室を有するものの竪穴部分
区画する竪穴部分	長屋または共同住宅の住戸でその階数が2以上であるもの、吹抜きの部分、階段の部分、昇降機の昇降路の部分、ダクトスペースの部分やこれらに類する部分
構造	竪穴部分とその他の部分（直接外気に開放されている廊下、バルコニー等を除く）を準耐火構造の床、壁または防火設備（法2条9号の2ロ）で区画しなければならない。この他に、構造、階数、床面積に応じて構造基準が規定されている（11頁～14頁）。
適用除外	竪穴区画の適用除外事項として次のア、イがある。 　ア　避難階からその直上階または直下階のみに通ずる吹抜きの部分、階段等で壁、天井の室内の仕上げおよび下地を不燃材で造ったもの 　イ　階数が3以下で延べ面積200㎡以内の一戸建住宅または長屋もしくは共同住宅の住戸のうち階数が3以下で、かつ、床面積の合計が200㎡以内の吹抜きとなっている部分、階段の部分、昇降機の昇降路の部分、その他これらに類する部分

竪穴区画

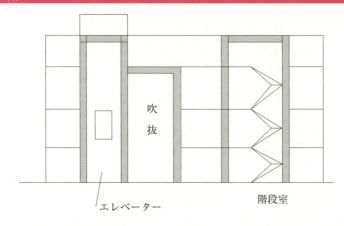

［4］防火区画の外壁等（15項）

区画	防火区画の次の①～③に接する外壁については、これらに接する部分を含み幅90cm以上を準耐火構造としなければならない。 ①　面積区画（1項～5項）による1時間準耐火基準に適合する準耐火構造の床、壁（防火上主要な間仕切壁を除く）もしくは特定防火設備 ②　高層区画（6項）による耐火構造の床、壁もしくは防火設備

	③ 竪穴区画（10項）による準耐火構造の床、壁もしくは防火設備
適用除外	外壁から50cm以上突出した準耐火構造のひさし、床、そで壁等で防火上有効に遮られている場合はこの限りでない。
構造	準耐火構造にしなければならない部分に開口部がある場合は、その開口部に防火設備を設けなければならない。

防火区画に接する外壁等

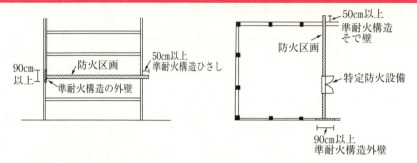

［5］ 異種用途区画（17項）

区画	法24条関係 　建築物の一部が特殊建築物（法24条各号）に該当する場合、その部分と他の部分を準耐火構造の壁または防火設備（法2条9号の2ロ）で区画しなければならない。 　法24条各号の特殊建築物とは、次のア〜ウである。 　ア　学校、劇場、映画館、演芸場、観覧場、公会堂、集会場、マーケットまたは公衆浴場 　イ　床面積50㎡を超える自動車車庫 　ウ　百貨店、共同住宅、寄宿舎、病院または倉庫で階数2で、かつ、その用途の合計が200㎡を超えるもの
	法27条関係 　建築物の一部が、法27条により耐火建築物または準耐火建築物としなければならない特殊建築物は、その部分と他の部分とを準耐火構造の床、壁または特定防火設備で区画しなければならない（13項）。

［6］ 防火区画に用いる特定防火設備及び防火設備（18項）

　防火区画の開口部に設ける防火設備等は、火災の際に閉鎖できること、避難上支障なく通行できること、開かれても自動的に閉鎖すること、煙を阻止すること等の基準を定めており、次の区分に応じてそれぞれの構造としなければならない。

1号	令112条のうち1項（面積区画）の区画に用いる特定防火設備または6項（高層区画）の区画に用いる防火設備（法2条9号の2ロ） 　次の要件を満たすものとして、国土交通大臣が定めた構造方法を用いるものまたは国土交通大臣の認定を受けたもの 　　ア　常時閉鎖もしくは作動した状態にあるか、または随時閉鎖もしくは作動できるもの 　　イ　閉鎖または作動をするに際して、特定防火設備または防火設備の周囲の人の安全を確保することができるもの 　　ウ　居室から地上に通ずる主たる廊下、階段その他通路の部分に設けるものは、閉鎖または作動した状態において避難上支障がないこと 　　エ　常時閉鎖もしくは作動した状態にあるもの以外は、火災により煙が発生した場合または火災により急激な温度上昇の場合に、自動的に閉鎖または作動するもの	
2号	令112条のうち1項（面積区画）、4項、8項、17項（異種用途区画）の区画に用いる特定防火設備、10項（竪穴区画）、17項（異種用途区画）の区画に用いる防火設備（法2条9号の2ロ） 　次の要件を満たすものとして、国土交通大臣が定めた構造方法を用いるものまたは国土交通大臣の認定を受けたもの 　　ア　1号のア、イ、ウを満たしていること 　　イ　避難上および防火上支障のない遮煙性能を有し、かつ、常時閉鎖または作動した状態にあるもの以外は、火災により煙が発生した場合に自動的に閉鎖または作動するもの	

[7] 給水管、配電管等の貫通（19項）

(1) 給水管、配電管等が、耐火構造や準耐火構造の床、壁を貫通する場合、火炎や煙の進入を防ぐため、配管と防火区画とのすき間をモルタル等の不燃材料で埋めなければならない。

(2) 貫通する配管の用途、材質、肉厚、外径などは、建設省告示で定められている。「準耐火構造の防火区画等を貫通する給水管、配電管等その他の管の外径を定める件（平成12年建設省告示1422号）」

[8] 換気、冷暖房の風道の貫通（20項）

　換気、冷房、暖房設備の風道が防火区画を貫通する場合、風道を通って火炎や煙が進入するのを防ぐため、貫通部分または近接部分に、特定防火設備（または場合により防火設備（法2条9号の2ロ））であって次の①、②の要件を満たすものとして、国土交通大臣が定めた構造方法を用いるものまたは国土交通大臣の認定を受けたものを設けなければならない（次頁の図）。

　①　火災による煙または温度の急上昇により自動閉鎖するもの
　②　閉鎖した場合に防火上支障のない遮煙性能を有するもの

　風道に設ける防火設備の構造について、次の告示が定められており、天井、

壁等に一辺の長さ45cm以上の保守点検が容易に行える点検口ならびに防火設備の開閉および作動状態を確認できる検査口を設けること等が示されている。

　ア　防火区画を貫通する風道に設ける防火設備の構造方法を定める件（昭和48年建設省告示2565号）
　イ　防火区画を貫通する風道に防火設備を設ける方法を定める件（平成12年建設省告示1376号）

風道に設ける防火設備の構造

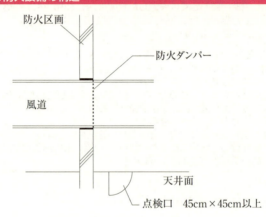

5　界壁・間仕切壁・隔壁（令114条）

1項	長屋または共同住宅の各住戸の界壁は準耐火構造とし、小屋裏または天井裏に達すること。自動スプリンクラー設備設置等の防火上支障がないものとして国土交通大臣が定める部分は除かれる。
2項	学校、病院、診療所（患者を収容しないものを除く）、児童福祉施設等、ホテル、旅館、下宿、寄宿舎、マーケットの建築物の当該用途部分は、防火上主要な間仕切壁（自動スプリンクラー設備設置部分等の防火上支障がないものとして国土交通大臣が定める部分を除く）を準耐火構造とし、小屋裏または天井裏に達すること。
3項	建築面積300㎡を超える建築物の小屋組が木造である場合、小屋裏の直下の天井の全部を強化天井(※)とするか、けた行間隔12m以内ごとに小屋裏に準耐火構造の隔壁を設けなければならない。ただし、次の①〜③を除く。 ①　法2条9号の2イの建築物 ②　令115条の2第1項7号に適合するもの ③　周辺地域が農業等に利用されるなどの状況で、構造、用途、周辺の状況に関し避難上および延焼防止上支障がないものとして国土交通大臣が定める基準（平成6年建設省告示1882号）に適合する畜舎、堆肥舎、水産物増殖場・養殖場の上家

4項	延べ面積200㎡を超える耐火建築物以外のものを相互に連絡する渡り廊下で、小屋組が木造で、かつ、けた行が4mを超えるものは、小屋裏に準耐火構造の隔壁を設けること。
5項	給水管、配電管等が界壁等を貫通する場合は、上記4の［7］と同様に、すき間をモルタル等で埋める。また、換気、冷暖房の風道が貫通する場合は、上記4の［8］と同様に防火設備を設ける。この場合の防火設備は、令109条に定める防火設備で、火災の加熱で45分間加熱面以外に火炎を出さないものとする。

用語チェック　（※）**強化天井**：下方からの通常の火災時の加熱に対してその上方の延焼を有効に防止することができるものとして国土交通大臣が定めた構造方法を用いるものまたは大臣の認定を受けたものをいう。

●H30年度 一級建築士 学科試験（法規）に挑戦！

〔No.6〕防火区画等に関する次の記述のうち、建築基準法上、誤っているものはどれか。ただし、自動式のスプリンクラー設備等は設けられていないものとし、耐火性能検証法、防火区画検証法、階避難安全検証法、全館避難安全検証法及び国土交通大臣の認定による安全性の確認は行わないものとする。

1. 主要構造部を準耐火構造とした延べ面積800㎡、地上4階建ての事務所であって、3階以上の階に居室を有するものの昇降機の昇降路の部分については、原則として、当該部分とその他の部分とを防火区画しなければならない。
2. 1階及び2階を物品販売業を営む店舗（当該用途に供する部分の各階の床面積の合計がそれぞれ1,000㎡）とし、3階以上の階を事務所とする地上8階建ての建築物においては、当該店舗部分と事務所部分とを防火区画しなければならない。
3. 主要構造部を準耐火構造とした延べ面積200㎡、地上3階建ての一戸建ての住宅においては、吹抜きとなっている部分とその他の部分とを防火区画しなければならない。
4. 有料老人ホームの用途に供する建築物の当該用途に供する部分（天井は強化天井でないもの）については、原則として、その防火上主要な間仕切壁を準耐火構造とし、小屋裏又は天井裏に達せしめなければならない。

【正解　3】防火区画

1．令112条10項　竪穴区画　3階以上の階に居室を設ける場合。正しい。
2．令112条17項　異種用途区画　別表第1（い）欄4項で2階以上で500㎡以上の物販はその他の用途と区画が必要。正しい。
3．令112条10項　竪穴区画　ただし書き二号で、階数が3以下で延べ面積が200㎡以内の一戸建ての住宅における吹抜きとなっている部分はこの限りでない。誤り。
4．令114条2項　児童福祉施設等には、令19条1項にて有料老人ホームが含まれ、当該用途に供する部分については、その防火上主要な間仕切壁を準耐火構造とし、小屋裏又は天井裏に達せしめなければならない。正しい。

第2節　内装制限

　建築物が耐火構造であっても、室内に木材等の可燃物を多く使用していると、火災の際に短時間に火炎や煙が急激に拡大し、避難や消火が間に合わず被害が拡大するおそれがある。このため、室内の壁、天井等に使用する材料を防火性能のあるものにしなければならないとする規定である。

　法35条の2で内装制限の対象となる建築物を規定しているが、令128条の4で定めるものは適用除外としている。実際の条文では、同政令には適用除外とならないものを列記しているため、この列記したもの以外が適用除外となる文章構成となっており、注意が必要である。

1　一般規定（法35条の2）

　次に掲げる建築物は、政令で定める技術的基準に従って、壁及び天井（天井のない場合は屋根）の室内に面する部分の仕上げを防火上支障がないようにしなければならない。

内装制限対象建築物（法35条の2）	①　特殊建築物（法別表第一（い）欄） ②　階数が3以上（地階を含む） ③　無窓の居室（令128条の3の2） ④　延べ面積1,000㎡を超える建築物 ⑤　火気使用室（調理室、浴室等で火を使用するもの）
無窓の居室（令128条の3の2）	天井高6mを超えるものを除き、次のとおりである ア　床面積50㎡を超える居室で、窓等の開口部の開放できる部分（天井または天井から下方80cm以内）の面積の合計が、居室面積の1／50未満のもの イ　法28条1項ただし書の温湿度調整をする作業室等やむを得ない居室で、法28条本文の採光上必要な窓等の開口部（令19条3項）を有しない居室

2　用途別の内装制限（法別表第一、令128条の4、令128条の5）

　政令で規定されている内装制限の対象となる建築物の用途、構造、規模、箇所及び技術的基準をまとめると次のようになる。

用途等	主要構造部を耐火構造とした建築物又は法2条9号の3イに該当する建築物（1時間耐火基準に適合するものに限る。）	法2条9号の3イ又はロのいずれかに該当する建築物（1時間耐火基準に適合するものを除く。）	その他の建築物	内装箇所	内装材料		
					不燃	準不燃	難燃
① （法別表第一（い）欄1項）劇場、映画館、演芸場、観覧場、公会堂、集会場	客席400㎡以上	客席100㎡以上		居室―天井、壁（床から1.2mを超える）	○	○	○
				通路等―天井、壁	○	○	―
② （法別表第一（い）欄2項）病院、ホテル、旅館、下宿、共同住宅、寄宿舎、養老院、児童福祉施設等	3階以上の合計300㎡以上	2階部分300㎡以上（病院等は患者の収容施設がある場合のみ）	床面積合計200㎡以上	居室―天井、壁（床から1.2mを超える）	○	○	○
				通路―天井、壁	○	○	―
③ （法別表第一（い）欄4項）百貨店、マーケット、展示場、キャバレー、カフェー、ナイトクラブ、バー、ダンスホール、遊技場、公衆浴場、待合、料理店、飲食店、物品販売店（10㎡を超える）	3階以上の合計1,000㎡以上	2階以上の合計500㎡以上	床面積合計200㎡以上	居室―天井、壁（床から1.2mを超える）	○	○	○
				通路等―天井、壁	○	○	―
④ 自動車車庫、自動車修理工場	全部適用			当該用途部分・通路―天井、壁	○	○	―
⑤ 地階又は地下工作物内に設ける居室を①～③の用途に供する特殊建築物	全部適用			居室・通路等―天井、壁	○	○	―

⑥	学校等以外で大規模のもの	●階数3以上→延べ面積500㎡を超える ●階数2→延べ面積1,000㎡を超える ●階数1→延べ面積3,000㎡を超える		居室—天井、壁（床から1.2m超える）	○	○	○
				通路等—天井、壁	○	○	—
⑦	無窓の居室（開放できる窓等（天井から80cm以内）＜居室床面積×1／50）	当該居室床面積50㎡を超える		居室・通路等—天井、壁	○	○	—
⑧	採光無窓の居室（令20条の有効採光のない温湿度調整を要する作業室等）	全部適用					
⑨	住宅及び併用住宅の調理室、浴室等で火気使用設備等を設けたもの		階数2以上の建築物の最上階以外の階	調理室等—天井、壁	○	○	—
⑩	住宅以外の調理室、浴室、乾燥室、ボイラー室等で火気使用設備等を設けたもの		全部適用				

(注) 1. ②の建築物が、耐火建築物、準耐火建築物、法27条1項の特殊建築物の場合で100㎡（共同住宅の住宅は200㎡）以内ごとに準耐火構造の床、壁または防火設備で区画されている居室には内装制限の適用はない（廊下、階段等には内装制限がある）。
2. ⑥の建築物については、床面積100㎡以内ごとに準耐火構造の床、壁、防火設備で防火区画され、かつ、別表第一（い）欄の用途に供しない建築物の居室で耐火建築物、準耐火建築物、法27条の特殊建築物の高さ31m以下のものは除かれる。
3. 天井がない場合は屋根が規制を受ける。
4. 自動式スプリンクラー設備等と排煙設備を併置した場合は、内装制限の適用はない（令128条の5第7項）。

H30年度 一級建築士 学科試験（法規）に挑戦！

〔No. 7〕「特殊建築物の内装」の制限に関する次の記述のうち、建築基準法に適合しないものはどれか。ただし、自動式のスプリンクラー設備等は設けられていないものとし、居室については、内装の「制限を受ける窓その他の開口部を有しない居室」には該当しないものとする。また、耐火性能検証法、防火区画検証法、階避難安全検証法、全館避難安全検証法及び国土交通大臣の認定による安全性の確認は行わないものとする。

1. 地階に設ける飲食店において、床面積の合計が80㎡の客席の壁及び天井の室内に面する部分の仕上げを、難燃材料とした。
2. 耐火建築物である地上2階建ての物品販売業を営む店舗において、各階の当該用途に供する部分の床面積の合計をそれぞれ600㎡としたので、各階の売場の壁及び天井の室内に面する部分の仕上げを、難燃材料とした。
3. 耐火建築物である延べ面積700㎡、地上3階建ての図書館において、3階部分にある図書室の壁及び天井の室内に面する部分の仕上げを、難燃材料とした。
4. 耐火建築物である地上2階建ての劇場において、客席の床面積の合計を500㎡としたので、客席の壁及び天井の室内に面する部分の仕上げを、難燃材料とした。

【正解　1】内装制限

1. 令128条の4第1項三号　地階に設ける飲食店が該当。令128条の5第3項で、前条1項二号の仕上げとしなければならず、準不燃材料でしたものとなる。誤り。
2. 令128条の5第4項の記載のまま。正しい。
3. 令128条の5第4項の記載のまま。正しい。
4. 令128条の5第1項の記載のまま。正しい。

第3節 避難

　建築物の避難施設は、災害の際、特に火災が発生したときに安全に建物外に避難するために極めて重要である。これまでも、ホテルや旅館あるいは百貨店など、不特定多数の人々が利用する建築物の火災で多数の死傷者が出てきた。近年では、新宿区歌舞伎町での雑居ビル火災で、44名の死者が出ている。

　このような多くの事故を経て、建築基準法の避難関係規定が強化されてきている。避難施設として、階段、廊下、出入口、バルコニー、屋上広場等の規定が設けられている。これらの規定は、防火規定、建築設備等と密接な関連がある。

　法35条では、別表第一（い）欄1項から4項までの特殊建築物、階数3以上の建築物、窓その他の開口部を有しない建築物、延べ面積が1,000㎡を超える建築物について、廊下、階段、出入口等の避難施設、消火栓、スプリンクラー等の消火設備、排煙設備、非常用の照明および進入口、敷地内の避難通路等について、政令で定める技術的基準に従い避難上、消火上支障がないようにしなければならないと規定している。

1　廊下・避難階段・出入口

　廊下、避難階段、出入口その他の避難施設については、令5章2節「廊下、避難階段及び出入り口」に技術的基準が規定されている。

[1]　適用の範囲（令117条）

① 廊下、避難階段および出入口に関する規定は、次の建築物および階に限り適用される（1項）。

適用対象	
建築物	法別表第1（い）欄(1)項から(4)項までの特殊建築物
階数	階数が3以上の建築物（地階を含む階数）
無窓居室	採光上の無窓の居室(※)を有する階（令116条の2）
面積	延べ面積が1,000㎡を超える建築物

（※）無窓の居室：窓その他の開口部の有効採光面積（令20条）の合計が、居室の床面積の1／20未満の居室。ふすま、障子で仕切られた2室は1室とみなす。

② 次の建築物は、それぞれ別の建築物とみなされる。（2項）
　　ア　建築物の開口部のない耐火構造の床または壁で区画された部分

イ　建築物の2以上の部分が、通常の火災時において相互に火熱、煙、ガスにより防火上有害な影響を及ぼさないとして国土交通大臣が定めた構造方法を用いる部分

　この項の特例として階段室型共同住宅の場合に、各住戸がアの開口部のない床、壁で区画されていることから、避難関係規定の適用に際して別の建築物とみなされて避難関係規定に抵触する場合があるため、同一の建築物とみなすことについて解釈が示されている。

階段室型共同住宅に対する令117条2項の解釈（昭和54年建住指発1号）

　　主要構造部を耐火構造とした階段室型共同住宅で一つの住戸から容易に破壊し得る隔壁を設置した避難有効なバルコニー等を経由して当該住戸に面する直通階段以外の直通階段（以下「隣接する直通階段」という）に避難できる場合、当該住戸と隣接する直通階段とは、建築基準法施行令第5章第2節の規定の適用にあたっては、同一の建築物内にあるものと解釈して支障ない。

階段室型共同住宅（一つの建築物）（令117条2項）

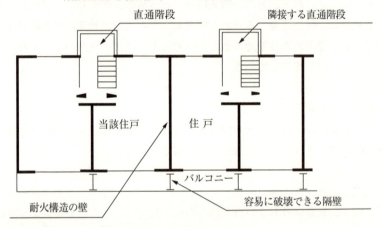

[2] 興行場等の出口の戸（令118条、令125条2項）

　不特定多数の人々を収容する劇場、映画館等は、非常時に出入口へ人々が集中することになる。この時に、出入口の戸が内開きでは、戸の近くの人が、後から殺到した人々に押されてしまい、戸を開けることができなくなることが予想される。

　このため令118条では、「劇場、映画館、演芸場、観覧場、公会堂又は集会場の客席からの出口の戸は、内開きとしてはならない」と規定している。

　また、令125条では、同じく上記の用途における、客用の屋外への出口の戸は内開きとしてはならないと規定している。

［３］廊下の幅（令119条）

　廊下の幅は、建築物の用途および床面積により、また中廊下であるか、片廊下であるかにより、次の表のように定められている。

　病院、共同住宅の供用廊下は、地階の方が避難上の危険性が高いので、床面積が厳しくなっている。

廊下の幅

廊下の用途＼廊下の配置	両側に居室のある廊下	その他の廊下
・小学校、中学校、義務教育学校、高等学校または中等教育学校の児童用または生徒用	2.3m以上	1.8m以上
・病院の患者用 ・共同住宅の住戸、住室の床面積の合計が100㎡を超える階における共用のもの ・居室の床面積の合計が200㎡（地階は100㎡）を超える階のもの（3室以下の専用廊下を除く）	1.6m以上	1.2m以上

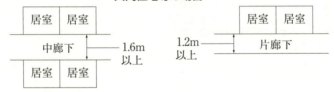

共同住宅等の場合

［４］直通階段の設置（令120条）

(1)　建築物の避難階以外の階においては、避難階または地上に通ずる直通階段（階段に代わる傾斜路を含む）を、居室の各部分からその一つの階段までの歩行距離が、居室の種類および構造に応じて令120条１項で定められている数値以下となるように設けなければならない。

(2)　直通階段とは、ある階から避難階または地上にあやまりなく容易に到達できる階段をいう。

(3)　このため各階において、避難に利用する階段を容易に確認でき、災害の際でも迷わずに避難できる構造になっている必要がある。

(4)　歩行距離とは、居室の各部分（最も奥の部分）から、直通階段の降り口に

至る距離で、室内および廊下を通って実際に歩いていける最短距離のことをいう。

(5) 直通階段を屋外に設ける場合は、木造は禁止されている。ただし、準耐火構造で防腐措置したものは認められる（令121条の２）。

令120条１項　歩行距離			
居室の種類	構　造	主要構造部が準耐火構造または不燃材料で造られている場合	左欄以外の場合
①	・法別表第１（い）欄（四）項に掲げる用途（百貨店、マーケット、展示場、キャバレー、カフェー、ナイトクラブ、バー、ダンスホール、遊技場、公衆浴場、待合、料理店、飲食店、物品販売業を営む店舗（床面積10㎡以内のものを除く））に供する特殊建築物の主たる用途に供する居室 ・令116条の２第１項第１号に該当する窓その他の開口部を有しない居室	30m	30m
②	法別表第１（い）欄（二）項に掲げる用途（病院、診療所（患者の収容施設のあるものに限る）、ホテル、旅館、下宿、共同住宅、寄宿舎、児童福祉施設等）に供する特殊建築物の主たる用途に供する居室	50m	30m
③	①～②に掲げる居室以外の居室	50m	40m

令120条２項：上記の表の数値に10を加えることができる緩和規定

　（緩和要件）主要構造部が準耐火構造以上または不燃材料で造られている建築物で、居室およびこれから地上に通ずる主たる廊下、階段その他の通路の壁（床面から1.2m以下の部分を除く）および天井（天井のない場合は屋根）の室内に面する部分の仕上げを準不燃材料以上とすること。

　　ただし、15階以上の階の居室には適用されない。

令120条３項：15階以上の階の居室には上記の表の数値から10を減じた数値が適用される。

　　ただし、２項の規定に該当するものは除かれるので表の数値が適用されることになる。

令120条4項：第1項の規定は主要構造部を準耐火構造とした共同住宅の住戸で2または3の階数があり、かつ、出入口が1の階のみにあるものでその出入口のない階について、居室の各部分から直通階段までの歩行距離が40m以下の場合は、適用しない。メゾネット型共同住宅に対する特例である。

［5］2以上の直通階段の設置（令121条）

直通階段が1か所しかない建築物は、階段室の付近やそこに至る経路上で火災が発生した場合、その階段は避難上有効に使用できないため、令121条に定める不特定多数の人々が利用する特殊建築物等については、避難階以外の階から避難階または地上に通ずる2以上の直通階段の設置を義務づけ、2方向避難を確保することとしている。

令121条1項　2以上の直通階段を設ける場合

	建築物の用途および対象階（1項）	主要構造部を準耐火構造以上または不燃材料で造った建築物（2項）	左欄以外の建築物（1項）
①	劇場、映画館、演芸場、観覧場、公会堂又は集会場で客席、集会室等のある階	すべて	
②	床面積が1,500㎡を超える物販店の売り場を有する階		
③	キャバレー、カフェー、ナイトクラブ、バー、個室付浴場等、ヌードスタジオ等、異性同伴休憩施設または店舗型電話異性紹介営業店舗で客席、客室のある階	すべて（※1）	
④	病院、診療所で病室のある階または児童福祉施設等で主たる用途の階	病室の床面積の合計または児童福祉施設等の主たる用途に供する居室の床面積の合計が100㎡を超えるもの	病室の床面積の合計または児童福祉施設等の主たる用途に供する居室の床面積の合計が50㎡を超えるもの
⑤	・ホテル、旅館または下宿で宿泊室のある階 ・共同住宅の居室または寄宿舎の寝室のある階	宿泊室の床面積、共同住宅の居室の床面積または寄宿舎の寝室の床面積の合計が200㎡を超えるもの	宿泊室の床面積、共同住宅の居室の床面積または寄宿舎の寝室の床面積の合計が100㎡を超えるもの

⑥	6階以上の居室のある階		すべて(※2)	
	5階以下の居室のある階	避難階の直上階	その階における居室の床面積の合計が400㎡を超えるもの	その階における居室の床面積の合計が200㎡を超えるもの
		その他の階	その階における居室の床面積の合計が200㎡を超えるもの	その階における居室の床面積の合計が100㎡を超えるもの

(※1) ただし、5階以下の階で次のイ～ハの条件をすべて満足するものは除かれる。
　　イ　その階の居室の床面積の合計が100㎡以下で、かつ、避難上有効なバルコニー等が設けられていること。
　　ロ　設置される一つの直通階段は、屋外避難階段または特別避難階段であること。
　　ハ　5階以下の階で、避難階の直上階または直下階で床面積の合計が100㎡以下のものは除かれる。
(※2) 表中①～④に掲げる用途に供する階以外の階で、上記①イおよびロの条件を満足するものは除かれる。

［歩行距離の重複］

　2以上の直通階段を設ける場合、それぞれの直通階段に至る通常の歩行経路の全てに共通の重複区間があるときのその重複区間の長さは、その歩行距離の1／2以上重複してはならない。
　ただし、居室の各部分から重複区間を経由しないで、避難上有効なバルコニー、屋外通路等に避難できる場合には、この限りでない（令121条3項）。

歩行経路の重複区間

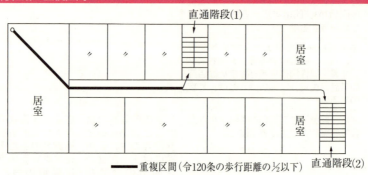

[6] 避難階段の設置（令122条）

　高層階や地階に通じる直通階段は、火災時であっても、階段を使って人が安全に避難できるよう、火災の際に直通階段に火炎や煙が入ってこない構造にすることが定められている。下記の建築物は、直通階段を「避難階段」または「特別避難階段」としなければならない。

令122条　避難階段等の設置

	建築物
①	5階以上の階または地下2階以下の階に通ずる直通階段は、避難階段または特別避難階段としなければならない（1項）。 ただし、次の場合はこの限りでない。 　　ア　主要構造部が準耐火構造または不燃材料で造られている建築物で、5階以上の階の床面積の合計が100㎡以下の場合、または、地下2階以下の階の床面積の合計が100㎡以下の場合。 　　イ　主要構造部が耐火構造で、床面積の合計が100㎡（共同住宅の住戸にあっては200㎡）以内ごとに耐火構造の床、壁、特定防火設備で区画されている場合。
②	15階以上の階または地下3階以下の階に通ずる直通階段は、特別避難階段とすることが要求されている。ただし上記①イの場合はこの限りでない（1項）。
③	3階以上を物品販売店舗の用途に供する場合には、各階の売場と屋上広場に通じる2以上の直通階段を設け、これを避難階段または特別避難階段としなければならない（2項）。
④	③の直通階段で、5階以上の売場に通じるものはその1以上を、15階以上の売場に通じるものはすべてを特別避難階段としなければならない（3項）。

［7］避難階段の構造（令123条）

避難階段には、屋内に設けるものと屋外に設けるものとがある。構造は次のとおりである。

❶　屋内避難階段（1項）

	構　造
①	階段室は、耐火構造の壁で囲む（④の開口部、⑤の窓、⑥の出入口の部分を除く）。
②	階段室の天井（天井のないときは屋根）及び壁の室内に面する部分の仕上げ下地とも不燃材料で造ること。
③	階段室には、窓その他の採光上有効な開口部又は予備電源を有する照明設備を設ける。
④	階段室の屋外の壁に設ける開口部（開口面積が1㎡以内で、耐火建築物の基準に適合する防火設備ではめごろし戸のあるものを除く）は、階段室以外の当該建築物の開口部、壁、屋根（耐火構造の壁、屋根を除く）から90cm以上離すこと。ただし、外壁面から50cm以上突出した準耐火構造のひさし、床、そで壁等があるときはこの限りではない（防火区画の場合と同趣旨）。
⑤	階段室の屋内に面する壁に設ける窓は1㎡以内とし、かつ、耐火建築物の基準に適合する防火設備ではめごろし戸であるものを設けること。

⑥	階段に通ずる出入口には、次の構造の防火設備を設ける。
	ア　常時閉鎖式、または随時閉鎖することができ、避難上支障のないこと。
	イ　煙感知によって自動的に閉鎖し、かつ、避難上および防火上支障のない遮煙性能を有していること。
	ウ　直接手で開くことができ、かつ、自動閉鎖戸または戸の部分は、避難の方向に開くことができること。
⑦	階段は、耐火構造とし、避難階まで直通すること。

❷ 屋外避難階段（2項）

	構　造
①	階段は、その階段に通ずる出入口以外の開口部（開口面積が1㎡以内で、耐火建築物の基準に適合する防火設備ではめごろし戸のあるものを除く）から2m以上の距離に設けること。
②	屋内から階段に通ずる出入口には、屋内避難階段の場合と同じ構造の防火設備を設ける（❶の⑥参照）。
③	階段は、耐火構造とし、地上まで直通すること。

屋内避難階段

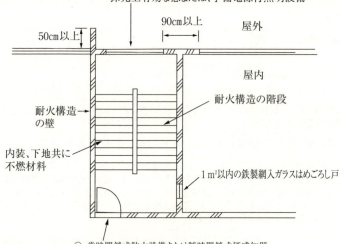

屋外避難階段

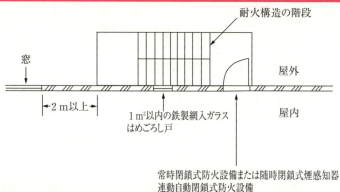

［８］特別避難階段の構造（令123条３項）

避難階段よりも、さらに条件を強化したものが特別避難階段である。

特別避難階段の構造

	構　造
①	屋内と階段室とは、バルコニーまたは付室を通じて連絡すること。階段室及び付室は、通常の火災時に生ずる煙が付室を通じて階段室に流入することを防止できるものとして国土交通大臣の定めた構造方法を用いるか大臣の認定を受けたものを用いること（平成28年国土交通省告示696号）。
②	階段室、バルコニーおよび付室は、耐火構造の壁で囲むこと（⑤の開口部、⑦の窓、⑨の出入口の部分を除く）。 　非常用エレベーターの乗降ロビーの用に供するバルコニーまたは付室にあっては、そのエレベーターの昇降路の出入口の部分を含む。
③	階段室、付室の天井および壁の室内に面する部分は、仕上げ、下地とも不燃材料で造ること。
④	階段室には、付室に面する窓その他の採光上有効な開口部または予備電源を備えた照明設備を設けること。
⑤	階段室、バルコニーまたは付室の屋外に面する壁の開口部（１㎡以内で耐火建築物の基準に適合する防火設備ではめごろし戸を設けたものを除く）は、階段室、バルコニーまたは付室以外に設けた開口部ならびにこれらの部分以外の部分にある壁、屋根（耐火構造を除く）から90cm以上の距離にある部分で、延焼のおそれのある部分以外の部分に設けること。
⑥	階段室には、バルコニーや付室に面する部分以外に屋内に面して開口部を設けないこと。
⑦	階段室のバルコニーや付室に面する部分に窓を設ける場合は、はめごろし戸とすること。

⑧	バルコニー、付室には、階段室以外の屋内に面する壁に出入口以外の開口部を設けないこと。
⑨	屋内からバルコニーまたは付室に通じる出入口には特定防火設備を、バルコニーまたは付室から階段室に通じる出入口には、防火設備を設けること。
⑩	階段は、耐火構造とし、避難階まで直通すること。
⑪	15階以上の階または地下3階以下の階に通じる特別避難階段の15階以上または地下3階以下の各階における階段室およびこれと連絡するバルコニーまたは付室の床面積の合計は、その階の各居室の床面積に、法別表第1（い）欄(1)項（劇場、映画館等）または(4)項（百貨店、マーケット、展示場、キャバレー等）の用途に供する居室にあっては8／100、その他の居室にあっては3／100を乗じたものの合計以上とする。

特別避難階段

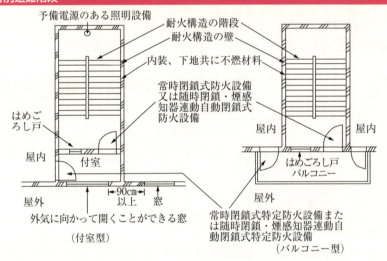

［9］メゾネット型共同住宅の取扱い（令123条の2）

　主要構造部を耐火構造または準耐火構造とした共同住宅の住戸でその階数が2または3であり、かつ、出入口が一つの階のみにあるもの（メゾネット型共同住宅）の出入口のある階以外の階は、その居室の各部分から避難階または地上に通じる直通階段の一に至る歩行距離が40m以下である場合においては、令119条（廊下の幅）、令121条1項5号（2以上の直通階段を設ける場合）、令122条1項（避難階段、特別避難階段の設置）および令123条3項12号（15階以上または地下3階以下の特別避難階段に設けるバルコニーまたは付室の床面積）の規定の適用については、出入口のある階にあるものとみなす。

[10] 物品販売店舗の避難階段等の幅（令124条）

物品販売店舗は、不特定多数の人が使用するので、災害時の安全避難を確保するため特別に規定されている。

①	階段の幅	各階における避難階段および特別避難階段の幅の合計は、その直上階以上の階（地階は当該階以下の階）のうち、床面積が最大の階における床面積100㎡につき60cmの割合で計算した数値以上とすること。
②	出入口の幅	各階における避難階段および特別避難階段に通じる出入口の幅の合計は、各階ごとにその階の床面積100㎡につき、地上階にあっては27cm、地階にあっては36cmの割合で計算した数値以上とすること。
③	専用階段	上記①、②の計算にあたっては、もっぱら1または2の地上階から避難階若しくは地上に通じる避難階段および特別避難階段ならびにこれらに通ずる出入口は、その幅が1.5倍あるものとみなすことができる。
④	屋上広場	屋上広場は階とみなして①～③を適用する。

[11] 屋外への出口

❶ 屋外への出口（令125条）

避難階において、屋外への円滑な避難が確保できるよう次の規定が設けられた。

①	避難階においては、階段から屋外への出口の一に至る歩行距離は令120条（居室の各部分から直通階段までの歩行距離）の数値以下とし、居室（避難上有効な開口部のあるものを除く）の各部分から屋外への出口の一に至る歩行距離は令120条の数値の2倍以下としなければならない。
②	劇場、映画館、演芸場、観覧場、公会堂、集会場の客用に供する屋外への出口の戸は内開きとしてはならない。
③	物品販売店舗の避難階に設ける屋外への出口の幅の合計は、床面積が最大の階における床面積100㎡につき60cmの割合で計算した数値以上としなければならない。この場合に、屋上広場は階とみなす。

❷ 施錠装置（令125条の2）

非常時に避難の支障にならないために、次の①から③の出口に設ける戸の施錠装置は、屋内から鍵を用いないで解錠できるものとし、かつ、当該戸の近くの見やすい場所に解錠方法を表示しなければならない。

ただし、刑務所等の法令により人を拘禁する目的の建物には適用されない。

①	屋内から屋外避難階段に通じる出口

②	避難階段から屋外に通じる出口
③	維持管理上常時閉鎖状態にある出口で、火災その他の非常の場合に避難の用に供すべきもの

[12] 屋上広場等（令126条）

①	手すり壁等	屋上広場または２階以上の階にあるバルコニー、開放廊下、開放踊場等の周囲には、安全上必要な高さが1.1m以上の手すり壁、さくまたは金網を設けなければならない。
②	屋上広場の設置	５階以上の階を百貨店の売場の用途にする場合には、避難用の屋上広場を設けなければならない。

2　非常用の進入口

　火災等の災害時において、外部からの消火活動および建築物内にとり残された人々の救出活動のために、消防士が建築物内へ進入することを目的に設ける開口部が非常用の進入口である。

[1] 非常用進入口の設置（令126条の６）

　非常用進入口の設置は、消防はしご車の許容高さが31m以下のため、建築物の高さ31m以下の部分にある３階以上の階の外壁面に設ける。
　ただし、次のいずれかに該当する場合には、適用されない。

① 非常用エレベーターを設置している場合
② 道または道に通じる幅員４m以上の通路その他の空地に面する各階の外壁面に非常用進入口に代わる開口部（代替進入口）^(※)を壁面の長さ10m以内ごとに設けている場合

> **用語チェック**　(※) **代替進入口**：直径１m以上の円が内接することができるものまたは幅75cm以上、高さ1.2m以上のもので、格子等により屋外からの侵入を妨げる構造を有しないもの。

代替進入口

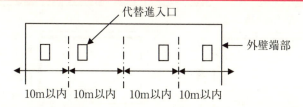

適用除外

不燃性の物品の保管その他これと同等以上に火災の発生のおそれの少ない用途に供する階または国土交通大臣が定める特別の理由（平成12年建設省告示1438号）により屋外からの進入を防止する必要がある階で、その直上階または直下階から進入することができるものは設置が除かれている。

［2］非常用進入口の構造（令126条の7）

非常用進入口の構造は、次による。

①	進入口は、道または道に通じる幅員4m以上の通路その他の空地に面する各階の外壁に設けること。
②	進入口と進入口との間隔は40m以下とすること。
③	進入口は幅は75cm以上、高さは1.2m以上、下端の床面からの高さは80cm以下とすること。
④	進入口は、外部から開放し、または破壊して室内に進入できる構造とすること。
⑤	進入口には、奥行1m以上、長さ4m以上のバルコニーを設けること。
⑥	進入口又はその近くに、外部から見やすい方法で赤色灯の標識を掲示し、非常用の進入口である旨を赤色で表示すること。
⑦	そのほか、国土交通大臣が非常用の進入口としての機能を確保するために必要があると認めて定める基準に適合する構造とすること（昭和45年建設省告示1831号）。

非常用進入口を設ける外壁面

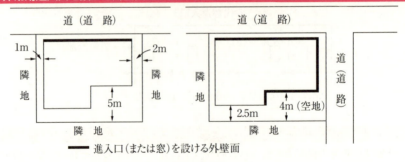

■→ 進入口(または窓)を設ける外壁面

3 敷地内の避難上及び消火上必要な通路

災害の際に安全な避難と、消防活動のために必要な敷地内通路の規定は、下記の建築物に適用される。

[1] 適用建築物（法35条、令127条）

①	法別表第1（い）欄(1)〜(4)項に掲げる用途に供する特殊建築物
②	階数が3以上の建築物
③	次のア、イに該当する居室を有する建築物 　ア　窓、開口部の有効採光面積（令20条）の合計が、当該居室の床面積の1／20未満のもの 　イ　窓、開口部の開放できる部分（天井または天井から下方80cm以内の部分）の面積の合計が、当該居室の床面積の1／50未満のもの
④	延べ面積が1,000㎡を超える建築物（同一敷地内に2以上の建築物がある場合には、その延べ面積の合計）

[2] 敷地内の通路（令128条）

敷地内には、屋外避難階段および避難階における屋内からの出口から道（道路）、公園、広場等の空地に通じる幅員1.5m以上の通路を設けなければならない。

[3] 大規模木造建築物の敷地内通路（令128条の2）

❶ 1棟の延べ面積が1,000㎡を超える場合

主要構造部の全部または一部が木造建築物で、延べ面積が1,000㎡を超える場合には、その周囲に幅員3m以上の通路を設けなければならない。

ただし、次の場合には、緩和される。

① 道に接する部分には、通路を設けなくてもよい。
② 延べ面積が3,000㎡以下の場合には、隣地境界線に接する部分は幅員1.5mとすることができる。
③ 建築物の一部が耐火構造で、木造部分と耐火構造の壁、特定防火設備で区画されている場合には、耐火構造部分の面積は算入しない。

❷ 同一敷地内に2以上の木造建築物があり合計が1,000㎡を超える場合

　同一敷地内に2以上の建築物（耐火建築物、準耐火建築物および延べ面積が1,000㎡を超えるものを除く）がある場合で、延べ面積の合計が1,000㎡を超える場合は、延べ面積の合計1,000㎡以内ごとに建築物を区画し、その周囲に幅員3m以上の通路を設ける。ただし、道または隣地境界線に接する部分は除かれる。

❸ 耐火又は準耐火建築物で、1,000㎡以内ごとに区画されている場合

　耐火建築物または準耐火建築物が延べ面積の合計1,000㎡以内ごとに区画された建築物を相互に防火上有効に遮っている場合には、通路を設けなくてもよい。

１棟で1,000㎡を超える場合

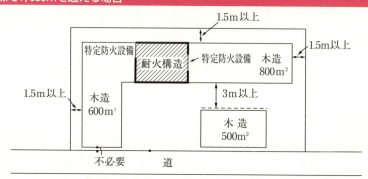

　ただし、これらの建築物の延べ面積の合計が3,000㎡を超える場合には、3,000㎡以内ごとにその周囲に幅員3m以上の通路を設けなければならない。なお、道または隣地境界線に接する部分は除かれる。

❹ 渡り廊下を横切る通路

通路は、次の要件を満たす渡り廊下を横切ることができる。

① 通路が横切る部分の渡り廊下の開口の幅は2.5m以上、高さは3m以上
② 渡り廊下の幅は、3m以下
③ 通行または運搬以外には使用しない。

❺ 通路と道との接続

前記❶～❹の通路は、敷地の接する道（道路）まで達しなければならない。

通路と渡り廊下

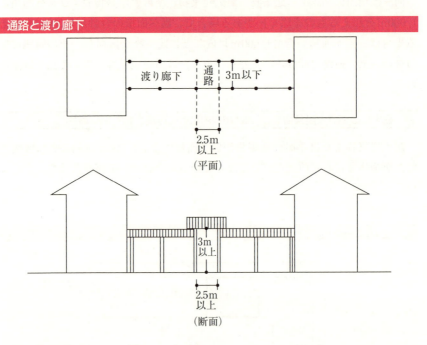

4　排煙設備

これまでのビル火災では、煙による被害が多く発生している。火災の際、ビル内の人々の避難、救出のためには煙を排出することが重要である。このため、建築基準法では、人命尊重の観点から排煙設備の規定が設けられている。

［1］排煙設備の設置（法35条、令126条の2）

法別表第1（い）欄(1)項から(4)項の特殊建築物、階数が3以上の建築物、政令で定める排煙上有効な開口部等のない居室、延べ面積が1,000㎡を超える建

築物には、政令で定めるものを除き政令で定める排煙設備を設置しなければならない（法35条）。

排煙設備を設置する対象建築物として、次のものが定められている（令126条の2）。

① 法別表第1（い）欄(1)項から(4)項までに掲げる特殊建築物（令115条の3の用途を含む）（劇場、映画館等、病院、ホテル、旅館、共同住宅等、学校、体育館等、百貨店、展示場、キャバレー等）で延べ面積が500㎡を超えるもの

② 階数が3以上で延べ面積が500㎡を超える建築物（高さ31m以下の部分にある居室で、床面積100㎡以内ごとに、防煙壁[※1]によって区画されたものを除く）

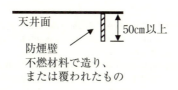

③ 排煙上有効な開口部のない居室とは、令116条の2第1項2号に該当する窓その他の開口部を有しない居室[※2]をいう。

④ 延べ面積が1,000㎡を超える建築物の居室で、床面積200㎡を超えるもの（高さ31m以下の部分にある居室で、床面積100㎡以内ごとに防煙壁で区画されたものを除く）

　　ただし、次のものには設けなくともよい。

　ア　法別表第1（い）欄(2)項の特殊建築物（病院、ホテル、旅館、共同住宅等）のうち、耐火構造・準耐火構造の床、壁、防火設備で区画された部分で、その床面積が100㎡以内のもの（共同住宅の場合は200㎡以内）

　イ　学校（幼保連携型認定こども園を除く）、体育館、ボーリング場、水泳場等のスポーツ施設

　ウ　階段の部分、昇降機の昇降路の部分（乗降ロビーの部分を含む）、その他これらに類する部分

　エ　機械製作工場、不燃性物品の保管倉庫等で、主要構造部が不燃材料で造られたもの及びそれと同等以上に火災発生のおそれの少ない構造のもの

　オ　火災時に、避難上支障のある高さまで煙またはガスが降下しない部分

として、天井の高さ、仕上材料等を考慮して国土交通大臣が定めるもの（平成12年建設省告示1436号）。

天井の高い居室で内装が不燃化されている居室等では、火災時に発生する煙等の発生が少なく、かつ、避難上支障のある高さまで降下するのに要する時間が長いことから排煙設備を設けなくとも、通常は火災時の避難安全性が損なわれることはないとされている。

なお、次に該当する場合は、別の建築物とみなして、排煙設備の規定が適用される。

開口部のない耐火構造・準耐火構造の床、壁または常時閉鎖式防火設備もしくは随時閉鎖可能で、かつ煙感知の自動閉鎖式防火設備（避難上、防火上支障のない遮煙性能を有するもの）で区画されている部分

> **用語チェック**
> （※1）**防煙壁**：間仕切壁及び天井面から50cm以上下方に突出した垂れ壁その他これらと同等以上に煙の流動を妨げる効力のあるもので不燃材料で造り、または覆われたもの
> （※2）**「令116条の2第1項2号」の窓その他の開口部を有しない居室**：開放できる部分（天井または天井から下方80cm以内の距離にある部分に限る）の面積の合計が、当該居室の床面積の1／50未満のものである

[2] 排煙設備の構造（令126条の3）

(1) 床面積500㎡以内ごとに防煙壁で区画する。（以下「防煙区画部分」という。）
(2) 排煙口、風道その他煙に接する部分は、不燃材料で造る。
(3) 排煙口は、各防煙区画部分について、その防煙区画部分から排煙口の一に至る水平距離が30m以下となるように、天井または壁の上部に設け、直接外気に接する場合を除き排煙風道に直結する。

　壁の上部とは、天井から80cm以内の部分であり、また、長さの最も短い防煙壁が80cmに満たないときは、その数値以内の部分をいう。

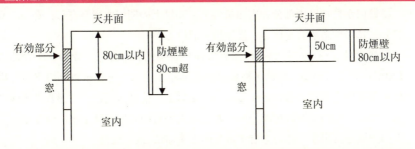

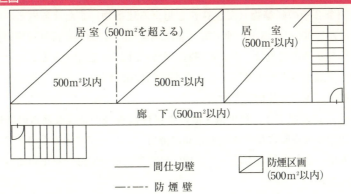

(4) 排煙口には、手動開放装置を設ける。
　　煙感知器と連動する自動開放式であっても手動で開けられる装置を設ける。
(5) 手動装置のうち、手で操作する部分は、壁に設けるときは床面から80cm以上1.5m以下の位置に設ける。
　　天井からつり下げるときは、床面からおおむね1.8mの高さに設ける。いずれの場合でも、使用方法を見やすい方法で表示する。人が立っている状態で簡単に操作できるものが必要である。
(6) 排煙口には、手動開放装置、煙感知器と連動する自動開放装置又は遠隔操作方式による開放装置により開放された場合を除き、閉鎖状態を保持し、かつ、開放時に排煙の気流により閉鎖されるおそれのない構造の戸その他これに類するものを設ける。
(7) 排煙風道は、令115条1項3号（建築物の煙突の構造）に定める構造とし、かつ、防煙壁を貫通するときは、風道と防煙壁とのすき間をモルタルそ

の他の不燃材料で埋める。
(8) 排煙口が防煙区画部分の床面積の1／50以上の開口面積を有し、かつ、直接外気に接する場合を除き、排煙機を設ける。
(9) 排煙機は、一つの排煙口の開放に伴い自動的に作動し、かつ、1分間に120㎥以上で、かつ、防煙区画部分の床面積1㎡につき1㎥以上の空気を排出する能力を有するものとすること。2以上の防煙区画部分に係る排煙機にあっては、その防煙区画部分のうち、最大のものの床面積1㎡につき2㎥以上の空気を排出する能力を有するものとすること。
(10) 電源を必要とする排煙設備には、予備電源を設ける。
(11) 法34条2項の建築物（高さ31mを超える建築物）または各構えの床面積の合計が1,000㎡を超える地下街（令128条の3）における排煙設備の制御および作動状態の監視は、中央管理室において行うことができるものとする。
(12) 国土交通大臣が火災時に生じる煙を有効に排出することができるとして定める基準に適合する構造とする。
(13) (1)から(12)の規定は、送風機を設けた排煙設備等の特殊な構造の排煙設備で、通常の火災時に生ずる煙を有効に排出することができるものとして国土交通大臣の定めた構造方法（平成12年建設省告示1437号）を用いるものには適用しない。

5 非常用の照明装置

火災等の災害時には通常の照明設備は停電により使用不能となることが予想される。人工照明に依存することが多い建物内では、いったん停電すると避難方向、階段の位置を確認することが困難であり、パニック状態に陥る危険性が大きい。
このため、次の建築物には、非常用の照明装置の設置が義務づけられている。

[1] 非常用照明装置の設置（令126条の4）
(1) 非常用照明装置を設置する建築物は、次のものである。
　① 特殊建築物（法別表第1（い）欄(1)項～(4)項の用途の建築物）
　　　劇場、映画館、演芸場、観覧場、公会堂、集会所、病院、診療所、ホテル、旅館、下宿、共同住宅、寄宿舎、児童福祉施設等、博物館、美術館、図書館、百貨店、マーケット、展示場、キャバレー、カフェー、ナイトク

ラブ、バー、ダンスホール、遊技場、公衆浴場、待合、料理店、飲食店、物品販売業を営む店舗（10㎡以内を除く）
② 　階数が3以上で、延べ面積が500㎡を超える建築物の居室
③ 　令116条の2第1項1号に該当する窓その他の開口部を有しない居室（採光上有効な開口部の面積が居室の床面積の1／20未満の建築物の居室）
④ 　延べ面積が1,000㎡を超える建築物の居室
⑤ 　①から④の居室から地上に通じる廊下、階段、通路（採光上有効に直接外気に開放された通路を除く）、これらに類する部分で通常照明装置を必要とする部分
　　ただし、次の建築物または建築物の部分は適用が除外される。
　ア　一戸建の住宅、長屋、共同住宅の住戸。ただし、共同住宅の廊下、階段等は必要
　イ　病院の病室、下宿の宿泊室、寄宿舎の寝室など。ただし、廊下、階段等は必要
　ウ　学校、体育館等（スポーツ施設）
　エ　避難階、避難階の直上階・直下階の居室で避難上支障ないとして国土交通大臣が定めるもの
　（注）平成30年告示516号参照

(2) 非常用の照明装置の構造（令126条の5）
　次の各号のいずれかの構造としなければならない。
　① 　次の各号に定める構造とすること。
　　ア　直接照明とし、床面で1ルクス以上の照度を確保できるもの。
　　イ　火災時に温度が上昇した場合でも、著しく光度が低下しないものとして国土交通大臣が定めたもの。
　　ウ　予備電源を設けること。
　　エ　アからウに定めるもののほか、非常時の照明を確保するため必要があるとして大臣が定めたもの。
　② 　火災時に停電した場合に自動的に点灯し、かつ、避難するまでの間、室内温度が上昇しても床面で1ルクス以上の照度が確保できるものとして、国土交通大臣の認定を受けたもの。

6　非常用の昇降機（非常用のエレベーター）

　建築物の高層化が進み、消防による消火活動、救助活動の際に、消防自動車

の能力や構造上の限界から対応が困難な場合があることから、高さ31mを超える建築物には、消火、救助活動を考慮し、より高い性能の基準を満たす非常用のエレベーターの設置が義務づけられている。

[1] 非常用エレベーターの設置（法34条2項）

高さ31mを超える建築物には、非常用の昇降機を設けなければならない。ただし、次の建築物は免除されている（令129条の13の2）。

① 高さ31mを超える部分が、階段室、昇降機等の機械室、装飾塔、物見塔等の用途である建築物
② 高さ31mを超える階の床面積の合計が500㎡以下の建築物
③ 高さ31mを超える部分の階数が4以下で主要構造部を耐火構造とした建築物で、当該部分が床面積100㎡以内ごとに耐火構造の床、壁、特定防火設備で防火区画の要件を満たすものとして国土交通大臣の定めた構造方法または認定を受けたもので区画されたもの
④ 高さ31mを超える部分を機械製作工場、不燃性の物品を保管する倉庫等の用途に供する建築物で主要構造部が不燃材料で造られたもの、これと同等以上に火災発生のおそれの少ない構造のもの

[2] 構造・設置台数（令129条の13の3第1・2項）

(1) 非常用のエレベーターには、昇降路の構造、安全装置、機械室などに関する一般のエレベーターの規定が適用される。
(2) 台数は、高さ31mを超える部分の床面積が最大の階における床面積に応じて、表に定める数以上となる。また、2以上を設置する場合は、避難上および消火上有効な間隔を保って配置する。

[エレベーターの設置台数]

	高さ31mを超える部分の床面積が最大の階の床面積	非常用エレベーターの台数
①	1,500㎡以下の場合	1
②	1,500㎡を超える場合	3,000㎡以内を増すごとに①の数に1を加えた数

[3] 乗降ロビーの構造（令129条の13の3第3項）

乗降ロビーは、次の構造とする。

① 各階で屋内と連絡すること。ただし、屋内と連絡することが構造上困難な階で、次のアからオのいずれかに該当するものおよび、避難階は除かれる。
　ア　当該階およびその直上階（当該階が地階の場合は当該階およびその直下階、最上階または地階の最下階の場合は当該階）が次の１）または２）のいずれかに該当し、かつ、当該階の直下階（当該階が地階の場合は、その直上階）に乗降ロビーが設けられている階
　　１）階段室、昇降機など建築設備の機械室等に供する階
　　２）主要構造部が不燃材料で造られた建築物、これと同等以上に火災の発生のおそれの少ない構造の建築物の階で、機械製作工場、不燃性の物品を保管する倉庫その他これらに類する用途に供するもの
　イ　当該階以上の階の床面積の合計が500㎡以下の階
　ウ　避難階の直上階または直下階
　エ　主要構造部が不燃材料で造られた地階（他の非常用エレベーターの乗降ロビーがあるものに限る）で居室を有しないもの
　オ　当該階の床面積に応じ、この項の表に定める数の他の非常用エレベーターの乗降ロビーが屋内と連絡している階
② バルコニーを設けること。この規定は、昇降路又は乗降ロビーを通じて流入する煙を有効に防止できるものとして、国土交通大臣が定めた構造方法を用いるか大臣の認定を受けたものの場合は適用しない。
③ 出入口（特別避難階段の階段室に通じる出入口、昇降路の出入口を除く）には、令123条１項６号に規定する常時閉鎖式防火戸などの特定防火設備を設けること。
④ 窓、排煙設備、出入口を除き、耐火構造の床および壁で囲むこと。
⑤ 天井・壁の室内の仕上げと下地は、不燃材料で造ること。
⑥ 予備電源をもつ照明設備を設けること。
⑦ 床面積は、非常用エレベーター１基につき、10㎡以上とすること。
⑧ 屋内消火栓、連結送水管の放水口、非常コンセント設備等の消火設備を設置できるものとすること。
⑨ 乗降ロビーには見やすい方法で、積載荷重・最大定員・非常用エレベーターである旨、避難経路などを示した標識を掲示し、かつ、非常時にはその旨を示す表示灯などを設けること。

[4] 非常用エレベーターの区画（令129条の13の3第4項）
　非常用エレベーターの昇降路は、非常用エレベーター2基以内ごとに、乗降ロビーに通じる出入口などを除き、耐火構造の床および壁で囲まなければならない。

[5] 出入口から屋外への歩行距離（同5項）
　避難階では、非常用エレベーターの昇降路の出入口から屋外への出口（道または道に通ずる幅員4m以上の通路・空地等に限る）に至る歩行距離は30m以下にしなければならない。

[6] かご、出入口、積載量（同6項）
　非常用エレベーターのかご、出入口の寸法、かごの積載量は、大臣の指定する日本工業規格に定める数値以上としなければならない。

[7] かご呼び戻し装置、外部との連絡装置（同7、8項）
(1) 避難階またはその直上階や直下階の乗降ロビーおよび中央管理室で、かごを呼び戻すことができる装置を設ける。
(2) かご内と中央管理室とを連絡する電話装置を設ける。

[8] かごの定格速度など（同9、10、11、12項）
(1) 一部の機能を停止させ、かごの戸を開いたままかごを昇降させることができる装置を設けなければならない。
(2) 非常用エレベーターには、予備電源を設けなければならない。
(3) かごの定格速度は、60m以上とする。
(4) 非常用エレベーターの機能を確保するため必要があるものとして国土交通大臣が定める構造方法を用いるものとしなければならない。

7　地下街（令128条の3）

　地下街とは、「一般公共の通行の用に供される地下道及び地下道に面しこれと機能上一体となった店舗、事務所等の一団の施設」と解されている。建築物の地階とは異なるものである。
　地下街は、道路、駅前広場等の地下に設ける場合が多く、防災上、衛生上および交通上の観点から他の建築物より厳しい規定が設けられている。

[1] 地下街の各構え（1項）

　地下の構えとは、地下道に面しこれと機能上一体となった店舗等の施設で、1の用途または使用上不可分の関係にある2以上の用途に供する1の区画である。

　地下街の各構えは、次の地下道に2m以上接しなければならない。ただし、公衆便所、公衆電話所等は2m未満とすることができる。

①	壁、柱、床、はりおよび床版は、国土交通大臣が定める耐火性能を有すること。
②	地下道の幅員は5m以上、天井までの高さは3m以上、かつ、段および1／8を超える勾配の傾斜路を設けないこと。
③	天井、壁は、仕上げ、下地とも不燃材料で造ること。
④	長さ60mを超える地下道には、幅140cm以上、けあげ18cm以下、踏面26cm以上の直通階段を、各構えの接する部分から歩行距離30m以下に設けること。
⑤	末端は、地下道の幅員以上の幅員の出入口で道に通じること。ただし、末端の出入口が2以上ある場合は、合計が地下道の幅員以上とする。
⑥	国土交通大臣の定める構造の非常用の照明設備、排煙設備および排水設備を設けること。

[2] 各構えの区画（2項）

　地下街の各構えが当該地下街の他の各構えに接する場合は、耐火構造の床、壁または特定防火設備で令112条8項に規定する防火区画としなければならない。

[3] 地下道との区画（3項）

　地下街の各構えは、地下道と、耐火構造の床、壁および特定防火設備で令112条18項に規定する防火区画としなければならない。

[4] 歩行距離

　地下街の各構えの居室の各部分から、地下道への出入口の一に至る歩行距離は、30m以下でなければならない。

[5] 防火区画

　地下街の各構えについては、建築物の11階以上の部分に適用される防火区画の規定が準用される。ただし、区画は耐火構造に限られる。

[6] 条例による制限の付加
　地方公共団体は、他の工作物との関係その他周囲の状況により必要と認める場合に、条例で政令の規定と異なる定めをすることができる。

8　避難安全検証法（令129条、令129条の 2 ）

　火災時における建築物内の居住者、利用者等が、煙またはガスに対して安全に避難できることを検証することにより、避難規定の一部を適用しないことができる。これは避難に関する性能規定化によるものであり、「階避難安全検証法」と「全館避難安全検証法」に分けられる。

[1] 階に対する避難安全検証（令129条）

　階に対する避難安全検証法は、各階ごとに、その階にいる在室者が居室から安全に避難できることを検証する方法をいう。

❶　検証の対象（ 1 項）

　対象建築物の階（物品販売業の店舗用途の建築物は屋上広場を含む）のうち、階避難安全検証法により階避難安全性能を有することが確かめられたもの（主要構造部が準耐火構造もしくは不燃材料である建築物または特定避難時間倒壊等防止建築物）または国土交通大臣の認定を受けたものは、次の避難規定を適用しない。

	内　容
令119条	廊下の幅
令120条	直通階段と歩行距離
令123条 3 項 1 号	特別避難階段のバルコニーまたは付室
令123条 3 項 2 号	特別避難階段の階段室または付室
令123条 3 項10号	特別避難階段のバルコニーまたは付室の出入口 （屋内からのバルコニーまたは付室に通ずる出入口部分に限る）
令123条 3 項12号	15階以上または地下 3 階以下に通ずる特別避難階段のバルコニーまたは付室の床面積
令124条 1 項 2 号	物品販売業の店舗の避難階段または特別避難階段に通ずる出入口の幅
令126条の 2	排煙設備の設置
令126条の 3	排煙設備の構造

令128条の5（2項・6項・7項ならびに階段部分を除く）	特殊建築物等の内装制限

❷ 階避難安全性能（2項）

　階避難安全性能で要求される性能は、火災室で火災が発生した場合でも、当該階に存する者のすべてが、その階から直通階段（避難階にあっては地上）の一つまでの避難を終了するまでの間、その階の各居室および直通階段に通ずる主たる廊下等において、避難上支障がある高さまで煙またはガスが降下しないこと。

火災室：その階にある室（火災発生のおそれの少ないものとして国土交通大臣が定める部屋を除く）を「火災室」という。

階に存する者：その階にいる者およびその階を通って避難しなければならない者

❸ 「階避難安全検証法」（3項）

　階避難安全検証法は、次の事項について検証する方法をいう。計算方法等は国土交通大臣が定める方法による。

①	居室ごとの在室者のすべてが火災発生から避難終了までに要する時間を計算する。
②	居室において発生した火災による煙またはガスが避難上支障のある高さまで降下する時間を計算する。
③	①の避難時間が②の煙等の降下時間を超えないことを確認する。
④	火災室ごとに、階に存する者のすべてが火災発生からその階からの避難を終了するまでの時間を計算する。
⑤	火災室ごとに、火災室で発生した火災による煙またはガスが、その階の居室および居室から直通階段に通ずる主たる廊下等において、避難上支障となる高さまで降下する時間を計算する。
⑥	④の時間が、⑤の時間を超えないことを確認する。

［2］建築物に対する避難安全検証（令129条の2）

　建築物に対する避難安全検証は、建築物内にいる在館者が安全に避難できることを検証する方法をいう。

❶ 検証の対象（1項）

　当該建築物が全館避難安全検証法により全館避難安全性能を有することが確

かめられたもの（主要構造部が準耐火構造もしくは不燃材料である建築物または特定避難時間倒壊防止建築物）または国土交通大臣の認定を受けたものは、次の避難規定を適用しない。

	内　容
令112条5項	11階以上100㎡以内の高層区画
令112条9項	たて穴区画
令112条12項	異種用途区画
令119条	廊下の幅
令120条	直通階段と歩行距離
令123条1項1号	屋内避難階段の階段室の構造
令123条1項6号	屋内避難階段の出入口
令123条2項2号	屋外避難階段の出入口
令123条3項1号〜3号	特別避難階段のバルコニー、付室、階段室
令123条3項10号	特別避難階段のバルコニーまたは付室の出入口
令123条3項12号	15階以上または地下3階以下に通ずる特別避難階段のバルコニーまたは付室の床面積
令124条1項	物品販売業の店舗の避難階段または特別避難階段の幅
令125条1項、3項	物品販売業の店舗の屋外への出口
令126条の2	排煙設備の設置
令126条の3	排煙設備の構造
令128条の5（2項・6項・7項ならびに階段部分を除く）	特殊建築物等の内装

❷　全館避難安全性能（3項）

　全館避難安全性能で要求される性能は、建築物のいずれの火災室で火災が発生した場合、その建築物にいる在館者のすべてが地上までの避難を終了するまでの間、建築物の居室および地上に通ずる主たる廊下、階段等において、避難上支障がある高さまで煙またはガスが降下しないこと。

❸　「全館避難安全検証法」（4項）

　全館避難安全検証法は、次の事項について検証する方法をいう。計算方法等

は、国土交通大臣が定める方法による。

①	各階が、階避難安全検証法により階避難安全性能を有することを確認すること。
②	各階の各火災室ごとに、在館者のすべてが火災発生から当該建築物からの避難終了までに要する時間を計算する。
③	各階の各火災室ごとに、火災により発生した煙またはガスが階段または当該階の直上階の一つに流入するために要する時間を計算する。
④	②の時間が、③の時間を超えないことを確認する。

● H30年度 一級建築士 学科試験（法規）に挑戦！

〔No．8〕避難施設等に関する次の記述のうち、建築基準法上、誤っているものはどれか。ただし、いずれの建築物も各階を当該用途に供するものとし、避難階は地上1階とする。

1. 主要構造部を耐火構造とした地上3階建ての共同住宅で、各階に住戸（各住戸の居室の床面積60㎡）が4戸あるものは、避難階以外の階から避難階又は地上に通ずる2以上の直通階段を設けなければならない。
2. 主要構造部を耐火構造とした地上6階建ての事務所において、6階の事務室の床面積の合計が300㎡であり、かつ、その階に避難上有効なバルコニーを設け、その階に通ずる屋外の直通階段を、屋外に設ける避難階段の構造の規定に適合するものとした場合には、2以上の直通階段を設けなくてもよい。
3. 床面積の合計が3,000㎡の地上5階建ての物品販売業を営む店舗には、各階の売場及び屋上広場に通ずる2以上の直通階段を設け、これを避難階段又は特別避難階段としなければならない。
4. 主要構造部が耐火構造である地上20階建ての共同住宅において、階段室、昇降機の昇降路、廊下等が所定の方法で区画され、各住戸の床面積の合計が200㎡（住戸以外は100㎡）以内ごとに防火区画されている場合には、15階以上の階に通ずる直通階段は、特別避難階段としなくてもよい。

【正解　2】避難

1. 各住戸の床面積が60㎡で4戸あるので、1フロアー240㎡。令121条1項五号にて、共同住宅の階の床面積の合計が100㎡を超える階は2以上の直通階段が必要。正しい。
2. 令121条1項六号イ　100㎡以下かつ有効なバルコニーと屋外直通階段があれば除かれ、さらに、同条2項により準耐火構造なら100㎡を200㎡と読み替えることが可能であるが、6階が300㎡あるので2以上の直通階段は必要。誤り。
3. 令122条2項　3階以上の階を物品販売業を営む店舗の用途に供する建築物にあっては、各階の売場及び屋上広場に通ずる2以上の直通階段を設け、これを避難階段又は特別避難階段としなければならない。正しい。
4. 令122条1項　建築物の15階以上の階に通ずる直通階段は特別避難階段としなければならない。ただし、主要構造部が耐火構造である建築物で床面積

の合計100㎡（共同住宅の住戸にあっては、200㎡）以内ごとに耐火構造の床若しくは壁又は特定防火設備で区画されている場合においては、この限りでない。正しい。

〔No．9〕防火・避難に関する次の記述のうち、建築基準法上、誤っているものはどれか。ただし、耐火性能検証法、防火区画検証法、階避難安全検証法、全館避難安全検証法及び国土交通大臣の認定による安全性の確認は行わないものとする。

1．主要構造部を準耐火構造とした地上2階建ての展示場の避難階以外の階においては、主たる用途に供する居室の各部分から避難階又は地上に通ずる直通階段の一に至る歩行距離を、原則として、30m以下としなければならない。
2．延べ面積2,000㎡の病院において、床面積100㎡以内ごとに防火区画した部分については、排煙設備を設けなくてもよい。
3．延べ面積3,000㎡、地上3階建てのスポーツの練習場には、非常用の照明装置を設けなくてもよい。
4．各階を物品販売業を営む店舗の用途に供する地上3階建ての建築物（各階の床面積600㎡）においては、各階における避難階段の幅の合計を3.0m以上としなければならない。

【正解　4】防火・避難

1．令120条　展示場は、別表第1（い）欄（四）項に該当するため30m以下。正しい。
2．令126条の2第1項一号　病院は、別表第1（い）欄（二）項　100㎡以内に防火区画されたものは除かれる。正しい。
3．令126条の4第1項三号　スポーツ練習場は、令126条の2第1項二号で学校等に含まれ、ただし書きで設置不要。正しい。
4．令124条1項一号　床面積100㎡につき60㎝以上。6×60㎝＝360㎝以上。誤り。

第6章

構造計算・各種構造

第 1 節　敷地の安全

　敷地の安全は建築物の構造上の安全性の基本となるものである。湿潤な土地、出水のおそれの多い土地またはごみその他これに類する物で埋め立てられた土地に建築物を建築する場合においては、盛土、地盤の改良その他衛生上または安全上必要な措置を講じなければならない。

　また建築物ががけ崩れ等による被害を受けるおそれのある場合においては、擁壁の設置その他安全上適当な措置を講じなければならない。

1　擁壁（法88条、令138条、令142条）

　敷地の安全のために擁壁は重要な役割をはたしている。法令上の主な規定は次のとおりである。
(1)　工作物として建築基準法の適用を受ける（法88条）。
(2)　高さ2mを超える擁壁は、建築物の構造強度についての規定が適用され、築造にあたっては確認を受けなければならない（令138条、令142条）。
(3)　擁壁の構造は、建築物の構造強度が準用され、構造方法は基準（平成12年建設省告示1449号）に従った構造計算により安全性を確認するとともに、次の構造としなければならない。
　　①　鉄筋コンクリート造、石造等腐らない材料とすること。
　　②　石造の擁壁は、裏込めにコンクリートを用い、石と石とを十分に結合すること。
　　③　擁壁の裏面の排水をよくするために水抜穴を設け、擁壁の裏面で水抜穴の周辺に砂利等をつめること。
(4)　工事現場の危害の防止についても、建築物の工事の場合と同様の規定が準用される。

2　災害危険区域（法39条）

(1)　地方公共団体は、条例で、津波、高潮、出水等による危険の著しい区域を災害危険区域として指定することができる。
(2)　その区域内における住居の用に供する建築物の建築の禁止その他の建築に関する制限で、災害防止上必要なものは(1)の条例で定めることになっている。

第 2 節　建築材料

1　建築材料の品質（法37条）

(1) 建築物の基礎、主要構造部その他安全上、防火上または衛生上重要である政令（令144条の 3 ）で定める部分に使用する木材、鋼材、コンクリートその他の建築材料として、国土交通大臣が定めるもの（以下「指定建築材料」という）は、次の各号に掲げるものとする。

① その品質が、指定建築材料ごとに国土交通大臣の指定する日本工業規格（JIS）または日本農林規格（JAS）に適合するもの

② ①のほか、指定建築材料ごとに国土交通大臣が定める技術的基準に適合することの認定を受けたもの

(2) 安全上、防火上または衛生上重要である建築物の部分（令144条の 3 ）

① 構造耐力上主要な部分で基礎および主要構造部以外のもの

② 耐火構造、準耐火構造または防火構造の構造部分で主要構造部以外のもの

③ 令109条に定める防火設備またはこれらの部分

④ 建築物の内装または外装の部分で安全上または防火上重要であるものとして国土交通大臣が定めるもの

⑤ 主要構造部以外の間仕切壁、揚げ床、最下階の床、小ばり、ひさし、局部的な小階段、屋外階段、バルコニーその他これらに類する部分で防火上重要であるものとして国土交通大臣が定めるもの

⑥ 建築設備またはその部分（消防法に規定する検定対象機械器具等、ガス事業法に規定するガス工作物およびガス用品、電気用品安全法に規定する電気用品、液化石油ガスの保安の確保および取引の適正化に関する法律に規定する液化石油ガス器具等ならびに安全上、防火上または衛生上支障がないものとして国土交通大臣が定めるものを除く）

2　認定に関する取扱い（法38条、法68条の10～法68条の26）

[1] 特殊の構造方法又は建築材料に関する認定（法38条）

法律が想定していない特殊な構造方法や建築材料が新たに開発された場合に対応するために設けられた規定である。法の 2 章およびこれに基づく命令による規定は、法律が予想しない特殊の構造方法または建築材料を用いる建築については、国土交通大臣がその構造方法または建築材料が、法律の規定と同等以

上の効力があると認める場合においては適用しないとされている。法66条では、防火地域および準防火地域における構造方法等への法38条の準用が規定されている。

[2] 型式適合認定（法68条の10、令136条の2の11）

　建築材料または主要構造部、建築設備その他の建築物の部分が、法3章および3章に基づく命令で定める建築材料または建築物の構造上の基準その他の技術的基準に適合するものであることを、国土交通大臣が認定する制度である。

　この認定を受けた建築材料を用いた建築物または認定を受けた部分を有する建築物は、建築確認および検査の時に、法令の規定の一部が審査対象から除かれる。

[3] 型式部材等製造者の認証（法68条の11～24）

　規格化された型式の建築材料、建築物の部分または建築物で、型式部材等の製造または新築をする者について、国土交通大臣が製造者として認証する制度である。

　この認証を受けた型式部材等製造者が製造する認証型式部材等は、その認証に係る型式に適合するものとみなされ、型式に適合しているかどうかの確認および検査に関して特例が設けられている（法68条の20）。

第 3 節　構造耐力に関する基準

1　建築物の構造耐力

[1] 構造耐力（法20条）

建築物は、自重、積載荷重、積雪荷重、風圧および水圧並びに地震その他の震動及び衝撃に対して安全な構造のものとして、次に掲げる建築物の区分に応じ、それぞれの基準に適合するものでなければならない。

❶ 高さが60mを超える建築物（法20条1項1号）

① 当該建築物の安全上必要な構造方法に関して政令で定める技術的基準（令36条1項）に適合するものであること。

② その構造方法は、荷重および外力によって建築物の各部分に連続的に生ずる力および変形を把握することその他の政令で定める基準（令81条1項）に従った構造計算によって、安全性が確かめられたものとして国土交通大臣の認定を受けたものであること（1号）。

❷ 高さが60m以下の建築物（法20条1項2号〜4号）

① 高さが60m以下の建築物のうち法6条1項2号に掲げる建築物で高さが13mまたは軒の高さが9mを超えるものまたは法6条1項3号に掲げる建築物（地階を除く階数が4以上である鉄骨造の建築物、高さが20mを超える鉄筋コンクリート造または鉄骨鉄筋コンクリート造の建築物その他これらの建築物に準ずるものとして政令で定める建築物（令36条の2）に限る）（2号）

次に掲げる基準のいずれかに適合するものであること。

ア　当該建築物の安全上必要な構造方法に関して政令で定める技術的基準（令36条2項）に適合すること。その構造方法は、地震力によって建築物の地上部分の各階に生ずる水平方向の変形を把握することなどの政令で定める基準（令81条2項）に従った構造計算で、国土交通大臣が定めた方法によるものまたは国土交通大臣の認定を受けたプログラムによるものによって確かめられる安全性を有すること。

イ　法20条1項1号に定める基準に適合すること。

② 高さが60m以下の建築物のうち、法6条1項2号または3号に掲げる建築物その他の主要構造部（床、屋根、階段を除く）を石造、れんが造、コ

ンクリートブロック造、無筋コンクリート造その他これらに類する構造とした建築物で、高さが13mまたは軒の高さが9mを超えるもの（①に掲げる建築物を除く）（3号）

　次に掲げる基準のいずれかに適合するものであること。
ア　当該建築物の安全上必要な構造方法に関して政令で定める技術的基準（令36条3項）に適合すること。その構造方法は、構造耐力上主要な部分ごとに応力度が許容応力度を超えないことを確かめることなどの政令で定める基準（令81条3項）に従った構造計算で、国土交通大臣が定めた方法によるものまたは国土交通大臣の認定を受けたプログラムによるものによって確かめられる安全性を有すること。
イ　1号および2号に定める基準のいずれかに適合すること。

③　①および②に掲げる建築物以外の建築物（4号）

　次に掲げる基準のいずれかに適合するものであること。
ア　建築物の安全上必要な構造方法に関して政令で定める技術的基準（令36条3項）に適合すること。
イ　1号から3号に定める基準のいずれかに適合すること。

以上の規定を表にまとめると次のようになる。

法20条における建築物と構造計算方法等

号	種別	建築物の高さ、階数	技術的基準および構造計算方法
1号	超高層建築物	高さ60m超	令36条1項の技術的基準に適合すること。この場合、令第81条第1項の構造計算で国土交通大臣の認定を受けたものであること。 時刻歴応答解析[※1]
2号	大規模建築物	高さ60m以下のうち ①鉄骨造で地階を除く階数4以上 ②鉄筋コンクリート造・鉄骨鉄筋コンクリート造で高さ20m超 ③木造で高さ13m超または軒高9m超 ④令36条の2で定める建築物	(1)　令36条2項の技術的基準に適合すること。この場合、令81条第2項の構造計算で大臣が定めた方法または大臣認定プログラムによること。 ①31m超の建築物 　ア　保有水平耐力計算（ルート3）[※2] 　イ　限界耐力計算[※2] ②31m以下の建築物 　ア　許容応力度等計算（ルート2）[※2] 　イ　保有水平耐力計算 　ウ　限界耐力計算[※2] (2)　1号の構造計算
3号	中規模建築物	高さ60m以下のうち、1号および2号以外で	(1)　令36条第3項の技術的基準に適合すること。この場合、令81条3項の構造計算で

		①木造で階数3以上または延べ面積500㎡超 ②木造以外で階数2以上または延べ面積200㎡超 ③コンクリートブロック造等で高さ13m超または軒高9m超	大臣が定めた方法または大臣認定プログラムによること。 　許容応力度計算（ルート1）^(※3)（大臣認定プログラム使用の場合は構造計算適合性判定を要する） (2)　1号および2号のいずれかの構造計算
4号	小規模建築物	1号、2号、3号以外	(1)　令36条3項の技術的基準に適合すること。構造計算不要である。 (2)　1号、2号および3号のいずれかの構造計算

（※1）　個別に国土交通大臣の認定を要する。
（※2）　構造計算適合性判定を要する。
（※3）　通称名であり、屋根ふき材等の構造計算を含む。

[2] 別の建築物とみなすことができる部分（法20条2項、令36条の4）

　法20条1項の規定の適用上一つの建築物であっても政令で定める部分に該当する場合は、その部分は別の建築物とみなされる。

　令36条の4では、建築物の2以上の部分がエキスパンションジョイントその他の相互に応力を伝えない構造方法のみで接している場合に該当するとしている。

2　構造設計の原則（令36条の3）

(1)　建築物の構造設計にあたっては、その用途、規模および構造の種別ならびに土地の状況に応じて柱、はり、床、壁等を有効に配置して、建築物全体が、これに作用する自重、積載荷重、積雪荷重、風圧、土圧および水圧ならびに地震その他の震動および衝撃に対して、一様に構造耐力上安全であるようにすべきものとする。

(2)　構造耐力上主要な部分は、建築物に作用する水平力に耐えるように、釣合いよく配置すべきものとする。

(3)　建築物の構造耐力上主要な部分には、使用上の支障となる変形または振動が生じないような剛性および瞬間的破壊が生じないような靭性（粘り強さ）をもたすべきものとする。

3　構造部材等（令37条、令38条、令39条）

❶ 構造部材の耐久（令37条）

　構造耐力上主要な部分で特に腐食、腐朽または摩損のおそれのあるものには、腐食、腐朽もしくは摩損しにくい材料または有効なさび止め、防腐もしくは摩損防止のための措置をした材料を使用しなければならない。

❷ 基礎（令38条）

(1)　建築物の基礎は、建築物に作用する荷重および外力を安全に地盤に伝え、かつ、地盤の沈下または変形に対して構造耐力上安全なものとしなければならない。

(2)　建築物には、異なる構造方法による基礎を併用してはならない。
　　ただし、国土交通大臣が定める基準に従った構造計算によって構造耐力上安全であることが確かめられた場合は、この限りでない（平成12年建設省告示1347号）。

(3)　建築物の基礎の構造は、建築物の構造、形態及び地盤の状況を考慮して国土交通大臣が定めた構造方法を用いるものとしなければならない。この場合において、高さ13mまたは延べ面積3,000㎡を超える建築物で、当該建築物に作用する荷重が最下階の床面積1㎡につき100キロニュートンを超えるものの基礎の底部（基礎ぐいを使用する場合にあっては、当該基礎ぐいの先端）は、良好な地盤に達していなければならない。ただし、国土交通大臣が定める基準に従った構造計算によって構造耐力上安全であることが確かめられた場合は、この限りでない（平成12年建設省告示1347号）。

(4)　打撃、圧力または振動により設けられる基礎ぐいは、それを設ける際に作用する打撃その他の外力に対して構造耐力上安全なものでなければならない。

(5)　建築物の基礎に木ぐいを使用する場合においては、その木ぐいは、平家建ての木造の建築物に使用する場合を除き、常水面下にあるようにしなければならない。

❸ 屋根ふき材等の緊結（令39条）

(1)　屋根ふき材、内装材、外装材、帳壁その他これらに類する建築物の部分および広告塔、装飾等その他建築物の屋外に取り付けるものは、風圧ならびに地震その他の震動および衝撃によって脱落しないようにしなければならな

い。
(2) 屋根ふき材、外壁材および屋外に面する帳壁の構造は、構造耐力上安全なものとして国土交通大臣が定めた構造方法を用いるものとしなければならない。
(3) 特定天井（脱落によって重大な危害を生ずるおそれがあるものとして国土交通大臣が定める天井をいう）の構造は、構造耐力上安全なものとして、国土交通大臣が定めた構造方法を用いるものまたは国土交通大臣の認定を受けたものとしなければならない。
(4) 特定天井で特に腐食、腐朽その他の劣化のおそれのあるものには、腐食、腐朽その他の劣化しにくい材料または有効なさび止め、防腐その他の劣化防止のための措置をした材料を使用しなければならない。

第4節　構造計算

1　総則

建築物の構造設計は、概略次のような流れを考えることができる。

現行規定での構造設計の特徴は、一次設計と二次設計が規定されていることである。

一次設計は、建物の耐用年数内に比較的多く発生する可能性のある震度5強程度の中小地震を対象とした構造設計である。これに対して二次設計は、耐用年数内に極めてまれに起こるおそれのある震度6強ないし7程度の地震を対象とした設計方法である。建築物の規模、構造、用途などに応じて、それぞれの設計方法の内容や基準が示されており、建築基準法では法20条の構造耐力に関する規定を受けて、建築基準法施行令3章8節で、構造計算にかかわる基準を規定している。

構造設計の流れ

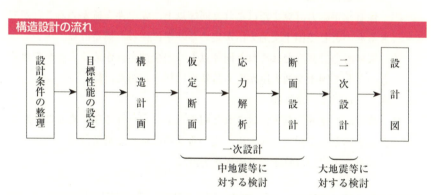

[1] 構造耐力（法20条）に関する技術的基準（法20条、令81条）

法20条において構造耐力に関する事項が規定されており、それに対する構造方法の基準が令36条等に定められている。構造方法の安全性は構造計算によって確かめることとされており、そのための基準を定めているのが8節である。法20条に該当する構造計算の技術的基準は次のとおりである。

❶ **高さが60mを超える建築物（法20条1項1号、令81条1項）**
　① 荷重および外力によって建築物の各部分に連続的に生ずる力および変形

を把握すること。
② ①の規定により把握した力および変形が当該建築物の各部分の耐力および変形限度を超えないことを確かめること。
③ 屋根ふき材、特定天井、外装材および屋外に面する帳壁が、風圧ならびに地震その他の震動および衝撃に対して構造耐力上安全であることを確かめること。
④ ①から③に掲げるもののほか、建築物が構造耐力上安全であることを確かめるために必要なものとして国土交通大臣が定める基準に適合すること。

❷ 高さが60m以下の建築物（法20条1項2号イ、令81条2項）

次に掲げる構造計算のいずれかに該当すること。
① 31mを超える建築物
　ア　保有水平耐力計算またはこれと同等以上に安全性を確かめることができるものとして国土交通大臣が定める基準に従った構造計算
　イ　限界耐力計算またはこれと同等以上に安全性を確かめることができるものとして国土交通大臣が定める基準に従った構造計算
② 高さ31m以下の建築物
　ア　許容応力度等計算またはこれと同等以上に安全性を確かめることができるものとして国土交通大臣が定める基準に従った構造計算
　イ　保有水平耐力計算または限界耐力計算

❸ 高さが60m以下で、コンクリートブロック造等の建築物（法20条1項3号イ、令81条3項）

保有水平耐力計算またはこれと同等以上に安全性を確かめることができるものとして国土交通大臣が定める基準に従った構造計算によること。

[2] 保有水平耐力計算（令第8節　第1款の2）

保有水平耐力の計算は、令82条から令82条の4に定めるところによる。
(1) 保有水平耐力計算（令82条）
① 令第8節第2款に規定する荷重及び外力によって建築物の構造耐力上主要な部分に生ずる力を、国土交通大臣が定める方法により計算すること（平成19年国土交通省告示594号）。
② ①の構造耐力上主要な部分の断面に生ずる長期及び短期の各応力度を次

表に掲げる式によって計算すること。

力の種類	荷重及び外力について想定する状態	一般の場合	第86条第2項ただし書の規定により特定行政庁が指定する多雪区域における場合	備考
長期に生ずる力	常時	G＋P	G＋P	
	積雪時		G＋P＋0.7S	
短期に生ずる力	積雪時	G＋P＋S	G＋P＋S	
	暴風時	G＋P＋W	G＋P＋W	建築物の転倒、柱の引抜き等を検討する場合においては、Pについては、建築物の実況に応じて積載荷重を減らした数値によるものとする。
			G＋P＋0.35S＋W	
	地震時	G＋P＋K	G＋P＋0.35S＋K	

　この表において、G、P、S、W及びKは、それぞれ次の力（軸方向力、曲げモーメント、せん断力等をいう。）を表すものとする。
G　第84条に規定する固定荷重によつて生ずる力
P　第85条に規定する積載荷重によつて生ずる力
S　第86条に規定する積雪荷重によつて生ずる力
W　第87条に規定する風圧力によつて生ずる力
K　第88条に規定する地震力によつて生ずる力

③　①の構造耐力上主要な部分ごとに、②で計算した長期および短期の各応力度が、令3款に規定する長期及び短期に対する各許容応力度を超えないことを確かめること。

④　国土交通大臣が定める場合には、構造耐力上主要な部分である構造部材の変形または振動によって建築物の使用上の支障が起こらないことを大臣が定める方法によって確かめること（平成12年告示1459号）。

(2)　層間変形角（令82条の2）

　建築物の地上部分については、地震力（令88条1項）によって各階に生ずる水平方向の層間変位を、国土交通大臣が定める方法により計算し、当該層間変位の当該各階の高さに対する割合（令82条の6第2号イおよび令109条の2の2において「層間変形角」という）が1／200以内であることを確かめなければならない。この場合に、地震力による構造耐力上主要な部分の変形によって建築物に著しい損傷が生ずるおそれのない場合は、1／120以内とすることができる。

(3) 保有水平耐力（令82条の3）

建築物の地上部分については、次の①によって計算した各階の水平力に対する耐力（本条及び令82条の5において「保有水平耐力」という。）が、②によって計算した必要保有水平耐力以上であることを確かめなければならない。

① 令第4款に規定する材料強度によって国土交通大臣が定める方法により保有水平耐力を計算すること。

② 地震力に対する各階の必要保有水平耐力を次式によって計算すること。

$Qun = Ds\ Fes\ Qud$

> この式において、Qun、Ds、Fes及びQudは、それぞれ次の数値を表すものとする。
>
> Qun　各階の必要保有水平耐力（単位　キロニュートン）
> Ds　各階の構造特性を表すものとして、建築物の構造耐力上主要な部分の構造方法に応じた減衰性及び各階の靱性を考慮して国土交通大臣が定める数値
> 　　　　　　　　　　　　　　　　　　　　　　　昭55告示1792号第1～6
> Fes　各階の形状特性を表すものとして、各階の剛性率及び偏心率に応じて国土交通大臣が定める方法により算出した数値　　　　昭55告示1792号第7
> Qud　地震力によつて各階に生ずる水平力（単位　キロニュートン）

(4) 屋根ふき材等の構造計算（令82条の4）

屋根ふき材、外装材および屋外に面する帳壁については、国土交通大臣が定める基準に従った構造計算によって、風圧に対して構造耐力上安全であることを確かめなければならない。

[3] 限界耐力計算（令第8節第1款の3）

限界耐力計算は、令82条の5に定めるところによる。

① 地震時を除き、令82条1号から3号（地震に係る部分を除く）に定めるところによること。

② 積雪時または暴風時に、構造耐力上主要な部分に生ずる力を次表に掲げる式によって計算し、当該構造耐力上主要な部分に生ずる力が、4款の規定による材料強度によって計算した耐力を超えないことを確かめること。

荷重及び外力について想定する状態	一般の場合	第86条第2項ただし書の規定により特定行政庁が指定する多雪区域における場合	備　考
積雪時	G＋P＋1.4S	G＋P＋1.4S	

暴風時	G＋P＋1.6W	G＋P＋1.6W	建築物の転倒、柱の引抜き等を検討する場合においては、Pについては、建築物の実況に応じて積載荷重を減らした数値によるものとする。
		G＋P＋0.35S＋1.6W	

この表において、G、P、S及びWは、それぞれ次の力（軸方向力、曲げモーメント、せん断力等をいう。）を表すものとする。
G　第84条に規定する固定荷重によつて生ずる力
P　第85条に規定する積載荷重によつて生ずる力
S　第86条に規定する積雪荷重によつて生ずる力
W　第87条に規定する風圧力によつて生ずる力

③　地震による加速度によって建築物の地上部分の各階に作用する地震力及び各階に生ずる層間変位を次に定めるところによって計算し、当該地震力が、「損傷限界耐力」を超えないことを確かめるとともに、層間変位の各階の高さに対する割合が1／200を超えないことを確かめること。

損傷限界耐力	各階の構造耐力上主要な部分の断面に生ずる応力度が、短期に生ずる力に対する許容応力度に達する場合の、各階の水平力に対する耐力をいう。
層間変位の高さに対する割合	地震による構造耐力上主要な部分の変形によって建築物に著しい損傷が生ずるおそれのない場合は1／120とする。

ア　各階が損傷限界耐力に相当する水平力その他の力に耐えている時に、当該階に生ずる水平方向の層間変位（「損傷限界変位」という）を、国土交通大臣が定める方法により計算すること。
イ　建築物のいずれかの階において、アによって計算した損傷限界変位に相当する変位が生じている時の建築物の固有周期（「損傷限界固有周期」という）を国土交通大臣が定める方法により計算すること。
ウ　建築物の各階に作用する地震力を、損傷限界固有周期に応じて次の表に掲げる式によって計算した当該階以上の各階に水平方向に生ずる力の総和として計算すること。

$Td < 0.16$の場合	$Pdi = (0.64 + 6Td) m_i Bdi Z Gs$
$0.16 \leq Td < 0.64$の場合	$Pdi = 1.6 m_i Bdi Z Gs$
$0.64 \leq Td$の場合	$Pdi = \dfrac{1.024 m_i Bdi Z Gs}{Td}$

> この表において、Td、Pdi、mi、Bdi、Z及びGsは、それぞれ次の数値を表すものとする。
> Td　建築物の損傷限界固有周期（単位　秒）
> Pdi　各階に水平方向に生ずる力（単位　キロニュートン）
> mi　各階の質量（各階の固定荷重及び積載荷重との和〔第86条第2項ただし書の規定によつて特定行政庁が指定する多雪区域においては、更に積雪荷重を加えたものとする。〕を重力加速度で除したもの）（単位　トン）
> Bdi　建築物の各階に生ずる加速度の分布を表すものとして、損傷限界固有周期に応じて国土交通大臣が定める基準に従つて算出した数値
> 　　　　　　　　　　　　　　　　　　　　　　　　　　　　　平12告示1457号第4
> Z　第88条第1項に規定するZの数値
> Gs　表層地盤による加速度の増幅率を表すものとして、表層地盤の種類に応じて国土交通大臣が定める方法により算出した数値
> 　　　　　　　　　　　　　　　　　　　　　　　　　　　　　平12告示1457号第10

　　エ　各階が、ウによって計算した地震力その他の力に耐えている時に、当該階に生ずる水平方向の層間変位を国土交通大臣が定める方法により計算すること。

④　地震力により建築物の地下部分の構造耐力上主要な部分の断面に生ずる応力度を令82条1号および2号の規定によって計算し、短期に生ずる力に対する許容応力度を超えないことを確かめること。

⑤　地震による加速度によって建築物の各階に作用する地震力を次に定めるところにより計算し、当該地震力が保有水平耐力を超えないことを確かめること。

　　ア　各階が、保有水平耐力に相当する水平力その他の力に耐えている時に、当該階に生ずる水平方向の最大の層間変位（「安全限界変位」という）を国土交通大臣が定める方法により計算すること。

　　イ　建築物のいずれかの階において、アによって計算した安全限界変位に相当する変位が生じている時の建築物の周期（「安全限界固有周期」という）を国土交通大臣が定める方法により計算すること。

　　ウ　建築物の各階に作用する地震力を、安全限界固有周期に応じて次表に掲げる式によって計算した当該階以上の各階に水平方向に生ずる力の総和として計算すること。

$Ts < 0.16$ の場合	$Psi = (3.2 + 30Ts)\, mi\, Bsi\, Fh\, Z\, Gs$
$0.16 \leq Ts < 0.64$ の場合	$Psi = 8\, mi\, Bsi\, Fh\, Z\, Gs$
$0.64 \leq Ts$ の場合	$Psi = \dfrac{5.12\, mi\, Bsi\, Fh\, Z\, Gs}{Ts}$
この表において、Ts、Psi、mi、Bsi、Fh、Z及びGsは、それぞれ次の数値を表すものとする。	

> Ts 建築物の安全限界固有周期（単位　秒）
> Psi 各階に水平方向に生ずる力（単位　キロニュートン）
> mi 第三号の表に規定するmiの数値
> Bsi 各階に生ずる加速度の分布を表すものとして、安全限界固有周期に対応する振動特性に応じて国土交通大臣が定める基準に従つて算出した数値
> 　　　　　　　　　　　　　　　　　　　　　　　　　　　平12告示1457号第8
> Fh 安全限界固有周期における振動の減衰による加速度の低減率を表すものとして国土交通大臣が定める基準に従つて算出した数値
> 　　　　　　　　　　　　　　　　　　　　　　　　　　　平12告示1457号第9
> Z 第88条第1項に規定するZの数値
> Gs 第三号の表に規定するGsの数値

⑥　令82条第4号の「国土交通大臣が定める場合」の規定によること。

⑦　屋根ふき材、特定天井、外装材および屋外に面する帳壁が、建築物の各階に生ずる水平方向の層間変位および損傷限界固有周期に応じて各階に生ずる加速度を考慮して国土交通大臣が定める基準に従った構造計算によって、風圧ならびに地震その他の震動及び衝撃に対して構造耐力上安全であることを確かめること。

⑧　特別警戒区域内における居室を有する建築物の外壁等が、自然現象の種類、最大の力の大きさ等および土石等の高さ等に応じて、国土交通大臣が定める基準に従った構造計算によって当該自然現象により想定される衝撃が作用した場合においても破壊を生じないものであることを確かめること。ただし、令80条の3ただし書に規定する場合は、この限りでない。

[4] 許容応力度計算（令第8節第1款の4）

許容応力度計算は、高さ31m以下の建築物に関する構造計算方法で、令82条の6に定めるところによる。

①　令82条各号、令82条の2および令82条の4に定めるところによること。
②　建築物の地上部分について、次に適合することを確かめること。
　ア　次の式によって計算した各階の剛性率が、それぞれ6／10以上であること。

$$Rs = \frac{rs}{Fs}$$

> この式において、Rs、rs及びFsは、それぞれ次の数値を表すものとする。
> Rs　各階の剛性率
> rs　各階の層間変形角の逆数
> Fs　当該建築物についてのrsの相加平均

イ 次の式によって計算した各階の偏心率が、それぞれ15／100を超えないこと。

$$Re = \frac{e}{re}$$

> この式において、Re、e及びreは、それぞれ次の数値を表すものとする。
> Re　各階の偏心率
> e　各階の構造耐力上主要な部分が支える固定荷重及び積載荷重（第86条第2項ただし書の規定により特定行政庁が指定する多雪区域にあつては、固定荷重、積載荷重及び積雪荷重）の重心と当該各階の剛心をそれぞれ同一水平面に投影させて結ぶ線を計算しようとする方向と直交する平面に投影させた線の長さ（単位　cm）
> re　国土交通大臣が定める方法により算出した各階の剛心周りのねじり剛性の数値を当該各階の計算しようとする方向の水平剛性の数値で除した数値の平方根（単位　cm）　　　　　　　　　　　　平19告示594号

③　①および②に定めるところによるほか、建築物の地上部分について、国土交通大臣がその構造方法に応じ、地震に対し、安全であることを確かめるために必要なものとして定める基準に適合すること。

2　荷重及び外力（令8節2款）

[1] 荷重及び外力の種類（令83条）

(1) 建築物に作用する荷重および外力としては、次に掲げるものを採用しなければならない。

①　固定荷重
②　積載荷重
③　積雪荷重
④　風圧力
⑤　地震力

(2) 建築物の実況に応じて、土圧、水圧、震動および衝撃による外力を採用しなければならない。

[2] 固定荷重（令84条）

建築物の各部の固定荷重は、当該建築物の実況に応じて計算しなければならない。ただし、次表に掲げる建築物の部分の固定荷重については、それぞれ表の単位面積当たり荷重の欄に定める数値に面積を乗じて計算することができる。

建築物の部分	種別			単位面積当たり荷重／（単位ニュートン／㎡）	備考
屋根	瓦ぶき	ふき土がない場合		屋根面につき 640	下地及びたるきを含み、もやを含まない。
		ふき土がある場合		980	下地及びたるきを含み、もやを含まない。
	波形鉄板ぶき	もやに直接ふく場合		50	もやを含まない。
	薄鉄板ぶき			200	下地及びたるきを含み、もやを含まない。
	ガラス屋根			290	鉄製枠を含み、もやを含まない。
	厚形スレートぶき			440	下地及びたるきを含み、もやを含まない。
木造のもや	もやの支点間の距離が2m以下の場合			屋根面につき 50	
	もやの支点間の距離が4m以下の場合			100	
天井	さお縁			天井面につき 100	つり木、受木及びその他の下地を含む。
	繊維板張、打上げ板張、合板張又は金属板張			150	
	木毛セメント板張			200	
	格縁			290	
	しつくい塗			390	
	モルタル塗			590	
床	木造の床	板張		床面につき 150	根太を含む。
		畳敷		340	床板及び根太を含む。
		床ばり	張り間が4m以下の場合	100	
			張り間が6m以下の場合	170	
			張り間が8m以下の場合	250	
	コンクリート造の床の仕上げ	板張		200	根太及び大引を含む。

壁		フロアリングブロック張		150	仕上げ厚さ1cmごとに、そのセンチメートルの数値を乗ずるものとする。
		モルタル塗、人造石塗及びタイル張		200	
		アスファルト防水層		150	厚さ1cmごとに、そのセンチメートルの数値を乗ずるものとする。
	木造の建築物の壁の軸組		壁面につき	150	柱、間柱及び筋かいを含む。
	木造の建築物の壁の仕上げ	下見板張、羽目板張又は繊維板張		100	下地を含み、軸組を含まない。
		木ずりしつくい塗		340	
		鉄網モルタル塗		640	
	木造の建築物の小舞壁			830	軸組を含む。
	コンクリート造の壁の仕上げ	しつくい塗		170	仕上げ厚さ1cmごとに、そのセンチメートルの数値を乗ずるものとする。
		モルタル塗及び人造石塗		200	
		タイル張		200	

[3] 積載荷重（令85条）

(1) 建築物の各部の積載荷重は、当該建築物の実況に応じて計算しなければならない。ただし、次表に掲げる室の床の積載荷重については、それぞれの表の（い）、（ろ）、または（は）の欄に定める数値に床面積を乗じて計算することができる。

	構造計算の対象 室の種類		（い） 床の構造計算をする場合（単位はN／㎡）	（ろ） 大ばり、柱または基礎の構造計算をする場合（単位はN／㎡）	（は） 地震力を計算する場合（単位はN／㎡）
①	住宅の居室、住宅以外の建築物における寝室または病室		1,800	1,300	600
②	事務室		2,900	1,800	800
③	教室		2,300	2,100	1,100
④	百貨店または店舗の売場		2,900	2,400	1,300
⑤	劇場、映画館、演芸場、観覧場、公会	固定席の場合	2,900	2,600	1,600

	堂、集会場その他こ れらに類する用途に 供する建築物の客席 または集会室	その他 の場合	3,500	3,200	2,100
⑥	自動車車庫および自動車通路		5,400	3,900	2,000
⑦	廊下、玄関または階段	③から⑤までに掲げる室に連絡するものにあっては、⑤の「その他の場合」の数値による。			
⑧	屋上広場またはバルコニー	①の数値による。ただし、学校または百貨店の用途に供する建築物にあっては、④の数値による。			

(2) 柱または基礎の垂直荷重による圧縮力を計算する場合においては、(ろ)欄の数値は、その支える床の数に応じて、次の表の数値を乗じた数値まで減らすことができる。ただし、前項(1)の表中⑤に掲げる室の床の積載荷重については、この限りでない。

支える床	積載荷重を減らすために乗ずべき数値
2	0.95
3	0.9
4	0.85
5	0.8
6	0.75
7	0.7
8	0.65
9以上	0.6

(3) 倉庫業を営む倉庫における床の積載荷重は、実況に応じて計算した数値が3,900N／m²未満の場合においても、3,900N／m²としなければならない。

[4] 積雪荷重（令86条）

(1) 積雪荷重は、積雪の単位荷重に屋根の水平投影面積およびその地方における垂直積雪量を乗じて計算する。

(2) 積雪の単位荷重は、積雪量1cmごとに20N／m²以上としなければならない。ただし、特定行政庁は、規則で、国土交通大臣が定める基準に基づいて多雪区域を指定し、その区域につきこれと異なる定めをすることができる。

(3) 垂直積雪量は、国土交通大臣が定める基準に基づいて特定行政庁が規則で定める数値としなければならない。

(4) 屋根の積雪荷重は、屋根に雪止めがある場合を除き、その勾配が60度以下の場合においては、その勾配に応じて積雪荷重に次の式によって計算した屋根形状係数（特定行政庁が屋根ふき材、雪の性状等を考慮して規則でこれと異なる数値を定めた場合においては、その定めた数値）を乗じた数値とし、その勾配が60度を超える場合においては、0とすることができる。

$$\mu b = \sqrt{\cos(1.5\beta)}$$

μb：屋根形状係数

β：屋根勾配（単位　度）〕

(5) 屋根面における積雪量が不均等となるおそれのある場合においては、その影響を考慮して積雪荷重を計算しなければならない。

(6) 雪下ろしを行う慣習のある地方においては、その地方における垂直積雪量が1mを超える場合においても、積雪荷重は、雪下ろしの実況に応じて垂直積雪量を1mまで減らして計算することができる。

(7) 垂直積雪量を減らして積雪荷重を計算した建築物については、その出入口、主要な居室またはその他の見やすい場所に、その軽減の実況その他必要な事項を表示しなければならない。

［5］風圧力（令87条）

(1) 風圧力は、速度圧に風力係数を乗じて計算する。

(2) 速度圧は、次の式による。

$$q = 0.6 E\ V_0^2$$

q：速度圧（単位　N／㎡）

E：当該建築物の屋根の高さおよび周辺の地域に存する建築物その他の工作物、樹木その他の風速に影響を与えるものの状況に応じて国土交通大臣が定める方法により算出した数値

V_0：その地方における過去の台風の記録に基づく風害の程度その他の風の性状に応じて30m毎秒から46m毎秒までの範囲内において国土交通大臣が定める風速（単位　m毎秒）

(3) 建築物に近接してその建築物を風の方向に対して有効にさえぎる他の建築物、防風林その他これらに類するものがある場合においては、その方向における速度圧は、(2)の数値の1／2まで減らすことができる。

(4) 風力係数は、風洞試験によって定める場合のほか、建築物または工作物の断面および平面の形状に応じて国土交通大臣が定める数値によらなければな

らない。

[6] 地震力（令88条）

(1) 建築物の地上部分の地震力については、当該建築物の各部分の高さに応じ、当該高さの部分が支える部分に作用する全体の地震力として計算するものとし、その数値は、当該部分の固定荷重と積載荷重との和（令86条2項ただし書の規定により特定行政庁が指定する多雪区域においては、さらに積雪荷重を加えるものとする）に当該高さにおける地震層せん断力係数を乗じて計算しなければならない。この場合において、地震層せん断力係数は、次の式によって計算する。

$C_i = Z \cdot R_t \cdot A_i \cdot C_0$

C_i：建築物の地上部分の一定の高さにおける地震層せん断力係数

Z：その地方における過去の地震の記録に基づく震害の程度および地震活動の状況その他地震の性状に応じて1.0から0.7までの範囲内において国土交通大臣が定める数値

R_t：建築物の振動特性を表すものとして、建築物の弾性域における固有周期および地盤の種類に応じて国土交通大臣が定める方法により算出した数値

A_i：建築物の振動特性に応じて地震層せん断力係数の建築物の高さ方向の分布を表すものとして国土交通大臣が定める方法により算出した数値

C_0：標準せん断力係数

(2) 標準せん断力係数は、0.2以上としなければならない。ただし、地盤が著しく軟弱な区域として特定行政庁が国土交通大臣の定める基準に基づいて規則で指定する区域内における木造の建築物（令46条2項1号に掲げる基準に適合するものを除く）にあっては、0.3以上としなければならない。

(3) 令82条の3第2号の規定により必要保有水平耐力を計算する場合においては、前項(2)の規定にかかわらず、標準せん断力係数は、1.0以上としなければならない。

(4) 建築物の地下部分の各部分に作用する地震力は、当該部分の固定荷重と積載荷重との和に次の式に適合する水平震度を乗じて計算しなければならない。ただし、地震時における建築物の振動の性状を適切に評価して計算をすることができる場合においては、当該計算によることができる。

$k \geqq 0.1(1-H \div 40) \cdot Z$

　k：水平震度

　H：建築物の地下部分の各部分の地盤面からの深さ（20を超えるときは20とする）（単位m）

　Z：その地方における過去の地震の記録に基づく震害の程度および地震活動の状況その他地震の性状に応じて1.0から0.7までの範囲内において国土交通大臣が定める数値

3　許容応力度（令8節3款、令89条～令94条）

[1] 許容応力度の数値

(1) 許容応力度の数値は、構造計算を行った場合に断面に生ずる応力度の上限である。すなわち、断面に生ずる応力度は、その材料の許容応力度を超えてはならない。

(2) 具体的には、設計の条件等を考慮して定めることが必要である。

(3) 施行令では、木材、鋼材等、コンクリート、溶接、高力ボルト等及び地盤、基礎ぐいについて、それぞれ数値が定められている（令89条～令93条）。

[2] コンクリートの許容応力度の例（令91条）

(1) コンクリートの許容応力度は、次の表によらなければならない。ただし、異形鉄筋を用いた付着について、国土交通大臣が異形鉄筋の種類および品質に応じて別に数値を定めた場合は、当該数値によることができる。

長期に生ずる力に対する許容応力度 （単位　N／mm²）				短期に生ずる力に対する許容応力度 （単位　N／mm²）			
圧縮	引張り	せん断	付着	圧縮	引張り	せん断	付着
F÷3	F÷30（Fが21を超えるコンクリートについて、国土交通大臣がこれと異なる数値を定めた場合は、その定めた数値）		0.7（軽量骨材を使用するものは、0.6）	長期に生ずる力に対する圧縮、引張り、せん断または付着の許容応力度のそれぞれの数値の2倍（Fが21を超えるコンクリートの引張りおよびせん断について、国土交通大臣がこれと異なる数値を定めた場合は、その定めた数値）とする。			
この表において、Fは、設計基準強度（単位　N／mm²）を表す。							

(2) 特定行政庁がその地方の気候、骨材の性状等に応じて規則で設計基準強度の上限の数値を定めた場合において、設計基準強度がその数値を超えるときは、上記の表の適用に関しては、その数値を設計基準強度とする。

[3] 地盤及び基礎ぐい（令93条）

　地盤の許容応力度および基礎ぐいの許容支持力は、国土交通大臣が定める方法によって、地盤調査を行い、その結果に基づいて定めなければならない。ただし、次の表に掲げる地盤の許容応力度については、地盤の種類に応じて、それぞれ次の表の数値によることができる。

地　盤	長期に生ずる力に対する許容応力度（単位　kN/㎡）	短期に生ずる力に対する許容応力度（単位　kN/㎡）
岩盤	1,000	長期に生ずる力に対する許容応力度のそれぞれの数値の2倍とする。
固結した砂	500	
土丹盤	300	
密実な礫層	300	
密実な砂質地盤	200	
砂質地盤（地震時に液状化のおそれのないものに限る。）	50	
堅い粘土質地盤	100	
粘土質地盤	20	
堅いローム層	100	
ローム層	50	

[4] 構造耐力上主要な部分の材料に長期及び短期に生じる力に対する許容応力度（令94条）

　令89条から93条までに定めるもののほか、構造耐力上主要な部分の材料の長期に生ずる力に対する許容応力度および短期に生ずる力に対する許容応力度は、材料の種類および品質に応じ、国土交通大臣が建築物の安全を確保するために必要なものとして定める数値によらなければならない。

　　（注）詳細は、政令および各種の国土交通省告示を参照のこと。

4　材料強度（令8節4款、令95条〜99条）

　木材、鋼材等、コンクリートおよび溶接の材料強度については、施行令でそれぞれの数値が定められている（令95条〜98条）。

[1] コンクリートの例（令97条）

(1)　コンクリートの材料強度は、次の表による。ただし、異形鉄筋を用いた付

着について、国土交通大臣が異形鉄筋の種類および品質に応じて別に数値を定めた場合は、当該数値によることができる。

材料強度（単位　N／mm²）			
圧　縮	引張り	せん断	付　着
F	F÷10（Fが21を超えるコンクリートについて、国土交通大臣がこれと異なる数値を定めた場合は、その定めた数値）	2.1（軽量骨材を使用する場合にあっては、1.8）	

この表において、Fは、設計基準強度（単位　N／mm²）を表すものとする。

(2) 特定行政庁がその地方の気候、骨材の性状等に応じて規則で設計基準強度の上限の数値を定めた場合において、設計基準強度が、その数値を超えるときは、上記の表の適用に関しては、その数値を設計基準強度とする。

[2] 構造耐力上主要な部分の材料の材料強度（令99条）

令95条から98条までに定めるもののほか、構造耐力上主要な部分の材料の材料強度は、材料の種類および品質に応じ、国土交通大臣が地震に対して建築物の安全を確保するために必要なものとして定める数値によらなければならない。

（注）詳細は、政令および各種の国土交通省告示を参照のこと。

第 5 節　建築物の構造基準

1　木造（令3節　40条〜49条）

［1］適用の範囲（令40条）

　木造に関する規定は、木造の建築物または木造と組積造その他の構造とを併用する建築物の木造の構造部分に適用される。ただし、茶室、あづまやその他これらに類する建築物または延べ面積が10㎡以内の物置、納屋その他これらに類する建築物については、適用しない。

［2］木材（令41条）

　構造耐力上主要な部分に使用する木材の品質は、節、腐れ、繊維の傾斜、丸身等による耐力上の欠点がないものでなければならない。

［3］土台及び基礎（令42条）

(1)　構造耐力上主要な部分である柱で最下階に使用するものの下部には、土台を設けなければならない。ただし、次の各号のいずれかに該当する場合は、この限りでない。
　① 柱を基礎に緊結した場合
　② 平家建ての建築物で足固めを使用した場合（地盤が軟弱な区域として特定行政庁が指定する区域内にあるものを除く）
　③ 柱と基礎とをだぼ継ぎその他の国土交通大臣が定める構造方法により接合し、かつ、柱に構造耐力上支障のある引張応力が生じないことが大臣の定める方法によって確かめられた場合（平成28年国土交通省告示690号）
(2)　土台は、基礎に緊結しなければならない。ただし、平家建てで延べ面積が50㎡以内のものについては、この限りでない。

［4］柱の小径（令43条）

(1)　柱の小径とは、柱の断面寸法のうち最小の径をいう。
(2)　正方形では4辺とも同じ長さであるが、長方形では短辺の長さをいう。円形・楕円形柱の場合においても最小径をいう。
(3)　木造柱の小径と横架材間（はり等）の垂直距離との比は、建築物の規模等により1／20〜1／33以上と規定されている。ただし、国土交通大臣が定める基準に従った構造計算によって構造耐力上安全であることが確かめられた

場合にあっては、この限りでない（平成12年建設省告示第1349号）。

柱の小径

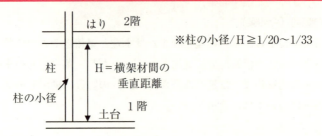

柱の小径の技術基準（令43条）

❶ 構造耐力上主要な部分である柱の張り間方向およびけた行方向の小径は、それぞれの方向でその柱に接着する土台、足固め、胴差、はり、けたその他の構造耐力上主要な部分である横架材の相互間の垂直距離に対して、次表の割合以上のものでなければならない。ただし、構造計算によって構造耐力上安全であることが確かめられた場合は、この限りでない。

❷ 地階を除く階数が2を超える建築物の1階の構造耐力上主要な部分である柱の張り間方向およびけた行方向の小径は、13.5cmを下回ってはならない。ただし、柱と土台、はり等の横架材とボルト等で緊結し、国土交通大臣が定める基準による構造計算等による場合はこの限りでない。

❸ 法41条の規定によって、条例で、法21条1項および2項の規定の全部もしくは一部を適用せず、またはこれらの規定による制限を緩和する場合においては、その条例で、柱の小径の横架材の相互間の垂直距離に対する割合を補足する規定を設けなければならない。

❹ 前3項の規定による柱の小径に基づいて算定した柱の所要断面積の1／3以上を欠き取る場合においては、その部分を補強しなければならない。

❺ 階数が2以上の建築物のすみ柱またはこれに準ずる柱は、通し柱としなければならない。
　　ただし、接合部を通し柱と同等以上の耐力を有するように補強した場合においては、この限りでない。

❻ 構造耐力上主要な部分である柱の有効細長比（断面の最小二次率半径に対する座屈長さの比）は、150以下としなければならない。

木造　柱の小径（令43条1項）

建築物		張り間方向またはけた行方向に相互の間隔が10m以上の柱または学校、保育所、劇場、映画館、演芸場、観覧場、公会堂、集会場、物品販売業を営む店舗（床面積の合計が10㎡以内のものを除く）もしくは公衆浴場の用途に供する建築物の柱		上〔左〕欄以外の柱	
		最上階または階数が一の建築物の柱	その他の階の柱	最上階または階数が一の建築物の柱	その他の階の柱
①	土蔵造の建築物その他これに類する壁の重量が特に大きい建築物	22分の1	20分の1	25分の1	22分の1
②	①に掲げる建築物以外の建築物で屋根を金属板、石板、木板その他これらに類する軽い材料でふいたもの	30分の1	25分の1	33分の1	30分の1
③	①および②に掲げる建築物以外の建築物	25分の1	22分の1	30分の1	28分の1

[5] はり等の横架材（令44条）

　はり、けた等の横架材には、その中央部附近の下側に耐力上支障のある欠込みをしてはならない。

[6] 筋かい（令45条）

(1)　引張り力を負担する筋かいは、厚さ1.5cm以上で幅9cm以上の木材または径9mm以上の鉄筋を使用したものとしなければならない。

(2)　圧縮力を負担する筋かいは、厚さ3cm以上で幅9cm以上の木材を使用したものとしなければならない。

(3)　筋かいは、端部を、柱とはりその他の横架材との仕口に接近して、ボルト、かすがい、くぎ等の金物で緊結しなければならない。

(4)　筋かいには、欠込みをしてはならない。ただし、筋かいをたすき掛けにするためにやむを得ない場合において、必要な補強を行ったときは、この限りでない。

[7] 構造耐力上必要な軸組等（令46条）

(1) 構造耐力上主要な部分である壁、柱および横架材を木造とした建築物にあっては、すべての方向の水平力に対して安全であるように、各階の張り間方向およびけた行方向に、それぞれ壁を設けまたは筋かいを入れた軸組を釣合いよく配置しなければならない。

(2) 前項の規定は、次の各号のいずれかに該当する木造の建築物または建築物の構造部分については、適用しない。

① 構造耐力上主要な部分である柱および横架材（間柱、小ばりその他これらに類するものを除く。以下この号において同じ）に使用する集成材その他の木材の品質が、当該柱および横架材の強度および耐久性に関し国土交通大臣の定める基準に適合していること。

② 構造耐力上主要な部分である柱の脚部が、一体の鉄筋コンクリート造の布基礎に緊結している土台に緊結し、または鉄筋コンクリート造の基礎に緊結していること。

③ ①および②に掲げるもののほか、国土交通大臣が定める基準に従った構造計算によって、構造耐力上安全であることが確かめられた構造であること。

④ 方づえ（その接着する柱が添木等によって補強されているものに限る。）、控柱または控壁があって構造耐力上支障がないもの

(3) 床組および小屋ばりには、木板その他これに類するものを国土交通大臣が定める基準に従って打ち付け、小屋組には振れ止めを設けなければならない。ただし、国土交通大臣が定める基準に従った構造計算によって構造耐力上安全であることが確かめられた場合においては、この限りでない。

(4) 階数が2以上または延べ面積が50平方メートルを超える木造の建築物においては、第1項の規定によって各階の張り間方向およびけた行方向に配置する壁を設けまたは筋かいを入れた軸組を、それぞれの方向につき、次の表1の軸組の種類の欄に掲げる区分に応じて当該軸組の長さに同表の倍率の欄に掲げる数値を乗じて得た長さの合計が、その階の床面積（その階または上の階の小屋裏、天井裏その他これらに類する部分に物置等を設ける場合にあっては、当該物置等の床面積および高さに応じて国土交通大臣が定める面積をその階の床面積に加えた面積）に次の表2に掲げる数値（特定行政庁が令88条2項の規定によって指定した区域内における場合においては、表2に掲げる数値のそれぞれ1.5倍とした数値）を乗じて得た数値以上で、かつ、その

階（その階より上の階がある場合においては、当該上の階を含む）の見付面積（張り間方向またはけた行方向の鉛直投影面積をいう。以下同じ）からその階の床面からの高さが1.35メートル以下の部分の見付面積を減じたものに次の表3に掲げる数値を乗じて得た数値以上となるように、国土交通大臣が定める基準に従って設置しなければならない。

- 木造若しくは鉄骨造の建築物又は建築物の構造部分が構造耐力上安全であることを確かめるための構造計算の基準（昭和62年建設省告示1899号）
- 構造耐力上必要な軸組と同等以上の耐力を有する軸組及び当該軸組に係る倍率の数値（昭和56年建設省告示1100号）
- 木造の建築物に物置等を設ける場合に階の床面積に加える面積（平成12年建設省告示1351号）
- 木造建築物の軸組の設置の基準（平成12年建設省告示1352号）

木造　構造耐力上必要な軸組等

表1

	軸組の種類	倍率
①	土塗壁または木ずりその他これに類するものを柱および間柱の片面に打ち付けた壁を設けた軸組	0.5
②	木ずりその他これに類するものを柱および間柱の両面に打ち付けた壁を設けた軸組	1
	厚さ1.5cm以上で幅9cm以上の木材または径9mm以上の鉄筋の筋かいを入れた軸組	
③	厚さ3cm以上で幅9cm以上の木材の筋かいを入れた軸組	1.5
④	厚さ4.5cm以上で幅9cm以上の木材の筋かいを入れた軸組	2
⑤	9cm角以上の木材の筋かいを入れた軸組	3
⑥	②から④までに掲げる筋かいをたすき掛けに入れた軸組	②から④までのそれぞれの数値の2倍
⑦	⑤に掲げる筋かいをたすき掛けに入れた軸組	5
⑧	その他①から⑦までに掲げる軸組と同等以上の耐力を有するものとして国土交通大臣が定めた構造方法を用いるものまたは国土交通大臣の認定を受けたもの	0.5から5までの範囲内において国土交通大臣が定める数値
⑨	①または②に掲げる壁と②から⑥までに掲げる筋かいとを併用した軸組	①または②のそれぞれの数値と②から⑥までのそれぞれの数値との和

表2

建築物	(表1参照) 階の床面積に乗ずる数値（単位　1㎡につきcm）					
	階数が1の建築物	階数が2の建築物の1階	階数が2の建築物の2階	階数が3の建築物の1階	階数が3の建築物の2階	階数が3の建築物の3階
令43条1項の表の①または③に掲げる建築物	15	33	21	50	39	24
令第43条第1項の表の②に掲げる建築物	11	29	15	46	34	18

（注）この表における階数の算定については、地階の部分の階数は、算入しないものとする。

表3

	区　　域	見付面積に乗ずる数値（単位：1㎡につきcm）
①	特定行政庁がその地方における過去の風の記録を考慮して、しばしば強い風が吹くと認めて規則で指定する区域	50を超え、75以下の範囲内において特定行政庁がその地方における風の状況に応じて規則で定める数値
②	①に掲げる区域以外の区域	50

[8] 構造耐力上主要な部分である継手又は仕口（令47条）

(1) 構造耐力上主要な部分である継手および仕口は、ボルト締、かすがい打、込み栓打等の国土交通大臣が定める構造方法により、その他の部分の存在応力を伝えるように緊結しなければならない。

　この場合に、横架材の丈が大きいこと、柱と鉄骨の横架材とが剛接合していること等によって柱に構造上支障のある局部応力が生じるおそれのあるときは、柱を添木等により補強しなければならない。

(2) ボルト締には、ボルト径に応じた有効な大きさと厚さを有する座金を使用しなければならない。

○木造の継手及び仕口の構造方法（平成12年建設省告示1460号）

[9] 学校の木造の校舎（令48条）

(1) 学校における壁、柱および横架材を木造とした校舎は、次に掲げるところによらなければならない。

①　外壁には、第46条第4項の表1の⑤に掲げる筋かいを使用すること。
②　けた行が12mを超える場合においては、けた行方向の間隔12メートル以内ごとに第46条第4項の表1の⑤に掲げる筋かいを使用した通し壁の間仕切壁を設けること。ただし、控柱または控壁を適当な間隔に設け、国土交通大臣が定める基準に従った構造計算によって構造耐力上安全であることが確かめられた場合においては、この限りでない。
③　けた行方向の間隔2m（屋内運動場その他規模が大きい室においては、4m）以内ごとに柱、はりおよび小屋組を配置し、柱とはりまたは小屋組とを緊結すること。
④　構造耐力上主要な部分である柱は、13.5cm角以上のもの（2階建ての1階の柱で、張り間方向またはけた行方向に相互の間隔が4m以上のものについては、13.5cm角以上の柱を2本合わせて用いたものまたは15cm角以上のもの）とすること。

(2)　前項の規定は、次の①②のいずれかに該当する校舎については、適用しない。
①　第46条第2項第1号に掲げる基準に適合するもの
②　国土交通大臣が指定する日本工業規格に適合するもの

○木造若しくは鉄骨造の建築物又は建築物の構造部分が構造耐力上安全であることを確かめるための構造計算の基準（昭和62年建設省告示1899号）
○学校の木造の校舎の日本工業規格、JIS　A3301（木造校舎の構造設計標準）―1993（2項2号（平成12年建設省告示1453号））

---

[10] 外壁内部等の防腐措置等（令49条）

(1)　木造の外壁のうち、鉄網モルタル塗等軸組が腐りやすい構造である部分の下地には、防水紙その他これに類するものを使用しなければならない。
(2)　構造耐力上主要な部分である柱、筋かいおよび土台のうち、地面から1m以内の部分には有効な防腐措置を講ずるとともに、必要に応じて、しろありその他の虫による害を防ぐための措置を講じなければならない。

2　組積造（令4節　51条〜62条）

[1] 適用の範囲（令51条）

(1)　れんが造、石造、コンクリートブロック造その他の組積造（補強コンク

リートブロック造を除く。）の建築物または組積造と木造その他の構造とを併用する建築物の組積造の構造部分に適用する。ただし、高さ13m以下で、かつ、軒高9m以下の建築物の部分で、鉄筋、鉄骨または鉄筋コンクリートによって補強され、かつ、国土交通大臣が定める基準に従った構造計算によって構造耐力上の安全が確かめられたものについては、適用しない。
(2) 高さが4m以下で、かつ、延べ面積が20㎡以内の建築物については、令4節の規定中各階の壁の厚さの規定（令55条2項）および臥梁（令56条）の規定は、適用されない。
(3) 構造耐力上主要な部分でない間仕切壁で高さが2m以下のものについては、令4節の規定中組積造の施工（令52条）、各階の壁の厚さの規定（令55条5項）に限り、適用される。
(4) 高さ13mまたは軒高9mを超える組積造、または組積造と木造その他の構造とを併用する建築物は、令4節の規定中令59条の2に限り適用される。

[2] 組積造の施工（令52条）
(1) 組積造に使用するれんが、石、コンクリートブロックその他組積材は、使用する際には充分に水洗いをしなければならない。
(2) 組積材は、その目地塗面の全部にモルタルが行きわたるように組積しなければならない。
(3) 前項のモルタルは、セメントモルタルでセメントと砂との容積比が1：3のもの若しくはこれと同等以上の強度を有するもの又は石灰入りセメントモルタルでセメントと石灰と砂との容積比が1：2：5のもの若しくはこれと同等以上の強度を有するものとしなければならない。
(4) 組積材は、芋目地ができないように組積しなければならない。

[3] 壁の長さ（令54条）
(1) 組積造の壁の長さは、10m以下としなければならない。
(2) 壁の長さは、その壁に相隣合って接着する2つの壁（控壁でその基礎の部分の長さが、控壁の接着する壁の高さの1／3以上のものを含む。以下「対隣壁」という）がその壁に接する部分間の中心距離である。

[4] 壁の厚さ（令55条）
(1) 組積造の壁の厚さ（仕上材料の厚さは含まない）は、その建築物の階数お

よび壁の長さ（令54条２項の壁の長さ）に応じて、それぞれ下表の数値以上としなければならない。

[壁の厚さ]

建築物の階数 \ 壁の長さ	５m以下の場合 （単位　cm）	５mを超える場合 （単位　cm）
階数が２以上の建築物	30	40
階数が１の建築物	20	30

⑵　組積造の各階の壁の厚さは、その階の壁の高さの１／15以上としなければならない。
⑶　組積造の間仕切壁の厚さは、⑴、⑵の壁の厚さにより10cm以下を減らすことができる。ただし、20cm以下としてはならない。
⑷　組積造の壁を二重とする場合は、⑴、⑵、⑶の規定は、そのいずれか一方の壁に適用する。
⑸　組積造の各階の壁の厚さは、その上にある壁の厚さより薄くしてはならない。
⑹　鉄骨造、鉄筋コンクリート造または鉄骨鉄筋コンクリート造の建築物の組積造の帳壁は、間仕切壁とみなす。

[５] 臥梁（がりょう）（令56条）
　組積造の壁には、その各階の壁頂（切妻壁がある場合はその壁頂）に、鉄骨造または鉄筋コンクリート造の臥梁を設けなければならない。ただし、次の場合は設けなくてもよい。
　①　壁頂に鉄筋コンクリート造の屋根版、床版等が接着する場合
　②　階数が一の建築物で壁の厚さが壁の高さの１／10以上の場合
　③　壁の長さが５m以下の場合

[６] 開口部（令57条）
⑴　組積造の壁における窓、出入口等の開口部は、次の各号に定めるところによらなければならない。
　①　各階の対隣壁で区画された、各々の壁における開口部の幅の総和は、その壁の長さの１／２以下とすること。
　②　各階の開口部の幅の総和は、その階における壁の長さの総和の１／３以

下とすること。
③ 一の開口部とその直上にある開口部との垂直距離は、60cm以上とすること。
(2) 組積造の壁の各階における開口部相互間または開口部と対隣壁の中心との水平距離は、その壁の厚さの2倍以上としなければならない。ただし、開口部周囲を鉄骨または鉄筋コンクリートで補強した場合は、この限りでない。
(3) 幅が1mを超える開口部の上部には、鉄筋コンクリート造のまぐさを設けなければならない。
(4) 組積造のはね出し窓又ははね出し縁は、鉄骨または鉄筋コンクリートで補強しなければならない。
(5) 壁付暖炉の組積造の炉胸は、暖炉及び煙突を充分に支持するに足りる基礎の上に造り、かつ、上部を積出しとしない構造とし、木造の建築物に設ける場合は、更に鋼材で補強しなければならない。

[7] 壁のみぞ（令58条）

組積造の壁に、その階の壁の高さの3／4以上連続した縦壁みぞを設ける場合は、その深さは壁の厚さの1／3以下とし、横壁みぞを設ける場合は、その深さは壁の厚さの1／3以下で、かつ長さを3m以下としなければならない。

[8] 鉄骨組積造である壁（令59条、令59条の2）

鉄骨組積造である壁の組積造の部分は、鉄骨の軸組にボルト、かすがいその他の金物で緊結しなければならない。
高さ13mまたは軒の高さ9m超の建築物にあっては、国土交通大臣が定める構造方法により、鉄筋、鉄骨または鉄筋コンクリートによって補強しなければならない。

[9] 手すり、手すり壁（令60条）

手すりまたは手すり壁は、組積造としてはならない。ただし、これらの頂部に鉄筋コンクリート造の臥梁を設けた場合は、この限りでない。

[10] 組積造の塀（令61条）

(1) 高さは1.2m以下とすること。
(2) 各部分の壁の厚さは、その部分から壁頂までの垂直距離の1／10以上とす

ること。
(3) 長さ4m以下ごとに、壁面からその部分における壁の厚さの1.5倍以上突出した控壁（木造のものを除く）を設けること。ただし、その部分における壁の厚さが、(2)の壁の厚さの1.5倍以上ある場合は、この限りでない。
(4) 基礎の根入れの深さは、20cm以上とすること。

[11] 構造耐力上主要な部分等のささえ（令62条）
　組積造である構造耐力上主要な部分または構造耐力上主要な部分でない組積造の壁で、高さが2mを超えるものは、木造の構造部分で支えてはならない。

3 補強コンクリートブロック造（令4節の2　62条の2～62条の8）
[1] 適用の範囲（令62条の2）
(1) 補強コンクリートブロック造の建築物または補強コンクリートブロック造と鉄筋コンクリート造その他の構造とを併用する建築物の補強コンクリートブロック造の構造部分に適用する。
(2) 高さが4m以下で、かつ、延べ面積が20㎡以内の建築物については、令62条の6（目地および空洞部）および令62条の7（帳壁）の規定に限り適用される。

[2] 耐力壁（令62条の4）
(1) 各階の補強コンクリートブロック造の耐力壁の中心線により囲まれた部分の水平投影部分の面積は、60㎡以下としなければならない。
(2) 各階の張り間方向およびけた行方向に配置する補強コンクリートブロック造の耐力壁の長さのそれぞれの方向の合計は、その階の床面積1㎡につき15cm以上としなければならない。
(3) 耐力壁の厚さは、15cm以上で、かつ、その耐力壁に作用するこれと直角な方向の水平力に対する構造耐力上主要な支点間の水平距離（令62条の5第2項の「臥梁」において耐力壁の水平力に対する支点間の距離という）の1／50以上としなければならない。
(4) 耐力壁は、その端部および隅角部に径12mmの鉄筋を縦に配置するほか、径9mmの鉄筋を縦横80cm以内の間隔で配置したものとしなければならない。
(5) 耐力壁は、(4)による縦筋の末端をかぎ状に折り曲げて、その縦筋の径の40

倍以上基礎または基礎ばりおよび臥梁または屋根版に定着する等の方法により、これらと互いにその存在応力を伝えることができる構造としなければならない。

(6)　(4)の横筋は、次の各号によらなければならない。
　① 末端は、かぎ状に折り曲げること。ただし、耐力壁の端部以外の部分における異形鉄筋の末端にあっては、この限りでない。
　② 継手の重ね長さは、溶接する場合を除き、径の25倍以上とすること。
　③ 耐力壁の端部が他の耐力壁または構造耐力上主要な部分である柱に接着する場合には、横筋の末端をこれらに定着するものとし、これらの鉄筋に溶接する場合を除き、定着される部分の長さを径の25倍以上とすること。

[3] 臥梁（令62条の5）

(1)　耐力壁には、その各階の壁頂に鉄筋コンクリート造の臥梁を設けなければならない。ただし、階数が一の建築物で、その壁頂に鉄筋コンクリート造の屋根版が接着する場合は、この限りでない。
(2)　臥梁の有効幅は、20cm以上で、かつ、耐力壁の水平力に対する支点間の距離の1／20以上としなければならない。

[4] 目地、空洞部（令62条の6）

(1)　コンクリートブロックは、その目地塗面の全部にモルタルが行きわたるように組積し、鉄筋を入れた空胴部および縦目地に接する空胴部は、モルタルまたはコンクリートで埋めなければならない。
(2)　耐力壁、門またはへいの縦筋は、コンクリートブロックの空洞部内で継いではならない。ただし、溶接接合その他これと同等以上の強度を有する接合方法による場合は、この限りでない。

[5] 帳壁（令62条の7）

　帳壁は、鉄筋で、木造および組積造（補強コンクリートブロック造を除く）以外の構造耐力上主要な部分に緊結しなければならない。

[6] 塀（令62条の8）

　補強コンクリートブロック造の塀は、次の各号（高さ1.2m以下の塀にあっては、⑤、⑦を除く）に定めるところによらなければならない。ただし、国土

交通大臣が定める基準に従った構造計算で構造耐力上安全であることが確かめられた場合は、この限りでない。
 ① 高さは2.2m以下とすること。
 ② 壁の厚さは、15cm（高さ2m以下の塀にあっては10cm）以上とすること。
 ③ 壁頂および基礎には横に、壁の端部および隅角部には縦にそれぞれ径9mm以上の鉄筋を配置すること。
 ④ 壁内には、径9mm以上の鉄筋を縦横に80cm以下の間隔で配置すること。
 ⑤ 長さ3.4m以下ごとに、径9mm以上の鉄筋を配置した控壁で基礎の部分において壁面からの高さの1／5以上突出したものを設けること。
 ⑥ ③、④により配置する鉄筋の末端は、かぎ状に折り曲げて、縦筋にあっては壁頂および基礎の横筋に、横筋にあってはこれらの縦筋に、それぞれかぎ掛けして定着すること。ただし、縦筋を径40倍以上基礎に定着させる場合は、縦筋の末端は、基礎の横筋にかぎ掛けしないことができる。
 ⑦ 基礎の丈は、35cm以上とし、根入れ深さは30cm以上とすること。

4　鉄骨造（令5節　63条〜令70条）

[1] 適用の範囲（令63条）
　鉄骨造の建築物または鉄骨造と鉄筋コンクリート造その他の構造とを併用する建築物の鉄骨造の構造部分に適用する。

[2] 材料（令64条）
(1) 構造耐力上主要な部分の材料は、炭素鋼もしくはステンレス鋼（この節において「鋼材」という）または鋳鉄としなければならない。
(2) 鋳鉄は、圧縮応力または接触応力以外の応力が存在する部分には、使用してはならない。

[3] 圧縮材の有効細長比（令65条）
　構造耐力上主要な部分である鋼材の圧縮材（圧縮力を負担する部材）の有効細長比は、柱にあっては200以下、柱以外のものにあっては250以下としなければならない。

[4] 柱の脚部（令66条）

　構造耐力上主要な部分である柱の脚部は、国土交通大臣が定める基準に従ったアンカーボルトによる緊結その他の構造方法により、基礎に緊結しなければならない。ただし、滑節構造である場合は、この限りでない。

　　（注）　鉄骨造の柱脚は露出型、根巻型、埋込型に分類できる。阪神・淡路大震災では、柱脚の被害が数多く報告されているが、このうちの露出型に特に多くの被害がみられた。平成12年の法改正では、柱脚の構造について標準的な3工法が平成12年建設省告示1456号で指定され、具体的な仕様が定められた。

　○鉄骨造の柱の脚部を基礎に緊結する構造方法の基準（平成12年建設省告示1456号）

[5] 接合（令67条）

(1)　構造耐力上主要な部分である鋼材の接合は、次の方法によらなければならない。

　①　接合される鋼材が炭素鋼であるときは高力ボルト接合、溶接接合もしくはリベット接合（構造耐力上主要な部分である継手または仕口に係るリベット接合にあっては、添板リベット接合）またはこれらと同等以上の効力を有するものとして国土交通大臣の認定を受けた接合方法

　②　接合される鋼材がステンレス鋼であるときは高力ボルト接合もしくは溶接接合またはこれらと同等以上の効力を有するものとして国土交通大臣の認定を受けた接合方法

　③　軒の高さが9mまたは張り間が13m以下の建築物（延べ面積が3,000㎡を超えるものを除く。）については、ボルトが緩まないように次の各号のいずれかの措置による接合とすることができる。

　　ア　ボルトをコンクリートで埋め込むこと。
　　イ　ボルトに使用するナットの部分を溶接すること。
　　ウ　ナットを二重に使用すること。
　　エ　アからウと同等以上の効力を有する戻り止めをすること。

(2)　構造耐力上主要な部分である継手または仕口は、その部分の存在応力を伝えることができるものとして国土交通大臣の定めた構造方法を用いるか大臣の認定を受けたものとしなければならない。この場合において、柱の端面を削り仕上げとし、密着する構造とした継手または仕口で引張り応力が生じないものは、その部分の圧縮力および曲げモーメントの1／4（柱の脚部においては1／2）以内を接触面から伝えている構造とみなすことができる。

参考 ○鉄骨造の継手及び仕口の構造方法を定める件（平成12年建設省告示第1464号）

[6] 高力ボルト、ボルト及びリベット（令68条）
ボルト接合部の間隔および孔径等に関する規定である。
(1) 高力ボルト、ボルトおよびリベットの相互間の中心距離は、その径の2.5倍以上としなければならない。
(2) 高力ボルト孔の径は、その径より2mmを超えて大きくしてはならない。ただし、高力ボルトの径が27mm以上であり、かつ、構造耐力上支障がない場合は、高力ボルトの径より3mmまで大きくすることができる。
(3) (2)に規定する高力ボルト接合と同等以上の高力を有するものとして、国土交通大臣の認定を受けた高力ボルト接合には、(2)の規定は適用しない。
(4) ボルト孔の径は、その径より1mmを超えて大きくしてはならない。ただし、そのボルトの径が20mm以上であり、かつ、構造耐力上支障がない場合は、孔の径をその径より1.5mmまで大きくすることができる。
(5) リベットは、リベット孔に充分埋まるように打たなければならない。

[7] 斜材、壁等の配置（令69条）
(1) 軸組、床組および小屋ばり組には、すべての方向の水平力に対して安全であるように、国土交通大臣が定める基準に従った構造計算によって構造耐力上安全であることが確かめられた場合を除き、形鋼、棒鋼もしくは構造用ケーブルの斜材または鉄筋コンクリート造の壁、屋根版もしくは床版を釣り合いよく配置しなければならない。
(2) 構造計算により安全を確認する場合は、昭和62年建設省告示1899号により、許容応力度計算・層間変形角・使用上の支障がおこらないことの確認を行う。

[8] 柱の防火被覆（令70条）
地階を除く階数が3以上の建築物（法2条9号の2イおよび9号の3イに該当するものを除く）にあっては、一の柱のみの火熱による耐力の低下によって建築物全体が容易に倒壊するおそれがある場合として国土交通大臣が定める場合においては、その柱の構造は、通常の火災による火熱が加えられた場合に、

加熱開始後30分間構造耐力上支障のある変形、融解、破壊その他の損傷を生じないものとして、国土交通大臣が定めた構造方法を用いるものまたは国土交通大臣の認定を受けたものとしなければならない。

　○鉄骨造の建築物について一の柱のみの火熱による耐力の低下によって建築物全体が容易に倒壊する恐れのある場合等（平成12年建設省告示1356号）

5　鉄筋コンクリート造（令6節　71条～79条）

[1]　適用の範囲（令71条）
(1)　鉄筋コンクリート造の建築物または鉄筋コンクリート造と鉄骨造その他の構造とを併用する建築物の鉄筋コンクリート造の構造部分に適用する。

(2)　高さ4m以下で、かつ、延べ面積が30㎡以内の建築物または高さが3m以下のへいについては、令72条（コンクリートの材料）、令75条（コンクリートの養生）および令79条（鉄筋のかぶり厚さ）の規定に限り適用する。

[2]　コンクリートの材料（令72条）
鉄筋コンクリートに使用するコンクリートは、次の各号に定めるところによらなければならない。

① 骨材、水および混和材料は、鉄筋をさびさせ、またはコンクリートの凝結および硬化を妨げるような酸、塩、有機物または泥土を含まないこと。
② 骨材は、鉄筋相互間および鉄筋とせき板との間を容易に通る大きさであること。
③ 骨材は、適切な粒度粒形のもので、かつ、当該コンクリートに必要な強度、耐久性、耐火性が得られるものであること。

[3]　鉄筋の継手、定着（令73条）
(1)　鉄筋の継手は、かぎ状に折り曲げて、コンクリートから抜け出ないように定着しなければならない。ただし、次の各号に掲げる部分以外の部分に使用する異形鉄筋にあっては、その末端を折り曲げないことができる。

① 柱およびはり（基礎ばりを除く）の出すみ部分
② 煙突

(2)　主筋または耐力壁の鉄筋（以下「主筋等」という）の継手の重ね長さは次によらなければならない。ただし、国土交通大臣が定めた構造方法を用いる

継手にあっては、この限りでない。
   ① 継手を構造部材の引張力の最も小さい部分に設ける場合は、主筋等の径（径の異なる主筋をつなぐ場合は細い主筋の径）の25倍以上
   ② 継手を引張力の最も小さい部分以外の部分に設ける場合は主筋等の径の40倍以上
(3) 柱に取り付けるはりの引張り鉄筋は、柱の主筋に溶接する場合を除き、柱に定着される部分の長さをその径の40倍以上としなければならない。ただし、国土交通大臣が定める基準に従った構造計算によって構造耐力上安全であることが確かめられた場合は、この限りでない。
(4) 軽量骨材を使用する鉄筋コンクリート造について(2)、(3)の規定を適用する場合には、25倍とあるのは30倍と、40倍とあるのは50倍とする。

 ○鉄筋の継手の構造方法を定める件（平成12年建設省告示1463号）

[4] コンクリートの強度（令74条）

(1) 鉄筋コンクリート造に使用するコンクリート強度は、次に定めるものでなければならない。
   ① 4週圧縮強度は、1mm²につき12N（軽量骨材を使用する場合は9N）以上であること
   ② 設計基準強度との関係において国土交通大臣が安全上必要であると認めて定める基準に適合するものであること
(2) (1)に規定するコンクリートの強度を求める場合においては、国土交通大臣が指定する強度試験によらなければならない。
(3) コンクリートは、打ち上がりが均質で密実になり、かつ、必要な強度が得られるようにその調合を定めなければならない。

 ○設計基準強度との関係において安全上必要なコンクリート強度の基準等（昭和56年建設省告示1102号）

[5] コンクリートの養生（令75条）

コンクリートの打ち込み中および打ち込み後5日間は、コンクリートの温度が2℃を下らないようにし、かつ、乾燥、震動等によってコンクリートの凝結

および硬化が妨げられないように養生しなければならない。ただしコンクリートの凝結および硬化を促進するための特別な措置を講ずる場合はこの限りでない。

[6] 型わく及び支柱の除去（令76条）
⑴　構造耐力上主要な部分の型わくおよび支柱は、コンクリートが自重および工事の施工中の荷重によって著しい変形またはひび割れその他の損傷を受けない強度になるまでは、取り外してはならない。
⑵　⑴の型わくおよび支柱の取り外しに関し必要な技術的基準は、国土交通大臣が定める。

　○現場打コンクリートの型わく及び支柱の取りはずしに関する基準（昭和46年建設省告示110号）

[7] 柱の構造（令77条）
構造耐力上主要な部分の柱は、次の各号に定める構造としなければならない。
① 　主筋は、4本以上とすること。
② 　主筋は、帯筋と緊結すること。
③ 　帯筋の径は、6mm以上とし、その間隔は、15cm（柱に接着する壁、はりその他の横架材から上方または下方に柱の小径の2倍以内の距離にある部分においては、10cm）以下で、かつ、最も細い主筋の径の15倍以下とすること。
④ 　帯筋比（柱の軸を含むコンクリートの断面の面積に対する帯筋の断面積の和の割合として国土交通大臣が定める方法により算出した数値）は0.2％以上とすること。
⑤ 　柱の小径は、その構造耐力上主要な支点間の距離の1／15以上とすること。ただし、国土交通大臣が定める基準に従った構造計算によって構造耐力上安全であることが確かめられた場合は、この限りでない。
⑥ 　主筋の断面積の和は、コンクリートの断面積の0.8％以上とすること。

参考
○鉄筋コンクリート造の帯筋比を算出する方法（昭和56年建設省告示1106号）
○鉄筋コンクリート造の柱の構造耐力上の安全性を確かめるための構造計算基準を定める件（平成23年国土交通省告示433号）

［8］床版の構造（令77条の2）

(1) 構造耐力上主要な部分である床版は、次に定める構造としなければならない。ただし、保有水平耐力に関する令82条4号に掲げる構造計算によって振動又は変形による使用上の支障が起こらないことが確かめられた場合はこの限りでない。

① 厚さ8cm以上とし、かつ、短辺方向における有効張り間長さの1／40以上とすること。

② 最大曲げモーメントを受ける引張り鉄筋の間隔は、短辺方向において20cm以下、長辺方向において30cm以下で、かつ、床版の厚さの3倍以下とすること。

(2) (1)の床版のうちプレキャスト鉄筋コンクリート造の床版は(1)によるほか、次に定める構造としなければならない。

① 周囲のはり等との接合部は、その部分の存在応力を伝えることができるものとすること。

② 2以上の部材を組み合わせるものにあっては、これらの部材相互を緊結すること。

［9］はりの構造（令78条）

構造耐力上主要な部分であるはりは、複筋ばりとし、これにあばら筋をはりの丈の3／4（臥梁は30cm）以下の間隔で配置しなければならない。

［10］耐力壁（令78条の2）

(1) 耐力壁は、次に定める構造としなければならない。

① 厚さは、12cm以上とすること。

② 開口部周囲に径12mm以上の補強筋を配置すること。

③ 径9mm以上を縦横30cm（複配筋は45cm）以下の間隔で配置すること。ただし、平家建ては、35cm（複配筋は50cm）以下とすることができる。

④　周囲の柱、はりとの接合部は、存在応力を伝えることができるものとすること。
(2)　壁式構造の耐力壁は、(1)によるほか、次に定める構造としなければならない。
　①　長さは、45cm以上とすること。
　②　端部および隅角部に径12mm以上の鉄筋を縦に配置すること。
　③　頂部および脚部を当該耐力壁の厚さ以上の壁ばり（最下階の耐力壁の脚部は布基礎または基礎ばり）に緊結し、耐力壁の存在応力を相互に伝えることができるようにすること。

[11]　鉄筋のかぶり厚さ（令79条）
(1)　鉄筋に対するコンクリートのかぶり厚さは、耐力壁以外の壁または床にあっては2cm以上、耐力壁、柱またははりにあっては3cm以上、直接土に接する壁、柱、床、はりまたは布基礎の立ち上がり部分にあっては4cm以上、基礎（布基礎の立ち上がり部分を除く）にあっては捨コンクリート部分を除いて6cm以上としなければならない。
(2)　(1)の規定は、水、空気、酸または塩による鉄筋の腐食を防止し、かつ、鉄筋とコンクリートとを有効に付着させることにより、同項に規定するかぶり厚さとした場合と同等以上の耐久性および強度を有するものとして、国土交通大臣が定めた構造方法を用いる部材および大臣の認定を受けた部材については、適用しない（平成13年国土交通省告示1372号）。

6　鉄骨鉄筋コンクリート造（令6節の2、令79条の2～79条の4）
[1]　適用の範囲（令79条の2）
　鉄骨鉄筋コンクリート造の建築物または鉄骨鉄筋コンクリート造と鉄筋コンクリート造その他の構造とを併用する建築物の鉄骨鉄筋コンクリート造の構造部分に適用する。

[2]　鉄骨のかぶり厚さ（令79条の3）
(1)　鉄骨に対するコンクリートのかぶり厚さは5cm以上としなければならない。
(2)　(1)の規定は、水、空気、酸または塩による鉄骨の腐食を防止し、かつ、鉄骨とコンクリートとを有効に付着させることにより、同項に規定するかぶり

厚さとした場合と同等以上の耐久性及び強度を有するものとして、国土交通大臣が定めた構造方法を用いる場合および大臣の認定を受けた部材については、適用しない。（平成13年国土交通省告示1372号）

[3] 準用規定（令79条の4）
　鉄骨鉄筋コンクリート造の建築物については、鉄骨造および鉄筋コンクリート造の規定を準用する。ただし、圧縮材の有効細長比（令65条）、柱の防火被覆（令70条）および柱の構造のうち帯筋比（令77条4号）の規定は除かれる。また、条文の読み替えが規定されている。

7　無筋コンクリート造（令80条）

　無筋コンクリート造の建築物または無筋コンクリート造とその他の構造とを併用する建築物の無筋コンクリート造の構造部分については、次の規定を準用する。
(1)　組積造（組積造の施工（令52条）を除く）
(2)　鉄筋コンクリート造のうち次の規定。
　① 適用の範囲（令71条）
　　ただし、鉄筋のかぶり厚さ（令79条）に関する部分を除く。
　② コンクリートの材料（令72条）
　③ コンクリートの強度（令74条）
　④ コンクリートの養生（令75条）
　⑤ 型わくおよび支柱の除去（令76条）

8　構造方法に関する補則（令7節の2、令80条の2）

[1] 構造方法に関する補則（令80条の2）
　令3節木造から令7節無筋コンクリート造で定めるもののほか、国土交通大臣が次の各号に定める建築物または建築物の構造部分の構造方法に関し、安全上必要な技術的基準を定めた場合においては、それらの建築物または建築物の構造部分は、その技術的基準に従った構造としなければならない。
　① 木造、組積造、補強コンクリートブロック造、鉄骨造、鉄筋コンクリート造、鉄骨鉄筋コンクリート造または無筋コンクリート造の建築物または建築物の構造部分で、特殊の構造方法によるもの
　② 木造、組積造、補強コンクリートブロック造、鉄骨造、鉄筋コンクリー

ト造、鉄骨鉄筋コンクリート造および無筋コンクリート造以外の建築物または建築物の構造部分

(注) 構造方法は、各種の建設省告示または国土交通省告示を参照のこと。

[2] 土砂災害特別警戒区域内における居室を有する建築物の構造方法（令80条の3）

　土砂災害警戒区域内等における土砂災害防止対策の推進に関する法律（平成12年法律57号）8条1項に規定する、土砂災害特別警戒区域（以下「特別警戒区域」という）内における居室を有する建築物の外壁および構造耐力上主要な部分の構造は、自然現象の種類、当該特別警戒区域の指定において都道府県知事が同法9条2項および同令4条の規定に基づき定めた最大の力の大きさまたは力の大きさおよび土石等の高さ等に応じて、当該自然現象により想定される衝撃が作用した場合においても破壊を生じないものとして、国土交通大臣が定めた構造方法（平成13年国土交通省告示383号）を用いるものとしなければならない。

　ただし、土石等の高さ等以上の高さの門または塀が、当該自然現象により当該外壁等に作用すると想定される衝撃を遮るように設けられている場合は、この限りでない。

第 6 節　工作物

1　工作物の指定（令138条）

　法88条1項の規定により政令で指定するものは、次の工作物である（鉄道および軌道の線路敷地内の運転保安に関するものは除く）。

［1］煙突、広告塔、高架水槽等
(1)　高さ6mを超える煙突（支枠および支線がある場合は、これらを含み、ストーブの煙突を除く）
(2)　高さが15mを超える鉄筋コンクリート造の柱、鉄柱、木柱その他これらに類するもの（旗ざおならびに架空電線路用および電気事業者等の保安通信設備用のものを除く）（風車は可動部分も含めて高さを算定する）
(3)　高さが4mを超える広告塔、広告板、装飾塔、記念塔その他これらに類するもの
(4)　高さが8mを超える高架水槽、サイロ、物見塔その他これらに類するもの
(5)　高さが2mを超える擁壁

［2］昇降機、ウォーターシュート、飛行塔等
(1)　乗用エレベーターまたはエスカレーターで観光用のもの（一般交通用を除く）
(2)　ウォーターシュート、コースター等の高架の遊戯施設
(3)　メリーゴーランド、観覧車、オクトパス、飛行塔等の回転運動をする遊戯施設で原動機を使用するもの

［3］製造施設、貯蔵施設、遊戯施設、工作物の自動車車庫、都市計画区域内または準都市計画区域内の汚物処理場・ゴミ焼却場・ごみ処理場等

　次に掲げる工作物（土木事業その他の事業に一時的に使用するためにその事業中臨時にあるものおよび(1)または(5)に掲げるもので建築物の敷地と同一の敷地内にあるものを除く）とする。
(1)　法別表第2り項3号（十三）または（十三の二）の用途に供する工作物で用途地域（準工業地域、工業地域および工業専用地域を除く）内にあるものおよび同表ぬ項1号（二十一）の用途に供する工作物で用途地域（工業地域および工業専用地域を除く）内にあるもの

(2) 自動車車庫の用途に供する工作物で政令に掲げるもの
(3) 高さが8mを超えるサイロその他これに類する工作物のうち飼料、肥料、セメントその他これらに類するものを貯蔵するもので第一種低層住居専用地域、第二種低層住居専用地域または第一種中高層住居専用地域内にあるもの
(4) ［2］に掲げる工作物で第一種低層住居専用地域、第二種低層住居専用地域または第一種中高層住居専用地域内にあるもの
(5) 汚物処理場、ごみ焼却場または令130条の2各号に掲げる処理施設の用途に供する工作物で都市計画区域または準都市計画区域（準都市計画区域にあっては、第一種低層住居専用地域、第二種低層住居専用地域または第一種中高層住居専用地域に限る）内にあるもの
(6) 特定用途制限地域内にある工作物で当該特定用途制限地域に係る法88条2項において準用する法49条の2の規定に基づく条例において制限が定められた用途に供するもの

2　工作物の技術的基準

工作物のついては、①煙突および煙突の支線、②鉄筋コンクリート造の柱等、③広告塔または高架水槽等、④擁壁、⑤乗用エレベーターまたはエスカレーター、⑥遊戯施設などに関する技術的基準および、準用規定が、定められている。

工作物と政令の関係

工　作　物	政　令
煙突および煙突の支線	令139条
鉄筋コンクリート造の柱等	令140条
広告塔、高架水槽、サイロ等	令141条
擁壁	令142条
乗用エレベーター、エスカレーター	令143条
遊戯施設	令144条
製造施設等、工作物の自動車車庫	令144条の2の2
汚物処理場、ごみ焼却場等	令144条の2の3

H30年度 一級建築士 学科試験（法規）に挑戦！

〔No．11〕建築物の構造計算に関する次の記述のうち、建築基準法上、誤っているものはどれか。

1. 建築物に作用する荷重及び外力としては、固定荷重、積載荷重、積雪荷重、風圧力、地震力のほか、建築物の実況に応じて、土圧、水圧、震動及び衝撃による外力を採用しなければならない。
2. 屋根の積雪荷重は、屋根に雪止めがある場合を除き、その勾配が60度を超える場合においては、零とすることができる。
3. 教室の柱の垂直荷重による圧縮力の計算において、建築物の実況によらないで積載荷重を計算する場合、床の積載荷重として採用する数値は、柱のささえる床の数が3のときは1,800N/㎡とすることができる。
4. 建築物に近接してその建築物を風の方向に対して有効にさえぎる他の建築物、防風林その他これらに類するものがある場合においては、その方向における風圧力の計算に用いる速度圧は、通常の速度圧の1/2まで減らすことができる。

【正解　3】構造計算

1. 法20条1項の記載のまま。正しい。
2. 令86条4項の記載のまま。正しい。
3. 令85条1項　教室の積載荷重は、2,100N/㎡。第2項で積載荷重を減らすために乗ずべき数値として3のときは0.9を乗じる。2,100×0.9＝1,890N/㎡。誤り。
4. 令87条3項の記載のまま。正しい。

〔No．12〕構造強度に関する次の記述のうち、建築基準法上、誤っているものはどれか。

1. 土砂災害特別警戒区域内における建築物の外壁の構造は、原則として、居室を有しない建築物であっても、自然現象の種類、最大の力の大きさ等及び土石等の高さ等に応じて、当該自然現象により想定される衝撃が作用した場合においても破壊を生じないものとして国土交通大臣が定めた構造方法を用いるものとしなければならない。
2. 構造耐力上主要な部分で特に摩損のおそれのあるものには、摩損しにく

材料又は摩損防止のための措置をした材料を使用しなければならない。
3．鉄骨鉄筋コンクリート造の建築物において、鉄骨に対するコンクリートのかぶり厚さは、原則として、5cm以上としなければならない。
4．鉄筋コンクリート造と鉄骨造とを併用する建築物の鉄筋コンクリート造の構造部分は、原則として、コンクリート打込み中及び打込み後5日間は、コンクリートの温度が2度を下らないようにし、かつ、乾燥、震動等によってコンクリートの凝結及び硬化が妨げられないように養生しなければならない。

【正解　1】構造強度

1．令80条の3　土砂災害警戒区域等における土砂災害防止対策の推進に関する法律第9条第1項に規定する土砂災害特別警戒区域内における居室を有する建築物のと定められている。誤り。
2．令37条の記載のまま。正しい。
3．令79条の3第1項の記載のまま。正しい。
4．令71条に、この節は併用する鉄筋コンクリート造の構造部分に適用されることが示され、コンクリート養生は令75条の記載のまま。正しい。

〔No. 13〕図のような木造、地上2階建ての住宅（屋根を金属板で葺いたもの）の1階部分について、桁行方向に設けなければならない構造耐力上必要な軸組の最小限の長さとして、建築基準法上、正しいものは、次のうちどれか。ただし、小屋裏等に物置等は設けず、区域の地盤及び地方の風の状況に応じた「地震力」及び「風圧力」に対する軸組の割増はないものとし、国土交通大臣が定める基準に従った構造計算は行わないものとする。なお、図は略図とする。

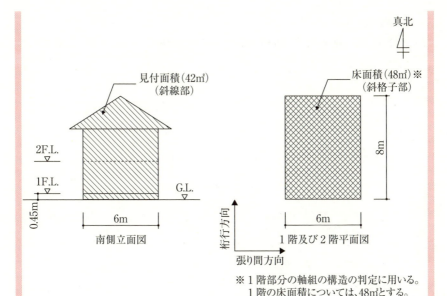

1. 1,392cm
2. 1,560cm
3. 1,695cm
4. 2,100cm

【正解　2】一般構造

・令46条4項　階数が2以上又は延べ面積が50㎡を超える木造の建築物においては、第1項の規定によって各階の張り間方向及びけた行方向に配置する壁を設け又は筋かいを入れた軸組を、それぞれの方向につき、次の表一の軸組の種類の欄に掲げる区分に応じて当該軸組の長さに同表の倍率の欄に掲げる数値を乗じて得た長さの合計が、その階の床面積に次の表二に掲げる数値【29】を乗じて得た数値以上で、かつ、その階（その階より上の階がある場合においては、当該上の階を含む。）の見付面積（張り間方向又はけた行方向の鉛直投影面積をいう。以下同じ。）からその階の床面からの高さが1.35m以下の部分の見付面積を減じたものに次の表三に掲げる数値を乗じて得た数値以上となるように、国土交通大臣が定める基準に従って設置しなければならない。

・床面積48㎡×29＝1,392
・見付け面積（42-6×（1.35＋0.45））×50＝1,560←こちらが採用　正解は2

第7章 道路・用途・防火

第1節　道路と建築

1　道路の役割と定義

都市は、道路、公園、鉄道、上下水道等の都市施設によって支えられている。そのうち、道路は、交通処理機能だけでなく、開かれた市街地空間として、日照、通風、採光、景観等の環境機能があり、電気通信、ガス、上下水道等の敷設空間や、人々の交流空間としても利用されている。また、災害時の避難経路、火災時の延焼遮断帯としての機能も持っている。

このように、都市において、道路は重要かつ様々な機能を有しているため、建築物との関係は密接であり、建築物を建築する際には、道路との関係において各種の規制が行われている。

[1]　道路の定義

建築基準法上の「道路」は、道路法、道路交通法などにおける道路の定義とは異なり、建築物の利用・形態面から次のように定められている。

建築基準法上での「道路」とは、法42条1項各号のいずれかに該当する幅員4m以上のものをいう（法4条1項）。ただし、特定行政庁が、その地方の気候、風土の特殊性または土地の状況により、都道府県都市計画審議会の議を経て指定する区域では、幅員6m以上のものをいう。

また、「道路」とは、法の定義に該当するものであり、「道」は、「道路」に該当しないものも含めた広い意味を持つものである。

[2]　幅員4m以上の道路（法42条1項）

❶　道路法による道路（法42条1項1号）

道路法に基づくもので、道路形態が明確であり、通行可能な状態のものをいう。一般国道、都道府県道、市町村道、東京都23区内の特別区道などの幅員4m以上の公道が該当する。

道路法の道路であっても、高速道路のみに接する敷地の場合は、原則として建築できない。

❷　都市計画法等による道路（法42条1項2号）

都市計画法、土地区画整理法、旧住宅地造成事業に関する法律、都市再開発法、新都市基盤整備法、大都市地域における住宅及び住宅地の供給の促進に関

する特別措置法、密集市街地整備法（第6章に限る）による道路をいう。都市計画事業や開発行為の許可を受けて築造された道路などが該当する。

❸ 法第3章の規定が適用された際、現に存在する道（法42条1項3号）

都市計画区域もしくは準都市計画区域の指定を受けた日もしくは変更または法68条の9第1項の規定に基づく条例の制定若しくは改正により法3章が適用されるに至った際現に存する道をいい、公道、私道を問わず法上の道路として取り扱われる。

❹ 2年以内に事業執行が予定されるものとして指定した道路（法42条1項4号）

道路法、都市計画法、土地区画整理法、都市再開発法、新都市基盤整備法、大都市地域における住宅および住宅地の供給の促進に関する特別措置法、密集市街地整備法による新設または変更の事業計画のある道路で、2年以内に事業執行が予定されるものとして、特定行政庁が指定したものをいう。指定されれば、築造前であっても道路とみなされ、接道義務や道路高さ制限等の規定が適用される。

❺ 位置指定道路（法42条1項5号）

建築物の敷地は、原則として、道路に一定の長さ以上接しなければ建築することができない。道路に接していない敷地、あるいは広い土地を、宅地造成していくつかの建築敷地として利用する場合、事業者は幅員4m以上の私道を築造しなければならない。

土地を建築物の敷地として利用するため、❹に掲げる法律によらないで築造する政令で定める基準に適合する道で、特定行政庁から位置の指定を受けたものを、位置指定道路という。

位置指定道路に関する基準は、政令に定められている（令144条の4）。また、地方公共団体が条例で別に基準を定めている場合も多い。

市街化区域内での開発で、1,000㎡（特定の地域では300㎡〜500㎡）以上の区域内に道路を設ける際には、都市計画法29条により都道府県知事による開発行為の許可が必要となる。この許可によって築造された道路は、都市計画法により築造されたものであるため、法42条1項2号道路となる。

2　幅員4m未満の道路（法42条2項）

建築基準法の前身である「旧市街地建築物法」の適用時においては、幅員を原則9尺（条件により6尺）として道路または建築物の位置を定める建築線を認めていた経緯があり、現在でも既成市街地においては4m未満の既存道路が多数存在している。

これらの4m未満の道路を建築基準法上の道路とみなさないとすると、これらのみに接する敷地は、新築、増改築等の建築行為がすべて禁止されることになってしまうことから救済規定が設けられている。

[1]　2項道路（法42条2項）

都市計画区域および準都市計画区域の指定もしくは変更または法68条の9第1項に基づく条例の制定もしくは改正により法3章が適用されるに至った際現に建築物が立ち並んでいる幅員4m未満の道で、特定行政庁が指定したものをいう。指定されたものは、公道、私道を問わず法上の道路とみなされ、中心線からの水平距離2mの線が、その道路の境界線となる。

法42条1項に基づく道路幅員6mの指定区域内では、中心線からそれぞれ3m（特定行政庁が周囲の状況により認める場合は2m）を道路境界線とみなす。

道路境界線の一方が、がけ地、川、線路敷等で拡幅が不可能な場合は、がけ地等の側の道路境界線から反対側に水平距離4mの線を道路境界線とみなす。

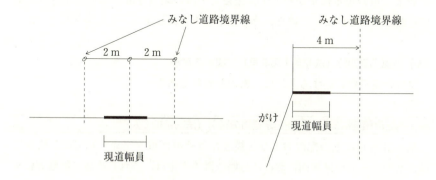

現状の道の境界線から道路とみなされた境界線までの部分は、敷地面積に算入することはできない（令2条1項1号）。

この2項道路の指定は、原則1.8m以上の道路の場合であるが、建築審査会

の同意を得て1.8m未満の道を指定することもできる（法42条6項）。

[2] 3項道路（法42条3項）

　特定行政庁が、2項道路の規定にかかわらず、中心線からの水平距離を1.35m～2mの範囲内で、道路境界線の反対側ががけ地等の場合は、がけ地等の境界線から2.7m～4mの範囲内で指定した道路をいう。

　この規定は、上記法42条2項道路の特例規定である。傾斜地にある市街地や戦前の区画整理地区等で、道の両側に鉄筋コンクリート等の堅固な建築物が立ち並んでいて、幅員4mを確保することが期待できない等の、土地の状況によりやむを得ない場合に指定することができる。

[3] 幅員6m以上の指定区域内における例外道路（法42条4項）

　法42条1項の幅員6m指定の区域内における幅員6m未満の道でも、特定行政庁が次のいずれかに該当すると認めて指定したものは、道路として扱われる。

① 周囲の状況により避難、通行の安全上支障がない幅員4m以上の道
② 地区計画等に適合し築造される幅員4m以上の道
③ 幅員6m区域が指定された際、現に建築基準法上の道路とされていた道

　なお、③に該当するとして特定行政庁が指定した4m未満の道については、法42条2項の規定にかかわらず、法42条1項の幅員6m区域が指定された際に道路とみなされていた線を、その道路の境界線とする（法42条5項）。

[4] 位置指定道路（法42条1項5号）に関する基準

　位置指定道路に関する基準は、次のとおりである。

❶ 地区計画等における位置指定道路の特例（法68条の6）

　地区計画等に道の配置および規模またはその区域が定められている場合には、次の①～⑤の区域内における道路位置の指定は、これらの地区計画等に定められた道の配置またはその区域に即して行わなければならない。

　ただし、建築敷地として利用しようとする土地の位置と現に存する道路と位置との関係その他の事由により、これにより難いと認められる場合は、この限りでない。

① 地区計画
　再開発等促進区もしくは開発整備促進区（いずれも都市計画法12条の5第5項1号に規定する施設の配置および規模が定められているものに限る）または地区整備計画
② 防災街区整備地区計画
　地区防災施設の区域または防災街区整備地区整備計画
③ 歴史的風致維持向上地区計画
　歴史的風致維持向上地区整備計画
④ 沿道地区計画
　沿道再開発等促進区（沿道整備法9条4項1号に規定する施設の配置および規模が定められているものに限る）または沿道地区整備計画
⑤ 集落地区計画
　集落地区整備計画

❷ 道路位置の申請

　道路位置指定の申請は、規則9条により申請書に①附近見取図、②地籍図、③道路敷地となる土地の所有者およびその土地またはその土地にある建築物もしくは工作物に関して権利を有する者の承諾書を添えて、特定行政庁に提出する。関係権利者の承諾がない道路位置指定の処分は、重大な瑕疵（かし）のある処分として無効とされている（東京地裁判例）。

❸ 道に関する基準（位置指定道路の指定基準、令144条の4）

(1) 法42条1項5号により、政令で定める位置指定道路の基準は、次の各号による。
　① 両端が他の道路に接続したものであること（通り抜け道路）。ただし、次の場合は袋路状道路（行き止まり道路）とすることができる。
　　ア　延長が35m以下の場合（既存の幅員6m未満の袋路状道路に接続する場合は、その延長を含む。）
　　イ　終端が公園、広場等で自動車の転回に支障がない場合
　　ウ　延長35mを超える場合で、終端および区間35m以内ごとに国土交通大臣の定める基準に適合する転回広場を設けた場合
　　エ　幅員が6m以上の場合
　　オ　上記ア～エに準ずる場合で、特定行政庁が周囲の状況により避難およ

び通行の安全上支障がないと認めた場合

○国土交通大臣の定める自動車の転回広場に関する基準（昭和45年建設省告示1837号）
次のアおよびイを満たすもの
ア　道の中心線からの水平距離が２ｍを超える区域内において小型４輪自動車のうち最大なもの（幅1.7m、長さ4.7m、高さ2.0m）が２台以上停車することができるものであること
イ　小型４輪自動車のうち最大なものが転回できる形状であること

一般的な位置指定道路

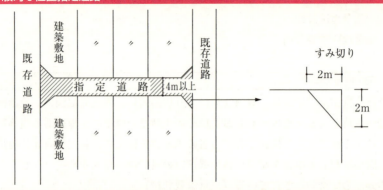

行き止まり道路

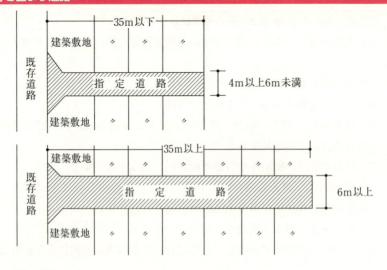

② 道路の交差点の見通しをよくし、自動車の転回を容易にし、交通安全性を確保するため、道路の幅員や交差する角度によって交差点に面した敷地の角に設けるものを「すみ切り」という。

道が同一平面で交差、接続または屈曲するところで、内角が120°未満の場合には、その角地の隅角を挟む辺の長さ2mの二等辺三角形の部分を道に含むすみ切りを設けること。ただし、特定行政庁が周囲の状況によりやむを得ないと認め、または必要がないと認めた場合はこの限りでない。

③ 砂利敷等のぬかるみとならない構造であること。

④ 縦断勾配が12％以下であり、かつ、階段上でないこと。ただし、特定行政庁が周囲の状況により避難および通行の安全上支障がないと認めた場合は、この限りでない。

⑤ 道および接する敷地内の排水に必要な側溝、街渠その他の施設を設けたものであること。

すみ切り

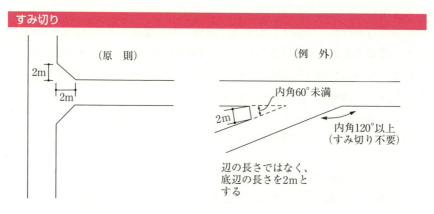

(2) 地方公共団体は、その地方の気候もしくは風土の特殊性または土地の状況により必要と認める場合には、条例で区域を限り令144条の4第1項の基準と異なる基準を定めることができる。

3　予定道路の指定（法68条の7）

[1] 予定道路の指定（法68条の7）

(1) 特定行政庁は、地区計画等に道の配置および規模またはその区域が定められている場合で、次の①から③のいずれかに該当するときは、地区計画等に定められた内容に即して、令136条の2の7で定める指定基準に従い、予定

道路の指定を行うことができる。
　ただし、②および③に該当する場合で指定に伴う制限により予定道路の土地等について所有権者等の土地利用の著しい妨げとなるときは、この限りでない。

- ① 所有権者等（令136条の2の8）の同意を得たとき。
- ② 土地区画整理事業等により主要な区画道路が整備された区域において、細街路網を一体的に形成するものであるとき。
- ③ 地区計画等に定められた道の相当部分の整備が既に行われている場合で未整備の道の部分に建築等が行われることによって整備された道の機能を著しく阻害するおそれのあるとき。

(2) 予定道路の指定を行う場合は、公聴会を行い、あらかじめ建築審査会の同意を得なければならない（法68条の7第2項、3項）。

(3) 予定道路が指定された場合は、道路内建築制限が適用される（法68条の7第4項）。

(4) 特定行政庁が、交通上、安全上、防火上および衛生上支障がないと認めて、建築審査会の同意を得て許可した建築物については、予定道路を前面道路として容積率制限を適用する。この場合、予定道路の部分は敷地面積に算入しない（法68条の7第5項、6項）。

(5) 予定道路を前面道路とみなして、道路高さ制限等が適用される（令131条の2、令135条の3、令135条の4）。

[2] 予定道路の指定の基準（令136条の2の7）
　予定道路の指定は、次に掲げるところに従い、行うものとする。

- ① 予定道路および周辺地域の地形、土地利用動向、道路整備の現状と将来の見通し、敷地境界線、建築物の位置等を考慮して特に必要なものについて行うこと。
- ② 予定道路区域内に建築物の建築等が行われることにより、通行上、安全上、防火上および衛生上地区計画等の区域の利便または環境が著しく妨げられることとなる場合に行うこと。
- ③ 幅員4m以上となるものについて行うこと。

4　敷地等と道路との関係（法43条）

[1] 接道義務（1項）

建築物の敷地は、道路に2m以上接しなければならない。これを一般に接道義務という。この場合の道路には、自動車のみの交通の用に供する自動車専用道路や地区計画区域内の道路で、地区整備計画の中で建築物等の敷地として併せて利用すべき区域として定められた特定高架道路は除かれる。

［2］特定行政庁の許可による適用除外（2項）
　特定行政庁が、交通上、安全上、防火上および衛生上支障がないと認める次の各号に該当する建築物には適用しない。
① 敷地が幅員4m以上の道に2m以上接する建築物のうち、利用者が少数であるとして国土交通省令の基準に適合するもの
② 敷地の周囲に広い空地を有するなどの国土交通省令の基準に適合する建築物で、許可に関して建築審査会の同意を得たもの

敷地の接道長さ

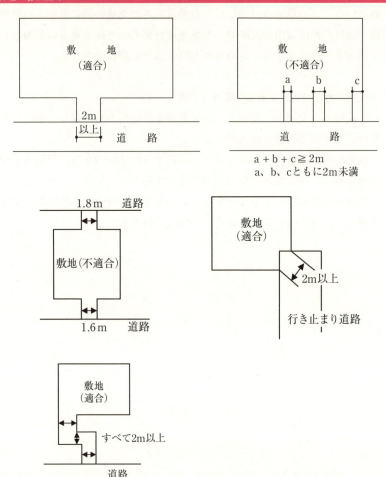

[３] 条例による制限の附加（３項）

　地方公共団体は、次の各号のいずれかに該当する建築物について、用途、規模、位置の特殊性により、避難または通行の安全の目的を十分に達成することが困難であると認めるときは、条例でその建築物の敷地が接しなければならない道路の幅員、道路に接する長さ等の必要な制限を附加することができる（法43条３項）。

① 特殊建築物

②　階数が3以上である建築物
③　政令で定める窓その他の開口部を有しない居室を有する建築物
④　延べ面積が1,000㎡を超える建築物
⑤　その敷地が袋路状道路（その一端のみが他の道路に接続したものをいう）にのみ接する建築物で、延べ面積が150㎡を超えるもの（一戸建住宅を除く）

また、42条3項道路にのみ接する建築物についても、地方公共団体は条例で、その敷地、構造、設備または用途に関して必要な制限を附加できる（法43条の2）。

5　道路内の建築制限（法44条）

建築物または敷地を造成するための擁壁は、道路内または道路に突き出して建築しまたは築造してはならない。ただし、次の①～④のいずれかに該当するものは、この限りでない。

①　地盤面下に設ける建築物
②　公衆便所、巡査派出所等で公益上必要なもので、特定行政庁が通行上支障ないと認めて建築審査会の同意を得て許可したもの
③　地区計画の区域内の自動車専用道路または特定高架道路等の上空または路面下に設ける建築物のうち、その地区計画の内容に適合し、かつ、政令（令145条1項）の基準に適合し、特定行政庁が安全上、防火上および衛生上支障がないと認めるもの
④　公共用歩廊その他政令（令145条2項）で定める建築物で、特定行政庁が安全上、防火上および衛生上他の建築物の利便を妨げ、その周囲の環境を害するおそれがないと認めて、建築審査会の同意を得て許可したもの

6　私道の変更・廃止（法45条）

私道の変更・廃止によって、その道路に接する敷地が接道義務規定に抵触する場合、特定行政庁は、その私道の変更・廃止を禁止しまたは制限することができる。この接道義務規定には、地方公共団体の条例による附加も含まれる。

私道は、その土地所有者等である私人（個人・法人）が築造し、維持管理するため、私人の都合により廃止、変更が可能であると考えられるが、その私道のみに接する建築敷地がある場合、私道が廃止されれば道路に接しなくなり、法令にも抵触することになるため、この規定により、禁止または制限すること

ができることとなっている。
　特定行政庁は、禁止または制限の措置を命ずる場合は、違反建築物の是正命令（法9条）に準じた手続きが必要となる（法45条2項）。

7　壁面線（法46条、47条）
[1] 壁面線の指定（法46条）
　特定行政庁は、街区内の建築物の位置を整え、その環境の向上を図る必要がある場合、建築審査会の同意を得て、壁面線を指定することができる。
　指定をするときは、あらかじめ、その指定に利害関係を有する者の出頭を求めて公開による意見の聴取を行わなければならない（法46条1項）。また、指定した場合は、遅滞なくその旨を公告しなければならない（法46条3項）。
　壁面線が指定された場合、建築物の壁やこれに代わる柱、2mを超える門・塀はその壁面線を越えて建築してはならない。ただし、地盤面下の部分や特定行政庁が建築審査会の同意を得て許可した歩廊の柱などは、この限りでない（法47条）。

● H30年度 一級建築士 学科試験(法規)に挑戦！

〔No．14〕 都市計画区域及び準都市計画区域内の道路等に関する次の記述のうち、建築基準法上、**誤っている**ものはどれか。

1. 道路の上空に設ける学校の渡り廊下で、生徒の通行の危険を防止するために必要であり、特定行政庁が安全上、防火上及び衛生上他の建築物の利便を妨げ、その他周囲の環境を害するおそれがないと認めて許可したものは、道路内に建築することができる。
2. 建築物の各部分の高さの制限において、建築物の敷地が都市計画において定められた計画道路（建築基準法第42条第1項第四号に該当するものを除く。）に接し、特定行政庁が交通上、安全上、防火上及び衛生上支障がないと認める建築物については、当該計画道路が前面道路とみなされる。
3. 工事を施工するために2年間現場に設ける事務所の敷地は、道路に2m以上接しなければならない。
4. 幅員4mの農道に2m以上接する敷地においては、特定行政庁が交通上、安全上、防火上及び衛生上支障がないと認めて許可した建築物は、建築することができる。

【正解　3】道路

1. 法44条1項四号の記載のまま。**正しい。**
2. 法52条10項　建築物の敷地が都市計画において定められた計画道路（第42条1項四号に該当するものを除くものとし、以下この項において「計画道路」という。）に接する場合又は当該敷地内に計画道路がある場合において、特定行政庁が交通上、安全上、防火上及び衛生上支障がないと認めて許可した建築物については、当該計画道路を第2項の前面道路とみなされる。**正しい。**
3. 法85条2項　工事を施工するために現場に設ける事務所、下小屋、材料置場その他これらに類する仮設建築物については、第三章の規定は、適用しないとあり、道路に2m以上の設置は法43条規定で第三章のため、適用しない。**誤り。**
4. 法43条2項一号の記載のまま。**正しい。**

第 2 節　用途地域

　都市内の土地を有効に活用し、健康で文化的な都市生活および機能的な都市活動を実現するためには、都市計画によって都市の土地の利用計画を定め、地区ごとにその特性に応じて商業、工業、住居等の建物の用途を、望ましい方向へ誘導していく必要がある。そのため、それぞれの土地利用の特性を考慮して、都市計画で定めるものが用途地域である。
　用途地域は、都市全体にわたる都市機能の配置や密度構成の観点から積極的に望ましい市街地の形成を誘導するため、都市計画法に規定された地域地区のひとつである。用途地域の区域等は、各用途地域の趣旨に応じた相当の規模を有し、かつ、隣接する用途地域の区域間において土地利用の極度な差異を生じないよう定めることが望ましいとされている。
　都市計画によって定められた各用途地域ごとに、建築基準法において、建築できる建築物の用途が制限されており、あわせて容積率、建蔽率、高さ制限なども、各用途地域に応じた制限となっている。

1　用途地域の種類

　現在、用途地域は、住居、商業、工業などの用途を適正に分けるため、13種類に細分化されており、次のとおりである。

① 第一種低層住居専用地域
　低層住宅の良好な住居の環境を保護するために定める地域
② 第二種低層住居専用地域
　主として、低層住宅の良好な住居の環境を保護するために定める地域
③ 第一種中高層住居専用地域
　中高層住宅の良好な住居の環境を保護するために定める地域
④ 第二種中高層住居専用地域
　主として、中高層住宅の良好な住居の環境を保護するために定める地域
⑤ 第一種住居地域
　住居の環境を保護するために定める地域
⑥ 第二種住居地域
　主として、住居の環境を保護するために定める地域
⑦ 準住居地域
　道路の沿道としての地域の特性にふさわしい業務の利便の増進を図り

つつ、これと調和した住居の環境を保護するために定める地域
⑧ 田園住居地域
農業の利便の増進を図りつつ、これと調和した低層住宅に係る良好な住居の環境を保護するために定める地域
⑨ 近隣商業地域
近隣の住宅地の住民に対する日用品の供給を行うことを主たる内容とする商業その他の業務の利便を増進するために定める地域
⑩ 商業地域
主として、商業地域その他の業務の利便を増進するために定める地域
⑪ 準工業地域
主として、環境の悪化をもたらすおそれのない工業の利便を増進するために定める地域
⑫ 工業地域
主として、工業の利便を増進するために定める地域
⑬ 工業専用地域
工業の利便を増進するために定める地域

2 用途の制限（法48条）

[1] 用途地域による規制

(1) それぞれの用途地域で建築できる用途は、法48条に規定されており、さらに法別表第二および政令に具体的な建築物の用途が定められている。
(2) 第一種、第二種低層住居専用地域、第一種中高層住居専用地域および田園住居地域は、建築可能な用途を列挙している。その他の地域は、建築できない用途を列挙している。
(3) 物販店舗と共同住宅を一棟で計画するような複合用途建築物を建築する場合は、各用途が計画地の用途地域の基準に適合しているか確認する必要がある。

法別表第二

法別表第二と政令の規定を合わせて記載する。

❶	第一種低層住居専用地域内に建築することができる建築物		
1	住宅		
2	事務所、店舗等兼用住宅で、延べ面積の1／2以上を居住の用に供し、かつ、下に掲げる用途を兼ねるもの（当該用途部分の床面積の合計＞50㎡を除く）		
	(1)	事務所（汚物運搬用自動車、危険物運搬用自動車等の駐車施設を同一敷地内に設けて業務を運営するものを除く）	
	(2)	日用品の販売を主たる目的とする店舗、食堂、喫茶店	
	(3)	理髪店、美容院、クリーニング取次店、質屋、貸衣装屋、貸本屋などのサービス店舗	
	(4)	洋服店、畳屋、建具屋、自転車店、家庭電気器具店などのサービス店舗（原動機の出力の合計≦0.75kwに限る）	
	(5)	自家販売のために食品製造業（食品加工業を含む）を営むパン屋、米屋、豆腐屋、菓子屋その他これらに類するもの（原動機の出力の合計≦0.75kwに限る）	
	(6)	学習塾、華道教室、囲碁教室など	
	(7)	美術品、工芸品を製作するためのアトリエ、工房（原動機の出力の合計≦0.75kwに限る）	
3	共同住宅、寄宿舎または下宿		
4	学校（大学、高等専門学校、専修学校、各種学校を除く）、図書館など		
5	神社、寺院、教会など		
6	老人ホーム、保育所、身体障害者福祉ホームなど		
7	公衆浴場（個室付浴場業（風営法2条6項1号）を除く）		
8	診療所		
9	巡査派出所、公衆電話所などの公益上必要な建築物で、下に掲げるもの		
	(1)	郵便法の規定により行う郵便の業務（郵便窓口業務を含む）で延べ面積≦500㎡	
	(2)	地方公共団体の支庁、老人福祉センター、児童厚生施設などで延べ面積≦600㎡	
	(3)	近隣居住者用の公園に設けられる公衆便所、休憩所	
	(4)	路線バスの停留所の上家	
	(5)	国土交通大臣が指定する以下の建築物	
		①	認定電気通信事業者がその事業の用に供する電気通信交換所、電報業務取扱所（執務の用に供する部分の床面積の合計≦700㎡）
		②	電気事業の用に供する開閉所、変電所（電圧＜17万V、かつ、容量＜90万kVA）
		③	ガス事業の用に供するバルブステーション、ガバナーステーション、特定ガス発生設備（液化ガスの貯蔵量または処理量≦3.5t）
		④	液化石油ガス販売事業の用に供する供給設備である建築物（液化石油ガスの貯蔵量又は処理量≦3.5t）

		⑤	水道事業の用に供するポンプ施設（給水能力≦6㎥／min）である建築物
		⑥	公共下水道の用に供する合流式のポンプ施設（排水能力≦2.5㎥／s）、分流式のポンプ施設（排水能力≦1㎥／s）
		⑦	都市高速鉄道の用に供する停車場または停留場（執務部分の床面積の合計≦200㎡）、開閉所、変電所（電圧＜12万V、かつ、容量＜4万kVA）および熱供給事業法2条2項に規定する熱供給事業の用に供する施設
10	1〜9の建築物に附属するもの。ただし、下に掲げるものは建築できない。		
	(1)	当該自動車車庫の床面積の合計＋同一敷地内の附属自動車車庫の工作物の築造面積（当該築造面積＞50㎡のみ）の合計＞600㎡（同一敷地内にある建築物（自動車車庫を除く。）の延べ面積の合計≦600㎡の場合は、当該延べ面積の合計）	
	(2)	公告対象区域内（法86条総合的設計による一団地区域内）の附属する自動車車庫で次のイまたはロのいずれかに該当するもの	
		イ	自動車車庫の床面積の合計＋同一敷地内にある附属自動車車庫の工作物の築造積＞2000㎡
		ロ	自動車車庫の床面積の合計＋同一公告対象区域内にある附属自動車車庫の建築物の床面積と工作物の築造面積との合計＞当該公告対象区域内の敷地ごとにイの規定により算定される自動車車庫の床面積の合計
	(3)	自動車車庫で2階以上の部分にあるもの	
	(4)	畜舎の床面積の合計＞15㎡	
	(5)	準住居地域内に建築することができない危険物の貯蔵または処理に関するもの	

（法別表第二（い）、令130条の3、130条の4、130条の5）

許可：特定行政庁が、第一種低層住居専用地域における良好な住居の環境を害するおそれがないと認め、または公益上やむを得ないと認めて許可した場合においては、この限りでない。

❷ 第二種低層住居専用地域内に建築することができる建築物

1	第一種低層住居専用地域内に建築できるもの	
2	店舗、飲食店等で下に掲げる用途のもの。ただし、当該用途の床面積≦150㎡で、3階以上の部分をその用途に供しないものに限る。	
	(1)	日用品の販売を主たる目的とする店舗、食堂、喫茶店
	(2)	理髪店、美容院、クリーニング取次店、質屋、貸衣装屋、貸本屋等のサービス店舗
	(3)	洋服店、畳屋、建具屋、自転車店、家庭電気器具店等のサービス店舗で作業場の床面積の合計≦50㎡。ただし、原動機の出力の合計≦0.75kwに限る。
	(4)	自家販売のために食品製造業を営むパン屋、米屋、豆腐屋、菓子屋等で作業場の床面積の合計≦50㎡。ただし、原動機の出力の合計≦0.75kwに限る。
	(5)	学習塾、華道教室、囲碁教室等

3	1、2の建築物に附属するもの。ただし、第一種低層住居専用地域内に建築できない附属建築物を除く。

(法別表第二（ろ）、令130条の5、130条の5の2)

許可：特定行政庁が、第二種低層住居専用地域における良好な住居の環境を害するおそれがないと認め、または公益上やむを得ないと認めて許可した場合においては、この限りでない。

❸ 第一種中高層住居専用地域内に建築することができる建築物

1	第一種低層住居専用地域内に建築できるもの		
2	大学、高等専門学校、専修学校など		
3	病院		
4	老人福祉センター、児童厚生施設など		
5	店舗、飲食店等で下に掲げる用途のもの。ただし、当該用途の床面積≦500㎡で、3階以上の部分をその用途に供しないものに限る。		
	(1)	理髪店、美容院、クリーニング取次店、質屋、貸衣装屋、貸本屋等のサービス店舗	
	(2)	洋服店、畳屋、建具屋、自転車店、家庭電気器具店等のサービス店舗で作業場の床面積の合計≦50㎡。ただし、原動機の出力の合計≦0.75kwに限る。	
	(3)	自家販売のために食品製造業を営むパン屋、米屋、豆腐屋、菓子屋等で作業場の床面積の合計≦50㎡。ただし、原動機の出力の合計≦0.75kwに限る。	
	(4)	学習塾、華道教室、囲碁教室等	
	(5)	物品販売業店舗（専ら性的好奇心をそそる物品販売店舗を除く）、飲食店	
	(6)	銀行の支店、損害保険代理店、宅地建物取引業を営む店舗等のサービス店舗	
6	自動車車庫で床面積の合計≦300㎡、または、都市計画として決定されたもの。ただし、3階以上の部分をその用途に供しないものに限る。		
7	公益上必要な建築物で、下に掲げるもの。ただし、5階以上の部分をその用途に供しないものに限る。		
	(1)	税務署、警察署、保健所、消防署など	
	(2)	国土交通大臣が指定する以下の建築物	
		①	認定電気通信事業者がその事業の用に供する電気通信交換所、電報業務取扱所、その他の施設で床面積≦1,500㎡。ただし、3階以上の部分をその用途に供しないものに限る。
		②	電気事業の用に供する変電所（電圧＜30万V、かつ、容量＜110万kVA）
		③	ガス事業の用に供するガス工作物の工事・維持・運用に関する業務の用に供する建築物（執務部分の床面積の合計≦1,500㎡）
8	1～7の建築物に附属するもの。ただし、下に掲げるものは建築できない。		

(1)		当該自動車車庫の床面積の合計＋同一敷地内の附属自動車車庫の工作物の築造面積（当該築造面積＞300㎡のみ）の合計＞3,000㎡（同一敷地内にある建築物（自動車車庫を除く）の延べ面積の合計≦3,000㎡の場合は、当該延べ面積の合計）
(2)		公告対象区域内（法86条総合的設計による一団地区域内）の附属する自動車車庫で次のイまたはロのいずれかに該当するもの
	イ	自動車車庫の床面積の合計＋同一敷地内にある附属自動車車庫の工作物の築造面積＞10,000㎡
	ロ	自動車車庫の床面積の合計＋同一公告対象区域内にある他の附属自動車車庫の建築物の床面積と工作物の築造面積（当該築造面積＞300㎡のみ）との合計＞当該公告対象区域内の敷地ごとにイの規定により算定される自動車車庫の床面積の合計
(3)		自動車車庫で3階以上の部分にあるもの
(4)		畜舎の床面積の合計＞15㎡
(5)		準住居地域内に建築することができない危険物の貯蔵または処理に関するもの

（法別表第二（は）、令130条の5の3、130条の5の4、130条の5の5）

許可：特定行政庁が、第一種中高層住居専用地域における良好な住居の環境を害するおそれがないと認め、または公益上やむを得ないと認めて許可した場合においては、この限りでない。

❹	第二種中高層住居専用地域内に建築することができない建築物
1	第一種住居地域内で建築することができないもの
2	工場。 ただし、パン屋、米屋、豆腐屋、菓子屋などの食品製造業を営むもの（原動機を使用する魚肉の練製品の製造および糖衣機を使用する製品の製造を除く）で、作業場の床面積の合計≦50㎡、かつ原動機の出力の合計≦0.75Kw のものは建築することができる。
3	ボーリング場、スケート場、水泳場、スキー場、ゴルフ場、バッティング練習場
4	ホテルまたは旅館
5	自動車教習所
6	畜舎の床面積の合計＞15㎡
7	3階以上の部分を、第一種中高層住居専用地域に建築することができる建築物以外の用途に供するもの
8	第一種中高層住居専用地域に建築することができる建築物以外の用途に供するもので床面積の合計＞1,500㎡

（法別表第二（に）、130条の6、130条の6の2、130条の7）

許可：特定行政庁が、第二種中高層住居専用地域における良好な住居の環境を害するおそれがないと認め、または公益上やむを得ないと認めて許可した場合においては、この限りでない。

❺	第一種住居地域内に建築することができない建築物	
1	第二種住居地域内で建築することができないもの	
2	マージャン屋、ぱちんこ屋、射的場、勝馬投票券発売所、場外車券売場など	
3	カラオケボックスなど	
4	第一種中高層住居専用地域に建築することができる建築物以外の用途に供するもので床面積の合計＞3,000㎡。ただし、次に掲げるものは建築することができる。	
	(1)	税務署、警察署、保健所、消防署など
	(2)	認定電気通信事業者が認定電気通信事業の用に供する施設
	(3)	当該自動車車庫の床面積の合計＋同一敷地内の附属自動車車庫の工作物の築造面積（当該築造面積＞300㎡のみ）の合計＞同一敷地内にある建築物（自動車車庫を除く）の延べ面積の合計。ただし、3階以上の部分を自動車車庫の用途に供するものを除く。
	(4)	公告対象区域内（法86条総合的設計による一団地区域内）の附属する自動車車庫で、当該自動車車庫の床面積の合計＋同一公告対象区域内にある他の附属自動車車庫の建築物の床面積と工作物の築造面積（当該築造面積＞300㎡のみ）との合計＞当該公告対象区域内の建築物（自動車車庫を除く）の延べ面積の合計。ただし、3階以上の部分を自動車車庫の用途に供するものを除く。
	(5)	自動車車庫で都市計画として決定されたもの

(法別表第二（ほ）、令130条の7の2)

許可：特定行政庁が、第一種住居地域における住居の環境を害するおそれがないと認め、または公益上やむを得ないと認めて許可した場合においては、この限りでない。

❻	第二種住居地域内に建築することができない建築物	
1	準住居地域内で建築することができないもの	
2	原動機を使用する工場で作業場の床面積の合計＞50㎡	
3	劇場、映画館、演芸場または観覧場	
4	自動車車庫で床面積の合計＞300㎡または3階以上の部分にあるもの。ただし、次に掲げるものは建築することができる。	
	(1)	当該自動車車庫の床面積の合計＋同一敷地内の附属自動車車庫の工作物の築造面積（当該築造面積＞300㎡のみ）の合計＞同一敷地内にある建築物（自動車車庫を除く）の延べ面積の合計
	(2)	公告対象区域内（法86条総合的設計による一団地区域内）の附属する自動車車庫で、当該自動車車庫の床面積の合計＋同一公告対象区域内にある他の附属自動車車庫の建築物の床面積と工作物の築造面積（当該築造面積＞300㎡のみ）との合計＞当該公告対象区域内の建築物（自動車車庫を除く）の延べ面積の合計
	(3)	自動車車庫で都市計画として決定されたもの

5	倉庫業を営む倉庫
6	店舗、飲食店、展示場、遊技場、勝馬投票券発売所、場外車券売場、場外勝舟投票券販売所の用途に供する部分の床面積の合計＞1㎡

(法別表第二（へ）、令130の7、令130条の8、130条の8の2)

許可：特定行政庁が、第二種住居地域における住居の環境を害するおそれがないと認め、または公益上やむを得ないと認めて許可した場合においては、この限りでない。

❼ 準住居地域内に建築することができない建築物

1	近隣商業地域内で建築することができないもの	
2	原動機を使用する工場で作業場の床面積の合計＞50㎡。ただし、作業場の床面積の合計＜150㎡の自動車修理工場を除く。	
3	次に掲げる事業を営む工場	
	(1)	10リットル≦容量≦30リットルのアセチレンガス発生器を用いる金属の工作
	(2)	印刷用インキの製造
	(3)	出力の合計≦0.75kwの原動機を使用する塗料の吹付
	(4)	原動機を使用する魚肉の練製品の製造
	(5)	原動機を使用する2台以下の研磨機による金属の乾燥研磨（工具研磨を除く）
	(6)	コルク、エボナイトもしくは合成樹脂の粉砕もしくは乾燥研磨または木材の粉砕で原動機を使用するもの
	(7)	厚さ≧0.5mmの金属板のつち打加工（金属工芸品の製造を目的とするものを除く。）または原動機を使用する金属のプレス（液圧プレスのうち矯正プレスを使用するものを除く）もしくはせん断
	(8)	印刷用平版の研磨
	(9)	糖衣機を使用する製品の製造
	(10)	原動機を使用するセメント製品の製造
	(11)	ワイヤーフォーミングマシンを使用する金属線の加工で出力の合計＞0.75kwの原動機を使用するもの
	(12)	木材の引割もしくはかんな削り、裁縫、機織、撚糸、組ひも、編物、製袋またはやすりの目立で出力の合計＞0.75kwの原動機を使用するもの
	(13)	製針または石材の引割で出力の合計＞15kwの原動機を使用するもの
	(14)	出力の合計＞25kwの原動機を使用する製粉
	(15)	合成樹脂の射出成形加工
	(16)	出力の合計＞10kwの原動機を使用する金属の切削

	(17)	メッキ
	(18)	原動機の出力の合計＞1.5kw の空気圧縮機を使用する作業。ただし、国土交通大臣が防音上有効な構造と認めて指定する空気圧縮機（原動機の出力の合計≦7.5kw）を使用する事業を除く。
	(19)	原動機を使用する印刷
	(20)	ベンディングマシン（ロール式のものに限る）を使用する金属の加工
	(21)	タンブラーを使用する金属の加工
	(22)	ゴム練用または合成樹脂練用のロール機（カレンダーロール機を除く）を使用する作業
4		危険物の貯蔵または処理に供するもので、政令で定めるもの
5		劇場、映画館、演芸場、観覧場のうち客席の部分の床面積の合計≧200㎡
6		劇場、映画館、演芸場、観覧場、店舗、飲食店、展示場、遊技場、勝馬投票券発売所、場外車券売場、場内車券売場、勝舟投票券発売所でその用途に供する部分（劇場、映画館、演芸場、観覧場は客席の部分に限る）の床面積の合計＞１万㎡

（法別表第二（と）、令130条の8の3、令130の9、令130の9の2）

許可：特定行政庁が、準住居地域における住居の環境を害するおそれがないと認め、または公益上やむを得ないと認めて許可した場合においては、この限りでない。

❽		田園住居地域内に建築することができる建築物
1		第１種低層住居専用地域内に建築できるもの
2		農産物の生産、集荷、処理または貯蔵に供するもの（乾燥等の処理に供する建築物で著しい騒音を発生するものとして、国土交通大臣が指定するものを除く）
3		農業の生産資材の貯蔵に供するもの
4		地域で生産された農産物の販売を主目的とする店舗等の農業の利便増進に必要な店舗、飲食店等の以下に掲げる用途で、その用途に供する床面積の合計が500㎡以内のもの（3階以上をその用途に供するものを除く）
	(1)	田園住居地域および周辺地域で生産された農産物の販売を主目的とする店舗
	(2)	上記の農産物による料理の提供を主目的とする店舗
	(3)	自家販売の食品製造業を営むパン屋、米屋、豆腐屋、菓子屋等に類するもの（(1)の農産物を原材料とするものに限る）で作業場の床面積の合計が50㎡以内のもの（原動機の出力の合計が0.75kw 以下に限る）
5		4 に掲げるもののほか、政令で定める店舗、飲食店等に類するもので、その用途に供する床面積の合計が150㎡以内のもの（3階以上をその用途に供するものを除く）
6		1～5 に附属するもの（政令で定めるものは除く）

（法別表第二（ち）、令130条の9の3、令130条の9の4）

許可：特定行政庁が、農業の利便および田園住居地域における良好な住居の環

境を害するおそれがないと認め、または公益上やむを得ないと認めて許可した場合においては、この限りでない。

❾	近隣商業地域内に建築することができない建築物
1	商業地域内で建築することができないもの
2	キャバレー、料理店、ナイトクラブ、ダンスホールなど
3	個室付浴場業に係る公衆浴場、ヌードスタジオ、のぞき劇場、ストリップ劇場、専ら異性を同伴する客の休憩の用に供する施設、専ら性的好奇心をそそる写真など物品の販売を目的とする店舗など

(法別表第二(り)、令130条の9の5)

許可：特定行政庁が、近隣の住宅地の住民に対する日用品の供給を行うことを主たる内容とする商業その他の業務の利便および当該住宅地の環境を害するおそれがないと認め、または公益上やむを得ないと認めて許可した場合においては、この限りでない。

❿	商業地域内に建築することができない建築物	
1	準工業地域内で建築することができないもののうち、1、2に掲げるもの	
2	原動機を使用する工場で作業場の床面積の合計＞150㎡（日刊新聞の印刷所および作業場の床面積の合計≦300㎡の自動車修理工場を除く）	
3	次に掲げる事業を営む工場	
	(1)	玩（がん）具煙火の製造
	(2)	アセチレンガスを用いる金属の工作（アセチレンガス発生器の容量≦30ℓのものまたは溶解アセチレンガスを用いるものを除く）
	(3)	引火性溶剤を用いるドライクリーニング、ドライダイイングまたは塗料の加熱乾燥もしくは焼付（赤外線を用いるものを除く）
	(4)	セルロイドの加熱加工または機械のこぎりを使用する加工
	(5)	絵具または水性塗料の製造
	(6)	出力の合計＞0.75kWの原動機を使用する塗料の吹付
	(7)	亜硫酸ガスを用いる物品の漂白
	(8)	骨炭その他動物質炭の製造
	(9)	せっけんの製造
	(10)	魚粉、フェザーミール、肉骨粉、肉粉、血粉、またはこれらを原料とする飼料の製造
	(11)	手すき紙の製造
	(12)	羽または毛の洗浄、染色または漂白

	(13)	ぼろ、くず綿、くず紙、くず糸、くず毛などの消毒、選別、洗浄または漂白
	(14)	製綿、古綿の再製、起毛、せん毛、反毛またはフェルトの製造で原動機を使用するもの
	(15)	骨、角、きば、ひずめ、貝がらの引割、乾燥研磨、3台以上の研磨機による金属の乾燥研磨で原動機を使用するもの
	(16)	鉱物、岩石、土砂、コンクリート、アスファルト・コンクリート、硫黄、金属、ガラス、れんが、陶磁器、骨、貝殻の粉砕で原動機を使用するもの
	(17)	レディミクストコンクリートの製造、セメントの袋詰で出力の合計＞2.5kwの原動機を使用するもの
	(18)	墨、懐炉灰またはれん炭の製造
	(19)	活字、金属工芸品の鋳造、金属の溶融で容量の合計≦50リットルのるつぼまたはかまを使用するもの（印刷所における活字の鋳造を除く）
	(20)	瓦、れんが、土器、陶磁器、人造砥（と）石、るつぼまたはほうろう鉄器の製造
	(21)	ガラスの製造または砂吹
	(22)	金属の溶射または砂吹
	(23)	鉄板の波付加工
	(24)	ドラムかんの洗浄または再生
	(25)	スプリングハンマーを使用する金属の鍛造
	(26)	伸線、伸管またはロールを用いる金属の圧延で出力の合計≦4kwの原動機を使用するもの
	(27)	スエージングマシンまたはロールを用いる金属の鍛造
4	危険物の貯蔵または処理に供するもので、政令で定めるもの	

(法別表第二（ぬ）、令130条の9の6)

許可：特定行政庁が、商業の利便を害するおそれがないと認め、または公益上やむを得ないと認めて許可した場合においては、この限りでない。

⓫	準工業地域内に建築することができない建築物	
1	次に掲げる事業を営む工場	
	(1)	火薬類取締法の火薬類（玩具煙火を除く）の製造
	(2)	消防法2条7項に規定する危険物の製造
	(3)	マッチの製造
	(4)	ニトロセルロース製品の製造
	(5)	ビスコース製品、アセテートまたは銅アンモニアレーヨンの製造（液化アンモニアガス及びアンモニア濃度が30％を超えるアンモニア水を用いないものを除く）
	(6)	合成染料、その中間物、顔料、塗料の製造（漆または水性塗料の製造を除く）

(7)	引火性溶剤を用いるゴム製品または芳香油の製造
(8)	乾燥油または引火性溶剤を用いる擬革紙布または防水紙布の製造
(9)	木材を原料とする活性炭の製造（水蒸気法によるものを除く）
(10)	石炭ガス類またはコークスの製造
(11)	可燃性ガスの製造。ただし、次に掲げるものを除く。
	① アセチレンガスの製造
	② ガス事業法2条1項に規定する一般ガス事業または同条3項に規定する簡易ガス事業として行われる可燃性ガスの製造
(12)	圧縮ガスまたは液化ガスの製造（製氷または冷凍を目的とするものを除く）。ただし、圧縮ガスの製造のうち、次に掲げるものを除く。
	① 内燃機関の燃料として自動車に充てんするための圧縮天然ガスに係るもの
	② 燃料電池または内燃機関の燃料として自動車に充てんするための圧縮水素に係るものであって、国土交通大臣が定める基準（平成17年3月29日告示359号）に適合する製造設備を用いるもの
(13)	塩素、臭素、ヨード、硫黄、塩化硫黄、弗化水素酸、塩酸、硝酸、硫酸、燐酸、苛性カリ、苛性ソーダ、アンモニア水、炭酸カリ、せんたくソーダ、ソーダ灰、さらし粉、次硝酸蒼鉛、亜硫酸塩類、チオ硫酸塩類、砒素化合物、鉛化合物、バリウム化合物、銅化合物、水銀化合物、シアン化合物、クロールズルホン酸、クロロホルム、四塩化炭素、ホルマリン、ズルホナール、グリセリン、イヒチオールズルホン酸アンモン、酢酸、石炭酸、安息香酸、タンニン酸、アセトアニリド、アスピリンまたはグアヤコールの製造
(14)	たんぱく質の加水分解による製品の製造
(15)	油脂の採取、硬化または加熱加工（化粧品の製造を除く）
(16)	ファクチス、合成樹脂、合成ゴムまたは合成繊維の製造。ただし、国土交通大臣が定める物質を原料とするものおよび工程（平成5年6月24日告示1440号）を除く。
(17)	肥料の製造
(18)	製紙（手すき紙の製造を除く）またはパルプの製造
(19)	製革、にかわの製造または毛皮もしくは骨の精製
(20)	アスファルトの精製
(21)	アスファルト、コールタール、木タール、石油蒸溜（りゅう）産物またはその残りかすを原料とする製造
(22)	セメント、石膏、消石灰、生石灰またはカーバイドの製造
(23)	金属の溶融または精練（容量の合計50リットルを超えないるつぼ、かまを使用するもの、活字または金属工芸品の製造を目的とするものを除く）
(24)	炭素粉を原料とする炭素製品、黒鉛製品の製造、黒鉛の粉砕
(25)	金属厚板または形鋼の工作で原動機を使用するはつり作業（グラインダーを用いるものを除く）、びよう打作業または孔埋作業を伴うもの

	㉖	鉄釘類または鋼球の製造
	㉗	伸線、伸管またはロールを用いる金属の圧延で出力の合計＞4kwの原動機を使用するもの
	㉘	鍛造機（スプリングハンマーを除く）を使用する金属の鍛造。ただし、スエージングマシンまたはロールを用いるものを除く。
	㉙	動物の臓器またははいせつ物を原料とする医薬品の製造
	㉚	石綿を含有する製品の製造または粉砕。ただし、集じん装置の仕様その他国土交通大臣が定める方法（平成5年6月24日告示2465号）により行われるものを除く。
2		危険物の貯蔵または処理に供するもので、政令で定めるもの
3		個室付浴場業に係る公衆浴場、ヌードスタジオ、のぞき劇場、ストリップ劇場、専ら異性を同伴する客の休憩の用に供する施設、専ら性的好奇心をそそる写真など物品の販売を目的とする店舗など

(法別表第二（る）、令130条の9の7、130条の9の8)

許可：特定行政庁が、安全上もしくは防火上の危険の度もしくは衛生上の有害の度が低いと認め、または公益上やむを得ないと認めて許可した場合においては、この限りでない。

⓬	工業地域内に建築することができない建築物
1	個室付浴場業に係る公衆浴場、ヌードスタジオ、のぞき劇場、ストリップ劇場、専ら異性を同伴する客の休憩の用に供する施設、専ら性的好奇心をそそる写真など物品の販売を目的とする店舗など
2	ホテルまたは旅館
3	キャバレー、料理店、ナイトクラブ、ダンスホールその他これらに類するもの
4	劇場、映画館、演芸場または観覧場
5	学校
6	病院
7	次に掲げる用途に供する部分の床面積の合計＞10,000㎡ 店舗、飲食店、展示場、遊技場、勝馬投票券発売所、場外車券売所、場外勝舟投票券販売所

(法別表第2（を）)

許可：特定行政庁が、工業の利便上または公益上必要と認めて許可した場合においては、この限りでない。

⓭	工業専用地域内に建築することができない建築物
1	工業地域内で建築することができないもの

2	住宅
3	共同住宅、寄宿舎または下宿
4	老人ホーム、身体障害者福祉ホームその他これらに類するもの
5	物品販売業を営む店舗または飲食店
6	図書館、博物館その他これらに類するもの
7	ボーリング場、スケート場、水泳場、スキー場、ゴルフ練習場、バッティング練習場
8	マージャン屋、ぱちんこ屋、射的場、勝馬投票券発売所、場外車券売場など

(法別表第二(わ)、令130条の6の2)

許可：特定行政庁が、工業の利便を害するおそれがないと認め、または公益上やむを得ないと認めて許可した場合においては、この限りでない。

⑭ 用途地域の指定のない区域（市街化調整区域を除く）に建築することができない建築物

1	次に掲げる用途に供する部分の床面積の合計＞10,000㎡ 劇場、映画館、演芸場もしくは観覧場または店舗、飲食店、展示場、遊技場、勝馬投票券発売所、場外車券売場、場内車券売場、勝舟投票券販売所

(法別表第二(か))

許可：特定行政庁が、当該区域における適正かつ合理的な土地利用および環境の保全を図るうえで支障がないと認め、または公益上やむを得ないと認めて許可した場合においては、この限りでない。

危険物の貯蔵または処理に供する建築物

危険物		用途地域	準住居地域	商業地域	準工業地域
①	火薬類（玩具煙火を除く。）	火薬	20kg	50kg	20t
		爆薬		25kg	10t
		工業雷管、電気雷管および信号雷管		1万個	250万個
		銃用雷管	3万個	10万個	2500万個
		実包および空包	2000個	3万個	1000万個
		信管および火管		3万個	50万個
		導爆線		1.5km	500km
		導火線	1km	5km	2500km
		電気導火線		3万個	10万個
		信号炎管、信号火箭および煙火	25kg	2t	
		その他の火薬または爆薬を使用した火工品	当該火工品の原料をなす火薬または爆薬の数量に応じて、火薬または爆薬の数量のそれぞれの限度による。		
②	マッチ、圧縮ガス、液化ガスまたは可燃性ガス		A÷20	A÷10	A÷2
③	第1石油類、第2石油類、第3石油類または第4石油類		A÷2（特定屋内貯蔵所または同令第3条第二号イに規定する第一種販売取扱所にあっては、3A÷2）	A（特定屋内貯蔵所、第一種販売取扱所または第二種販売取扱所にあっては、3A）	5A
④	①から③までに掲げる危険物以外のもの		A÷10（特定屋内貯蔵所または第一種販売取扱所にあっては、3A÷10）	A÷5（特定屋内貯蔵所または第一種販売取扱所にあっては、3A÷5）	2A（特定屋内貯蔵所、第一種販売取扱所または第二種販売取扱所にあっては、5A）

＊A：②については「常時貯蔵する場合」の数量、③および④については「製造所または他の事業を営む工場において処理する場合」の数量
＊特定屋内貯蔵所：危険物の規制に関する政令2条1号に規定する屋内貯蔵所のうち位置、構造および設備について国土交通大臣が定める基準に適合するもの
＊第一種販売取扱所：同令3条2号イに規定する第一種販売取扱所
＊第二種販売取扱所：同令3条2号ロに規定する第二種販売取扱所

（令130条の9）

[2] 用途許可の取扱い
(1) 法48条1項から14項までのただし書による許可をする場合は、特定行政庁はあらかじめ許可に利害関係を有する者の出頭を求めて公開により意見を聴取し、かつ、建築審査会の同意を得なければならない（法48条15項）。
(2) 15項の規定にかかわらず、特定行政庁は次の①に該当する場合は意見の聴取および同意を要せず、②に該当する場合は同意の取得を要しない（法48条16項）。
　① 上記(1)の許可（特例許可という）を受けた建築物の増築、改築または移転（政令に定める場合に限る）について特例許可する場合
　② 日常生活に必要な政令で定める建築物で、騒音または振動等による住居環境の悪化を防止するために国土交通省令で定める措置が講じられているものの建築について特例許可（1項から7項までの許可に限る）する場合

3　既存不適格建築物に対する緩和（法86条の7、令137条の7）

建築時は用途が適法であったが、用途地域の見直しなどにより、用途上の既存不適格となった建築物が増改築を行う場合は、次の①～⑤に適合する範囲まで緩和される（令137条の7）。
　① 増改築が基準時における敷地内であり、かつ、増改築をしたときの延べ面積及び建築面積が基準時の敷地面積に対して、容積率制限、建蔽率制限、地区計画等の区域内の市町村の条例（法68条の2第1項）の制限規定に適合すること。
　② 増築後の床面積の合計は、基準時における床面積の合計の1.2倍を超えないこと。
　③ 増築後の用途地域内の建築規制に適合していない不適格用途部分の床面積の合計は、基準時における不適格用途部分の床面積の合計の1.2倍を超えないこと。
　④ 不適格用途の事由が原動機の出力、機械の台数または容器等の容量である場合は、増築後のそれらの出力、台数または容量の合計は、基準時におけるそれらの出力、台数または容量の合計の1.2倍を超えないこと。
　⑤ 用途の変更を伴わないこと（類似の用途を除く）。

4　用途の変更

既存建築物の用途を変更する場合には建築（新築、増築、改築、移転）に該

当しないので、法48条の建築物の用途規制の適用を受けないことになる。そのため、当初は用途地域に適合する用途の建築物を建築し、その後不適格用途に変更するような行為を防止する必要がある。

そこで、このような行為に対処するため、用途変更に対して法令の規定中、必要なものを準用することとしている。

［1］用途変更に対する法律の準用（法87条）

⑴　法6条1項1号の特殊建築物に用途を変更する場合は、確認、完了検査、計画通知の規定が準用される。なお、類似の用途（令137条の17）に変更する場合は除かれる（1項）。

⑵　建築物の用途を変更する場合は、法48条（用途地域）。法51条（卸売市場等）、法60条の2（都市再生特別地区）、法68条の3（再開発等促進区）等の規定が準用される（2項）。

⑶　既存不適格建築物を、用途変更する場合は現在の法令が準用される。ただし、次のいずれかに該当する場合は準用されない（3項）。

①　増改築、大規模の修繕または模様替をする場合

②　用途変更が令137条の19第1項で指定する類似の用途相互間のものであり、かつ、修繕、模様替をしない場合またはその修繕、模様替が大規模でない場合

③　用途の変更が令137条の19第2項で定める範囲内である場合

［2］類似の用途等

⑴　確認等を要しない類似の用途（令137条の18）

　　用途を変更して特殊建築物とする場合、次に列記する類似用途相互間の用途変更は建築主事の確認等を要しない。例えば、劇場から映画館へ、公会堂から集会場へ、ホテルから旅館へ、等である。

①　劇場、映画館、演芸場

②　公会堂、集会場

③　診療所（患者の収容施設があるものに限る）、児童福祉施設等

④　ホテル、旅館

⑤　下宿、寄宿舎

⑥　博物館、美術館、図書館

⑦　体育館、ボーリング場、スケート場、水泳場、スキー場、ゴルフ練習

場、バッティング練習場
⑧　百貨店、マーケット、その他の物品販売業を営む店舗
⑨　キャバレー、カフェー、ナイトクラブ、バー
⑩　待合、料理店
⑪　映画スタジオ、テレビスタジオ
　　ただし、③、⑥に掲げる用途に供する建築物が第一種・第二種低層住居専用地域または田園住居地域内にある場合、⑦に掲げる用途に供する建築物が第一種・第二種中高層住居専用地域内もしくは工業専用地域内にある場合、⑨に掲げる用途に供する建築物が準住居もしくは近隣商業地域内にある場合、についてはこの限りでない。
(2)　法27条等を準用しない類似用途（令137条の19）
　①　法87条3項に掲げる各規定の適用を受けない既存不適格建築物の用途変更について、政令で定める範囲の類似の用途間は現行法令が適用されない（1項、2項1号）。
　②　既存不適格建築物である事由が原動機の出力、機械の台数または容量による場合は、用途変更後のそれぞれの出力、台数または容量の合計は、基準時の1.2倍を超えないこと（2項2号）。
　③　用途変更後の用途地域の規制に不適格の建築物の部分の床面積の合計は、基準時の1.2倍を超えないこと（2項3号）。
　④　地区計画区域内において定める市町村の条例には、類似の用途の指定について、当該条例で別段の定めをすることができる（3項）。

5　工作物の制限（用途地域関連）

　法88条2項により、一定の工作物については用途地域に関する規定が準用される。

[1]　工作物への準用（法88条2項）

　製造施設、貯蔵施設、遊戯施設等の工作物で、令138条3項で指定するものについては、用途地域内の用途規制について準用される。

[2]　工作物の指定（令138条3項）

　製造施設、貯蔵施設、遊戯施設等の工作物で、用途地域内の規定が準用されるのは、次に掲げる工作物である。ただし、土木事業その他の事業に一時的に

使用するためにその事業中臨時にあるもの等は除かれる。
⑴　法別表第二（ぬ）項第三号（十三）または（十三の二）の用途に供する工作物で用途地域（準工業地域、工業地域および工業専用地域を除く）内にあるものおよび同表（る）項第一号（二十一）の用途に供する工作物で用途地域（工業地域および工業専用地域を除く）内にあるもの
⑵　自動車車庫の用途に供する工作物で令138条3項2号に掲げるもの
⑶　高さが8mを超えるサイロその他これに類する工作物のうち飼料、肥料、セメントその他これらに類するものを貯蔵するもので第一種低層住居専用地域、第二種低層住居専用地域、田園住居地域または第一種中高層住居専用地域内にあるもの
⑷　前項各号に掲げる工作物で第一種低層住居専用地域、第二種低層住居専用地域、第一種中高層住居専用地域または田園住居地域内にあるもの
⑸　汚物処理場、ごみ焼却場または令130条の2の2各号に掲げる処理施設の用途に供する工作物で都市計画区域または準都市計画区域（準都市計画区域にあっては、第一種低層住居専用地域、第二種低層住居専用地域、第一種中高層住居専用地域または田園住居地域に限る）内にあるもの
⑹　特定用途制限地域内にある工作物で当該特定用途制限地域に係る法88条2項において準用する法49条の2の規定に基づく条例において制限が定められた用途に供するもの

6　特別用途地区内の用途の制限（法49条）

　特別用途地区は、区市町村の創意工夫により種類の名称を自由に定めることができ、また、土地利用の増進や環境の保護等の特別の目的を実現するため、用途地域を補完し、特定の建築物の用途等を制限または緩和することができる都市計画である。建築物等に関する具体的な制限等は、建築基準法の規定に基づくことになる。
　①　建築の制限または禁止（1項）
　　　特別用途地区内においては、その地区の指定の目的のためにする建築物の建築の制限または禁止に関して必要な規定は、地方公共団体の条例で定める。
　②　制限の緩和（2項）
　　　特別用途地区内においては、地方公共団体は、その地区の指定の目的のために必要と認める場合においては、国土交通大臣の承認を得て、条例

で、用途地域の規定による制限を緩和することができる。

7　特定用途制限地域内の用途の制限（法49条の2）

　特定用途制限は、用途地域が定められていない区域（市街化調整区域を除く）において、公共施設へ大きな負荷を与える建築物や、騒音、振動、煤煙等の発生により良好な居住環境を害するおそれがある建築物等を制限する必要がある場合に定めることができる地域地区のひとつである。

　都市計画で制限すべき特定の建築物等の用途を定め、具体的な建築の制限等に関する規定は当該の都市計画に即し、政令（130条の2）で定める基準に従い、地方公共団体の条例で定める。

8　卸売り市場等の位置（法51条、令130条の2の2）

　都市活動を支える施設として、卸売市場、火葬場、と畜場、汚物処理場、ごみ焼却場等は必要不可欠であるが、周辺環境へ与える影響も大きいものである。

　このため都市計画区域内においては、卸売り市場、火葬場、と畜場、汚物処理場、ごみ焼却場、ごみ処理施設、産業廃棄物処理施設については、都市計画でその敷地の位置が決定しているものでなければ新築し、または増築してはならない（法51条）。

　ただし、特定行政庁が都道府県都市計画審議会（その敷地の位置を都市計画に定めるべき者が市町村であり、かつ、その敷地が所在する市町村に市町村都市計画審議会が置かれている場合にあっては、当該市町村都市計画審議会）の議を経て、その敷地の位置について都市計画上支障がないと認めて許可した場合または政令（令130条の2の3）で定める規模の範囲内において新築し、もしくは増築する場合においては、この限りでない。

9　建築物の敷地が地域、地区の内外にわたる場合の措置（法91条）

　建築物の敷地が異なる用途地域にまたがって存在する場合の取扱いに関する規定である。法91条では、「建築物の敷地が建築基準法の規定による敷地、構造、建築設備または用途に関する禁止または制限を受ける区域、地域または地区の内外にわたる場合は、その建築物またはその敷地の全部について敷地の過半の属する区域、地域または地区内の建築物に関するこの法律の規定またはこの法律に基づく命令の規定を適用する。」としており、敷地の半分以上が属する用途地域の規定が適用されることになる。

● H30年度 一級建築士 学科試験(法規)に挑戦!

〔No．15〕建築物の用途の制限に関する次の記述のうち、建築基準法上、誤っているものはどれか。ただし、用途地域以外の地域、地区等の指定はなく、また、特定行政庁の許可等は考慮しないものとする。

1．第二種低層住居専用地域内において、「延べ面積650㎡、平屋建ての老人福祉センター」は、新築することができない。
2．第一種住居地域内において、「延べ面積3,000㎡、地上3階建てのホテル」は、新築することができない。
3．近隣商業地域内において、「客席の部分の床面積の合計が300㎡、地上2階建ての映画館」は、新築することができる。
4．工業専用地域内において、「延べ面積300㎡、地上2階建ての保育所」は、新築することができる。

【正解　2】用途制限
1．別表第2（は）　老人福祉センターは、一中高住居専用地域で建築できる。正しい。
2．別表第2（ほ）　3,000㎡を超えるものは建築してはならない。超えていないので新築できる。誤り。
3．別表第2（り）　建築してはならないものにないため建築できる。正しい。
4．別表第2（わ）　保育所は建築してはならないものにないため建築できる。正しい。

〔No．19〕病院に関する次の記述のうち、建築基準法上、誤っているものはどれか。ただし、階避難安全検証法、全館避難安全検証法及び国土交通大臣の認定による安全性の確認は行わないものとする。

1．敷地が第一種中高層住居専用地域内に300㎡、第二種低層住居専用地域内に700㎡と二つの用途地域にわたる場合、当該敷地には、特定行政庁の許可を受けなければ新築することができない。
2．準防火地域内の地上2階建てで、各階の床面積が300㎡のもの（各階とも患者の収容施設があるもの）は、耐火建築物としなければならない。

3. 患者用の廊下の幅は、両側に居室がある場合、1.6m以上としなければならない。
4. 入院患者の談話のために使用される居室には、原則として、採光のための窓その他の開口部を設けなければならない。

【正解　2】用途制限

1. 法91条　法48条は、その敷地の全部について敷地の過半の属する区域、地域又は地区内の建築物に関するこの法律の規定又はこの法律に基づく命令の規定を適用するとあり、過半である第二種低層住居専用地域の基準が適用される。
病院は、別表第2（ろ）欄から第二種低層住居専用地域では建築できないため、法48条2項に基づき許可が必要。正しい。
2. 法62条1項　延べ面積が500㎡を超え1,500㎡以下の建築物は、耐火又は準耐火建築物とすると規定され、別表第1（二）から3階以上の階で300㎡以上は耐火建築物とあるため、準耐火建築物でも良い。誤り。
3. 令119条1項の記載のまま。正しい。
4. 令19条2項五号の記載のまま。正しい。

第 3 節　防火地域

　市街地は様々な建築物が建ち並んでいるため、いったん火災が発生すると次々と延焼が拡大していき市街地大火へとつながることが考えられる。このため、地域全体に防火規制を行い耐火建築物を誘導することで、市街地全体に高い防災性能を誘導しようとするのが防火地域制である。都市計画で定める地域地区の一つであり、都市計画法8条1項5号に、また建築基準法では、3章5節に「防火地域及び準防火地域」として規定されている。

1　防火地域及び準防火地域内の建築物（法61条）

[1] 建築物の構造規定（法61条）
　(1)　防火地域または準防火地域にある建築物は、外壁の開口部で延焼のおそれのある部分に防火戸等の政令で定める防火設備を設け、かつ、壁、柱、床その他の建築物の部分及び当該防火設備を、通常の火災による周囲への延焼を防止するため必要とされる性能に関して政令で定める技術基準に適合するもので、国土交通大臣が定めた構造方法を用いるか大臣の認定を受けたものとしなければならない。
　(2)　ただし、門または塀で高さ2m以下のもの、または準防火地域内にある建築物（木造建築物等を除く）に附属するものは、この限りでない。
　(3)　政令で定める防火設備は、令109条において、防火戸、ドレンチャーその他火炎を遮る設備とされている。

[2] 技術的基準（令136条の2）
　建築物の壁、柱、床その他の部分および防火設備の性能については、防火地域および準防火地域の別ならびに建築物の規模に応じて技術基準が定められている。
　(1)　防火地域内にある建築物で階数3以上もしくは延べ面積100㎡を超えるもの、または準防火地域内にある建築物で地階を除く階数4以上もしくは延べ面積1500㎡を超えるものは、次のいずれかの基準
　　①　主要構造部が耐火性能（令107条または令108条の3第1項1号イ、ロ）の基準に適合し、かつ、外壁開口部設備が遮煙性能（令109条の2）の基準に適合すること。
　　　　ただし、準防火地域内の建築物で法86条の4に該当するものの外壁開

口部設備 (※1) は、この限りでない。

② 主要構造部、防火設備、消火設備の構造に応じて算出した延焼防止時間が、当該建築物の主要構造部および外壁開口部設備（以下「主要構造部等」という）が①の基準に適合すると仮定した場合における当該主要構造部等の構造に応じて算出した延焼防止時間 (※2) 以上であること。

> **用語チェック**
> （※1）**外壁開口部設備**：延焼のおそれのある部分の開口部に設ける防火設備。
> （※2）**延焼防止時間**：建築物が通常の火災による周囲への延焼を防止できる時間をいう。

(2) 防火地域内にある建築物のうち階数が2以下で延べ面積100㎡以下のもの、または準防火地域内にある建築物のうち地階を除く階数が3で延べ面積が1500㎡以下のものもしくは地階を除く階数が2以下で延べ面積が500㎡を超え1500㎡以下のものは、次のいずれかの基準

① 主要構造部が準耐火性能（令107条の2または令109条の3第1号もしくは2号）の基準に適合し、かつ、外壁開口部設備が前号①の基準に適合すること。

② 主要構造部、防火設備、消火設備の構造に応じて算出した延焼防止時間が、当該建築物の主要構造部等が①の基準に適合すると仮定した場合における当該主要構造部等の構造に応じて算出した延焼防止時間以上であること。

(3) 準防火地域内にある建築物のうち地階を除く階数が2以下で延べ面積が500㎡以下のもの（木造建築物等に限る）は、次のいずれかの基準

① 外壁および軒裏で延焼のおそれのある部分が防火性能（令108条）の基準に適合し、かつ、外壁開口部設備に建築物の周囲において発生する通常の火災による火熱が加えられた場合に、当該外壁開口部設備加熱開始後20分間当該加熱面以外の面（屋外に面する面に限る）に火炎を出さないものであること。

　ただし、法86条の4に該当するものの外壁開口部設備は、この限りでない。

② 主要構造部、防火設備、消火設備の構造に応じて算出した延焼防止時間が、当該建築物の外壁及び軒裏で延焼のおそれのある部分ならびに外壁開口部設備（以下「特定外壁部分等」という）が、①の基準に適合すると仮定した場合における当該特定外壁部分等の構造に応じて算出した

　　　　延焼防止時間以上であること。
(4) 準防火地域内にある建築物のうち地階を除く階数が2以下で延べ面積が500㎡以下のもの（木造建築物等を除く）は、次のいずれかの基準
　① 外壁開口部設備が前号①の基準に適合すること。
　② 主要構造部、防火設備、消火設備の構造に応じて算出した延焼防止時間が、当該建築物の外壁開口部設備が、①の基準に適合すると仮定した場合における当該外壁開口部設備の構造に応じて算出した延焼防止時間以上であること。
(5) 高さ2mを超える門または塀で、防火地域内にある建築物に附属するものまたは準防火地域内にある木造建築物等に付属するものは、次の基準による。
　　延焼防止上支障のない構造であること。

2　屋　根

[1]　屋根の構造規定（法62条）

　防火地域または準防火地域内の建築物の屋根の構造は、市街地の火災を想した火の粉による火災の発生を防止するために屋根に必要とされる性能に関して、建築物の構造および用途の区分に応じて政令で定める技術的基準に適合するもので、国土交通大臣が定めた構造方法を用いるものまたは大臣の認定を受けたものとしなければならない。

[2]　技術的基準（令136条の2の2）

　防火地域または準防火地域内の建築物の屋根の性能に関する技術的基準は次に掲げるものとする。
　この場合に、不燃性の物品を保管する倉庫等として国土交通大臣が定める用途の建築物（平成12年建設省告示1434号）または建築物の部分で、市街地における通常の火災による火の粉が屋内に到達した場合に建築物の火災が発生するおそれのないものとして国土交通大臣が定める構造方法を用いるものの屋根にあっては①が適用される。
　① 屋根が、市街地における通常の火災による火の粉により、防火上有害な発炎をしないものであること。
　② 屋根が、市街地における通常の火災による火の粉により、屋内に達する防火上有害な溶融、亀裂その他の損傷を生じないものであること。

3　隣地境界線に接する外壁（法63条）

防火地域または準防火地域内にある建築物で、外壁が耐火構造のものについては、その外壁を隣地境界線に接して設けることができる。

4　看板等の防火措置（法64条）

防火地域内にある看板、広告塔、装飾塔その他これらに類する工作物で、建築物の屋上に設けるものまたは高さ3mを超えるものは、主要な部分を不燃材料で造り、または覆わなければならない。

5　防火地域又は準防火地域の内外にわたる場合の措置（法65条）

建築物が防火地域又は準防火地域の内外にわたる場合

項	建築物の位置	内容
1項	防火地域または準防火地域とこれらに指定されていない区域にわたる場合	その全部についてそれぞれ防火地域または準防火地域内の建築物に関する規定を適用する。ただし、その建築物が防火地域または準防火地域外において防火壁で区画されている場合は、その防火壁外の部分については、この限りでない。
2項	防火地域および準防火地域にわたる場合	その全部について防火地域内の建築物に関する規定を適用する。ただし、建築物が防火地域外において防火壁で区画されている場合は、その防火壁外の部分については、準防火地域内の建築物に関する規定を適用する。

防火地域、準防火地域の内外にわたる建築物

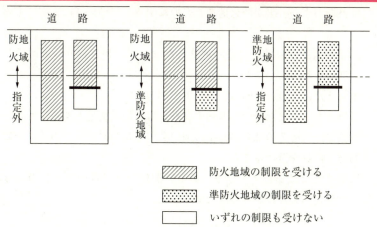

6　既存建築物に対する緩和

[1] 防火地域関係（令137条の10）

　防火地域内の構造制限に適合しない既存不適格建築物については、次に定めるところによる。

① 工事の着手が基準時（令137条）以後である増築および改築の部分の床面積の合計が50㎡を超えず、かつ、基準時の当該建築物の延べ面積の合計を超えないこと。
② 増築または改築後における階数が2以下で、かつ、延べ面積が500㎡を超えないこと。
③ 増築または改築部分の外壁および軒裏は、防火構造とすること。
④ 増築または改築の部分の外壁の開口部（法86条の4各号に該当するものを除く）で延焼のおそれのある部分に、20分間防火設備を設けること。
⑤ 増築または改築以外の部分の外壁の開口部で延焼のおそれのある部分に、20分間防火設備が設けられていること。

> **用語チェック**
> （※）**20分間防火設備**：令109条に規定する防火設備で、これに通常の火災による火熱が加えられた場合に、加熱開始後20分間当該加熱面以外の屋内に面する面に火災を出さないものとして、国土交通大臣が定めた構造方法を用いるか大臣の認定を受けたものをいう。

[2] 準防火地域関係（令137条の11）

　準防火地域内の構造制限に適合しない既存不適格建築物（木造の建築物にあっては外壁および軒裏が防火構造のものに限る）については、次に定めるところによる。

① 工事の着手が基準時以降の増築または改築に係る部分の床面積の合計は、50㎡を超えないこと。
② 増築または改築後の階数が2以下であること。
③ 増築または改築部分の外壁および軒裏は、防火構造とすること。
④ 増築または改築の部分の外壁の開口部で延焼のおそれのある部分に、20分間防火設備を設けること。
⑤ 増築または改築以外の部分の外壁の開口部で延焼のおそれのある部分に、20分間防火設備が設けられていること。

7　屋根不燃化等区域の制限

　防火地域、準防火地域以外の市街地の地域について、特定行政庁が区域を指定し建築物の防火上の規制を行うことができる。

［1］区域の指定（法22条）

① 特定行政庁が、防火地域および準防火地域以外の市街地について適用区域を指定する（1項）。
② 都市計画区域内の市街地に指定する場合は、都市計画審議会の意見を聴き、そのほかの区域では、関係市町村の同意を得て区域を指定する（2項）。

［2］屋根の構造（法22条）

　特定行政庁が指定した区域内の建築物の屋根の構造は、通常の火災を想定した火の粉による建築物の火災発生を防止するため、建築物の構造と用途に応じて政令（令109条の6）で定める技術的基準に適合するもので、国土交通大臣が定めた構造方法（平成12年建設省告示1361号）を用いるものまたは国土交通大臣の認定を受けたものとしなければならない。

　ただし、茶室、あずまや等の建築物または延べ面積10㎡以内の物置、納屋等の建築物の屋根の延焼のおそれのある部分以外については、この限りでない。

> **令109条の6の技術的基準**
>
> 　次の❶、❷とする。ただし、不燃性の物品保管倉庫等で国土交通大臣が定める用途（平成12年建設省告示1434号）の建築物で、通常の火災による火の粉が屋内に達した場合に建築物の火災が発生するおそれのないものとして国土交通大臣が定めた構造を用いるものは、❶とする。
>
> ❶　屋根が、通常の火災による火の粉により、防火上有害な発炎をしないものであること。
> ❷　屋根が、通常の火災による火の粉により、屋内に達する防火上有害な溶融、き裂等を生じないものであること。

［3］外壁の構造（法23条）

　主要構造部のうち自重または積載荷重を支える部分（令109条の4で規定）が、木材、プラスチック等の可燃材料で造られた建築物（「木造建築物等」という）が屋根不燃化等区域内にある場合は、外壁で延焼のおそれのある部分の

構造を、準防火性能^(※)に関し政令（令109条の9）で定める技術的基準に適合する土塗壁等の構造で、国土交通大臣が定めた構造方法（平成12年建設省告示1362号、改正16年国土交通省告示1174号）を用いるものまたは国土交通大臣の認定を受けたものとしなければならない。

> **令109条の9の技術的基準**
>
> ❶ 耐力壁である外壁では、建築物の周囲において発生する通常の火災による加熱20分間構造耐力上支障のある変形、溶融、破壊等を生じないものであること
> ❷ 外壁は、周囲において発生する通常の火災による火熱が加えられた場合に加熱開始後20分間当該加熱面（屋内に面する面に限る。）の温度が可燃物燃焼温度以上に上昇しないもの

> **用語チェック** （※）**準防火性能**：建築物の周囲において発生する通常の火災による延焼の抑制に一定の効果を発揮するために外壁に必要とされる性能をいう。

［4］屋根不燃化等区域の内外にわたる場合（法24条の2）

　建築物が、法22条1項の指定区域の内外にまたがる場合は、その全部について、法22条1項の指定区域内にあるものとして制限を受ける。

H30年度 一級建築士 学科試験（法規）に挑戦！

〔No.18〕 図のような敷地において、用途上不可分の関係にあるA～Dの建築物を新築する場合、建築基準法上、誤っているものは、次のうちどれか。ただし、いずれの建築物も防火壁を設けていないものとし、建築物に附属する門又は塀はないものとする。また、図に記載されているものを除き、地域、地区等の制限については考慮しないものとし、危険物の貯蔵等は行わないものとする。

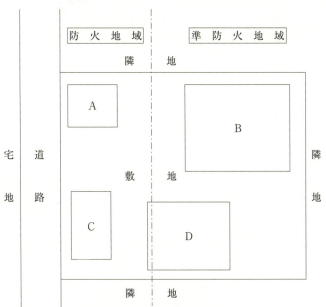

A：延べ面積60㎡、平屋建ての事務所
B：延べ面積900㎡、地上3階建て、1階と2階は事務所、3階はテレビスタジオ
C：延べ面積100㎡、平屋建ての附属自動車車庫
D：延べ面積200㎡、平屋建ての倉庫

1．Aは、耐火建築物又は準耐火建築物としなければならない。
2．Bは、耐火建築物としなければならない。
3．Cは、耐火建築物又は準耐火建築物としなければならない。
4．Dは、耐火建築物又は準耐火建築物としなければならない。

第7章●道路・用途・防火　265

【正解　4】防火地域

1．法61条　防火地域内においては、階数が3以上であり又は延べ面積が100㎡を超える建築物は耐火建築物とし、その他の建築物は耐火建築物又は準耐火建築物としなければならないとある。正しい。

2．令115条の3第1項四号　テレビスタジオは別表1（六）項に該当。法27条2項二号にて、別表1（ろ）欄に掲げる階を同表（六）項に掲げる用途に供する場合は耐火建築物とあり、（ろ）欄は3階。正しい。

3．1と同じ。正しい。

4．法67条2項　防火地域内の建築物に関する規定を適用する。防火地域規定がかかり、100㎡を超えているため耐火建築物。誤り。

第8章 容積率・建蔽率・敷地

第 1 節　容積率（法52条）

　良好な市街地環境を整備し、それを維持・増進していくことは、都市づくりの大切な目的である。そのためには建築物の用途、密度、形態等を一定のルールのもとに規制誘導していくことが必要である。

　都市の市街地の中で、ある地域にどれだけの密度で建物が建築されるかということは、市街地の形成上重要な意味を持っている。高密度な市街地の形成は、人口の集中や建物の密集を招き、採光、通風の阻害など環境を悪化させたり、道路、公園、上下水道等の公共施設が不足するなど都市機能のバランスを欠く状況を招くことにつながりかねない。

　このようなことから、建築物の密度（容積）を適切に規制誘導していくことが必要となってくるのである。

1　容積率の定義（法52条）

　容積率とは、建築物の延べ面積の敷地面積に対する割合であり、都市計画で定めるものと、前面道路の幅員により適用するものがある。

　　　容積率＝述べ面積÷敷地面積

[1] 都市計画による容積率の指定―指定容積率（1項）

　都市計画区域内または準都市計画区域内において、用途地域等の種類に応じて、法52条1項各号に掲げる数値の中から都市計画で定める。一般に、用途地域等に関する都市計画で定められた容積率を「指定容積率」という。

用途地域ごとの指定容積率

用途地域	指定容積率
①第一種・第二種低層住居専用地域 田園住居地域	50％、60％、80％、100％、150％、200％
②第一種・第二種中高層住居専用地域 第一種・第二種・準住居地域 近隣商業地域、準工業地域	100％、150％、200％、300％、400％、500％
③商業地域	200％、300％、400％、500％、600％、700％、800％、900％、1000％、1100％、1200％、1300％
④工業地域、工業専用地域	100％、150％、200％、300％、400％
⑤高層住居誘導地区	当該高層住居誘導地区に関する都市計画で定められたもの

第8章●容積率・建蔽率・敷地

⑥特定用途誘導地区	当該特定用途誘導地区に関する都市計画で定められたもの
⑦用途地域の指定のない区域	50％、80％、100％、200％、300％、400％のうち特定行政庁が都市計画審議会の議を経て定めるもの

［2］前面道路の幅員による容積率の制限—基準容積率（法52条2項）

　前面道路の幅員が12m 未満の場合、容積率は、当該前面道路の幅員のメートルの数値に用途地域ごとの区分に応じて決められた係数を乗じた数値以下でなければならない。一般に、これを「基準容積率」という。

前面道路の幅員が12m 未満の場合の用途地域ごとの係数

用途地域	係数
①第一種・第二種低層住居専用地域・田園住居地域	4／10
②第一種・第二種中高層住居専用地域　第一種・第二種・準住居地域	4／10　ただし、特定行政庁が都道府県都市計画審議会の議を経て指定する区域内は6／10
③その他の地域	6／10　ただし、特定行政庁が都道府県都市計画審議会の議を経て指定する区域内は4／10または6／10

2　容積率の算定

　容積率の算定は、次の基準により行う。

［1］容積率の算定

(1)　容積率は敷地単位で算定することが原則である。同一敷地内に用途上不可分の2棟以上の建築物がある場合は、各棟の延べ面積の合計を用いる。

(2)　基準容積率の算定にあたって、前面道路が2以上ある場合は、幅員が最大の前面道路の幅員のメートルの数値により算定する（法52条2項）。

(3)　前面道路の幅員が12m 未満の場合は、都市計画による規制値（指定容積率）と道路幅員による規制値（基準容積率）の両方の規定に適合する必要があるため小さい方の値を採用する。

容積算定の例

1) 住居地域の容積（例）

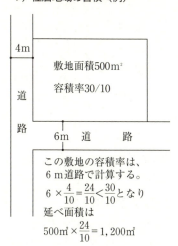

2) 商業地域の容積（例）

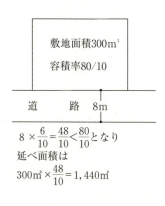

[2] 特定道路からの距離に応じた前面道路幅員の割増し（法52条9項、令135条の17）

特定道路（幅員15m以上）からの距離が70m以内にある敷地で、敷地の接する前面道路の幅員が6m以上ある場合、当該前面道路の幅員に次式によって算定された数値が加算される。

前面道路幅員の割増しの算出式

$Wa = (12 - Wr)(70 - L) / 70$

- Wa：前面道路の幅員に加算される数値（m）
- Wr：前面道路の幅員（m）
- L：特定道路からその建築物の敷地が接する前面道路の直近の端までの延長（m）

特定道路による容積率の例（指定容積率600%）

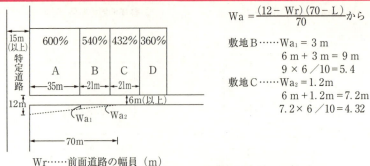

$$Wa = \frac{(12 - Wr)(70 - L)}{70}$$ から

敷地B……$Wa_1 = 3$ m
　　　　　　$6\text{m} + 3\text{m} = 9\text{m}$
　　　　　　$9 \times 6 / 10 = 5.4$

敷地C……$Wa_2 = 1.2$ m
　　　　　　$6\text{m} + 1.2\text{m} = 7.2\text{m}$
　　　　　　$7.2 \times 6 / 10 = 4.32$

Wr……前面道路の幅員（m）
L……特定道路から建築物が接する前面道路の真近の端までの延長（m）

[3] 敷地が2以上の容積率制限地域等にわたる場合（法52条7項）

　建築物の敷地が、容積率制限が異なる2種以上の地域、地区または区域にわたる場合は、それぞれの地域等に存する部分ごとに算定した延べ面積の合計を、全体の敷地面積で除した値が当該敷地の容積率の限度となる。

　一般にこれを「加重平均」といい、用途地域制限のような建築基準法が原則としている敷地の過半の属する地域による制限とは異なる。

2の容積率指定の場合（例）

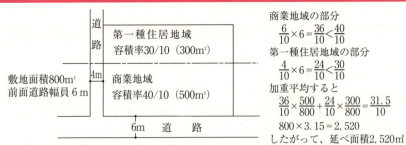

商業地域の部分
$\frac{6}{10} \times 6 = \frac{36}{10} < \frac{40}{10}$

第一種住居地域の部分
$\frac{4}{10} \times 6 = \frac{24}{10} < \frac{30}{10}$

加重平均すると
$\frac{36}{10} \times \frac{500}{800} + \frac{24}{10} \times \frac{300}{800} = \frac{31.5}{10}$

$800 \times 3.15 = 2,520$
したがって、延べ面積 2,520 m²

3　容積算定の特例

　容積率算定において、延べ面積から地階の住宅部分や共同住宅の共用部分、自動車車庫や備蓄倉庫などを除くことができる。

❶ 地階の住宅部分の特例（法52条3項）

　建築物の地階で、その天井が地盤面からの高さ1m以下にあるものの住宅

または老人ホーム、福祉ホームその他これらに類するものの用途に供する部分の床面積は、容積率を算定する延べ面積に算入しないものとする。

❷ 共同住宅の共用部分等の特例（法52条6項）

共同住宅の共用の廊下または階段の部分、政令で定める昇降機の昇降路の部分の床面積は、容積率を算定する延べ面積に算入しないものとする。

❸ 容積率の算定に使用する延べ面積には、法に掲げる建築物の部分の床面積を算入しない（容積率の最低限度を算定する場合を除く）（令2条4号）。

① 自動車車庫その他の専ら自動車または自転車の停留または駐車のための施設（誘導車路、操車場、乗降場を含む）
② 専ら防災のために設ける備蓄倉庫の部分
③ 床に据え付ける蓄電池を設ける部分
④ 自家発電設備を設ける部分
⑤ 貯水槽を設ける部分
⑥ 宅配ボックスを設ける部分

4　容積率制限の特例

容積率制限には、一定の基準を満たす計画について、特定行政庁の許可等による特例が認められている。

❶ 住宅部分の割合に応じて容積率制限を1.5倍まで割増しする特例（法52条8項）

住宅用途に供する建築物で、法規定に適合する場合に総合設計等の許可によらないで、建築確認のみで容積を緩和する制度である。

第一種・第二種・準住居地域、近隣商業地域、準工業地域、商業地域内にある住宅用途に供する建築物で、敷地内の空地および敷地面積が政令で定める規模以上ある建築物は、当該建築物の住宅の用途に供する部分の床面積の割合に応じて、次式により算出した数値を指定容積率の値とみなす。ただし、地階の住宅等の延べ面積に算入されない部分を有するときは、その部分の床面積も含めた当該建築物の容積率は、指定容積率の1.5倍以下でなければならない。

> **指定容積率とみなされる数値の算出式**
>
> Vr= 3 Vc ／（3 − R）
>   Vr：指定容積率とみなされる数値
>   Vc：指定容積率
>   R ：住宅の用途に供する部分の割合

❷ 敷地が計画道路に接する場合等の特例（法52条10項）

　建築物の敷地が都市計画において定められた都市計画道路に接する場合または当該敷地内に都市計画道路がある場合に、特定行政庁が交通上、安全上、防火上および衛生上支障がないと認め建築審査会の同意を得て許可した建築物は、当該計画道路を前面道路とみなして、基準容積率を算定することができる。この場合においては、計画道路に係る部分の面積は、敷地面積に算入しない。

❸ 壁面線の指定がある場合の特例（法52条11項）

　敷地の前面道路の境界線または反対側の境界線から後退して壁面線の指定がある場合、特定行政庁が一定の基準に適合するものと認めて建築審査会の同意を得て許可した建築物は、壁面線の位置を前面道路の境界線または反対側の境界線とみなして、容積率の制限を適用する。この場合においては、前面道路と壁面線の間の部分の面積は、敷地面積に算入しない。

　特定行政庁が許可する一定の基準とは、街区内における土地利用の状況等からみて、前面道路と壁面線との間の敷地の部分が当該前面道路と一体的かつ連続的に有効な空地として確保されており、または確保されることが確実と見込まれており、交通上、安全上、防火上および衛生上支障がないことをいう。

❹ 地区計画等により壁面線の指定がある場合の特例（法52条12項）

　前面道路の幅員に乗ずる値が4／10とされている建築物で、前面道路の境界線から後退して壁面線の指定がある場合、または地区計画等に関する建築条例で壁面の位置の制限がある場合は、当該前面道路の境界線は壁面線の位置にあるものとして、容積率の制限を適用することができる。

　ただし、容積率は、現況の前面道路幅員に6／10を乗じた値以下でなければ

ならない。また、建築条例では、道路に面する建築物の壁および2mを超える門・塀の位置を制限するものに限る。

前面道路と壁面線の間の部分の面積は、敷地面積に算入することはできない（法52条13項）。

壁面線を超えて建築することができる建築物の部分は、以下のとおりである（令135条の19）。

① ひさし等の建築物の部分で、高さ5m以下、前面道路の水平投影長さの1／5以下の前面道路の境界線までの最小水平距離が1m以上のもの
② 建築物の地盤面下の部分
③ 道路境界線、隣地境界線に沿って設けられる高さ2m以下の門・塀。ただし、道路境界線沿いの場合は高さ1.2mを超える部分は網状等とすること。
④ 歩廊、渡り廊下等で特定行政庁が規則で定めたもの

❺ 特定行政庁の許可による緩和（法52条14項）

次のいずれかに該当する建築物で、特定行政庁が、交通上、安全上、防火上、衛生上支障がないと認め、建築審査会の同意を得て、許可したものは、許可の範囲内において容積率制限の限度を超えることができる。

① 同一敷地内の建築物の機械室等の面積の延べ面積に対する割合が著しく大きい場合
② 敷地の周囲に広い公園、広場、道路その他の空地を有する建築物
「機械室等」には、バリアフリー法による特定施設部分も含まれている。

5　既存建築物に対する緩和

容積率に関する既存建築物に対する制限の緩和は、法86条の7に基づき令137条の8に定められており、エレベーターの昇降路の部分、自動車車庫部分、備蓄倉庫部分、蓄電池設置部分、自家発電設置部分、貯水槽設置部分、宅配ボックス設置部分などの増築または改築について規定されている。

第 2 節　建蔽率（法53条）

　建築物が連続して立地する市街地では、相互の建築敷地内において建築物の周囲に空地を設けることで、日照、採光、通風、プライバシー等に配慮した良好な市街地環境の形成を図ることができる。また、防火対策としても有効である。このような考え方のもとに、敷地内に空地を設けるという建蔽率規制が取り入れられた。
　建蔽率とは、建築物の建築面積の敷地面積に対する割合をいう。
　建蔽率＝建築面積÷敷地面積
　同一敷地内に2棟以上ある場合は、その建築面積の合計となる。

1　建蔽率の制限（法53条1項）

　建蔽率の制限は、都市計画区域および準都市計画区域内において、用途地域の種類に応じて以下のように定められており、この数値の中から、都市計画によって当該地域の建蔽率制限が定められる。

用途地域ごとの指定建蔽率

用途地域	指定建蔽率
第一種・第二種低層住居専用地域 第一種・第二種中高層住居専用地域 田園住居地域　工業専用地域	30%、40%、50%、60%
第一種・第二種・準住居地域 準工業地域	50%、60%、80%
近隣商業地域	60%、80%
商業地域	80%
工業地域	50%、60%
用途地域の指定のない区域	30%、40%、50%、60%、70%のうち特定行政庁が都道府県都市計画審議会の議を経て定めるもの

2　敷地に2以上の建蔽率制限がある場合（法53条2項）

　建築物の敷地が、建蔽率制限が異なる2種以上の地域、地区または区域にまたがる場合は、それぞれの地域等に存する部分ごとに算定した建築面積の合計を、全体の敷地面積で除した値が当該敷地の建蔽率制限の限度となる。
　容積率の場合と同様に「加重平均」といい、用途地域制限のような敷地の過

半の属する地域による制限とは異なる。

建蔽率

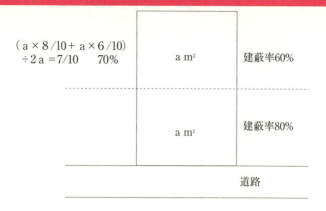

3　角地等の建蔽率制限の特例（法53条3項）

次の①、②のいずれかに該当する場合は、指定建蔽率に1／10を加えた値を建蔽率の制限とし、①、②両方に該当する場合は、2／10を加えた値が建蔽率の制限となる。

① 　8／10が指定されている地域を除く防火地域内のアに該当する建築物または準防火地域内にあるアもしくはイに該当する建築物
　　ア　耐火建築物またはこれと同等以上の延焼防止性能を有するものとして政令で定める建築物（「耐火建築物等」という）
　　イ　準耐火建築物またはこれと同等以上の延焼防止性能(※)を有するものとして政令で定める建築物（「準耐火建築物等」という）

> **用語チェック**　(※) **延焼防止性能**：通常の火災による周囲への延焼を防止するために壁、柱、床その他の部分および防火戸その他の政令で定める防火設備に必要とされる性能。

② 　街区の角にある敷地またはこれに準ずる敷地で特定行政庁が指定するものの内にある建築物

建蔽率

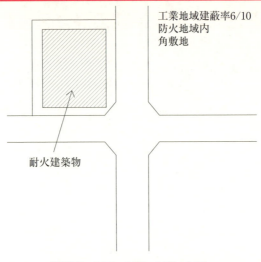

建蔽率　6/10＋1/10＋1/10＝8/10

4　壁面線の指定等がある場合（法53条4項）

隣地境界線から後退して壁面線の指定がある場合、または地区計画等に関する建築条例（法68条の2第1項）に壁面の位置の制限がある場合で、その制限内で特定行政庁が、交通上、安全上、防火上および衛生上支障がないと認めて建築審査会の同意を得て許可したものは、その許可の範囲内において建蔽率の制限を超えるものとすることができる。

5　特定行政庁の許可による特例（法53条5項）

次の各号のいずれかに該当する建築物で、特定行政庁が安全上、防火上および衛生上支障がないと認めて建築審査会の同意を得て許可したものは、その許可の範囲内において、建蔽率の限度を超えるものとすることができる。

① 特定行政庁が、避難上、消火上必要な機能の確保を図るため必要と認めて前面道路の境界線から後退して壁面線を指定した場合で、この壁面線を越えない建築物。

② 特定防災街区整備地区において定められた特定防災機能を確保するための壁面の位置の制限の限度の線を越えない建築物。

③ 地区計画に関する条例において、防災街区整備地区計画区域の特定防災機能を確保するため定められた壁面の位置の制限の限度を越えない建築

6　建蔽率制限の適用除外（法53条6項）

次の①〜③の建築物は、建蔽率制限が適用されない。
① 　一種・二種・準住居地域、準工業地域、近隣商業地域、商業地域内の建蔽率8／10が指定された防火地域内にある耐火建築物等
② 　巡査派出所、公衆便所、公共用歩廊その他これらに類するもの
③ 　公園、広場、道路、川等の内にある建築物で特定行政庁が、安全上、防火上および衛生上支障がないと認めて建築審査会の同意を得て許可したもの

7　防火地域の内外にわたる場合の特例（法53条7項）

敷地が、防火地域の内外にわたる場合、その敷地内の建築物がすべて耐火建築物等であるときは、その敷地はすべて防火地域内にあるものとみなして、法53条3項1号または6項1号の建蔽率制限の特例や適用除外の規定を適用する。

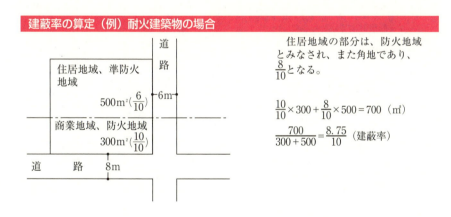

建蔽率の算定（例）耐火建築物の場合

8　準防火地域の内外にわたる場合の特例（法53条8項）

建築物の敷地が、「準防火地域」と「防火地域及び準防火地域以外の区域」とにわたる場合に、敷地内の建築物の全部が耐火建築物等または準耐火建築物等であるときは、その敷地はすべて準防火地域内にあるものとみなして法53条3項1号の規定を適用する。

● **H30年度 一級建築士 学科試験（法規）に挑戦！**

〔No．16〕図のような敷地において、耐火建築物を新築する場合、建築基準法上、新築することができる建築物の建蔽率（同法第53条に規定する建蔽率）と建築物の容積率（同法第52条に規定する容積率）の最高限度の組合せとして、正しいものは、次のうちどれか。ただし、図に記載されているものを除き、地域、地区等及び特定行政庁の指定、許可等は考慮しないものとする。

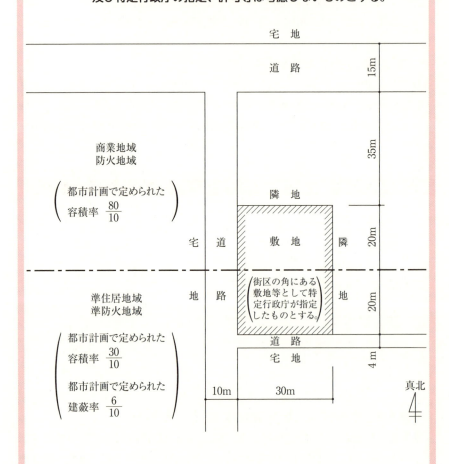

	建蔽率の最高限度	容積率の最高限度
1.	$\dfrac{8.5}{10}$	$\dfrac{40}{10}$
2.	$\dfrac{8.5}{10}$	$\dfrac{48}{10}$
3.	$\dfrac{9}{10}$	$\dfrac{40}{10}$
4.	$\dfrac{9}{10}$	$\dfrac{48}{10}$

【正解　4】容積率・建蔽率

- 建蔽率は、法53条1項により商業地域は8／10、準住居地域は問題で6／10が示されている。同条3項及び6項により角地＋防火地域内耐火建築物により準住居地域は2／10を加え8／10に、商業地域は8／10なので対象外だが、5項一号により10／10となる。同条2項により二以上にわたる場合においては、区域内にある各部分の面積の敷地面積に対する割合を乗じて得たものの合計以下でなければならないため、両地域の敷地面積は600㎡と同じなため、9／10。
- 容積率は、法52条9項により、幅員15m以上の道路（以下この項において「特定道路」という。）に接続する幅員6m以上12m未満の前面道路のうち当該特定道路からの延長が70m以内の部分において接する場合における当該建築物に対する第2項から第7項までの規定の適用については、令135条の18の、$Wa＝（12－Wr）（70－L）／70$で計算する。
- Wa　法52条9項の政令で定める数値（単位m）
- Wr　前面道路の幅員（単位m）
- L　法52条9項の特定道路からその建築物の敷地が接する前面道路の部分の直近の端までの延長（単位m）
- $Wa＝（12－10）（70－35）／70＝1$　よって前面道路10m＋1m＝11m
- 商業地域側は、法52条2項により、11m×6／10＝66／10よって、66／10が採用。
- 準住居地域は、法52条2項により、前面道路幅員11mに4／10を乗じた数字と比較する。前面道路11m×4／10＝44／10で、都市計画で定められた容積率の方が低いため3／10が採用。
- よって、商業地域側が66／10、準住居地域側が30／10。

- 法52条7項により、地域、地区又は区域の2以上にわたる場合においては、当該建築物の容積率は、当該各地域、地区又は区域内の建築物の容積率の限度にその敷地の当該地域、地区又は区域内にある各部分の面積の敷地面積に対する割合を乗じて得たものの合計以下でなければならないとあり、(66＋30)／2＝48。
- よって、48／10　正解は4。

第 3 節　敷地面積（法53条の 2 ）

1　敷地面積の最低限度による制限（法53条の 2 第 1 項）

　建築物の敷地面積は、用途地域に関する都市計画に最低限度を定めることができる。敷地面積の最低限度が定められたときは、建築物の敷地面積は当該最低限度以上でなければならない。ただし、次の①～④に該当するものは制限の対象とはならない。

① 一種・二種・準住居地域、準工業地域、近隣商業地域、商業地域内の建蔽率 8／10が指定された防火地域にある耐火建築物
② 公衆便所、巡査派出所その他これらに類する建築物で公益上必要なもの
③ その敷地の周囲に広い公園、広場、道路その他の空地を有する建築物で特定行政庁が市街地の環境を害するおそれがないと認めて建築審査会の同意を得て許可したもの
④ 特定行政庁が用途上または構造上やむを得ないと認めて建築審査会の同意を得て許可したもの

2　都市計画の基準（法53条の 2 第 2 項）

　都市計画で敷地面積の最低限度を定める場合は、200㎡を超えてはならないとされている。

3　既存不適格の敷地に対する特例（法53条の 2 第 3 項）

　敷地面積の最低限度が定められまたは変更されたとき、現に建築物の敷地として利用されている最低限度の制限に適合しない土地は、その全部を一の敷地として使用する場合においては、 1 項の規定は適用しない。

　ただし、次の①、②に該当する土地は特例の対象とはならない。

① 建築物の敷地面積の最低限度が変更された際、この規定に関する従前の制限に違反していた建築物の敷地または所有権等の権利に基づいて使用するならば違反することとなった土地
② 敷地面積の最低限度の規定に適合するに至った建築物の敷地、または所有権等の権利に基づいて建築敷地として使用するならば規定に適合するに至った土地

第 4 節　外壁の後退距離（法54条）

　外壁の後退距離の規制は、市街地におけるそれぞれの建築物が、道路や隣地から後退して建築することによって、環境面、防災面等に関する良好な居住環境を形成しようとするものである。

　第一種低層住居専用地域または第二種低層住居専用地域内において、建築物の外壁またはこれに代わる柱の面から敷地境界線までの距離を、都市計画で1.5mまたは1mとすることができる。この都市計画が定められた地域にある敷地では、当該後退距離以上、建築物の外壁等を敷地境界線から離さなければならない（法54条）。

　ただし、次の①、②のいずれかに該当する建築物またはその部分は制限の対象とならない（令135条の21）。

① 外壁またはこれに代わる柱の中心線の長さの合計が3m以下
② 物置などで軒高2.3m以下、かつ床面積の合計が5㎡以内

第9章 高さ・日影

建築物の高さを制限する規定として、低層住居専用地域内の建築物の最高高さを制限する絶対高さ制限、敷地境界線から建築物が離れた距離に応じて建築物のそれぞれの部分の高さを制限する斜線制限、建築物が敷地の周囲に落とす日影を制限する日影規制がある。

第1節　絶対高さ制限（法55条）

　第一種・第二種低層住居専用地域または田園住居地域内においては、低層住宅地の良好な居住環境を保護するため、建築物の絶対高さを制限している。

［1］制限の内容（法55条1項）

　建築物の高さは、10mまたは12mのうち当該地域に関する都市計画で定められた高さの限度を超えてはならない。

［2］絶対高さ制限が10mの場合の特例（法55条2項）

　絶対高さ制限が10mと定められている地域内において、政令（令130条の10）で定める一定規模以上の空地を有し、敷地面積が政令で定める規模以上である建築物で、特定行政庁が低層住宅の良好な居住環境を害するおそれがないと認めたものは、高さの限度を12m以下とすることができる。

［3］特定行政庁の許可による適用除外（法55条3項）

　次の①、②に該当する建築物は、絶対高さの制限が適用されない。
① 敷地周囲に広い公園、広場、道路等の空地を有する建築物で、低層住宅の良好な住居環境を害するおそれがないと認めて建築審査会の同意を得て特定行政庁が許可したもの
② 学校等で用途上やむを得ないと認めて建築審査会の同意を得て特定行政庁が許可したもの

第 2 節　斜線制限（法56条）

斜線制限は法56条1項に規定されており、建築物の各部分の高さは法56条1項各号に掲げるもの以下としなければならないとされている。

1　道路高さ制限（法56条1項1号）

道路高さ制限は、道路に面した建築物の形態を規制することで、連続した道路空間からの広がりを確保し、沿道の通風・採光の確保や圧迫感の軽減など市街地環境の向上を図るものである。

［1］建築物の各部分の高さ（法56条1項1号）

建築物の各部分の高さは、その部分と前面道路の反対側の道路境界線との間の水平距離に、法に定める数値を乗じて得た値以下にしなければならない。この法に定める数値を一般に「斜線勾配」と呼んでいる。

この制限は、用途地域と容積率の区分に応じて、前面道路の反対側の道路境界線から法別表三に定める距離の範囲内（「適用距離」という）が対象になる。

斜線勾配と適用距離については、用途地域および容積率の区分に応じて、次の表にあるように決められている。

道路斜線制限

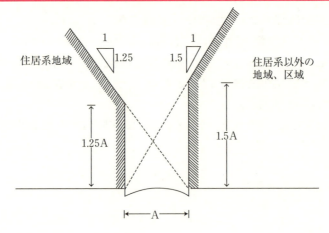

適用距離について

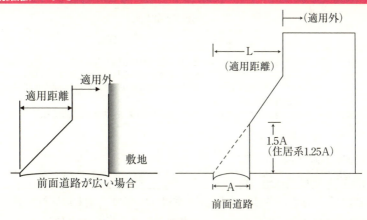

道路高さ制限と適用距離（法別表第三、d：前面道路の反対側の境界線からの距離）

用途地域等	基準容積率	適用距離	道路高さ制限
第一種・第二種低層住居専用地域 第一種・第二種中高層住居専用地域 田園住居地域 第一種・第二種住居地域・準住居地域	200%以下	20m	d×1.25 (※1)
	200%超300%以下	25m	
	300%超400%以下	30m	
	400%超	35m	
近隣商業地域 商業地域	400%以下	20m	d×1.5
	400%超600%以下	25m	
	600%超800%以下	30m	
	800%超1000%以下	35m	
	1000%超1100%以下	40m	
	1100%超1200%以下	45m	
	1200%超	50m	
準工業地域 工業地域 工業専用地域	200%以下	20m	d×1.5
	200%超300%以下	25m	
	300%超400%以下	30m	
	400%超	35m	
高層住居誘導地区※		35m	d×1.5

第9章●高さ・日影

用途地域の指定のない区域	200%以下	20m	d×1.25または d×1.5 [※2]
	200%超300%以下	25m	
	300%超	30m	

（※1）第一種・第二種中高層住居専用地域、第一種・第二種・準住居地域内において、前面道路の幅員が12m以上の場合で、前面道路の反対側の境界線からの距離が前面道路の幅員×1.25以上の区域については、斜線勾配を1.5とする（法56条3項）。この特例は、前面道路から後退した建築物の道路高さ制限の特例も適用される（法56条4項）。

（※2）特定行政庁が土地利用の状況等を考慮して都道府県都市計画審議会の議を経て定める。

［2］道路高さ制限の高さの算定

❶ 算定方法（令2条1項6号イ）

建築物の各部分の高さは、前面道路の路面の中心から測る。階段室等の屋上部分については、建築面積の1／8以内で、かつ、高さ12m（第一種・第二種低層住居専用地域または田園住居地域内の建築物、日影規制対象建築物等は5m）までは高さに参入しない。また、棟飾、防火壁等の屋上突出物も高さに算入しない。

建築物の高さ

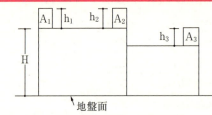

H…建築物の高さ
h_1、h_2、h_3……12m以下
　　　　　　　（5m以下）
$A_1 + A_2 + A_3 \leq 1／8$（建築面積）
Aは階段室、昇降機室（エレベーターの機械室）

❷ 前面道路幅員12m以上の場合の緩和（法56条3項）

第一種・第二種中高層住居専用地域、第一種・第二種住居地域、準住居地域内において前面道路幅員が12m以上ある場合に、前面道路の反対側の道路境界線からの水平距離が、前面道路幅員に1.25を乗じた数値以上の区域内については、前面道路幅員に1.5を乗じた数値とする。

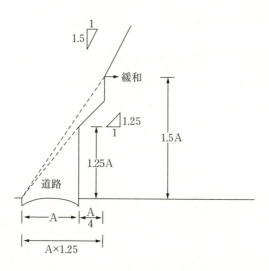

道路高さ制限の測定点

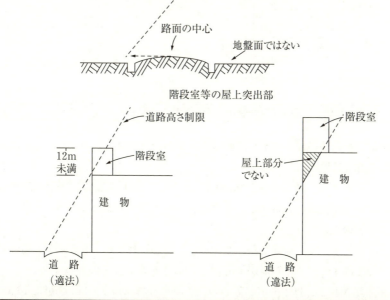

❸ 建築物の敷地が２以上の用途地域等にわたる場合の適用距離の特例（法56条５項、令130条の11）

敷地が２以上の用途地域にわたる場合の適用距離の扱いは、前面道路に接す

る敷地の部分が属する用途地域による数値を適用する。

❹ 前面道路から後退した建築物の緩和（法56条2項）

建築物が前面道路の境界線から後退した場合、道路高さ制限の起点となる前面道路の反対側の境界線は、後退した部分のうち最小の水平距離分だけ外側にあるものとする。また、適用距離の起点についても同様に、この特例を適用する。地盤面下の部分その他政令（令130条の12）で定める部分は、後退すべき建築物の部分から除かれる。

前面道路から後退した建築物の道路高さ制限

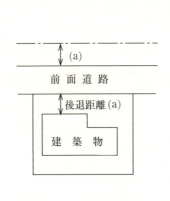
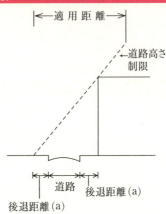

❺ 後退した部分の小規模突出物の特例（令130条の12）

後退した部分の最小の水平距離の算定にあたっては、次の①〜⑥に定める建築物の部分は除かれている。

① 物置等で、軒の高さ2.3m以下、かつ、床面積5㎡以内、前面道路に面する水平投影の長さが1／5以下、前面道路境界線までの水平距離が1m以上のもの
② ポーチ等で、前面道路に面する水平投影の長さが1／5以下、前面道路境界線までの水平距離が1m以上、高さが5m以下のもの
③ 高さが2m以下の道路沿いの門・塀のうち、高さ1.2mを超える部分を網状等にしたもの
④ 隣地境界線沿いの門・塀
⑤ 歩廊、渡り廊下等で、特定行政庁が規則で定めたもの

⑥ 建築物の部分で、高さが1.2m以下のもの

小規模突出物の特例

ア　物置等

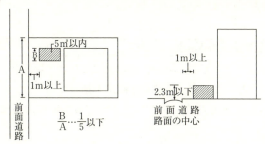

イ　ポーチ等

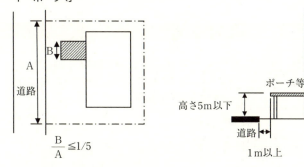

ウ　道路に沿って設ける門塀

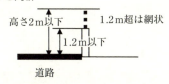

エ　隣地境界線に沿って設ける門

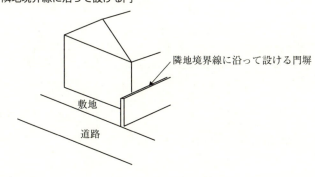

[3] 道路高さ制限の緩和（法56条6項）

　建築物の敷地が2以上の道路に接する場合、公園、広場、川等に接する場合、建築物の敷地と道路面の高低差が著しい場合など、道路高さ制限の適用の緩和に関する措置が政令に定められている。

❶ 2以上の前面道路がある場合（令132条）

　敷地の前面道路が2以上ある場合、次の①および②の区域は、最大幅員の前面道路があるものとみなして、道路高さ制限を適用する。

① 最大幅員の前面道路境界線からその幅員の2倍以内かつ35m以内の区域
② その他の前面道路の中心線から10mを超える区域

2つの前面道路の場合（平面）

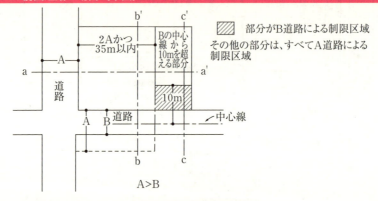

2つの前面道路の場合（断面）

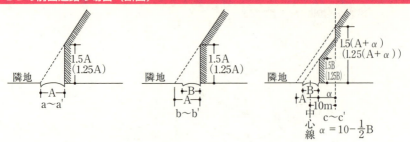

（注）（　）内は、住居系地域の場合

4つの前面道路の場合

(図)

2Aかつ35m以内
10m
2Bかつ35m以内
10m
2Dかつ35m以内

A＞B＞D＞C（Cが4m未満でも同じ）

- □ Aによる制限区域
- ▨ Bによる制限区域
- ▧ Dによる制限区域
- ⋯ Cによる制限区域

2つの前面道路で建築物が後退した場合

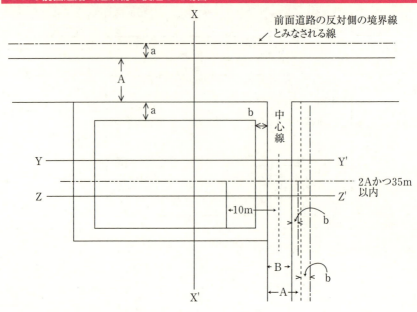

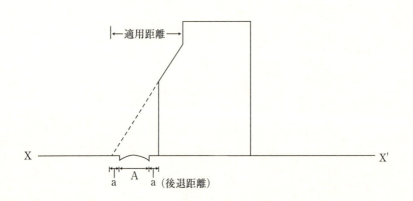

296　第9章●高さ・日影

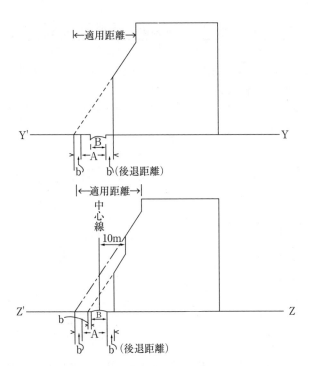

❷ **前面道路の反対側に公園、広場、水面等がある場合（令134条）**

　前面道路の反対側に公園、広場、水面その他これらに類するものがある場合、前面道路の反対側の道路境界線は、公園、広場、水面その他これらに類するものの反対側の境界線にあるものとみなす（1項）。
　前面道路が2以上ある場合で、かつ、前面道路の反対側に公園等がある場合も同様に緩和される（2項）。

前面道路の反対側に川がある場合（1項）

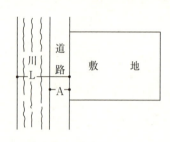
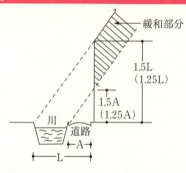

2つの前面道路で川がある場合（2項）

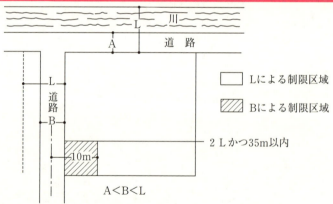

❸ **道路面と敷地地盤面に高低差がある場合（令135条の2）**

　建築物の敷地の地盤面が、前面道路より1m以上高い場合は、その高低差から1m減じたものの1／2だけ高い位置にあるものとみなす（1項）。
　特定行政庁は、地形の特殊性により前項の規定をそのまま適用することが著

しく不適当であると認める場合は、規則で別に適当と認める高さを定めることができる（2項）。

道路面と敷地の地盤面に高低差がある場合

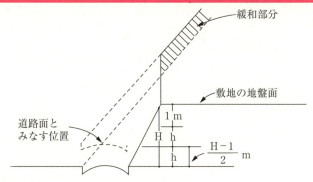

[4] 前面道路とみなす道路等（令131条の2）
(1) 土地区画整理事業を施行した地区等の街区で特定行政庁が指定するものは、その街区の接する道路を前面道路とする（1項）。
(2) 都市計画に定められた計画道路や、地区計画区域内で指定された予定道路が建築物の敷地に接する場合や敷地内に存する場合に、特定行政庁が交通上、安全上、防火上および衛生上支障がないと認めたときは、当該計画道路および予定道路は前面道路とみなす（2項）。
(3) 前面道路に壁面線指定または地区計画等の建築条例で定める壁面の位置の制限がある場合において、その制限を超えない建築物で、特定行政庁が交通上、安全上、防火上および衛生上支障がないと認めるものは、前面道路の境界線は壁面線または壁面の位置の制限の線にあるものとみなす（3項）。

2　隣地高さ制限（法56条1項2号）

　隣地高さ制限は、一定高さ以上について建築物同士を離すことで、日照、通風、採光等の市街地環境の向上を図ろうとするもので、隣地境界線を起点として、そこからの高さを規制するものである。

[1] 建築物の各部分の高さ（法56条1項2号）
　建築物の各部分の高さは、一定（20mまたは31m）以上の高さの場合について、用途地域に応じ、その部分と隣地境界線までの間の「水平距離」に、一定

の「数値（勾配）」を乗じた高さ以下にしなければならない。

隣地高さ制限は、用途地域等の区分に応じて、次表のように決められている。

隣地高さ制限（d：隣地境界線までの水平距離）

用途地域等	隣地高さ制限
第一種・第二種中高層住居専用地域 第一種・第二種・準住居地域	d×1.25+20m 指定容積率が300％以下の第一種・第二種中高層住居専用地域において、特定行政庁が都道府県都市計画審議会の議を経て定めた場合の隣地高さ制限は、d×2.5+31m となる。
近隣商業地域、商業地域 準工業地域、工業地域、工業専用地域	d×2.5+31m
高層住居誘導地区	d×2.5+31m
用途地域の指定のない区域	d×1.25+20m または d×2.5+31m 特定行政庁が土地利用の状況等を考慮して都道府県都市計画審議会の議を経て定める。

隣地高さ制限

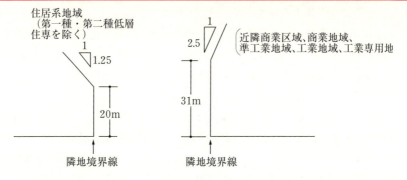

[2] 隣地高さ制限の高さの算定（令2条1項）

(1) 隣地高さ制限の高さの算定は、敷地の地盤面から行う。地盤面とは、建築物が周囲の地面と接する位置の平均の水平面である（令2条2項）。

(2) 道路高さ制限と同様に、階段室、昇降機室等の屋上突出部分については、その建築物の建築面積の1／8以内で、かつ、高さ12m（第一種・第二種低層住居専用地域または田園住居地域内の建築物、日影規制対象建築物等は5m）までは算入されない。また、棟飾、防火壁等の屋上突出物も高さに算入されない。

(3) 建築物が隣地境界線から後退した場合、隣地高さ制限の起点となる隣地境界線を、後退した部分のうち最小の水平距離分だけ外側にあるものとする（法56条1項2号）。

後退距離による隣地高さ制限

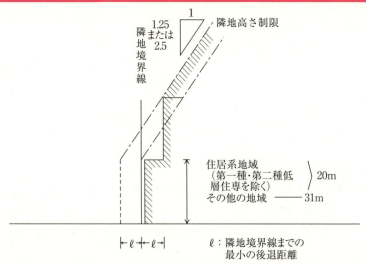

道路高さ制限と隣地高さ制限

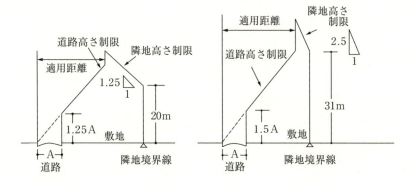

2つの前面道路の隣地高さ制限と道路高さ制限

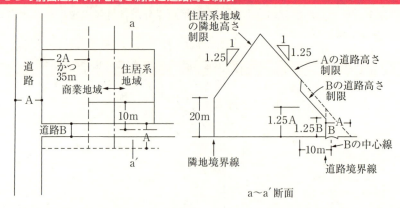

[3] 隣地高さ制限の緩和（法56条6項）

❶ 敷地が公園、広場、水面等に接する場合（令135条の3第1項1号）

　建築物の敷地が公園、広場、水面その他これらに類するものに接する場合、隣地境界線は、その公園、広場、水面等の幅の1／2だけ外側にあるものとみなす。

　この規定中の公園については、都市公園法施行令2条1項1号に規定する都市公園は除かれている。これは対象とする都市公園が、主として街区内居住者の利用を目的に、公園面積も0.25haを標準としており、児童の利用も多い児童公園としての性格を持つことから、日照等への配慮をしたものである。

水面に接する敷地の隣地高さ制限

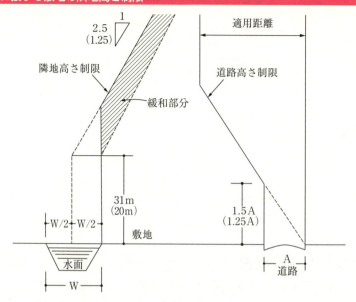

❷ 敷地と隣地の高低差が著しい場合（令135条の３第１項２号）

　建築物の敷地の地盤面が、隣地の地盤面より１m以上低い場合は、高低差から１mを減じたものの１／２だけ高い位置にあるものとみなす。隣地に建築物がない場合は、その隣地の地表面との高低差で考える。また、特定行政庁は、地形の特殊性により規定が著しく不適当である場合は、規則で別に高さを定めることができる（令135条の３第２項）。

地盤面が隣地の地盤面より低い場合

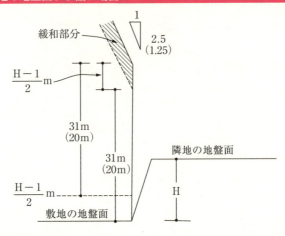

③ 計画道路又は予定道路を前面道路とみなした場合（令135条の3第1項3号）

都市計画に定められた計画道路や、地区計画区域内で指定された予定道路を前面道路とみなす場合においては、当該計画道路および予定道路内の隣地境界線は、ないものとみなす。

3　北側高さ制限（法56条1項3号）

第一種・第二種低層住居専用地域、田園住居地域、第一種・第二種中高層住居専用地域内では、良好な住宅地の環境を保護するため、北側敷地に対する日照、採光、通風等の影響を考慮し、北側高さ制限を設けている。

ただし、第一種・第二種中高層住居専用地域内のうち日影規制（法56条の2）の適用を受ける地域については、北側高さ制限は適用しない。これは、北側高さ制限も日影規制も北側隣地に対する日照保護を主目的としていることによる。また、第一種・第二種中高層住居専用地域すべてを適用除外にしなかったのは日影規制区域の指定は、地方公共団体の条例によるためである。

［1］建築物の各部分の高さ（法56条1項3号）

第一種・第二種低層住居専用地域もしくは田園住居地域または第一種・第二種中高層住居専用地域内においては、建築物の各部分の高さは、前面道路の反対側の境界線または隣地境界線までの真北方向の水平距離に応じた数値以下としなければならない。このとき、真北方向の境界線が前面道路の境界線の場

合、当該前面道路の反対側の境界線までの真北方向の水平距離となる。
　北側高さ制限については、用途地域等の区分に応じて、次表のように決められている。

北側高さ制限（d：北側隣地境界線までの水平距離）

用途地域等	北側高さ制限
第一種・第二種低層住居専用地域・田園住居地域	$d \times 1.25 + 5m$
第一種・第二種中高層住居専用地域	$d \times 1.25 + 10m$

北側高さ制限

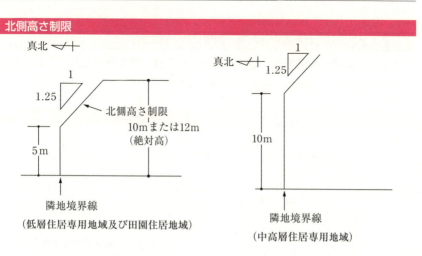

（低層住居専用地域及び田園住居地域）　（中高層住居専用地域）

［2］北側高さ制限の高さの算定
❶ 算定方法（令2条1項6号）

　建築物の高さは、地盤面から算定し、階段室、昇降機室等の屋上突出物については、道路高さ制限や隣地高さ制限と異なり、この場合はすべて算入される。
　北側高さ制限には、道路高さ制限や隣地高さ制限のような、境界線からの後退による特例制度はない。

北側高さ制限と道路高さ制限

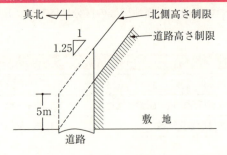

❷ 2以上の地域にわたる場合の高さ制限（法56条5項）

　敷地が、地域、地区等の2以上にわたる場合は、建築物の部分ごとに、その部分のある地域、地区等の制限が適用される。

住居地域と低層住居専用地域にわたる場合

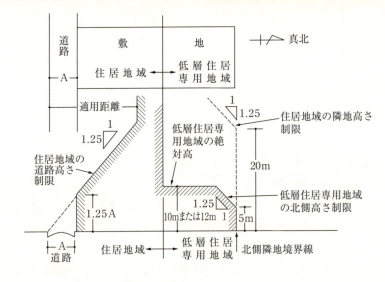

［3］北側高さ制限の緩和（法56条6項）

　建築物の敷地が川や線路敷等に接する場合、建築物の敷地と隣地の高低差が著しい場合など、北側高さ制限の適用の緩和に関する措置が定められている。

❶ **北側の前面道路の反対側に水面、線路敷等がある場合（令135条の4第1項1号）**

　北側の前面道路の反対側に水面、線路敷等がある場合、道路境界線はその水面、線路敷等の幅の１／２だけ外側にあるものとみなす。
　北側高さ制限においては、道路高さ制限や隣地高さ制限とは異なり、日照確保の観点から公園、広場は緩和の対象となっていない。

道路の反対側に水面のある北側高さ制限の緩和（低層住居専用地域）

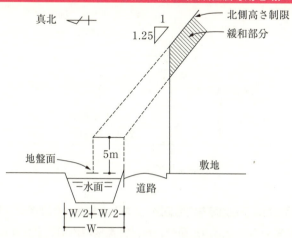

敷地の北側に線路敷のある北側高さ制限の緩和（中高層住居専用地域）

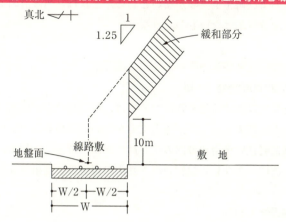

❷ 敷地と北側隣地の高低差が著しい場合（令135条の4第1項2号）

建築物の敷地の地盤面が、北側の隣地の地盤面より1m以上低い場合は、高低差から1mを減じたものの1／2だけ高い位置にあるものとみなす。

特定行政庁は、地形の特殊性により規定が著しく不適当である場合は、規則で別に高さを定めることができる（令135条の4第2項）。

北側隣地の地盤面が高い場合の北側高さ制限の緩和（低層住居専用地域）

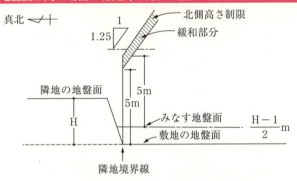

[4] 計画道路または予定道路を前面道路とみなした場合（令135条の3第1項3号）

都市計画に定められた計画道路や、地区計画区域内で指定された予定道路が建築物の敷地に接する場合や、敷地内に存する場合、特定行政庁が交通上、安全上、防火上および衛生上支障がないと認めたときは、当該計画道路および予定道路内の隣地境界線はないものとみなす。

4　高架工作物内建築物等の高さの特例（法57条）

[1] 高架工作物内の建築物（1項）

高架の工作物内に設ける建築物については、特定行政庁が周囲の状況により交通上、安全上、防火上および衛生上支障がないと認めるものについては、第一種・第二種低層住居専用地域内の絶対高さ制限、隣地高さ制限、道路高さ制限、北側高さ制限および日影規制の高さ制限の規定は、適用されない。

[2] 道路内建築物（2項）

公共用歩廊（道路上空の渡り廊下）等の道路内建築物は、法44条（道路内の建築制限）の規定により特定行政庁の許可（建築審査会の同意が必要）を受けなければ建築できないものであるため、道路高さ制限を適用しないこととして

いる。

5　天空率による高さ制限（法56条7項、令135条の5～11）

　天空率は、高さ制限の性能規定化を図るものとして、導入された制度である。これまでの道路高さ制限、隣地高さ制限、北側高さ制限と同等程度以上の採光、通風等が確保される建築物を計画する場合は、それぞれの高さ制限を適用しないというもので、各高さ制限に適合する建築物と計画建築物とを比較するため、天空率を活用するものである。

　設計者は天空率を採用することも、これまでどおりの各種高さ制限を個別に採用することも可能である。すなわち、道路高さ制限は天空率で代替し、他はこれまでどおり隣地高さ制限、北側高さ制限を採用する場合などである。しかし、例えば、隣地境界線のうちの一部のみ天空率を採用し、他の隣地境界線は隣地高さ制限によるという部分採用はできない。

［1］天空率の規定（法56条7項）

　次の各号の規定により高さが制限された場合に、当該各号に定める位置において確保される採光、通風等と同程度以上の採光、通風等が、当該位置において確保されるものとして、政令で定める基準に適合する建築物については、当該各号の規定は、適用しない。

① 法56条1項1号（道路高さ制限）関係……前面道路の反対側の境界線上の政令で定める位置（1号）

② 法56条1項2号（隣地高さ制限）関係……隣地境界線からの水平距離が、隣地斜線勾配1.25（住居系用途地域）の場合は16m、勾配2.5（商業・工業系用途地域）の場合は、12.4m だけ外側の線上の政令で定める位置（2号）

③ 法56条1項3号（北側高さ制限）関係……隣地境界線から真北方向への水平距離が、第一種・第二種低層住居専用地域または田園住居地域にあっては4m、第一種・第二種中高層住居専用地域にあっては8m だけ外側の線上の政令で定める位置（3号）

［2］天空率等の用語の定義

　天空率による高さ制限において定義されている用語は次表のとおりである。

用語チェック

用語	定義	条文
天空率	$Rs = (As - Ab) / As$	令135条の5
想定半球	地上のある位置を中心としてその水平面上に想定する半球	令135条の5
道路高さ制限適合建築物	当該建築物と同一の敷地内において道路高さ制限に適合するものとして想定する建築物のうち、階段室等や棟飾等を除くもの	令135条の6
隣地高さ制限適合建築物	当該建築物と同一の敷地内において隣地高さ制限に適合するものとして想定する建築物のうち、階段室等や棟飾等を除くもの	令135条の7
北側高さ制限適合建築物	当該建築物と同一の敷地内において北側高さ制限に適合するものとして想定する建築物のうち、階段室等や棟飾等を除くもの	令135条の8

Rs：天空率　　As：想定半球の水平投影面積
Ab：建築物および敷地の地盤を想定半球に投影した投影面の水平投影面積

［3］天空率の算定の考え方

(1) 天空率は、測定位置の上空を建築物が覆う割合を求め、その割合が小さいことを確認するものである。

(2) 測定位置を定め、そこを中心に空に向かい透明な半球を想定する。この想定半球面に、例えば高さ制限等の規定を守った「高さ制限適合建築物」と、設計者が計画をしている計画建築物をそれぞれ投影する。それによって覆われた部分から次に水平投影を作り、その水平投影面積を比較して、計画建築物のほうが小さいことを確認する。

(3) 天空率に関する基準は、令135条の5から令135条の11による。天空率は、想定半球自体の水平投影面積から想定半球に投影された建築物の水平投影面積を引いた面積（建築物の影になっていない部分）を、想定半球自体の水平投影面積で除した数値を求める。この数値が大きいほうが建築物の影が少なく、周囲への影響が少ないといえる。

想定半球

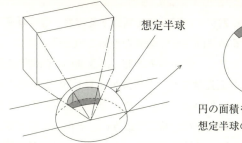

想定半球

円の面積をAs、▨の面積をAbとする
想定半球の水平投影面

高さ制限適合建築物と計画建築物

現行の道路高さ制限の適用例
道路高さ制限適合建築物

計画建築物

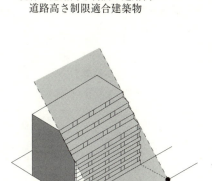
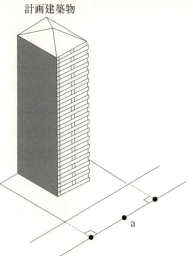

aにおける天空図

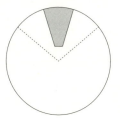

第9章●高さ・日影　311

● **H30年度 一級建築士 学科試験（法規）に挑戦！**

〔No．17〕図のような敷地において、建築物を新築する場合、建築基準法上、A点における地盤面からの建築物の高さの最高限度は、次のうちどれか。ただし、敷地は平坦で、南側道路、西側道路及び東側隣地との高低差はなく、北側隣地より1.2m低いものとし、門、塀等はないものとする。また、図に記載されているものを除き、地域、地区等及び特定行政庁による指定、許可等並びに日影による中高層の建築物の高さの制限及び天空率に関する規定は考慮しないものとする。なお、建築物は、全ての部分において、高さの最高限度まで建築されるものとする。

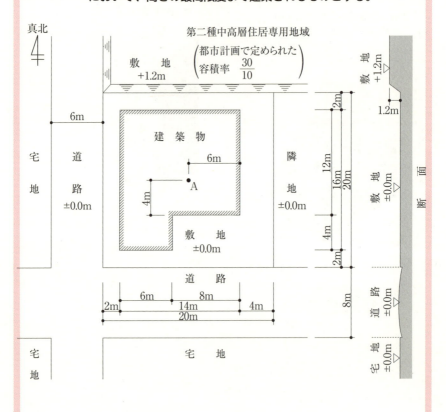

1．22.50m
2．22.60m
3．23.10m
4．25.00m

【正解　2】斜線制限

・各境界からの距離は、北側隣地境界から10m。東側隣地境界から10m。南側道路境界から10m。西側道路境界から10m。
・一番厳しい北側斜線を検討。法56条１項三号　第二種中高層住居専用地域内においては、当該部分から隣地境界線までの真北方向の水平距離に1.25を乗じて得たものに、第二種中高層住居専用地域内の建築物にあっては10mを加えたものとあり、10m×1.25＋10m＝22.5m
・令135条の３第１項二号により、建築物の敷地の地盤面が隣地の地盤面より１m以上低い場合においては、その建築物の敷地の地盤面は、当該高低差から１m を減じたものの１／２だけ高い位置にあるものとみなすとあるため、
　(1.2m − 1m) ／2 ＝0.1m　よって、22.6m　　正解 2

第3節　日影規制（法56条の2、法別表四）

　日影規制は、住居系用途地域等に建築される中高層建築物が、周囲に及ぼす日影を一定の時間以内に制限することで、周辺の日照を保護し、良好な居住環境を確保しようとするものである。

　規制の基本的事項は、建築基準法の別表第四「日影による中高層の建築物の制限」に区域による制限等が定められているが、具体的な規制は、それぞれの地方の気候、風土等を前提に地方公共団体が条例で定めることとなっている。このため、建築計画に当たっては、計画地の都道府県あるいは市町村の日影条例を確認する必要がある。

　規制の基本的考え方は、次のとおりである。
① 日照が求められる建築物の用途を考慮し、用途地域と連動している。
② 建築物の相隣関係を考慮し、建築されるものが低層建築物の場合および敷地境界線付近の日影は、規制の対象外としている。
③ 社会的な公平性、運用面での汎用性や客観性等から、隣地側での日照確保ではなく、建築する側の建築物の日影を規制する方式としている。

　商業地域、工業地域、工業専用地域は、主として商業、工業の利便を増進する地域であり、日照の確保が必須要件ではないことから、対象地域とはなっていない。

1　日影規制の制限内容

[1]　日影規制の規定（法56条の2第1項）

　日影規制は法56条の2に規定されており法律上は、「日影による中高層の建築物の高さの制限」とされている。内容は、別表第四に掲げる地域又は区域で地方公共団体が条例で指定する区域内にある建築物で別表4に掲げるものは、冬至日の真太陽時による午前8時から午後4時まで（北海道は午前9時から午後3時まで）の間において、敷地境界線からの水平距離が5mを超える範囲において、条例で指定する時間以上日影を生じさせることのないものとしなければならないとするものである。

［2］日影規制の基準（法別表四）

日影規制の制限内容

	（い）	（ろ）	（は）	（に）		
	地域または区域	制限を受ける建築物	平均地盤面からの高さ		敷地境界線からの水平距離が10m以内の範囲における日影時間	敷地境界線からの水平距離が10mを超える範囲における日影時間
1	第一種低層住居専用地域、第二種低層住居専用地域または田園住居地域	軒の高さが7mを超える建築物または地階を除く階数が3以上の建築物	1.5m	（一）	3時間（道の区域内にあっては、2時間）	2時間（道の区域内にあっては、1.5時間）
				（二）	4時間（道の区域内にあっては、3時間）	2.5時間（道の区域内にあっては、2時間）
				（三）	5時間（道の区域内にあっては、4時間）	3時間（道の区域内にあっては、2.5時間）
2	第一種中高層住居専用地域または第二種中高層住居専用地域	高さが10mを超える建築物	4mまたは6.5m	（一）	3時間（道の区域内にあっては、2時間）	2時間（道の区域内にあっては、1.5時間）
				（二）	4時間（道の区域内にあっては、3時間）	2.5時間（道の区域内にあっては、2時間）
				（三）	5時間（道の区域内にあっては、4時間）	3時間（道の区域内にあっては、2.5時間）
3	第一種住居地域、第二種住居地域、準住居地域、近隣商業地域または準工業地域	高さが10mを超える建築物	4mまたは6.5m	（一）	4時間（道の区域内にあっては、3時間）	2.5時間（道の区域内にあっては、2時間）
				（二）	5時間（道の区域内にあっては、4時間）	3時間（道の区域内にあっては、2.5時間）

4	用途地域の指定のない区域	イ	軒の高さが7mを超える建築物または地階を除く階数が3以上の建築物	1.5m	(一)	3時間（道の区域内にあっては、2時間）	2時間（道の区域内にあっては、1.5時間）
					(二)	4時間（道の区域内にあっては、3時間）	2.5時間（道の区域内にあっては、2時間）
					(三)	5時間（道の区域内にあっては、4時間）	3時間（道の区域内にあっては、2.5時間）
		ロ	高さが10mを超える建築物	4m	(一)	3時間（道の区域内にあっては、2時間）	2時間（道の区域内にあっては、1.5時間）
					(二)	4時間（道の区域内にあっては、3時間）	2.5時間（道の区域内にあっては、2時間）
					(三)	5時間（道の区域内にあっては、4時間）	3時間（道の区域内にあっては、2.5時間）

この表において、平均地盤面からの高さとは、当該建築物が周囲の地面と接する位置の平均の高さにおける水平面からの高さをいうものとする。

[３] 地方公共団体の条例により必要な日影規制の基準を適用

　対象区域や測定水平面、規制する日影時間は、それぞれの地方の気候、風土等を踏まえて地方公共団体が条例で定める。

[４] 規制の対象時間

(1) 対象建築物は、冬至日の真太陽時の8時から16時（北海道では9時から15時）までの間、敷地境界線から5mを超える区域に、規制時間以上の日影を生じさせてはならない。

(2) 北海道においては、日中の時間が少ないことから午前9時から午後3時までの時間となっている。

(3) 冬至日としたのは、1年のうちで最も影が長く、日照条件が悪い日であることから、採用されたものである。

[5] 真太陽時

真太陽時とは、測定地点における太陽が真南にあるときを12時とするものであり、日常使用している標準時の正午とは異なるものである。

[6] 日影規制の測定位置

(1) 日影時間を測定する位置は、地方公共団体が条例で指定する一定の高さの水平面であり、一般に測定水平面という。この高さは、平均地盤面から測定する。

(2) 建築物の高さは、敷地の平均地盤面から測定し、階段室等の屋上突出部分は建築面積の１／８以内で、かつ、その高さが５ｍまでは、高さに算入されない。

(3) この場合の平均地盤面は、建築物が周囲の地面と接する位置の平均の高さにおける水平面であり、その高低差が３ｍを超える場合であっても、平均地盤面は一つであり、同一敷地内に２以上の建築物があっても、平均地盤面は１となる。

(4) 表中の高さ1.5ｍは、おおむね１階の窓の中心の高さを想定したものである。同様に４ｍは、２階の窓高さの中心を想定し、6.5ｍは３階の窓高さの中心を想定している。

測定面

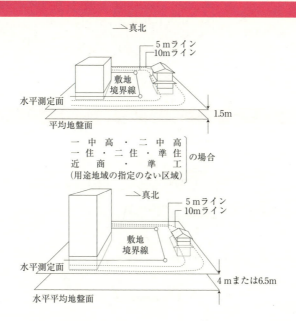

[7] 測定範囲

　日影時間は、対象建築物の敷地境界線から水平距離で①5 m を超え10m 以内の範囲と、②10m を超える範囲の2段階で規制を受ける。それぞれ表に記載されているように、異なった規制時間となっている。

日影時間の制限

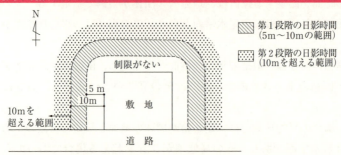

日影図

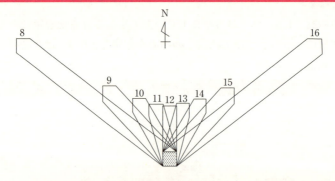

等時間日影図

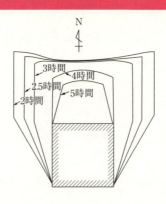

［8］同一敷地内に2以上の建築物がある場合（法56条の2第2項）

⑴　建築物が複数棟ある場合は、これらの建築物は一の建築物とみなして、日影規制の制限を受ける。

⑵　この規定は、複数棟による複合日影を考慮してのものである。例えば、複数棟の中に、日影規制に該当しない低層建築物がある場合でも、この建築物による日影時間も測定しなければならない。

同一敷地内の取扱い

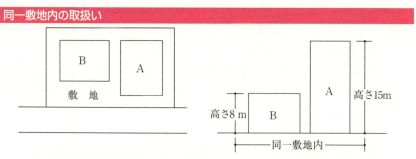

　Aが日影規制の対象建築物であるから、Bが高さ8mであっても日影時間の算定に含まれる。
　なお、Aが既存不適格である場合は、Bは原則として建築できない。

［9］対象区域外の規制の扱い（法56条の2第4項）

　対象区域外にある高さが10m超の建築物のうち、冬至日において対象区域内の土地に日影を生じさせるものは、対象区域内にあるものとみなして、日影規制の制限を受ける。

　逆に、日影規制区域内に建築する建築物で、その日影が規制区域外のみに落ちる場合は、制限を受けない。

2　特定行政庁の許可による特例（法56条の2第1項ただし書）

　特定行政庁が、土地の状況等により周囲の居住環境を害するおそれがないと認めて建築審査会の同意を得て許可した場合は、日影規制が適用されない。許可の基準については、国から通達（昭和61年7月17日建設省住街発57号）が出されている。

3　日影規制の制限の緩和（法56条の2第3項、令135条の12）

⑴　建築物の敷地が道路、水面、線路敷その他これらに類するものに接する場合は、敷地境界線が道路、水面、線路敷等の幅の1／2だけ外側にあるもの

とみなす。

　道路、水面、線路敷等の幅が10mを超えるときは、それらの反対側の境界線から当該敷地側に水平距離5m接近した線を敷地境界線とみなす（令135条の12第1項1号）。なお、公園、広場については緩和の対象となっていない。

(2)　建築物の敷地の平均地盤面が隣地またはこれと連接する土地（隣地のさらに向こう側にある土地）で日影を生ずるものの地盤面より1m以上低い場合は、その高低差から1m減じたものの1／2だけ高い位置にあるものとみなす（令135条の12第1項2号）。

　この場合、特定行政庁は、特殊地形により適用が著しく不適当と認める場合は、規則で平均地盤面の位置を別に定めることができる（令135条の12第2項）。

4　制限の異なる区域の内外にわたる場合（法56条の2第一項、令135条の13）

(1)　第一種・第二種低層住居専用地域、田園住居地域もしくは用途地域の指定のない区域内にある部分の軒高7mを超える建築物、もしくは地階を除く階数が3以上の建築物または高さ10mを超える建築物（以下「対象建築物」という）が、日影規制の制限の異なる区域の内外にわたる場合は、当該対象建築物のある区域の規制の適用を受ける。

(2)　対象建築物が、冬至日において、対象建築物のある区域外に日影を生じさせる場合には、その日影を生じさせた区域内に対象建築物があるものとして規制の適用を受ける。

5　日影規制の適用除外

　高層住居誘導地区や特定街区などの地区内の建築物では、日影規制の適用除外がある。適用除外の内容は下表のとおりである。

日影規制の適用除外	
地区等	適用除外等
特定街区（法60条）	日影規制の制限が適用されない。
高層住居誘導地区（法57条の5） 都市再生特別地区（法60条の2）	対象区域外にある建築物とみなして、日影規制の制限を適用する。

一団地の総合的設計制度（法86条1項～4項）	区域内の建築物は同一敷地内にあるものとみなす。

6　既存不適格建築物の取扱い

　法令の施行・適用の際に現に存する建築物もしくは工事中の建築物である既存建築物が、ある規定に適合しない場合、その規定について適用除外（法3条2項）となるが、日影規制は適用除外が認められない。そのため、増改築または大規模の修繕・模様替をする場合は、既存部分を含む建築物全体を日影規制に適合させなければならない。ただし、特定行政庁の許可により緩和することができるとされている。

第10章 市街地の開発整備と建築規制

第 1 節　総合設計制度

　市街地環境は、道路、公園、広場等の公共施設を設けることで整備改善を図ることが一般的であるが、公共施設の整備だけでなく、民間所有の敷地内に空地を確保する建築計画によって、公共施設整備と同様に市街地環境の整備改善を図ることも可能である。

　例えば、都市内で不足している広場や道路などの公共機能を補完する広場状空地や歩道上空地の設置、緑化による緑空間の創出、狭小敷地の共同化の促進、地域にふさわしい景観の形成などにより、市街地環境の改善整備に寄与することが期待される。

　このような取り組みを誘導するため、都市計画によらない手法として制度化されたのが総合設計制度である。

1　制度の概要（法59条の2）

(1)　総合設計制度は法59条の2において、「敷地内に広い空地を有する建築物の容積率等の特例」として規定されている。敷地内に一定規模以上の空地を確保するなど市街地環境の整備改善に貢献する建築物について、特定行政庁が交通上、安全上、防火上および衛生上支障がなく、かつ、建蔽率、容積率、および各部分の高さについて総合的配慮がなされている建築計画について、市街地環境の整備改善に資すると認めて建築審査会の同意を得て許可することで、一定の制限が緩和されるものである。

(2)　緩和される制限は、容積率、道路高さ制限、隣地高さ制限、北側高さ制限、第一種・第二種低層住居専用地域または田園住居地域内の絶対高さ制限（10mまたは12m）、特例容積率適用地区内の特例容積率である。

(3)　法59条の2で基本的な事項が定められており、それを受けて令136条で空地の割合、用途地域ごとの敷地の下限を定めている。この敷地の下限は、特定行政庁の規則で定めることとなっている。

(4)　法、政令、規則では、敷地の規模および空地のみを規定しており、その他の基準は国の許可準則を踏まえ、特定行政庁の許可要綱等で定めている。

総合設計制度

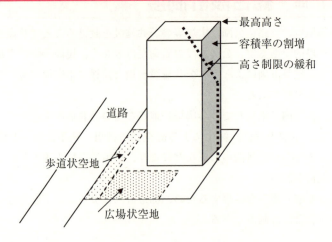

2 総合設計制度の種類

総合設計制度の種類

	種類	容積率の限度	特徴
①	総合設計制度 （昭和45年創設）	基準容積率の1.5倍かつ200%以内の割増し	通常の型
②	市街地住宅総合設計制度 （昭和58年創設）	基準容積率の1.75倍かつ300%以内の割増し	住宅割合が1／4以上
③	再開発方針等適合型総合設計制度（昭和61年創設）	基準容積率の1.75倍かつ250%以内の割増し	再開発方針、地区計画制度等に適合する場合
④	都心居住型総合設計制度 （平成7年創設）	基準容積率の2.0倍かつ400%以内の割増し	住宅割合が3／4以上
⑤	街区設計型総合設計制度 （平成23年創設）	概ね基準容積率の1.5倍	敷地が街区の少なくとも一辺すべてを占める場合

出典：国土交通省「総合設計許可準則」より

3 敷地内の空地の規模と敷地面積（令136条）

[1] 空地割合（1項）

建蔽率に応じて、必要な空地の規模を規定している。

空地割合

	建蔽率（法53条）の最高限度	空地の面積の敷地面積に対する割合
①	5／10以下	1－（法53条の建蔽率）＋1.5／10
②	5／10超、5.5／10以下	6.5／10
③	5.5／10超	1－（法53条の建蔽率）＋2／10
④	指定なし	2／10以上

［2］高さ制限のみを緩和する場合（2項）

　第一種低層住居専用地域・第二種低層住居専用地域または田園住居地域内の、絶対高さ制限、斜線制限のみを緩和する場合の空地の規模である。

高さ制限緩和のみの空地割合

	建蔽率（法53条）の最高限度	空地の算定式
①	5／10以下	1－（法53条の建蔽率）＋1.0／10
②	5／10超、5.5／10以下	6.0／10
③	5.5／10超	1－（法53条の建蔽率）＋1.5／10
④	指定なし	1.5／10以上

［3］敷地面積の規模（3項）

　特定行政庁は規則で、敷地規模を別に定めることができる。

敷地面積の規模

	地域地区	敷地面積の規模（㎡）	規則で定めることのできる敷地面積の規模（㎡）
①	第一種・第二種低層住居専用地域または田園住居地域	3,000	1,000以上　3,000未満
②	第一種・第二種中高層住居専用地域、第一種・第二種住居地域、準住居地域、準工業地域、工業地域、工業専用地域	2,000	500以上　2,000未満
③	近隣商業地域、商業地域	1,000	500以上　1,000未満
④	用途地域の指定なし	2,000	1,000以上　2,000未満

4　特定行政庁の許可要綱の例（東京都総合設計許可要綱）

[1] 基本目標

　東京都における総合設計許可要綱では、東京都の都市づくりに関する計画および都市計画等に基づく地域のまちづくりの方針に沿った良好な市街地環境の形成を目指し、建築活動を通じて市街地環境の向上に資するよう建築計画を誘導するため、総合設計制度の運用に当たっての基本目標を次のとおり定めている。

〈基本目標と要旨〉

① 市街地環境の整備改善
　・広場状空地の整備により、オープンスペース、日照・採光、通風等を確保する。
　・歩道上空地や貫通通路を設けることで効率的かつ快適な歩行者空間を創出する。

② 良好な建築・住宅ストックの形成
　・狭小敷地の共同化、街区の整形化を促進し、一定規模以上の建築物の整備誘導
　・良好な環境を持つ質の高い住宅供給の促進、すぐれたデザインの建築物の誘導

③ 公共施設機能の補完
　・駅前交通広場や地下鉄出入り口を補完する公開空地の整備
　・駐車場、駐輪場、文化施設、福祉施設等の整備促進
　・地域冷暖房施設、供給処理施設、雨水貯留施設等の整備

④ 市街地の防災強化
　・避難用防災広場空地、防災備蓄倉庫、防火水槽等の整備
　・高い耐震性能を備えた建築物の創出

⑤ 福祉のまちづくりの推進
　・ユニバーサルデザインの推進
　・高齢者向け住宅の整備、社会福祉施設の整備促進

⑥ 住宅の量的拡大から質の向上への転換
　・良質な住宅供給プロジェクトの推進、優良な賃貸住宅の供給促進

⑦ 職と住のバランスのとれた都市の形成
　・業務商業施設の積極的な育成および再編を図るとともに、住宅や公共的

空間を含めた良好な市街地環境の形成
⑧　少子高齢社会にふさわしい住まいの整備
⑨　敷地の集約による質の高い市街地の形成
　・土地の有効かつ高度利用を推進し、広場状の大規模公開空地の整備等市街地環境の整備改善を推進
⑩　良好な都市景観の創造
　・まちづくりと連動させた拠点的な景観づくりを推進
　・地域のランドマークとなる歴史的建造物の保存・活用
⑪　緑化の推進
　・都市のヒートアイランド化の抑制、屋上緑化の推進
⑫　低炭素型都市づくりの推進

[2] 類　型

都の要綱で定める総合設計制度は、次の5つのタイプに分類されている。

❶　一般型総合設計

　一定規模面積以上の計画敷地内に、一定割合以上の公開空地を設けるもので、以下に記述する類型以外のものをいう。地域の拠点地区等へ適用されるもので、すべての拠点において育成用途が要件となっている。

❷　住宅供給促進型総合設計

　住宅の量的拡大から質の向上への転換を目的として、次の要件に適合する建築計画に適用される。
　①　住宅用途の床面積の合計が敷地面積に割増容積率を乗じて得た数値以上であること。
　②　割増容積率に相当する部分の住宅の専有面積が55m^{2}以上であること。

❸　共同住宅建替誘導型総合設計

　良質な住宅ストックの形成に資することを目的とし、次の要件に適合する建築計画に適用される。
　①　原則として、建築後30年を経過した主たる用途が共同住宅である建築物を建て替える計画であること。
　②　住宅以外の用途の床面積の合計が建替え前より増加しない計画であるこ

と。
③　割増容積率に相当する部分の住宅の専有面積が55㎡以上となる建築計画に適用する。

第 2 節　まちづくりを誘導する手法

1　特例容積率適用地区（法57条の2〜57条の4）

　特例容積率適用地区は、都市計画法第8条1項2号の3に定める地域地区の一種で、市町村が定めるが、東京都の特別区の区域については都市計画法87条の3の規定により「都の特例」として、東京都が決定する。

　道路等の公共施設が適正に整備された一定の用途地域内において、容積率が未利用となっている敷地の容積を、高度利用が必要な敷地へ移転させることで、土地の合理的な有効利用を促進しようとするものである。

　例えば、歴史的建築物や公共建築物等の容積が低利用の敷地の容積率を下げて指定し、代わりに道路等が整備された街区で高度利用を必要とする敷地の容積率を、指定容積率よりも高く指定する場合等である。

　特定行政庁は、特例容積率適用地区内について、土地所有者の申請に基づき、指定容積率の合計を超えない範囲内において、容積率を下げる敷地と高くする敷地のそれぞれに適用される特例容積率を指定する。特例容積率適用地区全体の容積率が、割り増されるものではない。

[1] 特例容積率適用地区を定める用途地域

　第一種中高層住居専用地域、第二種中高層住居専用地域、第一種住居地域、第二種住居地域、準住居地域、近隣商業地域、商業地域、準工業地域または工業地域に限る。

[2] 特例容積率適用地区内の容積率の特例（法57条の2）

	項　目	内　容
①	特例容積率の指定申請（1項）	特例容積率適用地区内の2以上の敷地について所有権者等は、1人または複数人で、特定行政庁に対し、2以上の敷地（「特例敷地」という）に適用される特別の容積率（「特例容積率」という）の限度の指定を申請することができる。
②	特定行政庁による特例容積率の指定（3項）	特定行政庁は、申請に基づき、特例敷地のそれぞれに適用される特例容積率の限度を指定する。
③	特例容積率の条件（3項1号）	特例敷地A×特例容積率a　＋特例敷地B×特例容積率b ≦ 特例敷地A×指定容積率c　＋特例敷地B×指定容積率d

		※指定容積率は法52条1項各号（第5号を除く）の容積率をいう。
④	特定行政庁による公告、縦覧（4項、5項）	特定行政庁は指定をしたときは、特例容積率の限度、特例敷地の位置等その他を公告するとともに、一般の縦覧に供さなければならない。また、公告によって、その効力を生ずる。

[3] 建築物の高さの限度（法57条の4）

　特例容積率適用地区内においては、建築物の高さは、特例容積率適用地区に関する都市計画において建築物の高さの最高限度が定められたときは、当該最高限度以下でなければならない。ただし、特定行政庁が用途上または構造上やむを得ないと認めて建築審査会の同意を得て許可したものについては、この限りでない。

[4] 取消し申請（法57条の3）

　土地所有者の全員の合意があり、特例敷地の利害関係者の同意がある場合、土地所有者等は特定行政庁に対し特例容積率指定の取消し申請ができる。
　特定行政庁は、その申請が一定の条件を満たすものであることが確認できる場合に、取り消すことができる。

[5] 制度活用の事例（東京駅周辺地区）

　東京都では平成14年に、歴史的建造物の保存・復元、文化的環境の維持・向上などを図るとともに、地区全体として土地の高度利用を促進し、質の高い業務機能への更新、商業や文化機能の集積などを図り、都市再生を推進するため「大手町・丸の内・有楽町地区特例容積率適用地区及び指定基準」を制定している。
　これを受け、大手町・丸の内・有楽町地区約116.7ha を、特例容積率適用地区に指定している。この地区では、東京駅丸の内駅舎（赤レンガ駅舎）敷地を特例容積の出し地とし、近隣の業務商業ビルの敷地を特例容積の受け地とすることで、東京駅赤レンガ駅舎の保存・復原に貢献している事例がある。

特例容積率の概念

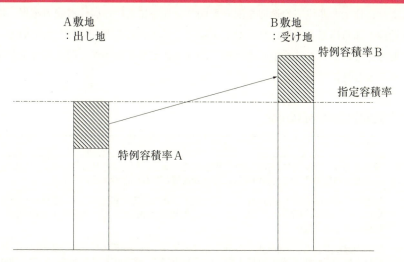

特例容積率適用地区（イメージ）

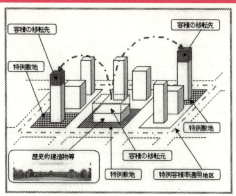

出典：東京都資料より

2　高層住居誘導地区（法57条の5）

　高層住居誘導地区は、都市計画法8条1項2号の4に規定する地域地区の一つで、市町村が定めるが、東京都の特別区の区域については都市計画法87条の3の規定により「都の特例」として、東京都が決定する。
　大都市の都心地域などで、居住機能の低下、人口の減少、職住の遠隔化による通勤時間の増大、公共公益施設の利用減少などの問題が発生していることか

ら、住宅と非住宅が混在する用途地域において高層住宅の建設を誘導することにより、住宅と非住宅の適切な配分を図り、都心における居住機能の確保、職住近接の都市構造の実現、良好な都市環境を形成することを目的としている。

地方都市においては、中心市街地における住宅供給の促進を図る場合に活用することも可能である。

［1］高層住居誘導地区の指定

	指定する地区
①	緑地等のオープンスペースによって囲まれていること等により独立性が高く、当該地区における高層住宅の供給が周辺に与える影響が少ないと考えられる地区
②	相当の公共施設の整備が行われている地区であるが、工場移転等により遊休化した土地が多く、近年、都心と近接しているなどの利便性から事務所、住宅等の土地利用に転換しつつある地区
③	公共施設が整っている都心に近い市街地であるが、敷地規模の状況等の要因から、適切な土地の高度利用が図られていない地区において、敷地の統合を促進しつつ、地域にふさわしい高層住宅の建設を誘導していく必要がある地区

［2］指定条件

	項　目	条　件
①	用途地域	第一種住居地域、第二種住居地域、準住居地域、近隣商業地域、準工業地域に限る
②	指定容積率	40／10または50／10の地域内に限る
③	指定する項目	容積率の最高限度、建蔽率の最高限度、敷地面積の最低限度

［3］容積率、隣地斜線制限、道路斜線制限

	項　目	条　件
高層住居誘導地区内の建築物で、住宅用途部分の床面積の合計が延べ面積の2／3以上であるもの^(※)	容積率 （法52条1項5号）	指定容積率の1.5倍以下で住宅用途部分の床面積の合計の延べ面積に対する割合に応じて所定の方法（令135条の14）により算出した数値までの範囲内
	隣地斜線制限 （法56条1項2号ハ）	斜線勾配は1：2.5
	道路斜線制限 （別表第三の四の項）	第一種住居地域、第二種住居地域、準住居地域、準工業地域において適用距離は35m、斜線勾配は1.5

（※）最低敷地面積が定められたときは、その面積以上に限る。

［4］高層住居誘導地区内の建築物の容積率の上限の算出方法（令135条の14）

容積率の算定式	
算定式	$Vr = 3Vc \div (3 - R)$ Vr　算出した上限数値 Vc　指定容積率 R　住宅用途部分の床面積の合計の延べ面積に対する割合

［5］日影規制の対象外（4項）

　高層住居誘導地区内の建築物については、日影規制（法56条の2第1項）の対象区域外にある建築物とみなす。

3　高度地区（法58条）

　高度地区は、都市計画法8条1項3号に定める地域地区の一種で、区市町村が定める都市計画である。

　用途地域内において市街地の環境を維持し、または土地利用の増進を図るため、建築物の最高高さまたは最低高さの限度を定める。一般に最高限度を定めるものを「最高限高度地区」、最低限度を定めるものを「最低限高度地区」と呼んでいる。

　高度地区内においては、建築物の高さは、高度地区に関する都市計画において定められた内容に適合しなければならない。

［1］高度地区の種類

	種　類	内　容
①	最低限高度地区	建築物の高さの最低限度を定める高度地区である。 市街地中心部の業務・商業地や駅前広場等の区域で、特に土地の高度利用を図る必要がある区域、災害時の延焼遮断帯を形成し避難路の確保等について指定する。
②	最高限高度地区	建築物の高さの最高限度（絶対高さ）を定める高度地区である。 建築密度が過大となるおそれのある市街地の区域で、都市機能が低下するおそれのある区域、歴史的建造物の周辺、都市のシンボルとなる道路沿い等で景観、眺望に配慮し、建築物の高さを揃える必要がある区域、街並み景観の形成を図る区域、居住環境を保全する必要のある区域等について指定する。
③	北側斜線型高度地区	最高限度高度地区の一種である。 居住環境を保全する必要がある区域について、北側隣地の日照等を考慮し、敷地の北側境界線からの距離に応じて建築物の最

		高限度を定める。 斜線部分については、階段室等の建築物の屋上部分も高さに算入される（令2条1項6号ロ）。
④	最高限度斜線型高度地区	最高限度としての絶対高さと北側斜線制限を組み合わせた高度地区である。 街並み景観の形成と居住環境の保全を図るため定めるが、近年、このタイプの高度地区の指定が多い。

[2] 高度地区の事例

　特別区および市町村によって高度地区の規制形態は異なるので、建築計画にあたっては各自治体の都市計画の内容を十分に確認する必要がある。

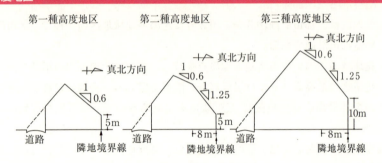

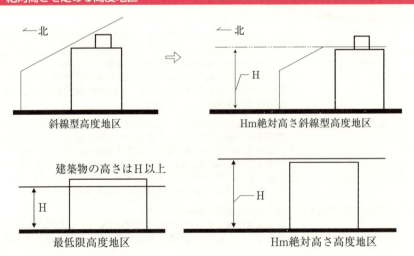

4　高度利用地区（法59条）

　高度利用地区は、都市計画法8条1項3号に定める地域地区の一つで、区市町村が定める都市計画である。

　この地区は、狭小敷地の統合を促進し小規模建築物の建築を抑制することで、一定規模の建築物を誘導するとともに、建築物の敷地内に有効な空地を確保することにより、市街地内の土地の健全かつ合理的な高度利用と都市機能の更新とを図ることを目的としている。

［1］高度利用地区を指定する区域

	高度利用地区を指定する区域の例
①	枢要な商業用地、業務用地または住宅用地として土地の高度利用を図るべき区域であって、現存する建築物の相当部分の容積率が都市計画で指定されている容積率より著しく低い区域
②	土地利用が細分化されていること、公共施設の整備が不十分なこと等により土地の利用状況が著しく不健全な地区であって、都市環境の改善上または災害の防止上土地の高度利用を図るべき区域
③	都市基盤施設が高い水準で整備されており、かつ、高次の都市機能が集積しているものの、建築物の老朽化または陳腐化が進行しつつある区域であって、建築物の建替えを通じて都市機能の更新を誘導する区域
④	大部分が第一種・第二種中高層住居専用地域内に存し、かつ、大部分が建築物その他の工作物の敷地として利用されていない区域で、その全部または一部を中高層の住宅用地として整備する区域
⑤	高齢社会の進展等に対応して、高齢者をはじめとする不特定多数の者が円滑に利用できるような病院、老人福祉センター等の建築物を整備すべき区域であって、建築物の建替え等を通じた土地の高度利用により都市機能の更新・充実を誘導する区域

［2］高度利用地区内における建築物の規制（法59条）

　建築物は、次の高度利用地区に関する都市計画で定められた内容に適合するものでなければならない。

都市計画で定められた項目	
	都市計画で定められた項目
①	容積率の最高限度または最低限度（指定容積率とみなす）
②	建蔽率の最高限度
③	建築面積の最低限度（同一敷地内に2以上の建築物がある場合は、それぞれの建築面積）

④	壁面の位置の制限（建築物の地盤面下の部分および国土交通大臣が指定する歩廊の柱その他これに類するものを除く）

適用除外（1項）

	適用除外となる建築物
①	主要構造部が木造、鉄骨造等の構造で、階数が2以下で、かつ、地階を有しない建築物で、容易に移転し、または除却することができるもの（1号）
②	公衆便所、巡査派出所その他これらに類する建築物で、公益上必要なもの（2号）
③	学校、駅舎、卸売市場等の公益上必要な建築物で、特定行政庁が用途上または構造上やむを得ないと認めて建築審査会の同意を得て許可したもの（3号）

[3] 特定行政庁の許可（4項）

敷地条件	特定行政庁の判断	適用除外	建築審査会の同意
敷地内に道路に接して有効な空地が確保されていること等	交通上、安全上、防火上および衛生上支障がないと認めて許可した建築物	道路斜線制限	必要

5 特定街区（法60条）

　特定街区は、都市計画法8条1項4号に定める地域地区の一つで、区市町村が定めるが、都においては都市計画法87条の3の規定により「都の特例」として面積が1haを超えるものは都が決定する。

　特定街区は、街区という範囲に着目し、良好な環境と健全な形態を有する建築物を建築し、併せて有効な空地を確保するなど都市機能に適応した適正な街区を形成することで、市街地の整備改善を図ることを目的としている。

[1] 指定する地区

　特定街区は、街区として整備され、かつ、地域特性に応じた公開された空間としての機能が確保できる一定以上の広さをもった空地を確保しつつ、形態規制を加えてもなお、有効・高度利用を図ることが可能なだけの建築敷地が確保できるとの観点から、原則として、ある程度まとまった規模の街区について指定する。

[2] 特定街区の建築物に関する規制（法60条）

特定街区の規制

	項　目	条　件
①	建築物の容積率（1項）	特定街区に関する都市計画において定められた限度以下
②	建築物の高さ（1項）	特定街区に関する都市計画において定められた限度以下
③	建築物の壁またはこれに代わる柱（2項）	建築物の地盤面下の部分および歩廊の柱等を除き、特定街区に関する都市計画において定められた壁面の位置の制限に適合すること

[3] 特定街区内の建築物の適用除外規定

　特定街区では、建築基準法上の容積率、斜線制限、日影規制等の多くの規制が適用除外となる。

特定街区内の建築物の適用除外規定

	適用除外項目	内容
①	法52条	容積率
②	法53条	建蔽率
③	法53条の2	建築物の敷地面積の最低限度
④	法54条	第一種低層住居専用地域、第二種低層住居専用地域または田園住居地域内における外壁の後退距離
⑤	法55条	第一種低層住居専用地域、第二種低層住居専用地域または田園住居地域内における建築物の高さの限度
⑥	法56条	建築物の各部分の高さ（斜線制限）
⑦	法56条の2	日影規制
⑧	法57条	高架の工作物内に設ける建築物等に対する高さの制限の緩和
⑨	法57条の2〜4	特例容積率適用地区内における建築物の容積率の特例等
⑩	法57条の5	高層住居誘導地区
⑪	法58条	高度地区
⑫	法59条	高度利用地区
⑬	法59条の2	敷地内に広い空地を有する建築物の容積率等の特例
⑭	法60条の3	特定用途誘導地区

特定街区の図

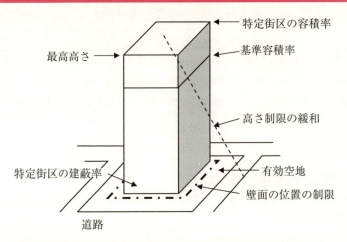

6　都市再生特別地区（法60条の２）

　都市再生特別地区は、都市計画法８条１項４号の２・４項、都市再生特別措置法36条１項に規定されている地域地区の一つで、都道府県が決定する都市計画である。

　都市再生特別地区は、
① 　都市の再生の拠点として、都市開発事業等を通じて緊急かつ重点的に市街地の整備を推進すべき地域である都市再生緊急整備地域において、
② 　国が定める「地域整備方針」の方向に沿った都市開発事業等を迅速に実現するため、
③ 　用途地域等による用途規制、容積率制限、斜線制限、日影規制等を適用除外としたうえで、
④ 　特定行政庁の許可等によらず建築確認のみで都市再生特別地区の内容を実現できる事前明示性の高い仕組みにより、
⑤ 　都市の再生に貢献し、土地の合理的かつ健全な高度利用を図る特別の用途、容積、高さ、配列等の建築物の建築を誘導する

ことを目的とした都市計画である。

［１］概要

　都市再生特別地区は、都市再生緊急整備地域内において、都市再生に貢献

し、土地の合理的かつ健全な高度利用を推進する開発計画に基づく都市計画を定めることにより、用途規制や容積率制限等の緩和をおこなうものである。

　民間事業者による都市計画の提案が制度化されており、自由度の高い建築計画が可能となる。特定行政庁の許可を得る必要がなく、建築確認のみで建築が可能なため、比較的迅速に事業化が図れる仕組みである。

[2] 都市再生特別地区内の建築物の規制（法60条の2）

　建築物は、次の都市再生特別地区に関する都市計画において定められた内容に適合するものでなければならない。

都市計画で定められた建築物の項目と適用除外

	都市計画で定められた建築物の項目	適用除外
①	容積率（指定容積率とみなす）（1項）	①主要構造部が木造、鉄骨造等の構造で、階数が2以下で、かつ、地階を有しない建築物で、容易に移転し、または除却することができるもの ②公衆便所、巡査派出所等で、公益上必要なもの ③学校、駅舎、卸売市場等の公益上必要な建築物で、特定行政庁が用途上または構造上やむを得ないと認めて建築審査会の同意を得て許可したもの
②	建蔽率（1項）	
③	建築面積（同一敷地内に2以上の建築物がある場合は、それぞれの建築面積）（1項）	
④	高さ（1項）	
⑤	壁面の位置の制限（※）（建築物の地盤面下の部分および国土交通大臣が指定する歩廊の柱その他これに類するものを除く）（2項） （※）建築物の壁またはこれに代わる柱の位置の制限	
⑥	誘導すべき用途に供する建築物については、法48条から49条の2に規定する用途に関する規定は適用しない（3項）	用途地域（法48条）
		特別用途地域（法49条）
		特別用途制限地域（法49条の2）

[3] 都市再生特別地区内において適用されない規定（5項、6項）

	適用除外	内　容
①	法56条	道路斜線制限、隣地斜線制限、北側斜線制限
②	法57条の4	特例容積率適用地区内の建築物の高さの限度
③	法58条	高度地区
④	法56条の2	日影規制
⑤	法60条の3	特定用途誘導地区

7　特定防災街区整備地区（法67条）

　特定防災街区整備地区は、都市計画法8条1項5号の2、密集市街地における防災街区の整備の促進に関する法律（「密集市街地整備法」という）31条に基づき定められる地域地区の一つで、区市町村が決定する都市計画である。

　特定防災街区整備地区は、防火地域または準防火地域が指定された区域内の、老朽化した木造建築物が密集する地域や公共施設が不足している防災上危険な密集市街地が対象である。

　対象とする地域の火災または地震発生時の延焼防止や避難に関する機能の改善を図り、密集市街地全体の安全性を向上させるとともに、当該地区の合理的かつ健全な土地利用の実現を図ることを目的とした都市計画である。

[1] 指定する地区

指定する地区	
	地区の状況
①	道路、公園等の防災都市計画施設その他の公共施設と併せて、その周辺の建築物の不燃化を促進することにより、公共施設と建築物が一体となった延焼遮断帯や広域的な避難地・避難路を効率的に形成すべき区域
②	全面的な更新が困難である密集市街地内の一部の区域であって、当該区域をスポット的に整備することにより、密集市街地全体の災害時における延焼防止等の機能が向上すると見込まれる区域
③	民間の建築活動を防災性の向上に資する方向に適切に規制誘導し、面的に密集市街地の防災性向上を図るべき区域

[2] 特定防災街区整備地区内の建築物の規制（法67条）

建築物の規制			
	建築物の規制	条件	適用除外
①	建築物の構造	耐火建築物または準耐火建築物としなければならない（1項）	①延べ面積が50㎡以内の平家建の附属建築物で、外壁および軒裏が防火構造のもの ②卸売市場の上家または機械製作工場等で主要構造部が不燃材料で造られたもの ③高さ2mを超える門または塀で不燃材料で造り、または覆われたもの ④高さ2m以下の門または塀

②	敷地面積	特定防災街区整備地区に関する都市計画で定められた敷地面積の最低限度以上（3項）	①公衆便所、巡査派出所等で公益上必要なもの ②特定行政庁が用途上または構造上やむを得ないと認めて建築審査会の同意を得て許可したもの
③	建築物の壁またはこれに代わる柱（5項）	特定防災街区整備地区に関する都市計画で定められた壁面の位置の制限による（建築物の地盤面下の部分を除く）	①上記①に該当するもの ②学校、駅舎、卸売市場等の公益上必要な建築物で、特定行政庁が用途上または構造上やむを得ないと認めて建築審査会の同意を得て許可したもの

［3］建築物の防災都市計画施設に係る間口率と建築物の高さの最低限度（同条6項）

間口率と建築物の高さの各最低限度

特定防災街区整備地区に関する都市計画	条件	適用除外
建築物の防災都市計画施設（※）に係る間口率の最低限度および建築物の高さの最低限度が定められたとき	それぞれの最低限度以上	①公衆便所、巡査派出所等で公益上必要なもの ②学校、駅舎、卸売市場等の公益上必要な建築物で、特定行政庁が用途上または構造上やむを得ないと認めて建築審査会の同意を得て許可したもの

（※）防災に係る道路や公園等の都市計画施設をいう。

特定防災街区整備地区

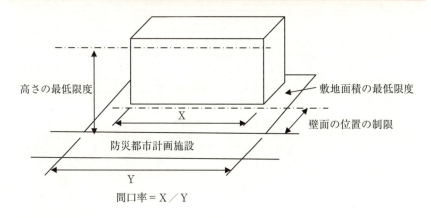

間口率＝X／Y

8　景観地区

　景観地区は、都市計画法8条1項6号、景観法61条1項に定める地域地区の

一つで、区市町村が決定する都市計画である。

[1] 景観法の概要
(1) 景観法は、美しく風格のある国土の形成、潤いのある豊かな生活環境の創造、個性的で活力ある地域社会の実現を図るため平成16年に制定されたもので、基本理念、国等の責務、景観行政団体の役割、景観計画の策定、景観計画区域・景観地区内での建築等の規制等で構成されている。
(2) 区市町村（広域的な場合は都道府県）は、良好な景観の形成に関する計画として「景観計画」を定めることができる。計画は、届出・勧告制度によって運用される。
(3) 景観地区は、都市計画区域または準都市計画区域において、市街地の良好な景観の形成を図るために定められるもので、景観地区内においては、建築物や工作物の形態意匠、高さ等を制限することができる。建築物の形態意匠等に関しては、区市町村による認定制度がある。
(4) 開発行為等については、条例で市町村長の許可を受けなければならない。

[2] 景観地区内の建築物に関する規制（法68条）
　景観地区内での建築物に関する規制と適用除外は、次のとおりである。いずれも、都市計画に定められた場合である。

景観地区内の規制

	項　目	条　件	適用除外
①	建築物の高さ（1項）	建築物の高さの最高限度または最低限度は、当該最高限度以下または当該最低限度以上	①公衆便所、巡査派出所等の建築物で、公益上必要なもの ②特定行政庁が用途上または構造上やむを得ないと認めて建築審査会の同意を得て許可したもの
②	建築物の敷地面積（3項）	建築物の敷地面積の最低限度は、当該最低限度以上	
③	建築物の壁またはこれに代わる柱（2項）	壁面の位置の制限は、建築物の地盤面下の部分を除き、当該壁面の位置の制限に反して建築してはならない	上記①および③学校、駅舎、卸売市場等公益上必要な建築物で、特定行政庁が用途上または構造上やむを得ないと認めて建築審査会の同意を得て許可したもの

[3] 斜線制限の緩和（5項）

斜線制限の緩和

対象建築物	条　件	適用除外
景観地区に関する都市計画において建築物の高さの最高限度、壁面の位置の制限（道路に面する壁面の位置を制限するものを含むものに限る。）および敷地面積の最低限度が定められている景観地区内の建築物(※)	景観地区に関する都市計画の内容に適合し、かつ、敷地内に有効な空地が確保されていること等により、特定行政庁が交通上、安全上、防火上および衛生上支障がないと認めるもの	斜線制限（法56条）は適用しない。

（※）景観地区工作物制限条例で、壁面後退区域における工作物の設置の制限が定められている区域に限る。

9　風致地区

　風致地区は、都市計画法8条1項7号に定める地域地区の一つで、面積が10ha以上で2以上の区市町村にわたるものは都道府県が、それ以外は区市町村が定める。

　都市における風致を維持するために定められる都市計画である。「都市の風致」とは、都市において、樹林地、水辺地などで構成された良好な自然的景観をいう。風致地区は、良好な自然的景観を形成している土地の区域のうち、都市における土地利用計画上、都市環境の保全を図るため風致の維持が必要な区域について定める。

[1] 制度の仕組み

　風致地区では、「風致地区内における建築等の規制に係る条例の制定に関する基準を定める政令（以下「風致政令」という）」で定める基準に従い、地方公共団体の条例（以下「風致条例」という）で、建築物の建築等に対する規制を行うことにより、風致の維持が図られる。

[2] 風致条例の制定（風致政令2条）

　風致条例は、面積が10ha以上の風致地区（2以上の市町村の区域にわたるものに限る。）については都道府県が、その他の風致地区は市町村が定める。

[3] 行為の制限（風致政令3条1項）

　次の行為は、あらかじめ、10ha以上の風致地区にあっては都道府県知事ま

たは市長（以下「都道府県知事等」という）の、その他の風致地区にあっては市町村の長の許可を受けなければならない。

許可を要する行為

許可を要する行為	許可不要
① 建築物の建築その他工作物の建設（高さ、建蔽率、外壁後退距離） ② 建築物等の色彩の変更 ③ 宅地の造成等 ④ 水面の埋立てまたは干拓 ⑤ 木竹の伐採 ⑥ 土石の類の採取 ⑦ 屋外における土石、廃棄物または再生資源の堆積 ⑧ その他条例で定める行為	都市計画事業の施行として行う行為、通常の管理行為等。

［4］許可の基準（風致政令4条）

　都道府県知事等または市町村の長が許可をする際の基準は、次のとおりである。

許可の基準等

	許可の項目		許可の基準等の概要
①	建築物の建築 （仮設建築物および地下建築物を除く）	イ	高さが8m以上15m以下で、条例で定める高さを超えないこと。
		ロ	建蔽率が2／10以上4／10以下で、条例で定める割合を超えないこと。
		ハ	外壁またはこれに代わる柱の面から敷地の境界線までの距離が1m以上3m以下で、条例で定める距離以上であること。
		ニ	位置、形態および意匠が当該建築の行われる土地およびその周辺の土地の区域における風致と著しく不調和でないこと。
②	建築物以外の工作物の建設 （仮設工作物および地下工作物を除く）		当該工作物の位置、規模、形態および意匠が、当該建設の行われる土地およびその周辺の土地の区域における風致と著しく不調和でないこと。
③	建築物等の色彩の変更		当該変更後の色彩が、当該変更の行われる建築物等の存する土地およびその周辺の土地の区域における風致と著しく不調和でないこと。
④	宅地の造成等	イ	木竹が保全され、または適切な植栽が行われる土地の面積の宅地の造成等に係る土地の面積に対する割合が、10％以上60％以下の範囲内において条例で定める割合以上であること。
		ロ	宅地の造成等に係る土地およびその周辺の土地の区域における木竹の生育に支障を及ぼすおそれが少ないこと。

		八	1haを超える宅地の造成等は、1.5m以上5m以下の範囲内において条例で定める高さを超えてのりを生ずる切土または盛土、等。
⑤	水面の埋立てまたは干拓		適切な植栽を行うものであること等により行為後の地貌が当該土地およびその周辺の土地の区域における風致と著しく不調和とならないものであること、等。
⑥	木竹の伐採のうち森林の皆伐		伐採後の成林が確実であると認められるものであり、かつ、伐採区域の面積が1haを超えないこと。
⑦	土石の類の採取		採取の方法が、採取を行う土地およびその周辺の土地の区域における風致の維持に支障を及ぼすおそれが少ないこと。
⑧	屋外における土石、廃棄物または再生資源の堆積		堆積を行う土地およびその周辺の土地の区域における風致の維持に支障を及ぼすおそれが少ないこと。

建築物その他の工作物の新築、改築、増築、移転の場合

項　目		第1種風致地区	第2種風致地区
建蔽率		20％以下	40％以下
壁面後退距離	道路側	3m以上	2m以上
	その他	1.5m以上	1.5m以上
最高の高さ		10m以下	15m以下
位置、形態および意匠		建築敷地およびその周辺の風致と著しく不調和でないこと

（注）この他に、宅地の造成、木竹の伐採、土石類の採取等に関する基準がある。

10　一の敷地とみなすことによる制限の緩和（法86条）

　建物の用途からみて敷地を分けることが可能な複数の建築物を、法に規定する条件に適合する場合に、同一の敷地にあるものとみなして法を適用する制度である。この制度は、建築基準法に規定されているもので、都市計画を定める必要はない。

[1]　一団地の総合的設計制度（1項）
(1)　建築基準法は、一の敷地に対して一の建築物が原則であるが、用途上可分な複数の建築物であっても、それぞれの敷地が一団地を形成している場合で、特定行政庁が、建築物の位置および構造が、安全上、防火上、衛生上支障がないと認める場合は、一定の規定の適用について、当該一団地を一の敷地とみなすものである。

(2) 「用途上可分」とは、建築物の用途からみて敷地を分けることが可能なものをいう。住宅団地の複数の住宅棟や住宅と商業施設の場合などは用途上可分な関係である。
　「用途上不可分」とは、住宅と自動車車庫や物置、あるいは学校の教室棟、事務棟、クラブ室棟などのように、敷地を分けることが不合理な関係のものである。
(3) この制度は、新設の複数建築物に適用される。
(4) 緩和を受けることができる主な規定は、次のとおりである。

一の敷地と見なす主な規定の概要

	主な規定	概　要
①	法43条	道路に2m以上接道する義務
②	法52条	容積率
③	法53条	建蔽率
④	法54条	第一種・第二種低層住居専用地域または田園住居地域内の外壁の後退距離
⑤	法55条	第一種・第二種低層住居専用地域または田園住居地域内の高さ制限
⑥	法56条	道路斜線制限、隣地斜線制限、北側斜線制限
⑦	法56条の2	日影規制
⑧	法59条	高度利用地区
⑨	法59条の2	総合設計制度
⑩	法60条	特定街区
⑪	法61条	防火地域および準防火地域内の規制
⑫	法68条の3	再開発等促進区または沿道再開発等促進区内の緩和

[2] 連担建築物設計制度（2項）
(1) 一団の土地の区域内において、既存建築物の位置および構造を前提として、安全上、防火上および衛生上必要な国土交通省令で定める基準に従い総合的な見地からした設計による計画に対して、特定行政庁がその位置および構造が安全上、防火上および衛生上支障がないと認める場合に、一定の規定の適用については、一団の土地の区域を一の敷地とみなすものである。
(2) 一団地の総合的設計制度と同様に、接道義務、容積率、建蔽率、日影規制等を一の敷地と見なして適用することができる。

[3] 総合設計制度との併用（3項・4項・5項）

公開空地を整備することによって容積の割増しが可能な総合設計制度（法59条の2）は許可であり、一団地の総合的設計制度および連担建築物設計制度は認定であるが、これらを併用する場合は、一の許可手続きで可能となっている。この場合は、建築審査会の同意が必要である。

[4] 地権者の同意（6項）

認定申請などを行う場合は、区域内の土地所有者または借地権者の同意が必要である。特定行政庁が認定または許可した場合は、当該区域を公告するとともに、図書を縦覧する。この公告された対象区域を「公告対象区域」という。

[5] 公告（8項・9項）

特定行政庁は、一団地の総合設計制度、連担建築物設計制度に関する認定または許可をしたときは、公告するとともに対象区域等を表示した図書を一般に縦覧しなければならない。また、公告によって効力を発揮する。公告された区域を公告対象区域という。

一団地の総合的設計制度

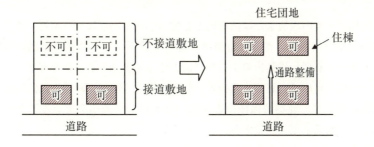

連担建築物設計制度

商業系用途地域　容積率400%

4m×0.6=240%しか利用できない
4m道路
B敷地
既存建築物
A敷地
400%利用
15m道路

400%利用可能
通路整備

11　建築協定（法69条〜77条）

　建築基準法は、建築物の敷地、構造、設備および用途について、一定の基準を定めて建築物の質の向上、環境の保全等を図っている。これらは全国一律の基準による規定であるが、これらに加え、地域の住民が主体となって当該地域の個別的な要求に応じた制限を付加する協定を締結することができることとなっている。

　住宅地としての環境または商店街としての利便を高度に維持増進する等、建築物の利用を増進し、かつ、市街地の環境を改善するため必要と認める場合は、土地の所有者、建築物の所有を目的とする地上権、賃借権を有する者が、一定の区域を定めて、建築物の敷地、位置、構造、用途、形態、意匠または建築設備について、建築関係法令の基準よりも厳しい基準を定めることができる。これが建築協定制度である。

　建築協定には、次のような規定がある。
① 市町村の条例が必要である。
② 土地の所有者等は建築協定書を作成し、特定行政庁の認可を受ける。
③ 公開による意見の聴取、申請、認可の公告が必要である。
④ 認可公告後に土地の所有者等となった者（協定認可時の第三者）に対しても協定の効力が及ぶ。
⑤ 一人の所有者の区域については、「一人協定」が認められる。
⑥ 建築協定を廃止しようとする場合は、建築協定区域内の土地の所有者等

（当該建築協定の効力が及ばない者を除く）の過半数の合意をもって特定行政庁に申請し、特定行政庁は廃止の認可をした場合は公告する。

(注) この他にも、種々の規定が設けられている。

第 3 節　地区計画

　地区計画が導入される前のまちづくりは、用途地域などの土地利用規制や市街地再開発事業等のマクロな視点からの都市計画と、建築基準法に基づく敷地単位のミクロな規制・誘導手法とで行われてきたが、経済発展とともに都市化が進展し、都市への人口集中などに伴う市街地の拡大が、ミニ開発の増加や生活道路整備の遅れなど居住環境の悪化や防災性の低下などをもたらす状況となってきた。

　このような課題に対応するため、マクロとミクロの両者の役割の差である中間領域を埋めて、それぞれの制度を連携させたきめの細かいまちづくり手法として制度化された仕組みが地区計画制度である。

1　地区計画の目的

　地区計画は、一定規模以上の区域について、主として居住者等の利用に供される道路、公園等の地区施設や建築等に関する制限を一体的かつ総合的に定め、開発行為や建築行為を適切に規制・誘導することにより、地区の特性にふさわしい良好な市街地環境の整備・保全を誘導することを目的とする。

2　地区計画の決定主体

　住民の意向を十分に反映させるため、原則として、地区の実情に精通している市町村が都市計画を決定する。

3　地区計画の種類

　都市計画法に規定されている地区計画は、つぎの5種類がある。

	法定されている地区計画
①	地区計画
②	防災街区整備地区計画（密集市街地整備法32条1項）
③	歴史的風致維持向上地区計画（地域における歴史的風致の維持及び向上に関する法律31条1項）
④	沿道地区計画（幹線道路の沿道の整備に関する法律9条1項）
⑤	集落地区計画（集落地域整備法5条1項）

4　地区計画の類型別の概要

[1] 地区計画

❶ 一般型地区計画（都市計画法12条の5）

① 区域：用途地域が定められている地区等
② 目的：良好な市街地環境の形成・保持を目指す。
　　　　区市町村マスタープラン等に即した望ましい市街地像の実現を図る。

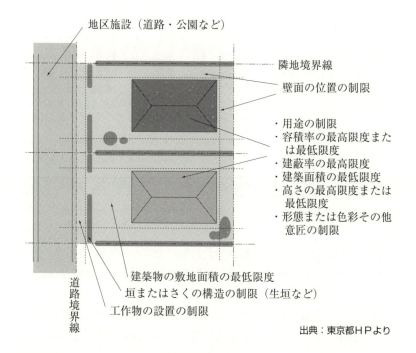

出典：東京都HPより

❷ 誘導容積型（都市計画法12条の6、法68条の4）

公共施設の整備と土地の有効利用を促進するため2段階の容積率を定め、道路等の整備に伴い高い容積率を適用する。

① 区域：公共施設が未整備な区域
② 目的：適正な配置および規模の公共施設の整備を推進するとともに、適正かつ合理的な土地利用の促進を図る。
③ 計画：現状の容積率（暫定容積率）と道路等の公共施設が整備されたあとの容積率（目標容積率）を定めて、それぞれ状況に応じて適用する。

誘導容積の考え方

容積率	容積率の概要	適用
目標容積率	道路等の公共施設が整備された場合の容積率	地区計画の内容に適合し、かつ、特定行政庁が交通上、安全上、防火上および衛生上支障がないと認めるものは、目標容積率を適用できる。
暫定容積率	公共施設の整備状況に応じた容積率で、まだ目標容積率未満	現状の公共施設の整備状況に応じて適用する。

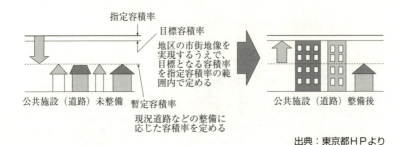

出典：東京都ＨＰより

❸ 容積適正配分型地区計画（都市計画法12条の7、法68条の5、68条の5の2）

地区の容積率をきめ細かく配分し直し、合理的な土地利用を促進するためのもの。

① 区域：適正な規模および配置の公共施設を備えた区域
② 目的：地区特性に応じた容積率規制を詳細に配分し、良好な市街地環境の形成を図る。
③ 計画：地区整備計画の区域を、容積を抑制すべき区域と高度利用すべき区域に区分して、それぞれの容積率の最高限度等を定める。

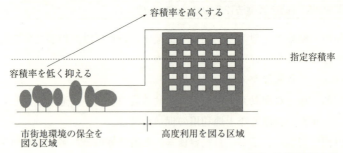

出典：東京都ＨＰより

❹ 高度利用型地区計画（都市計画法12条の8、法68条の5の3）

合理的かつ健全な高度利用と都市機能の更新とを図るためのもの。
① 区域：適正な規模および配置の公共施設を備えた区域
② 目的：敷地の統合を促進し、有効な空地を確保し、機能更新に必要な用途の導入を行い、土地の高度利用を図る。
③ 計画：公共・交通施設が十分に整備されている区域に、容積率の最高限度および最低限度、建築物の建蔽率の最高限度、建築物の建築面積の最低限度ならびに壁面の位置の制限を定める。
④ 容積率：法52条1項各号の指定容積率とみなす（法68条の5の3）。
⑤ 高さ制限：敷地内に道路に接して有効な空地が確保されていること等により、特定行政庁が、交通上、安全上、防火上および衛生上支障がないと認めて建築審査会の同意を得て許可した建築物については、法56条1項1号の道路斜線制限は適用しない。

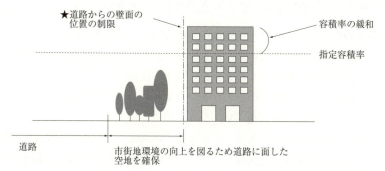

出典：東京都ＨＰより

❺ 用途別容積型（都市計画法12条の9、法68条の5の4）

住宅供給促進のため、住宅を含む建築物に係る容積率の最高限度を緩和するもの。
① 区　域：地区の特性に応じ、住居と住居以外の用途とを適正に配分し、住宅供給の促進を図る区域
② 目　的：住宅部分の容積を緩和し、住宅の立地誘導を図る。
③ 容積率：住宅用途部分を指定容積率の1.5倍まで緩和する（法68条の5の4）。
　　　　　法52条1項2号・3号の数値とみなす。

すべてが住宅の場合	≦指定容積率×1.5
すべてが非住宅の場合	≦指定容積率
一部が住宅の場合	算定式による

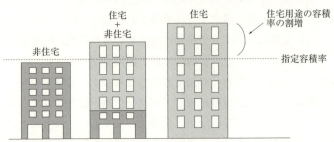

出典：東京都ＨＰより

⑥ 街並み誘導型地区計画（都市計画法12条の10、法68条の5の5）

市街地の統一された良好な街並みの形成を図るためのもの。

① 区域：地域の特性に応じた高さ、配列、形態および工作物の制限などを定めて、統一的な街並みを誘導する区域
② 目的：壁面の位置を制限し、適切な幅員の道路などを確保することにより、良好な市街地環境の形成を図る。
③ 計画：壁面の位置の制限（道路に面する壁面の位置を制限するものに限る。）、壁面後退区域における工作物の設置の制限および建築物の高さの最高限度を定めることができる。
④ 特定行政庁の認定
 ア 当該地区計画等の内容に適合し、かつ、特定行政庁が交通上、安全上、防火上および衛生上支障がないと認めるものは、前面道路による容積率制限（法52条2項）は、適用しない。
 イ 当該地区計画等の内容に適合し、かつ、敷地内に有効な空地が確保されていること等により、特定行政庁が交通上、安全上、防火上および衛生上支障がないと認めるものについては、道路斜線制限、隣地斜線制限、北側斜線制限（法56条）は、適用しない。

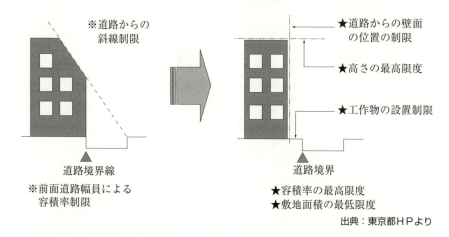

出典：東京都ＨＰより

❼ 立体道路制度（都市計画法12条の11）

道路と建築物の一体的整備を行うもの。

① 区域：都市計画道路の整備と道路上の建築物等の整備を一体的に行う区域
② 目的：道路整備の推進と道路と一体となる建築物等の整備による良好な市街地環境の実現
③ 計画：道路区域内で建築物等の敷地として併せて利用すべき区域（重複利用区域）と建築物等の建築の限界（道路整備上必要な空間）を定める。
④ 認定：法44条１項３号に規定する道路内の建築制限の特例を適用するため、特定行政庁の認定を受ける。

立体道路制度の図

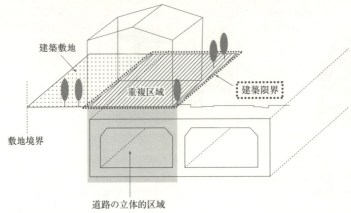

出典：東京都ＨＰより

［２］再開発等促進区を定める地区計画（都市計画法12条の５第３項）

　再開発等促進区を定める地区計画は、工場、鉄道操車場、港湾施設の跡地などの低・未利用地などにおいて、道路などの都市基盤と建築物を一体的に整備し、土地利用の転換を誘導する手法である。

① 区域：工場跡地等まとまった低・未利用地、密集市街地、老朽化した住宅団地等の区域
② 目的：都市基盤整備と建築物等との一体的整備を行うことにより、土地の有効利用、都市機能の更新、住宅団地の建替え、地域活性化の拠点づくり等を誘導し、都市環境の整備・改善、良好な市街地の形成を図る。
③ 計画：整備・開発および保全に関する方針、土地利用に関する基本方針、道路・公園等の主要な公共施設の配置および規模、地区整備計画を定める。
④ 許可：特定行政庁が、交通上、安全上、防災上および衛生上支障がないと認めて、建築審査会の同意を得て許可した場合—法48条（用途許可）、56条（斜線制限）は適用しない。
⑤ 認定：特定行政庁が、交通上、安全上、防災上および衛生上支障がないと認めた場合—法52条（容積率）、53条（建蔽率）、55条（絶対高さ）は適用しない。

再開発等促進区を定める地区計画

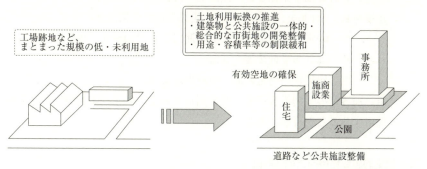

出典：東京都HPより

［3］開発整備促進区（都市計画法12条の5第4項）

　劇場、店舗、飲食店等の大規模な集客施設（「特定大規模建築物」という）の整備による商業その他の業務の利便の増進を図るため、一体的かつ総合的な市街地の開発整備を実施すべき区域（「開発整備促進区」という）を定める地区計画である。

　特定大規模建築物は、多数の人々を広い地域から集めることから、施設周辺の環境や交通網等に大きな影響を及ぼすおそれがあるため、第二種住居地域、準住居地域、工業地域、都市計画区域・準都市計画区域内の用地地域が指定されていない白地地域においては、その立地が制限されている。

　これらの施設の適切な立地を誘導するためのもので、開発整備促進区で地区整備計画が定められている区域内においては、法48条の用途地域に関する緩和がある。

［4］防災街区整備地区計画

　「密集市街地における防災街区の整備の促進に関する法律」（平成9年5月）に基づく地区計画である（同法32条1項）。

　道路、公園等の公共施設が不足している密集市街地で、火災時や地震時に、延焼防止上および避難上支障がある区域の改善などに活用される。

　①　区域：「密集法」に基づく、特定防災機能に支障がある区域
　②　目的：密集市街地内の、都市計画道路などの避難路に囲まれた区域などにおいて、公共施設を整備するとともに、建築物に防火制限を加え

第10章 ●市街地の開発整備と建築規制　　359

ること等により、避難路や広域避難地等に至るまでの避難経路や、一時避難地を確保し、当該区域の防災性の向上を図る。
③ 建築規制：令136条の2の5（特定建築物地区整備計画）
　　ア　特定地区防災施設に係る間口率7／10～9／10
　　イ　高さの最低限度　5m
　　ウ　建築物の構造制限　準耐火建築物以上
④ 用途別容積型、誘導容積型、容積適正配分型、街並み誘導型の地区計画を併用することが可能である。

［5］歴史的風致維持向上地区計画
「地域における歴史的風致の維持及び向上に関する法律」（平成20年5月）に基づく地区計画制度である（同法31条1項）。
① 区域：同法に基づき、歴史的風致の維持および向上を図ることによる良好な市街地環境の形成が、その都市の健全な発展および文化の向上に貢献することになる土地の区域
② 目的：歴史的風致の維持および向上と土地の合理的かつ健全な利用を図るため、用途地域による用途の制限にかかわらず、歴史的風致にふさわしい用途の建築物その他の工作物の整備および市街地の保全を総合的に行う。
③ 街並み誘導型地区計画との併用が可能である。

［6］沿道地区計画（幹線道路の沿道の整備に関する法律9条1項）
　沿道地区計画は、道路交通騒音による障害の防止と沿道の適切かつ合理的な土地利用を図るため、昭和55年5月に創設された「幹線道路の沿道の整備に関する法律（沿道法）」に基づく沿道整備計画を、平成18年10月の沿道法改正により沿道地区計画に改めたものである。
① 区域：沿道法に基づく、沿道整備道路（※）に接続する区域

> **用語チェック**　（※）**沿道整備道路**：交通騒音と交通量等が法に規定する値以上である幹線道路で、沿道への環境影響を考慮して知事が指定する道路

② 目的：道路交通騒音による障害の防止を図るため、既存建築物の防音性能を高めながら、沿道に面する建築物の高度利用を促し緩衝建築物の立地を促進するとともに、緩衝空地を整備することで、騒音を遮

　　　　る街並み形成を進めながら騒音障害を防止することを目的とする。
　③　計画：沿道整備に関する方針、建築物の構造・用途等に関する事項、緑
　　　地その他の緩衝空地の配置等
　④　条例：条例で定める制限（令136条の2の5）
　　　　ア　沿道整備道路に面する建築物の間口率7／10〜9／10
　　　　イ　高さの最低限度　5m
　　　　ウ　建築物の構造の制限　遮音・防音
　⑤　容積適正配分型、用途別容積型、誘導容積型、街並み誘導型、高度利用
　　　型、沿道再開発等促進区の沿道地区計画を適用することも可能である。

[7] 沿道再開発等促進区を定める沿道地区計画

　沿道再開発等促進区は、沿道整備道路沿いの低・未利用地等について、必要な公共施設の整備を行いつつ一体的に再開発することにより、道路交通騒音による障害の防止に寄与しつつ、土地の高度利用と都市機能の増進を図るものである。

　計画内容は、沿道の整備に関する方針、土地利用に関する基本方針、主要な公共施設の配置および規模等である。

　特定行政庁の許可および認定により、容積率、建蔽率、用途、高さに関する緩和措置がある。

[8] 集落地区計画（集落地域整備法）

　「集落地域整備法」に基づく、集落地域において、営農地区と住宅地区との調和を図る区域に適用する地区計画である。

　営農条件と調和のとれた良好な居住環境の計画的な整備と、適正な土地利用を図ることが目的である。

5　行為の届出

[1] 届出事項

　地区整備計画が定められている区域で、次のような行為を行おうとする者は、その行為に着手する日の30日前までに、国土交通省令で定める事項を、区市町村長に届け出なければならない。
　①　土地の区画形質の変更
　②　建築物の建築または工作物の建設

③ 建築物等の用途の変更
④ 建築物等の形態または意匠の変更
⑤ 木竹の伐採

[2] 届出の適用除外
① 通常の管理行為、軽易な行為等
② 非常災害のため必要な応急措置として行う行為
③ 国または地方公共団体が行う行為
④ 都市計画事業の施行として行う行為等
⑤ 開発許可を要する行為等

6 条例による制限（法68条の2）

地区計画等の区域のうち、地区整備計画が定められている区域内において、建築物の敷地、構造、建築設備または用途に関する事項で、当該地区計画等の内容として定められたものを、市町村の条例（地区計画条例）で、これらに関する制限として定めることができる。条例の制定は政令（令136条の2の5）に定める基準に従い行うものとされている（1項・2項）。

条例による主な制限の概要　（令136条の2の5）

主な制限項目	条件
建築物の用途の制限	合理的な制限であることが明らかなもの
建築物の容積率の最高限度	5／10以上
建築物の建蔽率の最高限度	3／10以上
建築物の敷地面積の最低限度	市街地の環境の維持増進に貢献する合理的な数値であること
壁面の位置の制限	建築物の壁もしくはこれに代わる柱の位置の制限または当該制限と併せて定められた建築物に附属する門もしくは塀で高さ2m超の位置の制限であること
建築物の高さの最高限度	地階を除く階数が2である建築物の通常の高さを下回らない数値であること
建築物の高さの最低限度、建築物の容積率の最低限度および建築物の建築面積の最低限度	商業、業務または住居の用に供する中高層の建築物を集合して一体的に整備すべき区域その他の土地の合理的かつ健全な高度利用を図るべき区域について、当該区域の高度利用を促進するに足りる合理的な数値であること

	建築物の形態または意匠の制限	建築物の屋根または外壁の形態または意匠をその形状または材料によって定めた制限であること
	垣または柵の構造の制限	建築物に附属する門または塀の構造をその高さ、形状または材料によって定めた制限であること

7　予定道路の指定（法68条の7）

　特定行政庁は、地区計画等に道の配置および規模またはその区域が定められている場合で、一定の条件に該当するときは、当該地区計画等の区域において、地区計画等に定められた道の配置および規模またはその区域に即して、予定道路の指定を行うことができる。

H30年度 一級建築士 学科試験（法規）に挑戦！

〔No.20〕地区計画等又は建築協定に関する次の記述のうち、建築基準法上、誤っているものはどれか。

1. 建築主事を置かない市町村であっても、地区計画等の区域（地区整備計画等が定められている区域に限る。）内において、建築物の敷地、構造、建築設備又は用途に関する事項で当該地区計画等の内容として定められたものについて、所定の基準に従い、これらに関する制限として条例で定めることができる。
2. 地区計画の区域のうち再開発等促進区で地区整備計画が定められている区域のうち建築物の容積率の最高限度が定められている区域内においては、当該地区計画の内容に適合する建築物で、特定行政庁が交通上、安全上、防火上及び衛生上支障がないと認める建築物については、建築基準法第52条の規定は、適用されない。
3. 建築協定には、建築物に附属する門及び塀の意匠に関する基準を定めることができる。
4. 建築協定区域隣接地の区域内の土地に係る土地の所有者等は、建築協定の認可等の公告があった日以後いつでも、当該土地に係る土地の所有者等の過半数の合意により、特定行政庁に対して書面でその意思を表示することによって、当該建築協定に加わることができる。

【正解　4】地区計画

1. 法68条の2第1項　地区計画等を条例で定めることができる主語は市町村。正しい。
2. 法68条の3第1項の記載のまま。正しい。
3. 法69条1項　建築物の敷地、位置、構造、用途、形態、意匠又は建築設備に関する基準についての協定を締結することができ、建築物に付属する門及び塀は法2条一号にて建築物であるため、意匠に関する基準も定めることができる。正しい。
4. 法74条2項　建築協定の変更は、前4条の規定の認可の手続が準用されるため、法70条3項により全員の同意が必要。誤り。

第11章 都市計画法

第 1 節　都市計画法の変遷

1　旧都市計画法の時代

　日本における近代的都市づくりとしては、明治5年の銀座の大火を契機に、明治政府が銀座に建設した煉瓦街を挙げることができる。その後、明治21年に「東京市区改正条例」が制定され、日比谷公園や上野公園、皇居まわりの道路などが整備されていった。

　大正8年に旧都市計画法が制定され、あわせて東京市区改正条例が廃止された。その4年後の大正12年に関東大震災が起こり、被災からの復興のため帝都復興事業が実施された。大規模な土地区画整理事業が実施され、罹災した市街地の相当な区域が、都市計画の手法や事業によって整備されていった。

　その後も都市計画の策定を拡大しつつ都市計画事業を実施していったが、太平洋戦争が激化したことなどから、都市計画事業などはすべて中止されることとなった。

　終戦後の昭和21年9月、戦災復興のための「特別都市計画法」を制定し、戦災復興の第一歩である復興土地区画整理事業等が開始された。その後、昭和25年6月に、国家事業として首都東京を建設するため「首都建設法」が制定されているが、市街地の郊外への拡大など東京の巨大化に十分に対応できなくなり、昭和31年4月、首都圏という広域的な観点からの整備を図るため「首都圏整備法」が制定されている。

2　新都市計画法の制定

　昭和30年代の高度経済成長に伴い、大都市へ人口、産業が急激に集中したことから、都市やその周辺部では、土地利用の混乱や無秩序な市街地が拡大するスプロール化などが進展し、通勤難、住宅不足、各種公害などの都市問題が指摘されるようになった。

　このような都市問題に対処し、良好な市街地環境を確保しつつ望ましい都市づくりを実現していくためには、計画的な土地利用の誘導などの都市計画の充実が必要であることから、昭和43年6月に新都市計画法が公布され、44年6月に施行された。

> **新都市計画法の特徴**
> ❶ 都市計画の決定権限を、都道府県知事および市町村に委譲した。
> ❷ 住民参加手続きを加えた。
> ❸ スプロール化防止方策として、都市計画区域を市街化区域と市街化調整区域に区域区分した。
> 　ア　市街化区域―既に市街地を形成している区域およびおおむね10年以内に優先的かつ計画的に市街化を図るべき区域
> 　イ　市街化調整区域―市街化を抑制すべき区域
> ❹ 区域区分を担保するため、開発許可制度を導入した。―市街化調整区域では原則として、自ら必要な公共施設を整備して市街地を計画的に開発するもののみを例外的に許可することができるとした。

3　都市計画法の主な改正経緯

(1) 昭和45年6月　用途地域を4種類から8種類へ拡充―用途の純化と土地の高度利用の促進

(2) 昭和55年　地区計画制度の創設―市町村決定、届出・勧告制の導入
　　　　　　　都市再開発法の改正―「市街化区域及び市街化調整区域の整備、開発又は保全の方針」に都市再開発方針を定めることを義務化

(3) 昭和63年　再開発地区計画制度の創設

(4) 平成2年　用途別容積型地区計画制度、住宅地高度利用地区計画制度、遊休土地転換利用促進地区制度の創設

(5) 平成4年　・用途地域を8種類から12種類へ細分化―住環境の保護等
　　　　　　　・誘導容積制度の創設
　　　　　　　・市町村の都市計画の基本的な方針の創設
　　　　　　　・地区計画制度の拡充
　　　　　　　・開発許可制度の改善
　　　　　　　・都市計画区域以外の区域における建築制限の合理化
　　　　　　　・木造建築物に関わる制限の合理化

(6) 平成7年1月　「被災市街地復興特別措置法」の制定―阪神・淡路大震災への対応および今後の大災害への対応
　　　　　　　都市計画に被災市街地復興推進地域を創設

(7) 平成9年5月　「密集市街地における防災街区の整備の促進に関する法律」

　　　　　　　　制定
　　　　　　　　都市計画に防災街区整備地区計画を創設
(8)　平成9年6月　高層住居誘導地区を創設―都心地域等の高層住宅の建設を
　　　　　　　　誘導
(9)　平成10年11月　特別用途地区の多様化―11種類に限定された類型を廃止
(10)　平成12年5月　・都市計画区域の整備、開発および保全の方針（都市計画
　　　　　　　　　マスタープラン）の義務化
　　　　　　　　・都市計画決定システムの合理化
　　　　　　　　・特例容積率適用地区制度の創設
　　　　　　　　・準都市計画区域制度、特定用途制限地域制度の創設
(11)　平成18年5月　まちづくり三法の見直し
(12)　平成23年5月　「地域の自主性及び自立性を高めるための改革の推進を図
　　　　　　　　るための関係法律の整備に関する法律」―区市が決定する
　　　　　　　　都市計画に関する都道府県の同意を不要とする。

第 2 節　国土計画関係法令

1　国土形成計画法

　日本の国土政策は昭和25年に制定された国土総合開発法によって基本的な方向が示されてきた。この法律は、当時の社会経済状況を反映し、開発の拡大を目指したものであったが、その後、戦災復興から高度成長期を経て、安定成長期へと移るなかで、国土総合開発法の考え方は時代とのずれが表れてきた。

　このような状況を背景に、平成17年7月、国土総合開発法を見直して「国土形成計画法」に改正し、それまでの全国総合開発計画を「国土形成計画」に改めた。

　この法律は、国土の自然的条件を考慮して、経済、社会、文化等に関する施策の総合的見地から国土の利用、整備および保全を推進するため、国土形成計画の策定その他の措置を講ずることにより、国土利用計画法による措置と相まって、現在および将来の国民が安心して豊かな生活を営むことができる経済社会の実現に寄与することを目的とするものである。

　国土形成計画は、国土の利用、整備および保全に関する施策の指針としての「全国計画」と、地方ブロックを単位とする複数の「広域地方計画」とから構成されている。

[1] 全国計画（閣議決定）

　国土形成計画の全国計画は、総合的な国土の形成に関する施策の指針となるべきものとして、①基本的な方針、②目標、③全国的な見地から必要とされる基本的な施策について定めるとされている。さらに、環境の保全に関する国の基本的な計画との調和が保たれたものとするとされている。

　現在の計画は、平成27年8月に閣議決定されたもので、急激な人口減少、巨大災害の切迫等、国土に係る状況の大きな変化に対応した、平成27年からおおむね10年間の国土づくりの方向性を定めるものである。

　この計画では、国土の基本構想として、それぞれの地域が個性を磨き、異なる個性を持つ各地域が連携することによりイノベーションの創出を促す「対流促進型国土」の形成を図ることとし、この実現のための国土構造として「コンパクト＋ネットワーク」の形成を進めるとしている。

[2] 広域地方計画（国土交通大臣決定）

首都圏、近畿圏、中部圏その他の二以上の都府県の区域であって、一体として総合的な国土の形成を推進する必要があるものとして政令で定める区域（広域地方計画区域）について、広域地方計画を定める。

広域地方計画区域における国土の形成に関する①方針、②目標、③広域の見地から必要とされる主要な施策（特に必要があると認められる区域外にわたるものを含む）を定める。北海道と沖縄県を除き、全国を首都圏、近畿圏、中部圏、東北圏、北陸圏、中国圏、四国圏、九州圏の8広域地方計画区域に分け、各区域別に計画を定めている。

2　国土利用計画法

昭和40年代後半より、大都市における地価の高騰などが顕在化するとともに、土地の投機的取引の増大による全国的な地価の高騰、乱開発による自然環境の破壊等が社会問題化した。このような土地問題に対処するため、昭和49年、総合的かつ計画的な国土利用を図ることを目的に、「国土利用計画法」が制定された。この法律には、国土利用計画および土地利用基本計画の策定、土地取引の規制等が定められている。

平成17年の国土計画体系の見直しにより、国土利用計画と国土形成計画は一体的に策定することとなった。

[1] 国土利用計画

この計画は、自然、社会、経済、文化などの各種の要因を考慮し、総合的かつ長期的な視点から、公共の福祉の優先、自然環境の保全が図られた国土の有効利用を、計画的に図ることを目的としている。

計画事項は、①国土利用の基本構想、②農地、森林、宅地等の利用目的に応じた規模の目標および地域別概要、③目標達成のための措置の概要などである。

全国の区域について定める「全国計画」、都道府県の区域について定める「都道府県計画」、市町村の区域について定める「市町村計画」がある。

[2] 全国計画（閣議決定）

国土交通大臣が、都道府県知事と国土審議会の意見を聞いて案を作成し、閣議の決定を経て定める。

現行の計画は、平成27年8月に策定された第5次計画で、人口減少化の国土利用のあり方として「適切な国土管理を実現する国土利用」、「自然環境と美し

い景観等を保全・再生・活用する国土利用」、「安全・安心を実現する国土利用」を基本方針として、国土の安全性を高め、持続可能で豊かな国土を形成する国土利用を目指すとしている。

[3] 都道府県計画

都道府県計画は、都道府県の区域内における国土利用の方向を示すもので、全国計画を基本として作成することとされている。市町村長、各都道府県に設置された審議会等の意見を聞いたうえで定められる。各都道府県が策定する「土地利用基本計画」は、全国計画および都道府県計画を基本とすることとされている。

[4] 市町村計画

市町村計画は、市町村の区域内における国土利用の方向を示すもので、都道府県計画を基本として作成することとされている。公聴会などにより住民の意向を十分に反映させる措置を講じたうえで定められる。

第 3 節　都市計画法の概要

1　都市計画法の目的（法1条）

都市計画法（以下「都計法」）は、都市計画の内容および決定手続、都市計画制限、都市計画事業その他都市計画に関し必要な事項を定めることにより、都市の健全な発展と秩序ある整備を図り、国土の均衡ある発展と公共の福祉の増進に寄与することを目的としている。

2　基本理念（法2条）

都市計画は、農林漁業との健全な調和を図りつつ、健康で文化的な都市生活および機能的な都市活動を確保すべきこと、ならびにこのためには適正な制限のもとに土地の合理的な利用が図られるべきことを基本理念として定めるものとする。

3　都市計画区域・準都市計画区域

[1] 都市計画区域（法5条）

(1) 都市計画を策定する場であり、原則としてこの区域内の土地について都市計画が定められ、土地利用規制、都市施設整備、市街地開発事業等が実施される。

(2) 市または人口、就業者数その他の事項が、令2条に定める一定の要件に該当する町村の中心街を含み、かつ、自然的および社会的条件ならびに人口、土地利用、交通量等に関する現況および推移を勘案して、一体の都市として総合的に整備、開発および保存する必要がある区域を都市計画として指定する。

(3) 必要があるときは、当該市町村の区域外にわたって、指定することができる。

(4) 都道府県知事が、関係市町村の意見を聴き、かつ都市計画地方審議会の議を経て国土交通大臣の同意を得て指定する（法18条）。

[2] 準都市計画区域（法5条の2）

(1) 都市計画区域外の区域のうち、相当数の住居その他の建築物の建築またはその敷地の造成が現に行われ、または行われると見込まれる一定の区域で、当該区域の自然的および社会的条件ならびに農業振興地域の整備に関する法

律その他の法令による土地利用の規制の状況を勘案して、そのまま土地利用を整序することなく放置すれば将来における都市としての整備、開発および保全に支障が生じるおそれがあると認められる区域を準都市計画区域として指定することができる。
(2) 都道府県知事が、都市計画区域と同様の手続きを経て指定する。

4　基礎調査（法6条）

都道府県知事は、都市計画区域について、おおむね5年ごとに、人口規模、産業分類の就業人口の規模、市街地の面積、土地利用、交通量等に関する現況および将来の見通しについて調査を行うものとされている。

5　都市計画の内容（法2章）

[1] 都市計画区域の整備、開発および保全の方針（都市計画区域マスタープラン）（法6条の2）

(1) 都市計画は、都市計画区域を一体的、総合的に整備、開発、保全することを目的として定めるもので、その都市あるいは街の将来像を示すものである。
(2) このため都市計画法では、すべての都市計画区域について、都市計画の目標や土地利用、都市施設の整備、市街地開発事業に関する方針等を、都市計画区域の整備、開発および保全の方針（都市計画区域マスタープラン）として定めるとしている。
(3) 個別の具体的な都市計画は、この方針に即して定めることになる。

[2] 区域区分（法7条）

(1) 区域区分は、都市計画区域について、無秩序な市街化を防止し、計画的な市街化を図る必要がある場合に、都市計画に市街化区域と市街化調整区域との区分を定めることである。
(2) 市街化区域は、すでに市街化している区域およびおおむね10年以内に優先的かつ計画的に市街化を図るべき区域である。
(3) 市街化調整区域は、市街化を抑制すべき区域である。
(4) 都道府県が、都市計画区域ごとに必要性を判断して定める。首都圏整備法、近畿圏整備法、中部圏整備法に定める整備地域および政令で定める区域については、必ず定めることとされている。

[3] 都市再開発方針等（法7条の2）
(1) 都市計画区域に、①都市再開発の方針、②住宅市街地の開発整備の方針、③拠点業務市街地の開発整備の方針、④防災街区整備方針を定めることができる。
(2) 都市計画を定めるときは、この都市再開発方針等に即したものでなければならない。

[4] 地域地区（法8条、9条）
(1) 地域地区は、都市における土地利用の全体像を示すものである。
(2) 都市計画区域内の土地を、その利用目的に応じて区分し、建築物や工作物の用途、構造等を規制、誘導することにより土地の合理的な利用を図るものである。

地域地区の種類（都計法8条、令4条）

ア　用途地域

第一種低層住居専用地域	低層住宅に係る良好な住居の環境を保護するため定める地域
第二種低層住居専用地域	主として低層住宅に係る良好な住居の環境を保護するため定める地域
第一種中高層住居専用地	中高層住宅に係る良好な住居の環境を保護するため定める地域
第二種中高層住居専用地域	主として中高層住宅に係る良好な住居の環境を保護するため定める地域
第一種住居地域	住居の環境を保護するため定める地域
第二種住居地域	主として住居の環境を保護するため定める地域
準住居地域	道路の沿道としての地域の特性にふさわしい業務の利便の増進を図りつつ、これと調和した住居の環境を保護するため定める地域
田園住居地域	農業の利便の推進を図りつつ、これと調和した低層住宅に係る良好な住居の環境を保護する地域
近隣商業地域	近隣の住宅地の住民に対する日用品の供給を行うことを主たる内容とする商業その他の業務の利便を増進するため定める地域
商業地域	主として商業その他の業務の利便を増進するため定める地域
準工業地域	主として環境の悪化をもたらすおそれのない工業の利便を増進するため定める地域
工業地域	主として工業の利便を増進するため定める地域
工業専用地域	工業の利便を増進するため定める地域

イ　形態構造上の地域地区

防火地域	防 火 地 域	家屋の密集度が高い地域で、耐火建築物の建築を促進し、市街地における火災の危険を防除するための地域
	準 防 火 地 域	大規模建築物・高層建築物などは、耐火建築物に、その他の建築物もできるだけ不燃化を図ることによって、市街地における火災の危険を防除するための地域
高度地区	最高限高度地区	用途地域内において、市街地の環境を維持するため、建築物の高さの最高限度を定める地区
	最低限高度地区	用途地域内において、土地利用の増進を図るため、建築物の高さの最低限度を定める地区

ウ　その他の地域地区（主なものを掲げる）

特 別 用 途 地 区	地区の特性にふさわしい土地利用の増進、環境の保護等の特別の目的の実現を図るため、指定されている用途地域を補完して定める地区
特例容積率適用地区	適正な配置および規模の公共施設を備えた土地の区域で、未利用となっている建築物の容積の活用を促進して土地の高度利用を図るため定める地区
高層住居誘導地区	都心居住を推進し、職住近接の都市構造を実現するために指定する地区
高 度 利 用 地 区	用途地域内の市街地における土地の合理的かつ健全な高度利用と都市機能の更新とを図るため、建築物の容積率の最高限度および最低限度、建築物の建ぺい率の最高限度、建築物の建築面積の最低限度ならびに壁面の位置の制限を定める地区
特 定 街 区	街区の整備または造成が行われる地区について、都市計画的な配慮の下に、良好な環境と健全な形態を有する建築物を建築し、あわせて有効な空地を確保することなどにより、都市機能の更新、魅力的な都市空間の保全形成を図るための地区
都市再生特別地区	都市再生緊急整備地域において、都市の再生に貢献し、土地の合理的かつ健全な高度利用を図る特別の用途、容積、高さ、配列等の建築物の建築を誘導する必要があると認められる区域について、都市計画に定めるもの
特定防災街区整備地区	密集市街地において特定防災機能の確保と土地の合理的かつ健全な利用を図るための地区 建築物の構造に関する防火上の制限、敷地面積の最低限度のほか、必要に応じて壁面の位置の制限、建築物の防災都市計画施設に係る間口率の最低限度および建築物の高さの最低限度を定める。
景 観 地 区	市街地の良質の形成を図るため定める地区
風 致 地 区	都市の風致の保全を図り、都市環境の保全を図ることを目的とするもの。この地区には、条例による建築物等の制限がある。
駐車場整備地区	商業地域・近隣商業地域において、道路の効用を保持し、円滑な道路交通を確保するために、指定される。

臨　港　地　区	港湾の機能を効率的に管理運営するために指定される地区
特別緑地保全地区	都市緑地法に基づく地区で、都市の緑地保全および緑地推進を図り、市街地の良好な環境の確保を目的として、指定される。
流 通 業 務 地 区	既成市街地の周辺部の地域で、流通施設を集約化することによって、都市の流通機能の向上および道路交通の円滑化を図るために指定する。
生 産 緑 地 地 区	生産緑地法に基づく地区で、市街化区域内の農地（約5,656.8ha）のうち、農地を保全することにより良好な都市環境の形成を図ろうとするもの

［5］促進区域（法10条の2）

　促進区域は、主として土地所有者等に対して、その土地を積極的に利用するように、一定の土地利用を義務付けるもので、次のものがある。
- ① 市街地再開発促進区域
- ② 土地区画整理促進区域
- ③ 住宅街区整備促進区域
- ④ 拠点業務市街地整備土地区画整理促進区域

［6］遊休土地転換利用促進地区（法10条の3）

　市街化区域内において、相当の期間、住宅や事業用施設として利用されていない低・未利用の土地について、効果的に土地利用転換を図り、有効かつ適切な利用を促進し、周辺地域と一体となった良好な市街地の形成と都市機能の増進を図ることを目的とする制度である。

［7］被災市街地復興推進地域（法10条の4）

(1) 平成7年1月の「阪神・淡路大震災」による被災市街地の本格復興と、今後大規模災害が発生した場合に即時対応ができるよう、平成7年2月に制定された「被災市街地復興特別措置法」に基づく制度である。
(2) 都市計画として、被災市街地復興推進地域が創設され、復興のための土地区画整理事業の拡充等が図られた。

［8］都市施設（法11条）

(1) 都市施設は、道路や都市高速鉄道等、市民生活や産業活動などに必要不可欠な施設であり、都市の骨格を形づくるものである。
(2) 都市の発展と秩序ある整備を目標として、都市計画に定める。

(3) 特に必要があるときは、当該都市計画区域外においても定めることができる。

都市施設の種類
❶ 道路、都市高速鉄道、駐車場、自動車ターミナルその他の交通施設
❷ 公園、緑地、広場、墓園その他の公共空地
❸ 水道、電気供給施設、ガス供給施設、下水道、汚物処理場、ごみ焼却場その他の供給施設または処理施設
❹ 河川、運河その他の水路
❺ 学校、図書館、研究施設その他の教育文化施設
❻ 病院、保育所その他の医療施設または社会福祉施設
❼ 市場、と畜場または火葬場
❽ 一団地の住宅施設
❾ 一団地の官公庁施設
❿ 流通業務団地
⓫ 電気通信事業の用に供する施設
⓬ 防風、防火、防水、防雪、防砂、防潮の施設

[9] 市街地開発事業（法12条）

(1) 面的な開発整備手法によって、良好な市街地を積極的に形成していくための都市計画である。
(2) 都市計画区域において、次の事業で必要なものを定める。
　① 土地区画整理事業（土地区画整理法）
　② 新住宅市街地開発事業（新住宅市街地開発法）
　③ 工業団地造成事業（首都圏の近郊整備地帯及び都市開発区域の整備に関する法律、近畿圏の近郊整備区域及び都市開発区域の整備及び開発に関する法律）
　④ 市街地再開発事業（都市再開発法）
　⑤ 新都市基盤整備事業（新都市基盤整備法）
　⑥ 住宅街区整備事業（大都市地域における住宅地等の供給の促進に関する特別措置法）
　⑦ 防災街区整備事業（密集市街地整備法）

[10] 市街地開発事業等予定区域（法12条の2）

面的な開発事業が都市計画決定されるまでの間の、乱開発や投機的取引を防止することを目的に、事業の種類、名称、施行予定者、区域等の基本事項が明確になった段階で、予定区域として定める都市計画である。

予定区域の種類
❶ 新住宅市街地開発事業の予定区域
❷ 工業団地造成事業の予定区域
❸ 新都市基盤整備事業の予定区域
❹ 区域面積20ha以上の一団地の住宅施設の予定区域
❺ 一団地の官公庁施設の予定区域
❻ 流通業務団地の予定区域

[11] 地区計画等（法12条の4）
(1) 建築物の形態、公共施設の配置等からみて、一体としてその地域の特性にふさわしい良好な市街地環境の整備・保全を誘導するため、道路、公園の配置や建築物に関する制限等を定める。
(2) 区市町村が都市計画として決定する。

地区計画の種類
❶ 地区計画
❷ 防災街区整備地区計画（密集市街地整備法）
❸ 歴史的風致維持向上地区計画（地域における歴史的風致の維持及び向上に関する法律）
❹ 沿道地区計画（幹線道路の沿道整備に関する法律）
❺ 集落地区計画（集落地域整備法）

[12] 都市計画基準（法13条）
(1) 都市計画は、国土形成計画、首都圏整備計画、近畿圏整備計画、中部圏開発整備計画、北海道総合開発計画、沖縄振興計画その他の国土計画又は地方計画に関する法律に基づく計画及び道路、河川、鉄道、港湾、空港等の施設に関する国の計画に適合するとともに、当該都市の特質を考慮して(※)、次に掲げるところに従って、土地利用、都市施設の整備および市街地開発事業に関する事項で当該都市の発展と秩序ある整備を図るため必要なものを、一体

的かつ総合的に定めなければならない。この場合においては、当該都市における自然的環境の整備または保全に配慮しなければならない（1項）。

(※) 法13条1項各号に、各都市計画に応じた事項が規定されている。

(2) 都市計画の策定に関する技術的基準は、政令に規定している（6項）。
(3) 都市計画区域、準都市計画区域その他の基準は、13条2項から5項に規定されている。

6 都市計画の決定手続き

[1] 都市計画を定める者（法15条）

(1) 都市計画の内容に応じて、都道府県知事、区市町村長、国土交通大臣が定める。
(2) 都道府県は、広域的観点や根幹的な都市施設等の次に掲げる都市計画を定める。
　① 都市計画区域の整備開発および保全の方針
　② 区域区分
　③ 都市再開発方針等
　④ 地域、地区（都計法8条1項4号の2、9号～13号、16号）
　⑤ 一の市町村の区域を超える広域の見地から決定すべき地域、地区
　⑥ 都市施設として政令（令9条）で定めるもの
　⑦ 根幹的都市施設として政令（令9条）で定めるもの
　⑧ 市街地再開発事業（政令で定める事業を除く）
　⑨ 市街地開発事業等予定区域
(3) 上記の都道府県が定めるもの以外の都市計画は、区市町村が定める。
(4) 2以上の都府県の区域にわたる都市計画区域に係る都市計画は、国土交通大臣および市町村が定める（法22条）。
(5) 都道府県が都市計画を定めるときは、関係区市町村の意見を聴き、かつ、都市計画地方審議会の議を経なければならない。
(6) さらに、国の利害に重大な関係のある政令で定める都市計画を決定する場合には、国土交通大臣の同意を得なければならない（法18条）。
(7) 市町村（特別区を含む）が都市計画を決定する場合には、市町村の都市計画地方審議会の議を経るとともに、都道府県と協議し定める。

[2] 公聴会の開催等（法16条）

(1) 都市計画の案を作成しようとする場合、必要があると認めるときは、公聴会の開催等住民の意見を反映させるために必要な措置を講ずる（1項）。
(2) 地区計画等の案は、区域内の土地の所有者等利害関係者の意見を求めて作成する（2項）。

[3] 案の縦覧等（法17条）

(1) 都市計画を決定しようとするときは、事前に公告し、2週間公衆の縦覧に供する（1項）。
(2) 住民および利害関係人は、縦覧期間中に意見書を提出することができる（2項）。
(3) 提出された意見書は、計画案審議の参考資料として都市計画審議会に提出される。

都市計画の決定手続きのフロー図

❶ 都道府県が定める都市計画

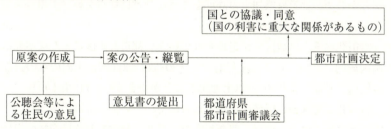

❷ 市町村が定める都市計画

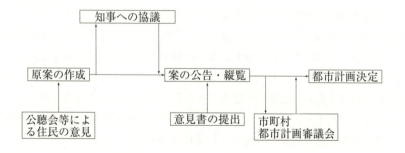

第 4 節　都市計画制限

1　開発許可制度

(1)　この制度は、都市計画区域外も含めすべての区域において、一定規模を超える開発行為を許可制とすることにより、スプロールを防止し、かつ、機能的な都市環境を確保しようとするものである。

(2)　特に市街化調整区域内においては、無秩序な市街化を防止するため、開発行為や建築行為等を原則として禁止し、許可要件に該当するもののみを例外的に許可することとしている。

(3)　開発行為とは、主として建築物の建築または特定工作物の建設の用に供する目的で行う土地の区画形質の変更をいう。

[1]　開発行為の許可（法29条）

　都市計画区域または準都市計画区域内において開発行為をしようとする者は、あらかじめ、都道府県知事の許可を受けなければならない（1項）。
　ただし、次のものは除かれる。

① 　市街化区域、区域区分が定められていない都市計画区域または準都市計画区域内において行う開発行為で、その規模が1,000㎡未満のもの（都道府県は、必要により300㎡以上とすることができる）（令19条1項）

② 　市街化調整区域、区域区分が定められていない都市計画区域または準都市計画区域内において行う開発行為で、農業、林業もしくは漁業の用に供する政令で定める建築物またはこれらの業務を営む者の居住の用に供する建築物の建築の用に供する目的で行うもの

③ 　駅舎その他の鉄道の施設、図書館、公民館、変電所その他これらに類する公益上必要な建築物のうち、開発区域およびその周辺の地域における適正かつ合理的な土地利用および環境の保全を図るうえで支障がないものとして政令で定める建築物の建築の用に供する目的で行う開発行為

④ 　都市計画事業、土地区画整理事業、市街地再開発事業、住宅街区整備事業、防災街区整備事業の施行として行う開発行為

⑤ 　公有水面埋立法による埋立地であって、まだ告示がないものにおいて行う開発行為

⑥ 　非常災害のため必要な応急措置として行う開発行為

⑦ 　通常の管理行為、軽易な行為その他の行為で政令（令22条）で定めるもの

[2] 公共施設の管理者の同意、協議（法32条）

　開発許可の申請者は、あらかじめ、関係公共施設の管理者の同意を得、かつ、その工事により設置される公共施設を管理することとなる者その他政令（令23条）で定める者と協議しなければならない。

[3] 建築制限等（法37条）
(1) 開発行為の工事が完了し、検査を受け、完了公告があるまでは、建築物を建築し、または特定工作物を建設することは、原則としてできない。
(2) ただし、当該開発行為に関する工事用の仮設建築物、その他都道府県知事が認めたとき等においては、建築することができる。

2　田園住居地域内の建築規制（法52条）

　田園住居地域内の農地において、土地の形質の変更、建築物の建築その他工作物の建設または土砂その他政令で定める物件の堆積を行おうとする者は、市町村長の許可を受けなければならない。ただし、次の行為は、この限りでない。
　① 通常の管理行為、軽易な行為その他政令で定める行為
　② 非常災害のため必要な応急措置として行う行為
　③ 都市計画事業の施行として行う行為または準ずる行為

3　市街地開発事業等予定地の建築規制（法52条の2）

　都市計画として定められた市街地開発事業等予定区域内において、土地の形質の変更、建築物の建築その他工作物の建設を行おうとする者は、都道府県知事の許可を受けなければならない。
　ただし、次の場合はこの限りでない。
　① 通常の管理行為および軽易な行為
　② 非常災害の応急措置として行う行為
　③ 都市計画事業の施行またはこれに準ずる行為

4　都市計画施設等の区域内の建築規制

[1] 建築の許可（法53条）
(1) 都市計画施設の区域（都市計画道路、都市計画公園等）または市街地開発事業の施行区域内において建築物を建築しようとする者は、都道府県知事の

許可を受けなければならない。
(2) ただし、①政令で定める軽易な行為、②非常災害の応急措置として行う行為、③都市計画事業の施行またはこれに準ずる行為、④特定道路に関わる建築物等は除かれる。

[2] **許可の基準（法54条）**
都道府県知事等は、前条第一項の規定による許可の申請があった場合において、当該申請が次の各号のいずれかに該当するときは、その許可をしなければならない。
① 当該建築が、都市計画施設または市街地開発事業に関する都市計画のうち建築物について定めるものに適合するものであること。
② 当該建築が、第11条第3項の規定により都市計画施設の区域について都市施設を整備する立体的な範囲が定められている場合において、当該立体的な範囲外において行われ、かつ、当該都市計画施設を整備する上で著しい支障を及ぼすおそれがないと認められること。ただし、当該立体的な範囲が道路である都市施設を整備するものとして空間について定められているときは、安全上、防火上および衛生上支障がないものとして政令で定める場合に限る。
③ 当該建築物が次に掲げる要件に該当し、かつ、容易に移転し、または除却することができるものであると認められること。
　イ　階数が二以下で、かつ、地階を有しないこと。
　ロ　主要構造部（建築基準法第2条第5号に定める主要構造部をいう）が木造、鉄骨造、コンクリートブロック造その他これらに類する構造であること。

5　風致地区内の建築等の規制（法58条）

風致地区内における建築物の建築、宅地の造成、木竹の伐採等の行為については、政令で定める基準に従い、地方公共団体の条例で都市の風致を維持するため必要な規制をすることができる。

6　地区計画等の区域内の建築等規制（法58条の2）

地区計画の区域内（地区整備計画が定められている区域に限る）において、土地の区画形質の変更、建築物の建築その他政令で定める行為を行おうとする

者は、当該行為に着手する日の30日前までに、行為の種類、場所、設計または施行方法等の事項を市町村長（特別区の区長を含む）に届け出なければならない。

ただし、次の行為は除かれる。
① 通常の管理行為、軽易な行為等
② 非常災害の応急措置として行う行為
③ 国または地方公共団体が行う行為
④ 都市計画事業の施行またはこれに準ずる行為
⑤ 法29条1項（開発行為）の許可を要する行為等

7　都市計画事業の施行による建築等の制限（法65条）

事業認可の告示があった後においては、その事業地内において、都市計画事業の施行の障害となるおそれがある土地の形質の変更もしくは建築物の建築その他の工作物の建設を行い、または政令で定める移動の容易でない物件の設置もしくは堆積を行おうとする者は、都道府県知事の許可を受けなければならない。

● H30年度 一級建築士 学科試験（法規）に挑戦！

〔No．24〕次の記述のうち、都市計画法上、誤っているものはどれか。

1．都市計画区域又は準都市計画区域内において、図書館の建築の用に供する目的で行う開発行為で、その規模が4,000㎡のものについては、都道府県知事の許可を受けなければならない。
2．市街化調整区域のうち開発許可を受けた開発区域以外の区域内における仮設建築物の新築については、都道府県知事の許可を受ける必要はない。
3．都市計画施設の区域内において、地階を有しない鉄骨造、地上2階建ての建築物を改築する場合は、原則として、都道府県知事等の許可を受けなければならない。
4．地区整備計画が定められている地区計画の区域内において、建築物等の用途の変更を行おうとする場合に、用途変更後の建築物等が地区計画において定められた用途の制限及び用途に応じた建築物等に関する制限に適合するときは、当該行為の種類、場所、着手予定日等を市町村長に届け出る必要はない。

【正解　1】都市計画制限

1．都市計画法29条1項三号　図書館は対象外となる。誤り。
2．都市計画法43条1項三号　仮設建築物の新築は対象外。正しい。
3．都市計画法施行令37条　軽易な行為は、階数が2以下で、かつ、地階を有しない木造の建築物の改築又は移転とすると規定されているため、鉄骨造の場合、許可を受けなければならない。正しい。
4．都市計画法施行令38条の4第1項一号の記載のまま。正しい。

第12章 都市計画関連法令

第12章

食中毒原因物質各論

第1節　都市再開発法

1　目 的（法1条）

　都市再開発法は、市街地の計画的な再開発に関し必要な事項を定めることにより、都市における土地の合理的かつ健全な高度利用と都市機能の更新を図り、もって公共の福祉に寄与することを目的とする。

　都市の市街地のなかで、既成市街地において、共同化や環境整備を行うことで不燃化や高層化し、土地の有効利用を促進しようとするものである。

2　用語の定義（法2条）

市街地再開発事業	市街地の土地の合理的かつ健全な高度利用と都市機能の更新を図るため行われる建築物および敷地の整備、公共施設の整備に関する事業をいい、第一種市街地再開発事業と第二種市街地再開発事業に区分する。
施　行　者	市街地再開発事業を施行する者をいう。
施　行　地　区	市街地再開発事業を施行する土地利用計画の区域をいう。
公　共　施　設	道路、公園、広場等の公共の用に供する施設をいう。
宅　　　地	公共施設の用に供される国、地方公共団体等の所有する土地以外の土地をいう。
施　設　建　築　物	市街地再開発事業によって建築される建築物をいう。
施　設　建　築　敷　地	市街地再開発事業によって造成される建築敷地をいう。
借　地　権	建物の所有を目的とする地上権および賃借権をいう。
借　家　権	建物の賃借権をいう。

3　都市再開発の方針（法2条の3）

(1) 都市再開発の方針は、市街地における再開発の各種の計画や事業を、長期的かつ総合的に体系付けた再開発のマスタープランである。この方針に基づき、各種再開発を適正に誘導し、計画的な推進を図っている。

(2) 人口の集中の特に著しい政令で定める大都市を含む市街化区域において、都市計画に、次の事項を明らかにした都市再開発の方針を定めるよう努めるものとする（1項）。

① 計画的な再開発が必要な市街地の再開発の目標、土地の合理的かつ健全な高度利用および都市機能の更新に関する方針
② 上記の市街地のうち、特に一体的かつ総合的に市街地の再開発を促進すべき地区の整備または開発の計画の概要
(3) 上記の都市計画区域以外の都市計画区域内の市街化区域においては、都市計画に、当該区域のうち特に一体的かつ総合的に再開発を促進すべき地区の、整備または開発の計画の概要を明らかにした都市再開発の方針を定めることができる（2項）。

4　市街地再開発事業の概要

(1) 都市の既成市街地の中には、道路等の公共施設の整備が遅れていたり、狭小敷地が多く市街地環境もよくない地区や、老朽木造住宅が密集しており防災上危険な地区などが多く存在している。
　　都市再開発法に基づく市街地再開発事業は、このような地区を対象にして、個別の建替えを制限しながら、公共施設の整備と建築物の共同化を一体の事業として定め、一定のルールの下に開発整備を進めていく手法である。
(2) 市街地再開発事業は、道路等の公共施設の整備と土地の共同利用を進めることにより市街地環境の改善を図るものである。このような環境改善への貢献を評価し、容積率の緩和、土地建物の共同化に有する費用への助成、税制上の優遇措置などの制度を活用し事業を実施していく。
(3) 市街地再開発事業の事業費は、土地を高度利用することにより、従前権利者分を上回る床を生み出し、その床を売却した資金と補助金等を活用するしくみである。
(4) 都市計画と事業の関係
　　① 市街地再開発事業は、高度利用地区、都市再生特別地区、特定地区計画等区域内で施行することができる。
　　② 事業の種類は、第一種市街地再開発事業と第二種市街地再開発事業があり、都市計画で定める場合と定めない場合がある。
　　③ 第二種市街地再開発事業は、必ず都市計画で定めることが必要である。

都市計画と事業の関係

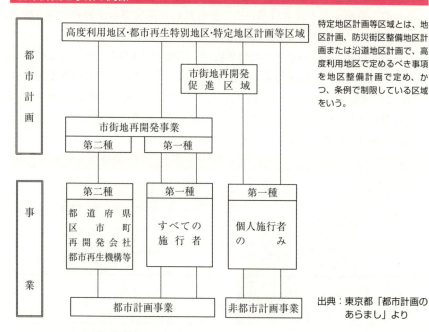

出典：東京都「都市計画のあらまし」より

(5) 市街地再開発事業を都市計画で定める要件

第一種市街地再開発事業の区域は次の①から④までの条件すべてに、第二種市街地再開発事業の区域は、面積0.5ha以上で、①から④までのすべてと⑤から⑦までのいずれかの条件に該当しなければならない。

① 高度利用地区、都市再生特別地区、特定地区計画等区域内であること。
② 耐火建築物がおおむね3分の1以下であること（老朽、低層、小規模などを除く）。
③ 公共施設の不足、土地利用の細分化等の土地利用状況であること。
④ 土地の高度利用が都市機能の更新に資すること。
⑤ 災害時の危険性が高いまたは環境改善の必要性が高い区域であること。
⑥ 駅前広場、防災公園、道路など重要な公共施設の整備を早急に進める必要がある区域であること。
⑦ 被災市街地復興推進地域であること。

5 第一種市街地再開発事業

(1) 第一種市街地再開発事業は、権利変換方式による事業である。

(2) 権利変換方式とは、再開発事業施行前の土地建物に関する権利（所有権、借地権、借家権等の従前資産）を、施行後の土地建物の権利の一部（権利床）に等価で置き換える方式である。
(3) 事業によって高度利用された建築物は、従前の床面積を上回る床面積を確保することになる。従前資産の権利がある床面積を上回る部分を保留床という。この保留床を売却し事業資金を得ることで事業を成立させるものである。
(4) 権利変換を希望しない権利者は、その旨を申し出ることにより、事業施行者から補償金を得て転出することができる。

権利変換の仕組み（第一種の場合）

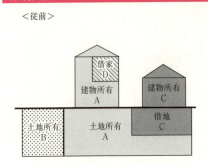
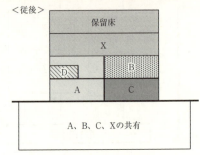

出典：東京都「都市計画のあらまし」より

6 第二種市街地再開発事業

(1) 第二種市街地再開発事業は、事業地区内の土地建物を、事業施行者が買い取る方式である。
(2) 第二種市街地再開発事業を施行できるのは、地方公共団体、再開発会社、都市再生機構等に限られる。
(3) 地区内に居住または営業することを希望する権利者は、地区内に建設される建築物の床を取得したい旨をあらかじめ申し出ることにより、従前資産に相当する床が確保される。

7 市街地再開発事業の施行者

❶ 個人施行者

事業区域内の土地の所有者または借地権者が、一人または複数人が共同して事業計画等を策定し、区域内の権利者全員の同意を得て、知事の認可を受けることで施行者となることができる。

区域内の権利者以外の者も、区域内の権利者全員の同意を得た場合には、当該再開発事業の施行者となることができる。

❷ 市街地再開発組合

5人以上の土地所有者または借地権者が発起人となり、事業計画等を策定し、区域内の土地所有者および借地権者の3分の2以上の同意を得、かつ、同意者の権利床面積が総権利床面積の3分の2以上ある場合に、知事の認可を受けて組合を設立し、施行者となる。

❸ 再開発会社

事業区域内の3分の2以上の面積を占める土地所有者および借地権者が議決権の過半を保有している等の要件を満たす株式会社および有限会社は、事業計画等を策定し、区域内の土地所有者および借地権者の3分の2以上の同意を得、かつ、同意者の権利床面積が総権利床面積の3分の2以上ある場合に、知事の認可を受けて施行者となる。

❹ 地方公共団体

都道府県は国土交通大臣の、区市町村は知事の事業認可を受けた場合に、施行者となる。

❺ 都市再生機構等

都市再生機構および地方住宅供給公社は、国土交通大臣の事業認可を受けることで、施行者となる。

第2節　区画整理法

1　目　的（法1条）

この法律は、土地区画整理事業に関し、施行者、施行方法、費用の負担等必要な事項を規定することにより、健全な市街地の造成を図り、もって公共の福祉の増進に資することを目的とする。

2　定　義（法2条）

❶　土地区画整理事業

都市計画区域内の土地について、公共施設の整備改善および宅地の利用増進を図るため、この法律で定めるところに従って行われる土地の区画形質の変更および公共施設の新設または変更に関する事業をいう。

❷　施行区域

都市計画法の規定により土地区画整理事業について都市計画に定められた施行区域をいう。

3　土地区画整理事業の概要

[1]　土地区画整理事業とは

(1)　土地区画整理事業は、土地区画整理法に基づき都市計画区域内において、道路、公園などの公共施設の整備改善と宅地の利用増進を図るため、土地の区画形質の変更などの開発行為を行う、面的整備事業である。

(2)　公共施設と宅地の一体的、総合的な整備が可能であり、市街地の面整備の代表的な手法である。

[2]　換地処分

❶　換地

換地とは、道路、公園等の公共施設を整備するため、個々の宅地の位置や面積を変更して再配置することであり、土地区画整理事業の特徴である。

❷　照応の原則

換地を決める際は、従前の宅地の位置、面積、環境、利用状況等と従後の換地とが照応するように定めることが原則である。

❸ 仮換地

　土地区画整理事業は、相当な期間が必要であり、自らの換地が確定するまで時間がかかるのが一般的である。そこで、造成工事が完了する前に、換地となるべき土地の位置、範囲等を明示する仕組みである。一般的に、仮換地が指定されると、新しい換地先に従前と同様の権利が発生し、代わりに従前の土地の使用収益権が停止される。

[3] 減歩

(1)　土地区画整理事業では、公共施設を整備するために必要な土地や、事業費に充てるための保留地を、各地権者から提供してもらうことになるが、このことを減歩という。

(2)　減歩の割合を減歩率という。土地区画整理事業の目的、事業区域内の公共施設の整備状況、事業区域の特性、個別の土地の評価等に応じて異なる。

(3)　地区内の整備工事や建物の移転などが完了すると、新しい町丁名、地番、宅地面積などが登記され、すべての権利が新しい土地に移転する。

(4)　縦覧・意見書の提出

　　土地区画整理事業は、地域の開発整備、関係者の権利や生活の改変などをもたらす事業であるため、事業計画および換地計画を定める際には、個人施行の場合を除き、2週間公衆の縦覧に供することと、利害関係者は意見書を提出できることが定められている。

土地区画整理説明図

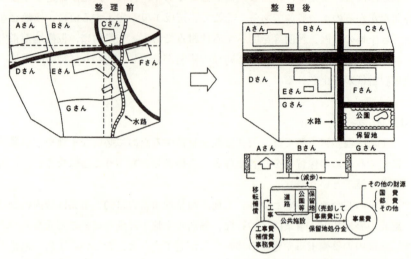

出典：東京都「都市計画のあらまし」より

4 土地区画整理事業の施行者

(1) 土地区画整理事業を施行できる者は、個人、土地区画整理組合、区画整理会社、地方公共団体（都道府県、区市町村）、国土交通大臣、都市再生機構、地方住宅供給公社である。

(2) 地方公共団体、国土交通大臣、都市再生機構、地方住宅供給公社は、都市計画事業として施行するため、土地区画整理事業に関する都市計画決定が必要である。

第 3 節　密集市街地法

1　概　要
　この法律の正式名称は、「密集市街地における防災街区の整備の促進に関する法律」である。
　老朽化した木造住宅が密集するとともに、公共施設の整備が遅れている木造密集地域は、大規模な地震が発生すると市街地大火を引き起こす可能性が高く、防災上脆弱な地域である。このような地域の防災性の向上を目指した法律である。

2　目　的（法1条）
　この法律は、密集市街地について、計画的な再開発や開発整備による防災街区の整備を促進することにより、密集市街地の防災機能の確保と土地の合理的かつ健全な利用を図り、もって公共の福祉に寄与することを目的とする。

3　定　義（法2条）

❶　密集市街地
　区域内に老朽化した木造建築物が密集しており、かつ、十分な公共施設が整備されていないなどから、特定防災機能が確保されていない市街地をいう。

❷　防災街区
　特定防災機能が確保され、土地の合理的かつ健全な利用が図られた街区をいう。

❸　特定防災機能
　火事または地震が発生した場合に延焼防止上、避難上確保されるべき機能をいう。

❹　防災公共施設
　密集市街地において特定防災機能を確保するために整備されるべき主要な道路、公園等の政令で定める公共施設をいう。

❺ 防災街区整備事業

　密集市街地において特定防災機能の確保と土地の合理的かつ健全な利用を図るため、この法律に従って行われる建築物および敷地の整備、防災公共施設等の整備に関する事業をいう。

4　防災街区整備方針（法 3 条）

　市街化区域内においては、密集市街地内について防災街区の整備を図るため、次に掲げる事項を明らかにした防災街区整備方針を定めることができる（1 項）。

　① 　特に一体的かつ総合的に市街地の再開発を促進すべき相当規模の地区（「防災再開発促進地区」という）および当該地区の整備、開発に関する計画の概要
　② 　防災公共施設の整備、これと一体となって特定防災機能を確保するための建築物や工作物の整備計画

5　建替え計画の認定（法 4 条）

［1］認定申請

　防災再開発促進地区内において、建築物の建替えをしようとする者は、建替計画を作成し、所管行政庁の認定を申請することができる（1 項）。

［2］認　定（5 条）

⑴　所管行政庁は、建替計画の申請があった場合、その計画が法に定める基準に適合するときは、当該計画を認定することができる。
⑵　建替計画が建築基準法の確認を必要とする場合は、所管行政庁はあらかじめ建築主事の同意を得なければならない（2 項）。
⑶　認定を受けた建築物は、確認を受けたものとみなされる（5 項）。

6　防災街区整備地区計画等（法 5 章）

⑴　国および地方公共団体は、防災街区整備方針に従い、再開発等による防災街区の整備を促進するため、特定防災街区整備地区、防災街区整備地区計画等の都市計画の決定、防災公共施設の整備に関する事業の実施等、必要な措置の実施に努めなければならない。
⑵　防災街区整備地区には、①防災公共施設の区域、②地区施設および建築物

の整備、③防災街区整備地区計画等を定める。

7　整備計画区域内の建築制限
(1)　特定建築物地区整備計画では、次の事項が定められる。
　　① 建築物の構造に関する防火上必要な制限
　　② 建築物の間口率
　　③ 高さの最高または最低限度
　　④ 用途制限
　　⑤ 容積率の最高または最低限度
　　⑥ 建蔽率の最高限度
　　⑦ 敷地面積または建築面積の最低限度
　　⑧ 壁面の位置の制限　　等
(2)　上記の事項は、市町村の条例で定めることができる。

第4節　都市緑地法

1　目　的（法1条）

　この法律は、都市における緑地の保全および緑化の推進に関し必要な事項を定めることにより、都市公園法等の都市における自然的環境の整備を目的とする法律と相まって、良好な都市環境の形成を図り、もって健康で文化的な都市生活の確保に寄与することを目的とする。

2　定　義（法3条）

　この法律において緑地とは、樹林地、草地、水辺地、岩石地等の土地が、単独もしくは隣接地と一体となって、良好な自然環境を形成しているものをいう。

3　緑地保全・緑化推進の基本計画（法4条）

(1) 市町村は、都市における緑地の適正な保全および緑化の推進に関する措置で、主として都市計画区域内において講じられるものを総合的かつ計画的に実施するため、当該市町村の緑地の保全および緑化の推進に関する基本計画を定めることができる（1項）。

(2) 基本計画に定める事項（2項）

　基本計画においては、おおむね次に掲げる事項を定めるものとする。

① 緑地の保全および緑化の目標
② 緑地の保全および緑化の推進のための施策に関する事項
③ 地方公共団体の設置に係る都市公園（都市公園法2条1項に規定する都市公園をいう。5項において同じ）の整備及び管理の方針その他緑地の保全および緑化の推進の方針に関する事項
④ 特別緑地保全地区内の緑地の保全に関する事項で次に掲げるもの
　ア　緑地の保全に関連して必要とされる施設の整備に関する事項
　イ　土地の買入れおよび買い入れた土地の管理に関する事項
　ウ　管理協定に基づく緑地の管理に関する事項
　エ　市民緑地契約に基づく緑地の管理に関する事項その他特別緑地保全地区内の緑地の保全に関し必要な事項
⑤ 生産緑地地区内の緑地の保全に関する事項
⑥ 緑地保全地域、特別緑地保全地区および生産緑地地区以外の区域であっ

て重点的に緑地の保全に配慮を加えるべき地区ならびに当該地区における緑地の保全に関する事項
⑦ 緑化地域における緑化の推進に関する事項
⑧ 緑化地域以外の区域であって重点的に緑化の推進に配慮を加えるべき地区および当該地区における緑化の推進に関する事項

4　緑地保全地域

[1] 緑地保全地域に関する都市計画（法5条）

都市計画区域または準都市計画区域内の緑地で次のいずれかに該当する相当規模の土地の区域については、都市計画に緑地保全地域を定めることができる。
① 無秩序な市街化の防止、公害もしくは災害の防止のため適性に保全する必要があるもの
② 地域住民の健全な生活環境を確保するため適性に保全する必要があるもの

[2] 緑地保全計画（法6条）

(1) 緑地保全地域の都市計画が定められた場合は、都道府県および当該市は緑地保全計画を定めなければならない（1項）。
(2) 緑地保全計画には、行為の規制または措置の基準、施設整備に関する事項、管理協定に関する事項、市民緑地契約に関する事項等を定める（2項・3項）。
(3) 都道府県等は、標識の設置等により、その区域が緑地保全地域である旨を明示しなければならない（法7条）。
(4) 緑地保全地域内の土地の所有者または占有者は、正当な理由がない限り、標識の設置を拒み、または妨げてはならない。

5　緑地保全地域の行為の届出等（法8条）

(1) 緑地保全地域内において、次の行為を行う者は都道府県知事等にその旨を届け出なければならない。
① 建築物、工作物の新築、改築、増築
② 宅地の造成、土地の開墾、土石の採取、鉱物の掘採等の土地の形質の変更
③ 木竹の伐採

④　水面の埋立て、干拓
⑤　政令で定める行為
(2)　都道府県知事等は、緑地保全のため必要があるときは、緑地保全計画の基準に従い、当該行為を禁止、制限、措置を取るべきことを命ずることができる。

6　特別緑地保全地区に関する都市計画（法12条）
(1)　次のいずれかに該当する区域は、都市計画に特別緑地保全地区を定めることができる（1項）。
　①　無秩序な市街地化の防止、公害防止等の遮断地帯、緩衝地帯、避難地帯として適切なもの
　②　当該地域で伝統的または文化的意義を有するもの
　③　風致または景観が優れているまたは動植物の生息のため必要なもの
(2)　特別緑地保全地区も、緑地保全地区と同様に標識を設置しなければならない（法13条）。

7　特別緑地保全地区における行為の制限（法14条）
(1)　特別緑地保全地区内においては、次の行為は都道府県知事等の許可を受けなければしてはならない。
　①　建築物、工作物の新築、改築、増築
　②　宅地の造成、土地の開墾、土石の採取、鉱物の掘採等の土地の形質の変更
　③　木竹の伐採
　④　水面の埋立て、干拓
　⑤　政令で定める行為
(2)　都道府県知事等は、許可の申請に係る行為が緑地保全上支障があるときは、許可をしてはならない。

8　地区計画等緑地保全条例（法20条）
(1)　市町村は、地区計画等の区域（地区整備計画）内において、条例（「地区計画等緑地保全条例」という）で、当該区域内における建築物その他の工作物の新築、改築または増築等の行為については、市町村長の許可を受けなければならないこととすることができる。

(2) 市町村は、地区計画等緑地保全条例が定められた地域である旨を、標識の設置等により明示しなければならない（法21条）。

9　緑化地域の都市計画（法34条）

(1) 都市計画に、建築物の緑化施設の面積の敷地面積に対する割合（以下「緑化率」という）の最低限度等を定める緑化地域を定めることができる。
(2) 緑化地域内においては、敷地面積が一定規模以上の建築物の新築または増築等の行為については、当該建築物の緑化率を、緑化地域に関する都市計画において定められた建築物の緑化率の最低限度以上としなければならない。

第5節　景観法

　景観法は、都市、農山漁村等における良好な景観の形成を促進し、美しく風格のある国土の形成、潤いのある豊かな生活環境の創造および個性的で活力のある地域社会の実現を図るため、国民共通の基本理念や、国、地方公共団体、事業者、住民それぞれの責務を定めるとともに、行為規制や支援の仕組み等を定めるなど、景観そのものを対象とする我が国初めての法律として、平成16年6月に創設された。

1　目　的（法1条）

　この法律は、我が国の都市、農山漁村の良好な景観の形成を促進するため、景観計画の策定等の施策を総合的に講ずることにより、美しく風格のある国土の形成、潤いのある豊かな生活環境の創造および個性的で活力のある地域社会の実現を図り、もって国民生活の向上ならびに国民経済および地域社会の健全な発展に寄与することを目的とする。

2　基本理念（法2条）

(1)　良好な景観は、美しく風格のある国土の形成と潤いのある豊かな生活環境の創造に不可欠なものであることにかんがみ、国民共通の資産として、現在および将来の国民がその恵沢を享受できるよう、その整備および保全が図られなければならない。

(2)　良好な景観は、地域の自然、歴史、文化等と人々の生活、経済活動等との調和により形成されるものであることにかんがみ、適正な制限の下にこれらが調和した土地利用がなされること等を通じて、その整備および保全が図られなければならない。

(3)　良好な景観は、地域の固有の特性と密接に関連するものであることにかんがみ、地域住民の意向を踏まえ、それぞれの地域の個性および特色の伸長に資するよう、その多様な形成が図られなければならない。

(4)　良好な景観は、観光その他の地域間の交流の促進に大きな役割を担うものであることにかんがみ、地域の活性化に資するよう、地方公共団体、事業者および住民により、その形成に向けて一体的な取組みがなされなければならない。

(5)　良好な景観の形成は、現にある良好な景観を保全することのみならず、新

たな良好な景観を創出することを含むものであることを旨として、行われなければならない。

3　責　務

[1] 国の責務（法3条）
(1)　基本理念にのっとり、良好な景観形成施策を総合的に作成し、実施する責務を有する。
(2)　景観形成に関する啓発および知識の普及を通じて、国民の理解を深めるよう努めなければならない。

[2] 地方公共団体の責務（法4条）
　基本理念にのっとり、国との役割分担を踏まえて、区域の自然的社会的諸条件に応じた施策を策定し、実施する責務を有する。

[3] 事業者の責務（法5条）
　基本理念にのっとり、土地の利用等の事業活動に関し、良好な景観の形成に自ら努めるとともに、国または地方公共団体が実施する良好な景観の形成に関する施策に協力しなければならない。

[4] 住民の責務（法6条）
　基本理念にのっとり、良好な景観の形成に関する理解を深め、良好な景観の形成に積極的に役割を果たすよう努めるとともに、国または地方公共団体が実施する良好な景観の形成に関する施策に協力しなければならない。

4　定　義（法7条）

❶ 景観行政団体
都道府県、政令指定都市、中核市、景観行政事務を処理する市町村をいう。

❷ 屋外広告物
屋外広告物法に規定する屋外広告物をいう。

❸ 国立公園及び国定公園
自然公園法に規定する国立公園および国定公園をいう。

5　景観計画の策定等（法8条）

[1] 景観計画の策定（1項）
　景観行政団体は、次のいずれかに該当する区域について、景観計画を定めることができる。
① 　現にある良好な景観を保全する必要がある区域
② 　地域の自然、歴史、文化等からみて、地域特性にふさわしい良好な景観を形成する必要がある区域
③ 　地域間の交流の拠点となる区域で、交流の促進に資する良好な景観を形成する必要がある区域
④ 　住宅市街地等の事業区域で、新たに良好な景観を創出する必要がある区域
⑤ 　土地利用の動向から、不良な景観が形成されるおそれのある区域

[2] 景観計画に定める事項（2項）
① 　景観計画区域
② 　行為の制限に関する事項
③ 　景観重要建造物または景観重要樹木の指定方針
④ 　屋外広告物に関する事項
⑤ 　景観重要公共施設（良好な景観形成上重要な公共施設）の整備に関する事項
⑥ 　景観重要公共施設の許可に関する事項
⑦ 　景観農業振興地域整備計画の策定に関する基本的事項
⑧ 　景観計画区域の良好な景観形成に関する方針

[3] 景観協議会（法15条）
(1) 　景観計画区域における良好な景観形成を図るために必要な協議を行うため、景観行政団体、景観重要公共施設の管理者、景観整備機構は、景観協議会を組織することができる。
(2) 　協議会には、関係行政機関、観光団体、商工団体、農林漁業団体、電気・通信・鉄道等の公益事業者、住民等を加えることができる。

6 行為の規制等(法16条)

[1] 届 出(1項)

景観計画区域内において、次の行為をしようとする者は、あらかじめ、行為の種類、場所、設計、施行方法、着手予定日等の国土交通省令で定める事項を、景観行政団体の長に届け出なければならない。

① 建築物の新築、増築、改築、移転、外観を変更する修繕・模様替・色彩の変更
② 工作物の新築、増築、改築、移転、外観を変更する修繕・模様替・色彩の変更
③ 都市計画法に規定する開発行為
④ 景観行政団体の条例で定める行為

[2] 勧 告(3項)

景観行政団体の長は、届出に係る行為が景観計画に適合しないときは、設計変更その他の措置をとることを勧告することができる。

[3] 変更命令等(法17条)

景観行政団体の長は、特定届出対象行為(※)について、景観計画に適合しないものをしようとする者に対し、設計変更等の措置を命ずることができる。

> **用語チェック** (※) **特定届出対象行為**：行為の届出が必要なもののうち、景観行政団体の条例で定めるものをいう。

7 景観重要建造物の指定

(1) 景観行政団体の長は、景観計画に定める方針に即して、景観重要建造物を指定することができる(法19条)。
(2) 何人も、景観行政団体の長の許可を受けなければ、景観重要建造物の増築、改築、移転、除却、外観を変更する修繕・模様替・色彩の変更をしてはならない。ただし、通常の管理行為等は除かれる(法22条)。
(3) 景観重要建造物の所有者および管理者は、良好な景観が損なわれないよう適切に管理しなければならない(法25条)。
(4) 景観行政団体の長は、景観重要建造物が滅失もしくは毀損するおそれがあるとき、または管理が条例に従って適切に行われていないときは、当該景観

重要建造物の所有者または管理者に対し、必要な措置を命じまたは勧告することができる（法26条）。

8　景観重要樹木の指定（法28条）

景観行政団体の長は、景観計画の方針に即して、景観重要樹木を指定することができる。現状変更の規制、管理に関する命令、勧告等は、景観重要建造物の場合と同様である。

9　管理協定（法36条）

景観行政団体または景観整備機構は、景観重要建造物または景観重要樹木の管理のため必要があるときは、当該物件の所有者と協定を締結し、当該物件の管理を行うことができる。

10　景観重要公共施設の整備（法47条）

景観計画に景観重要公共施設の整備に関する事項が定められたときは、当該公共施設の整備は、景観計画に即して行われなければならない。

11　景観農業振興地域整備計画（法55条）

市町村は、農業振興地域内にある景観計画区域について、農業振興地域整備計画を達成するとともに、景観と調和のとれた良好な営農条件を確保するため、農用地および農業用施設等の整備を一体的に推進する必要があるときは、景観農業振興地域整備計画を定めることができる。

12　景観地区に関する都市計画（法61条）

[1] 景観地区（1項）

市町村は、市街地の良好な景観を形成するため、都市計画に景観地区を定めることができる。

[2] 景観地区に定める内容（2項）
- ①　建築物の形態意匠の制限
- ②　建築物の高さの最高限度または最低限度
- ③　壁面の位置の制限
- ④　建築物の敷地面積の最低限度

[3] 形態意匠の制限（法62条）

(1) 景観地区内の建築物の形態意匠は、都市計画に適合するものでなければならない。
(2) 景観地区内で建築等をしようとする者は、あらかじめ、その計画が都市計画に適合するものであることについて市町村長の認定を受けなければならない。
(3) 市町村長は、上記の都市計画に違反する建築物については、違反を是正するために必要な措置をとることを命ずることができる。

[4] その他

工作物に関する制限、国・地方公共団体の建築物に関する特例、違反建築物に関する措置、適用除外、報告・立入検査などに関する事項が規定されている。

13 地区計画区域内の形態意匠の制限（法76条）

市町村は、地区計画等の区域内における建築物等の形態意匠について、条例で、当該地区計画等で定められた建築物等の形態意匠の制限に適合しなければならないとすることができる。この場合の条例を、「地区計画等形態意匠条例」という。

14 景観協定（法81条）

(1) 景観計画区域内の一団の土地の所有者および借地権者は、全員の合意により、良好な景観形成に関する協定を締結することができる。
(2) 協定事項は、建築物の形態意匠、位置・構造・用途・規模、樹林地・草地等の保全・緑化、屋外広告物等である。
(3) 景観協定は、景観行政団体の長の認可を受けなければならない。

15 景観整備機構（法92条）

(1) 景観行政団体の長は、一般社団法人、一般財団法人、NPO法人で、適正かつ確実に業務を行うことができると認められるものを、景観整備機構として指定することができる。
(2) 機構の業務は、①知識を有する者の派遣、情報提供、相談、②景観重要建造物等の管理、景観重要公共施設の事業に関すること等である。

16　市町村の事務処理（法98条）

(1)　指定市または中核市以外の市町村は、都道府県に代わって景観行政事務を処理することができる。

(2)　景観行政事務を処理しようとする市町村の長は、あらかじめ、都道府県知事と協議しなければならない。

17　罰　則（法7章）

　市町村長の命令に対する違反、景観行政団体の長の命令に対する違反、届出等の手続きに関する違反など、違反の内容や程度に応じて罰金、過料が規定されている。

第13章 建築士法・建設業法等

第1節　建築士法

建築士法は、昭和25年、建築基準法と同時に制定された法律であり、建築物の設計および工事監理を行う技術者の資格、資格試験、業務などに関する規定を定めている。

1　目　的（法1条）

建築物の設計、工事監理等を行う技術者の資格を定めて、その業務の適正をはかり、もって建築物の質の向上に寄与させることを目的としている。

2　用語の定義（法2条）

建　築　士	「一級建築士」、「二級建築士」、「木造建築士」をいう。
一級建築士	国土交通大臣の免許を受け、一級建築士の名称を用いて、設計、工事監理その他の業務を行う者をいう。
二級建築士	都道府県知事の免許を受け、二級建築士の名称を用いて、設計、工事監理その他の業務を行う者をいう。
木造建築士	都道府県知事の免許を受け、木造建築士の名称を用いて、木造の建築物に関し、設計、工事監理その他の業務を行う者をいう。
建築設備士	建築設備に関する知識及び技能につき国土交通大臣が定める資格を有する者をいう。
設計図書	建築物の建築工事実施のために必要な図面（現寸図の類を除く）および仕様書をいう。
設　　計	その者の責任において設計図書を作成することをいう。
構造設計	基礎伏図、構造計算書その他の建築物の構造に関する設計図書で省令で定めるもの（構造設計図書という）の設計をいう。
設備設計	建築設備の各階平面図および構造詳細図その他の建築設備に関する設計図書で省令で定めるもの（設備設計図書という）の設計をいう。
工事監理	その者の責任において、工事を設計図書と照合し、それが設計図書のとおりに実施されているかいないかを確認することをいう。

| 修　繕　等 | 「大規模の修繕」、「大規模の模様替」、「延べ面積」、「高さ」、「軒の高さ」、「階数」は、建築基準法にさだめるものをいう。 |

3　職　責（法2条の2）

　建築士は、常に品位を保持し、業務に関する法令および実務に精通して、建築物の質の向上に寄与するように、公正かつ誠実にその業務を行わなければならない。

4　建築士でなければ設計・工事監理ができない建築物（法3条、3条の2、3条の3）

　建築物の設計・工事監理は、規模、構造、用途に応じて、原則として一級建築士、二級建築士、木造建築士でなければ行うことができない。

　非常災害があった場合において、その発生区域または隣接する区域で特定行政庁が指定する区域内の応急仮設建築物および災害があった場合において建築する停車場、官公署等公益上必要な応急仮設建築物については除かれている。

　士法に定める各建築士の業務の範囲は、次のとおりである。

構造 延べ面積	木造			高さ13mまたは 軒高9m超
	高さ13m かつ軒高9m以下			
	階数1	階数2	階数3以上	
A ≦30	資格不用		1級、2級	1級
30＜ A ≦100				
100＜ A ≦300	1級、2級、木造			
300＜ A ≦500				
500＜ A ≦1,000	1級、2級(※)			
1,000＜ A				

構造 延べ面積	木造以外		高さ13mまたは 軒高9m超
	高さ13m かつ軒高9m以下		
	階数 2以下	階数 3以上	
A ≦30	資格不用		
30＜ A ≦100	1級、2級		
100＜ A ≦300			

300＜ A ≦500	
500＜ A ≦1,000	1級
1,000＜ A	

（※） 学校、病院、劇場、映画館、観覧場、公会堂、集会場（オーディトリアムを有しないものを除く）、百貨店については、一級建築士でなければ設計・工事監理を行うことはできない。

5　免　許（法4条）

　建築士は、建築士試験に合格し、登録のための登録免許税を納入し、免許を受けて建築士となる。免許に関する規定は、次のとおりである。

① 建築士の免許 （法4条）	①　一級建築士になろうとする者は、国土交通大臣の行う一級建築士試験に合格し、国土交通大臣の免許を受ける。 　　二級建築士または木造建築士になろうとする者は、都道府県知事の行う二級建築士試験または木造建築士試験に合格し、その都道府県知事の免許を受ける。 ②　外国の建築士の免許を受けた者で、国土交通大臣または都道府県知事が、それぞれ一級建築士または二級建築士、木造建築士と同等以上の資格を有すると認めるものは、4条2項及び4項の規定によらないで、一級建築士または二級建築士、木造建築士の免許を受けることができる。※〈参考〉建築士法の改正
② 建築士の登録・届出 （法5条、5条の2）	①　一級建築士、二級建築士、木造建築士の免許は、各建築士の名簿に登録することにより行う。 　　国土交通大臣または都道府県知事は、各建築士の免許を与えたときは、各建築士の免許証を交付する。 ②　一級建築士または二級建築士、木造建築士は、免許交付の日から30日以内に次の事項を、一級建築士は住所地の都道府県知事を経由して国土交通大臣に、二級建築士、木造建築士は免許を受けた都道府県知事および住所地の都道府県知事に届け出なければならない。
③ 名簿 （法6条）	一級建築士名簿は国土交通省に、二級建築士名簿および木造建築士名簿は都道府県に備えることとなっている。 　また国土交通大臣は一級建築士名簿を、都道府県知事は二級建築士および木造建築士名簿を、一般に閲覧しなければならない。
④ 絶対的欠格事由 （法7条）	次に該当する者は、一級建築士または二級建築士、木造建築士の免許を受けられない。 ①　未成年者 ②　成年被後見人または被保佐人 ③　次の事由により免許取消の処分を受けてから2年を経過しないもの 　　ア　禁こ以上の刑に処せられたとき 　　イ　建築士法または他の建築関係法令に違反したとき 　　ウ　建築士がその業務に関して不誠実な行為をしたとき

⑤ 相対的欠格事由 （法8条）	次に該当する者は、免許を受けられないことがある。 ①　禁こ以上の刑に処せられた者 ②　建築士法の規定に違反して、または建築物の建築に関し罪を犯して罰金の刑に処せられた者 ③　前記④③、ア、イ、ウ（法10条1項）により免許を取り消され、その日から5年を経過しない者	
⑥ 免許の取消、懲戒 （法8条の2、9条、10条）	①　建築士の死亡等の届出は、相続人等が30日以内に、その旨を、一級建築士にあっては国土交通大臣に、二級建築士または木造建築士にあっては免許を受けた都道府県知事に届け出なければならない。 ②　建築士が虚偽または不正の事実に基づいて免許を受けた者であることが判明したときは、免許が取り消される。 ③　成年被後見人または被保佐人に該当するに至ったときまたは本人から免許取消の申請があったときも同様に免許が取り消される。 ④　建築士が前記④③、ア、イ、ウに該当したときは、戒告、1年以内の業務の停止または免許を取り消されることがある。 　　この場合は聴聞を行い、必要があるときは参考人の意見をきかなければならない。 　　ただし、正当な理由がなく聴聞に応じないときは、聴聞を行わないで処分をすることができる。 ⑤　業務の停止または免許の取消の懲戒は建築士審査会の同意が必要である。	
⑦ 構造設計一級建築士および設備設計一級建築士証の交付（法10条の2）	次のいずれかに該当する一級建築士は、国土交通大臣に構造設計一級建築士証または設備設計一級建築士証の交付を申請することができる。 ア　一級建築士として5年以上構造設計または設備設計の業務に従事した後、登録講習機関（法10条の22から10条の25）が行う講習（構造設計は別表第1（一）、設備設計は別表第1（二））の課程をその申請前1年以内に修了した一級建築士 イ　国土交通大臣が、構造設計または設備設計に関しアに掲げる一級建築士と同等以上の知識および技能を有すると認める一級建築士 構造設計一級建築士または設備設計一級建築士は、その免許を取り消されたときは、速やかに国土交通大臣に返納しなければならない。	

○建築士法の改正

　平成30年（2018年）12月14日に「建築士法の一部を改正する法律」が公布された。これにより建築士法第4条、14条、15条が改正され、建築士試験の受験資格となっている実務経験が、原則として建築士免許の登録要件に変更されている。改正法の施行は、公布後2年を超えない時期とされているので2020年12月までには施行されることになる。以下に改正内容を示す。

　1　建築士の免許（法4条）
　　(1)　一級建築士になろうとする者は、国土交通大臣の免許を受けなければならない（1項）。

(2) 一級建築士の免許は、国土交通大臣の行う一級建築士試験に合格した者であって、次の各号のいずれかに該当する者でなければ、受けることができない(2項)。
　① 学校教育法による大学等において、国土交通大臣の指定する建築に関する科目を修めて卒業した者であって、卒業後建築に関する実務として国土交通省令で定めるもの(以下「建築実務」という)の経験を2年以上有する者(1号)
　② 学校教育法による短期大学(修業年限が3年であるものに限る)等において、国土交通大臣の指定する建築に関する科目を修めて卒業した者であって、卒業後建築実務の経験を3年以上有する者(2号)
　③ 学校教育法による短期大学もしくは高等専門学校等において、国土交通大臣の指定する建築の科目を修めて卒業した者であって、卒業後建築実務の経験を4年以上有する者(3号)
　④ 二級建築士として設計その他の国土交通省令で定める実務の経験を4年以上有する者(4号)
　⑤ 国土交通大臣が前各号に掲げるものと同等以上の知識および経験を有すると認める者(5号)
(3) 二級建築士または木造建築士になろうとする者は、都道府県知事の免許を受けなければならない(3項)。
(4) 二級建築士または木造建築士の免許は、それぞれの免許を受けようとする都道府県知事の行う二級建築士試験または木造建築士試験に合格した者であって、次の各号のいずれかに該当する者でなければ、受けることができない(4項)。
　① 学校教育法による大学もしくは高等専門学校等において、国土交通大臣の指定する建築に関する科目を修めて卒業した者(1号)
　② 学校教育法による高等学校もしくは中等教育学校等において、国土交通大臣の指定する建築に関する科目を修めて卒業した者であって、卒業後建築実務の経験を2年以上有する者(2号)
　③ 都道府県知事が前2号に掲げる者と同等以上の知識および技能を有すると認める者(3号)
　④ 建築実務の経験を7年以上有する者
(5) 外国の建築士免許を受けた者で、一級建築士になろうとする者にあっては国土交通大臣が、二級建築士または木造建築士になろうとする者にあっては都道府県知事が、それぞれ一級建築士または二級建築士もしく

は木造建築士と同等以上の資格を有すると認めるものは、第2項または前項の規定にかかわらず、一級建築士または二級建築士もしくは木造建築士の免許を受けることができる（5項）。
　2　一級建築士の受験資格（法14条）
　　　一級建築士試験は、次の各号のいずれかに該当する者でなければ、受けることができない。
　　① 学校教育法による大学もしくは高等専門学校等において、国土交通大臣の指定する科目を修めて卒業した者（1号）
　　② 二級建築士（2号）
　　③ 国土交通大臣が前2号に掲げる者と同等以上の知識および技能を有すると認める者（3号）
　3　二級建築士および木造建築士試験の受験資格（15条）
　　　二級建築士試験および木造建築士試験は、次の各号のいずれかに該当する者でなければ、受けることができない。
　　① 学校教育法による大学、高等専門学校、高等学校もしくは中等教育学校等において、国土交通大臣の指定する建築に関する科目を修めて卒業した者（1号）
　　② 都道府県知事が前号に掲げる者と同等以上の知識および技能を有すると認める者（2号）
　　③ 建築実務の経験を7年以上有する者

6　「構造設計一級建築士」と「設備設計一級建築士」

(1)　構造設計および設備設計に関する高度な専門能力を持つ一級建築士である。
(2)　一定規模以上の建築物に係る構造設計または設備設計については、構造設計一級建築士または設備設計一級建築士による関与が義務づけられた。

> **構造設計一級建築士による設計への関与が義務付けられる建築物**
> ❶ 一級建築士の業務独占に係る建築物のうち、構造方法について大臣認定が義務付けられている高さ60m超の建築物（建築基準法第20条1項1号）
> ❷ ルート2、ルート3、限界耐力計算による構造計算を行うことにより構造計算適合性判定が義務付けられている高さ60m以下の建築物（建築基準法第20条1項2号）

> **設備設計一級建築士による設計への関与が義務付けられる建築物**
> 階数が3以上、かつ、床面積5,000㎡超の建築物

(3) 構造設計一級建築士または設備設計一級建築士は、上記の関与が義務付けられ建築物を自ら設計した場合には、構造設計一級建築士または設備設計一級建築士である旨を表示しなければならない。

(4) 構造設計一級建築士または設備設計一級建築士以外の一級建築士が、上記規模以上の構造設計または設備設計を行った場合には、構造設計一級建築士または設備設計一級建築士に、当該建築物が関係規定に適合するかどうかの確認(法適合確認)を求めなければならない。

(5) 確認を求められた構造設計一級建築士および設備設計一級建築士は、建築物が関係規定に適合することを確認したときはその旨を、適合することを確認できないときはその旨を設計図書に記載するとともに、構造設計一級建築士または設備設計一級建築士である旨を表示し記名押印しなければならない。

7 業務

[1] 建築士が行う業務

建築士が行う業務に関して、法が定めている主な規定は次のとおりである。

① 業務執行 (法18条)	① 設計を行う場合は、法令、条例に定める建築物の基準に適合するようにしなければならない。 ② 設計を行う場合においては、設計の委託者に対し、設計の内容に関して適切な説明を行うように努めなければならない。 ③ 工事監理を行う場合は、工事が設計図書のとおりに実施されていないと認めるときは、直ちに、工事施工者に対して、その旨を指摘し、工事を設計図書のとおりに実施するよう求め、もし工事施工者が従わないときは、その旨を建築主に報告しなければならない。	
② 設計の変更 (法19条)	① 一級建築士または二級建築士、木造建築士は、他の一級建築士または二級建築士、木造建築士の設計した設計図書の一部を変更しようとするときは、当該一級建築士または二級建築士、木造建築士の承諾を求めなければならない。 ② ただし、承諾を求めることができない事由があるとき、または承諾を得られなかったときは、自己の責任において、その設計図書の一部を変更することができる。 ③ この規定に関わる変更という行為と設計の著作権とは、次元の異なる問題である。	
③ 表示 (法20条)	① 表示 　一級建築士または二級建築士、木造建築士は、設計を行った場合は、設計図書に一級建築士または二級建築士、木造建築士の表	

		示をして記名、押印しなければならない。 　一部を変更した場合も同様である。また、建築士は、工事監理を終了したときは、直ちに、その結果を文書で建築主に報告しなければならない。 ②　構造安全証明書 　一級建築士、二級建築士または木造建築士は、構造計算によって建築物の安全性を確かめた場合においては、その旨の証明書を設計の委託者に交付しなければならない。ただし、構造設計一級建築士が自ら構造設計を行った場合および構造設計一級建築士が法適合確認を行った場合のもとの構造設計を行った一級建築士については、この限りでない（士法20条2項）。
④	構造設計に関する特例 （法20条の2）	①　構造設計一級建築士は、一級建築士の資格がなければ設計してはいけない建築物のうち、基準法20条1号または2号に該当する建築物の構造設計を行った場合には、一級建築士の表示、記名、押印およびその構造設計図書に構造設計一級建築士である旨の表示をしなければならない。構造設計図書の一部を変更した場合も同様である。 ②　構造設計一級建築士以外の一級建築士が①の建築物の構造設計を行った場合には、省令で定めるところにより、構造設計一級建築士に、その構造設計に係る建築物が構造関係規定（建築基準法20条（1号または2号に限る）の規定）およびこれに基づく命令の規定に適合するかどうかの確認（法適合確認）を求めなければならない。構造設計図書の一部を変更した場合も同様である。
⑤	設備設計に関する特例（法20条の3）	①　設備設計一級建築士は、階数が3以上、かつ、床面積の合計が5,000㎡を超える建築物の設備設計を行った場合には、一級建築士の表示、記名、押印およびその設備設計図書に設備設計一級建築士である旨の表示をしなければならない。設備設計図書の一部を変更した場合も同様である。 ②　設備設計一級建築士以外の一級建築士が①の建築物の設備設計を行った場合には、省令で定めるところにより、設備設計一級建築士に、その設備設計に係る建築物が設備関係規定に適合するかどうかの確認（法適合確認）を求めなければならない。設備設計図書の一部を変更した場合も同様である。

[2] 建築士が行うその他の業務（法21条）

　建築士は、設計、工事監理を行うほか、次の業務を行うことができる。
　①　建築工事契約に関する事務
　②　建築工事の指導監督
　③　建築物に関する調査または鑑定
　④　建築に関する法令または条例に基づく手続の代理

8　建築士としての禁止事項等

　建築士としての禁止行為や規範に関する規定が整備されている。

[1] 非建築士等に対する名義貸しの禁止（法21条の2）

建築士は、次に該当する者に、自己の名義を利用させてはならない。

① 法3条1項（一級建築士の資格）、同3条の2第1項（二級建築士の資格）、同3条の3第1項（木造建築士の資格）、同34条（名称の使用禁止）に違反する者
② 法3条の2第3項（都道府県の条例）に違反する者

[2] 違反行為の指示等の禁止（法21条の3）

建築士は、建築基準法に定める基準に適合しない建築物の建築、この法律もしくは建築に関する他の法律、命令、条例の規定に違反する行為などを、指示し、または相談に応じる等の行為をしてはならない。

[3] 信用失墜行為の禁止（法21条の4）

建築士は、建築士の信用または品位を害するような行為をしてはならない。

[4] 知識及び技能の維持向上（法22条）

(1) 建築士は、設計および工事監理に必要な知識および技能の維持向上に努めなければならない。
(2) 国土交通大臣および都道府県知事は、設計および工事監理に必要な知識および技能の維持向上を図るため、必要な情報および資料の提供等の措置を講ずるものとする。

9　定期講習（法22条の2）

建築士は、3年以上5年以内において規則で定める期間ごとに、講習登録講習機関（法22条の3）が行う別表第2に掲げる講習を受けなければならない。

10　建築士事務所

① 登録 （法23条）	① 他人の求めに応じ、報酬を得て設計等の業務を行うことを業とする一級建築士または二級建築士、木造建築士は、事務所を定めて、登録を受けなければならない。無登録業務は禁止されている（法23条の10）。 　建築士を使用して、設計等の業務を行う者についても同様である。 ② 登録は、5年間有効であり、有効期間満了後は、更新の登録を受けなければならない。

		③ 登録申請者は、法23条の2および規則19条に掲げる事項を記載した登録申請書を建築士事務所を管轄する都道府県知事に提出しなければならない。
②	登録の拒否 （法23条の4）	① 都道府県知事は、登録申請者が破産者で復権を得ない者等の条件に該当する場合、または虚偽の記載等があった場合は、登録を拒否しなければならない。 ② 申請者が建築士としての欠格事由に該当する場合等は、登録を拒否することができる。
③	変更、廃業の届出 （法23条の5、法23条の7）	① 建築士事務所の開設者は、登録事項について変更があったときは2週間以内に、または業務を廃止した場合には30日以内に、当該都道府県知事に届け出なければならない。 ② 都道府県知事は、廃業の届出があったとき、または登録を取り消したときは、登録を抹消しなければならない。
④	設計等の業務に関する報告書 （法23条の6）	① 建築士事務所の開設者は、事業年度ごとに、次の事項を記載した設計等の業務に関する報告書を作成し、毎事業年度経過後3か月以内に当該建築士事務所に係る登録をした都道府県知事に提出しなければならない。 　ア 当該事業年度における当該建築士事務所の業務の実態の概要 　イ 当該建築士事務所に属する建築士の氏名および当該建築士の当該事業年度における業務の実績（当該建築士事務所におけるものに限る） 　ウ その他国土交通省令で定める事項 ② この報告書は知事により一般の閲覧に供される。
⑤	図書の保存 （法24条の4、規則21条）	建築士事務所の開設者は、業務に関する帳簿および図書（一定の設計図書および工事監理報告書）を、作成日から15年間保存しなければならない。
⑥	書類の閲覧 （法24条の6）	建築士事務所の開設者は、次の書類を当該建築士事務所に備え置き、設計等を委託しようとする者の求めに応じ、閲覧させなければならない。 ① 当該建築士事務所の業務の実績を記載した書類 ② 当該建築士事務所に属する建築士の氏名および業務の実績を記載した書類 ③ 設計等の業務に関し生じた損害を賠償するために必要な金額を担保するための保険契約の締結その他の措置を講じている場合は、その内容を記載した書類 ④ その他建築士事務所の業務および財務に関する書類
⑦	重要事項の説明等 （法24条の7）	建築士事務所の開設者は、設計受託契約または工事監理受託契約を建築主と締結しようとするときは、あらかじめ建築主に対し、管理建築士（建築士事務所を管理する専任の建築士）等をして契約内容およびその履行に関する次の事項について、書面を交付して説明をさせなければならない。 　ア 設計受託契約にあっては作成する設計図書の種類 　イ 工事監理受託契約にあっては工事と設計図書との照合方法および工事監理の実施の状況に関する報告の方法 　ウ 設計および工事監理に従事することとなる建築士の氏名およびその者の持つ建築士の資格 　エ 報酬の額および支払いの時期

	オ　契約の解除に関する事項 カ　その他政令で定める事項	
	また、説明をするときは、建築主に対し一級建築士免許証、二級建築士免許証もしくは木造建築士免許証、または一級建築士免許証明書、二級建築士免許証明書もしくは木造建築士免許証明書を提示しなければならない。	
⑧　書面の交付 （法24条の8）	建築士事務所の開設者は、設計受託契約または工事監理受託契約を締結したときは、次の事項を記載した書面を当該委託者に交付しなければならない。 ①　24条の7第1項の重要事項説明の各号 ②　設計または工事監理の種類および内容（①を除く） ③　設計または工事監理の実施の期間および方法（①を除く） ④　その他	
⑨　管理建築士 （法24条）	建築士事務所の開設者は、一級建築士事務所、二級建築士事務所または木造建築士事務所ごとに、それぞれ当該一級建築士事務所、二級建築士事務所または木造建築士事務所を管理する専任の一級建築士、二級建築士または木造建築士である管理建築士を置かなければならない。管理建築士は、建築士として3年以上の設計その他の業務に従事した後、管理建築士講習の受講を修了しなければならない。 　管理建築士は、その建築士事務所の業務に係る技術的事項を総括し、その者と建築士事務所の開設者が異なる場合においては、建築士事務所の開設者に対し、技術的観点からその業務が円滑かつ適正に行われるよう必要な意見を述べるものとする。	

● H30年度 一級建築士 学科試験(法規)に挑戦!

〔No．21〕次の記述のうち、建築基準法又は建築士法上、誤っているものはどれか。

1．一級建築士は、他の一級建築士の設計した設計図書の一部を変更しようとするときは、当該一級建築士の承諾を求め、承諾が得られなかったときは、自己の責任において、その設計図書の一部を変更することができる。
2．構造設計一級建築士以外の一級建築士は、高さが60mを超える建築物の構造設計を行った場合においては、構造設計一級建築士に当該構造設計に係る建築物が建築基準法に規定する構造関係規定に適合するかどうかの確認を求めなければならない。
3．構造設計一級建築士の関与が義務付けられた建築物については、工事監理において、構造設計図書との照合に係る部分についても、構造設計一級建築士以外の一級建築士が行うことができる。
4．一級建築士定期講習を受けたことがない一級建築士は、一級建築士の免許を受けた日の次の年度の開始の日から起算して3年を超えた日以降に建築士事務所に所属した場合には、所属した日から3年以内に一級建築士定期講習を受けなければならない。

【正解　4】建築士法
1．建築士法19条の記載のまま。正しい。
2．建築士法20条の2第2項の記載のまま。正しい。
3．建築士法20条の2第1項及び2項で構造設計一級建築士の関与は設計のみで、工事監理は対象ではない。正しい。
4．建築士法施行規則17条の37　所属した日から遅滞なく受講しなければならない。誤り。

〔No．22〕次の記述のうち、建築士法上、誤っているものはどれか。ただし、指定事務所登録機関の指定は考慮しないものとする。

1．一級建築士事務所に置かれる管理建築士は、一級建築士として3年以上の建築物の設計又は工事監理に関する業務に従事した後に管理建築士講習の課程を修了した建築士でなければならない。
2．建築士事務所の開設者は、当該建築士事務所の管理建築士の氏名について

変更があったときは、2週間以内に、その旨を都道府県知事に届け出なければならない。
3．管理建築士が総括する技術的事項には、他の建築士事務所との提携及び提携先に行わせる業務の範囲の案の作成が含まれる。
4．都道府県知事は、建築士法の施行に関し必要があると認めるときは、一級建築士事務所の開設者又は管理建築士に対し、必要な報告を求め、又は当該職員をして建築士事務所に立ち入り、図書等の物件を検査させることができる。

【正解　1】建築士事務所
1．建築士法24条2項　建築士として3年以上の建築物の設計又はその他の国土こう告省令で定める業務に従事した後と規定されており、建築士法施行規則20条の4では、工事監理のほか、建築工事契約に関する事務に関する業務等もある。誤り。
2．建築士法23条の5の記載のまま。正しい。
3．建築士法24条3項三号の記載のまま。正しい。
4．建築士法26条の2の記載のまま。正しい。

〔No．23〕次の記述のうち、建築士法上、誤っているものはどれか。
1．建築基準法の規定に違反して二級建築士の免許を取り消された者は、その後に一級建築士試験に合格した場合であっても、その取消しの日から起算して5年を経過しない間は、一級建築士の免許を受けることができない。
2．建築士が道路交通法違反等の建築物の建築に関係しない罪を犯し、禁錮以上の刑に処せられた場合には、建築士の免許の取消しの対象とはならない。
3．建築士事務所に属する建築士が、その属する建築士事務所の業務として行った行為により建築基準法の規定に違反し、懲戒処分を受けたときは、都道府県知事は、当該建築士事務所の登録を取り消すことができる。
4．建築士事務所に属する者で建築士でないものが、当該建築士事務所の業務として、建築士でなければできない建築物の設計をしたときは、都道府県知事は、当該建築士事務所の登録を取り消すことができる。

【正解　2】建築士
1．建築士法7条1項四号の記載のまま。正しい。

2．建築士法7条1項三号　禁錮以上の刑に処せられ、その刑の執行を終わり、又は執行を受けることがなくなつた日から五年を経過しない者と規定され、建築に関係の有無はない。**誤り**。
3．建築士法26条2項五号の記載のまま。**正しい**。
4．建築士法26条2項八号の記載のまま。**正しい**。

〔No．29〕次の記述のうち、建築基準法又は建築士法上、誤っているものはどれか。

1．構造設計一級建築士は、建築士事務所に属さず、教育に関する業務を行っている場合であっても、構造設計一級建築士定期講習を受けなければならない。
2．許容応力度等計算を要する建築物について、許容応力度等計算を行ったものであっても、構造計算適合判定資格者である建築主事が、確認申請に係る建築物の計画が建築基準関係規定に適合するかどうかを審査したものは、構造計算適合性判定を受けなくてもよい。
3．特定行政庁が、建築物の所有者、管理者、設計者、工事監理者、工事施工者又は建築物に関する調査をした者に対して、建築物の構造又は建築設備に関する調査の状況について報告を求めたにもかかわらず、報告をしなかった当該所有者等は、罰則の適用の対象となる。
4．建築主が工事監理者を定めないまま、一級建築士でなければ工事監理ができない建築物の工事をさせた場合においては、当該建築主は、罰則の適用の対象となる。

【正解　4】建築士法　建築基準法

1．建築士法22条の2　一級、二級及び木造建築士は、建築士事務所に属するものと限定されているが、同条四号の構造設計一級建築士は、限定がないため必要。**正しい**。
2．法6条の3第1項の記載のまま。**正しい**。
3．法12条5項に基づく状況報告をしなかった場合、法99条1項五号の罰則の対象となる。**正しい**。
4．法5条の6第4項　建築主は、工事監理者を定めなければならないが、法101条1項一号で、罰則を受けるのは工事施工者である。**誤り**。

第 2 節　建設業法

　建設業法は、建築基準法、建築士法よりも早く昭和24年8月に施行されている。戦後の混乱期であり、建設業者が増加するなかで種々の問題が発生し、建設業の秩序の形成などが求められたことから制定されたものである。

1　目　的（法1条）

　建設業法は、建設業を営む者の資質の向上、建設工事の請負契約の適正化等を図ることによって、建設工事の適正な施工を確保し、発注者を保護するとともに、建設業の健全な発達を促進し、もって公共の福祉の増進に寄与することを目的としている。

2　用語の定義（法2条）

①建設工事 （1項）	土木建築に関する工事で、業法別表第一の上欄に掲げるものをいう。 （別表第一に掲げる工事）土木一式、建築一式、大工、左官、とび・土工・コンクリート、石、屋根、電気、管、タイル・れんが・ブロック、鉄筋、ガラス、塗装、防水、内装仕上、造園、建具、水道等28種類
②建設業 （2項）	元請、下請その他いかなる名義をもってするかを問わず、建設工事の完成を請け負う営業である。
③建設業者 （3項）	建設業法の許可を受けて建設業を営む者である。
④下請契約 （4項）	建設工事を他の者から請け負った建設業を営む者と、他の建設業を営む者との間で、当該建設工事の全部または一部について締結される請負契約である。
⑤発注者 （5項）	建設工事（他の者から請け負ったものを除く）の注文者であり、元請負人とは、下請契約における注文者で建設業者であるものであり、下請負人とは、下請契約における請負人である。

3　建設業の許可（法3条、令2条）

(1)　建設業を営もうとする者は、国土交通大臣または都道府県知事の許可を受けなければならない。

(2)　許可を受けていない業種の工事は、請け負うことができない。許可を受けた建設業を請け負うときには、その工事の付帯工事も請け負うことができる。

(3)　許可は、5年ごとに更新を受けなければ効力を失う。

(4)　業種別許可制とした目的は、各業種の専門性に注目し、その技術や技能の

維持・向上を図るためである。

(5) 許可の基準としては、許可を受けようとする者はその建設業に関して一定の経験が必要であること、営業所ごとに一定の経験・学歴を有する責任者がいること、契約を履行できる経済的基盤があることなどがある。

① 特定建設業の許可	特定建設業とは、発注者から直接請け負う1件の建設工事について、その工事の全部または一部を、下請代金の額（その工事に係る下請契約が2以上あるときは、その総額）が、3,000万円以上（建築一式工事では4,500万円）となる下請契約を締結して施工する建設業をいう。
② 一般建設業の許可	特定建設業以外の建設業をいう。
③ 国土交通大臣の許可	二以上の都道府県の区域内に営業所を設けて営業をしようとする場合
④ 都道府県知事の許可	一の都道府県の区域内にのみ営業所を設けて営業をしようとする場合 　営業所とは、本店、支店または常時建設工事の請負契約を締結する事務所である（法3条、令1条）。 　ただし、工事1件の請負代金の額が、建築一式工事にあっては1,500万円に満たない工事、または延べ面積が150㎡に満たない木造住宅工事、建築一式工事以外の建設工事にあっては500万円に満たない工事のみを請け負う場合は、軽微な建設工事として許可を受けなくてもよいことになっている（法3条ただし書、令1条の2）。

4　請負契約

[1] 建設工事の請負契約の原則（法18条）

建設工事の請負契約の当事者は、各々の対等な立場における合意に基づいて公正な契約を締結し、信義に従って誠実にこれを履行しなければならない。

[2] 建設工事の請負契約の内容（法19条）

請負契約の当事者は、法18条の請負契約の原則の趣旨に従って、契約の締結に際して次に掲げる事項を書面に記載し、署名または押印をして相互に交付しなければならない。

口頭などのあいまいな契約では、出来上がりの判断や責任の所在が不明確になり、紛争になることが多いことから、以下の内容を記載した書面による契約を義務づけている。

① 工事内容
② 請負代金の額
③ 工事着手の時期および工事完成の時期
④ 請負代金の全部または一部の前払金または出来形部分に対する支払の定

めをするときは、その支払の時期および方法
⑤ 設計変更、工事着手の延期、工事の全部もしくは一部の中止の申し出があった場合の、工期の変更、請負代金の額の変更、損害の負担およびそれらの額の算定方法
⑥ 天災その他不可抗力による工期の変更、損害の負担、その額の算定方法
⑦ 価格等の変動もしくは変更に基づく請負代金の額または工事内容の変更
⑧ 工事の施工により第三者が損害を受けた場合の賠償金の負担
⑨ 注文者が、資材を提供し、または建設機械等を貸与するときの内容および方法
⑩ 注文者の検査の時期、方法、引渡しの時期
⑪ 工事完成後の請負代金の支払の時期、方法
⑫ 工事の瑕疵を担保すべき責任または当該責任の履行に関する保障保険契約等
⑬ 履行の遅滞等の債務不履行の場合の遅延利息、違約金その他の損害金
⑭ 紛争の解決方法

[3] 下請契約締結の制限（法16条）

　発注者から直接請け負った建設工事を施工するための次のいずれかに該当する下請契約は、特定建設業者（特定建設業の許可を受けた者）でなければ締結することができない。
① 下請代金の額が3,000万円以上である下請契約
② その下請契約を締結することによって、その下請契約およびすでに締結された当該建設工事を施工するための他のすべての下請契約に係る下請代金の総額が3,000万円以上となる下請契約
建築工事業の場合は、いずれも4,500万円である。

[4] 不当に低い請負代金の禁止（法19条の3）

　注文者は、自己の取引上の地位を不当に利用して、工事を施工するために通常必要と認められる原価に満たない金額を請負代金の額とする請負契約を締結してはならない。

[5] 建設工事の見積期間等（法20条、令6条）

　発注者は、随時契約による場合は契約締結以前に、入札により競争に付する

場合にあっては入札を行う以前に、具体的内容を提示して、かつ、当該提示から契約の締結または入札までに、建設業者が工事の見積りをするために必要な次の期間を設けなければならない。
① 工事1件の予定価格が、500万円に満たない工事については、1日以上
② 500万円以上5,000万円に満たない工事については、10日以上
③ 5,000万円以上の工事については、15日以上

ただし、やむを得ない事情があるときは、②、③の期間は、5日以内に限り短縮することができる。

［6］契約の保証（法21条）
(1) 請負代金の全部または一部の前金払をする契約をしたときは、注文者は、建設業者に対して前金払をする前に、保証人を立てることを請求することができる。
　　ただし、公共工事の前払金保証事業に関する法律に規定する保証事業会社の保証に係る工事、または1件の請負代金の額が500万円未満の工事については、この限りでない。
(2) この請求を受けた建設業者は、次のいずれかの保証人を立てなければならない。保証人を立てないときは、前金払をしないことができる。
① 建設業者の債務不履行の場合の遅延利息、違約金その他の損害金の支払の保証人
② 建設業者に代わって自らその工事を完成することを保証する他の建設業者

5 一括下請負の禁止（法22条）

① 建設業者は、その請け負った建設工事を、いかなる方法をもってするかを問わず、一括して他人に請け負わせてはならない。また、建設業者は、他の建設業者の請け負った工事を一括して請け負ってはならない（同条1項・2項）。
② その建設工事が、多数の者が利用する施設または工作物に関する重要な建設工事で政令で定めるもの以外の建設工事である場合は、建設工事の元請人があらかじめ発注者の書面による承諾を得たときは、これらの規定は適用しない（同条3項）。

6　工事監理に関する報告（法23条の2）

　請負人は、その請け負った建設工事の施工について建築士法18条3項の規定により建築士から工事を設計図書のとおりに実施するよう求められた場合に、これに従わない理由があるときは、直ちに、業法19条の2第2項の規定により通知された方法で、注文者に対してその理由を報告しなければならない。

7　下請代金の支払（法24条の3）

① 元請負人は、請負代金の出来形部分に対する支払または工事完成後における支払を受けたときは、当該支払の対象となった建設工事を施工した下請負人に対して、当該元請負人が支払を受けた金額の出来形に対する割合および当該下請人が施工した出来形部分に相応する下請代金を、当該支払を受けた日から1か月以内で、かつ、できる限り短い期間内に支払わなければならない（1項）。

② 元請負人は、前払金の支払を受けたときは、下請負人に対して資材の購入、労働者の募集その他建設工事の着手に必要な費用を前払金として支払うよう適切な配慮をしなければならない（2項）。

8　帳簿の備付け等（法40条の3）

　建設業者は、その営業所ごとに、その営業に関する事項で省令で定めるものを記載した帳簿を備え、かつ、当該帳簿およびその営業に関する図書で省令で定めるものを保存しなければならない。業法規則26条5項により省令で定める図書は、発注者から直接建設工事を請け負った建設業者（作成特定建設業者(※)を除く）にあっては次の①および②に掲げるものまたはその写し、作成特定建設業者にあっては①から③までに掲げるものまたはその写しとする。

① 建設工事の施工上の必要に応じて作成し、または発注者から受領した完成図（建設工事の目的物の完成時の状況を表した図をいう）
② 建設工事の施工上の必要に応じて作成した工事内容に関する発注者との打合せ記録（請負契約の当事者が相互に交付したものに限る）
③ 施工体系図

> **用語チェック**　（※）**作成特定建設業者**：発注者から直接工事を請負い、3000万円以上（建築4,500万円）の下請契約をして工事を施工する特定建設業者をいう。

9　紛争への対応（法25条～25条の26）

［１］建設工事紛争審査会（法25条）
(1) 建設工事の請負契約に関する紛争の解決を図るため、建設工事紛争審査会を設置する。
(2) この審査会は、請負契約に関する紛争に対して「あっせん・調停・仲裁（紛争処理という）」を行う権限を有する。
(3) 国土交通省に「中央建設工事紛争審査会」を、都道府県に「都道府県建設工事紛争審査会」をおく。

［２］紛争処理の方法

❶　あっせん

紛争に関わる当事者同士の交渉が円滑に行われるよう、第三者の立場から、当事者同士の話し合いの機会を与え、双方の主張の要点を整理し、合意点に達するように紛争解決に努めることである。

あっせん案を示す必要はなく、当事者が合意に達すれば民法上の和解が成立する。あっせんには強制力はなく、合意に達しなければ成立しない。

❷　調停

紛争解決に努める点はあっせんと同様であるが、調停案を作成し、受け入れるように勧告することができる。強制力はなく、当事者が合意に達しなければ成立しない点は、あっせんと同様である。

❸　仲裁

あっせん・調停に比べて、強い効力を持つものである。
当事者の双方から仲裁の申請があったとき、または業法に基づき当事者の一方から仲裁の申請があったときに行うことができる。

10　施工技術の確保

［１］施工技術の確保（法25条の27）
(1) 建設業者は、施工技術の確保に努めなければならない。
(2) 国土交通大臣は、施工技術の確保に資するため、講習の実施、資料の提供等の措置を講ずる。

[2] 主任技術者および監理技術者の設置等

(1) 建設業者は、請け負った建設工事を施工するときは、その工事現場に主任技術者（当該工事現場における建設工事の技術上の管理をつかさどる者）を置かなければならない。

(2) 主任技術者の資格は、建設業の許可の基準に定めるものと同様の、経験と学歴を有する者である。

(3) 特定建設業者は、下請契約が政令で定める金額以上となる場合には、工事現場に監理技術者（当該工事現場における建設工事の施行の技術上の監理をつかさどる者）を置かなければならない。

第 3 節　宅地建物取引業法

1　目的

　宅地建物取引業法は、宅地建物取引業を営む者について免許制度を実施し、その事業に対して必要な規制を行うことにより、業務の適正な運営と宅地および建物の取引の公正を確保し、もって購入者等の利益の保護と宅地および建物の流通の円滑化とを図ることを目的とする。

2　免許（法3条）

(1)　宅地建物取引業を営もうとする者は、複数の都道府県の区域内に事務所を設置する場合は、国土交通大臣の免許、一の都道府県の区域内にのみ事務所を設置して事業をする場合は、都道府県知事の免許を受けなければならない。

(2)　免許は、5年ごとに更新を受けなければ、その期間の経過によって、その効力を失うことになる。

3　名義貸しの禁止（法13条）

　宅地建物取引業者は、自己の名義をもって、他人に宅地建物取引業を営ませてはならない。

4　宅地建物取引士の設置（法31条の3）

　宅地建物取引業者は、その事務所等ごとに、事務所の規模、業務内容等を考慮して国土交通省令で定める数の成年者である専任の宅地建物取引士を置かなければならない。

5　誇大広告の禁止（法32条）

　宅地建物取引業者は、その業務に関して広告するときは、当該広告に係る宅地建物の所在、規模、形質、利用の制限、環境、交通、代金の支払方法等について、著しく事実に相違する表示をし、または実際のものよりも著しく優良であり、もしくは有利であると人を誤認させるような表示をしてはならない。

6　重要事項の説明（法35条）

　宅地建物取引業者は、宅地もしくは建物の売買、交換、賃借等に関する事項

を書面に記載し当事者に交付するとともに、宅地建物取引士に説明させなければならない。

第14章 建築関連法令

第 1 節　消防法

　消防法は、火災予防を主要な目的として、昭和25年に制定された法律である。建築物は消防法上の防火対象物であり、建築確認に際して消防長等の同意が必要であることなどから、建築基準法とは深い関係にある。
　消防法は、おおむね次のような事項で構成されている。
① 建築物に対する措置、同意等の手続き
② 防火管理者
③ 危険物貯蔵の措置
④ 消防設備の設置、消防機器の検定
⑤ 火災の警戒、消火活動、火災調査、救急業務

1　目　的（法1条）

　消防法は、火災を予防、警戒、鎮圧することによって、国民の生命、身体および財産を火災から保護するとともに、火災または地震等の災害による被害を軽減するほか、災害による傷病者の搬送を適切に行い、もって安寧秩序を保持し、社会公共の福祉の増進に資することを目的としている。

2　用語の定義（法2条）

　この法律の用語は次の例による。
(1) 防火対象物とは、山林または舟車、船きよもしくはふ頭に繋留された船舶、建築物その他の工作物若しくはこれらに属する物をいう。
(2) 消防対象物とは、山林または舟車、船きよもしくはふ頭に繋留された船舶、建築物その他の工作物または物件をいう。
(3) 関係者とは、防火対象物または消防対象物の所有者、管理者または占有者をいう。
(4) 関係のある場所とは、防火対象物または消防対象物のある場所をいう。
(5) 舟車とは、船舶安全法2条1項の規定を適用しない船舶、端舟、はしけ、被曳船その他の舟および車両をいう。
(6) 危険物とは、別表第一の品名欄に掲げる物品で、同表に定める区分に応じ同表の性質欄に掲げる性状を有するものをいう。
(7) 消防隊とは、消防器具を装備した消防吏員もしくは消防団員の一隊または消防組織法（昭和22年法律226号）30条3項の規定による都道府県の航空消

防隊をいう。
(8) 救急業務とは、災害により生じた事故もしくは屋外もしくは公衆の出入する場所において生じた事故（以下この項において「災害による事故等」という）または政令で定める場合における災害による事故等に準ずる事故その他の事由で政令で定めるものによる傷病者のうち、医療機関その他の場所へ緊急に搬送する必要があるものを、救急隊によつて、医療機関（厚生労働省令で定める医療機関をいう。7章の2において同じ）その他の場所に搬送すること（傷病者が医師の管理下に置かれるまでの間において、緊急やむを得ないものとして、応急の手当を行うことを含む）をいう。

3　建築許可・確認に関する同意

[1] 同　意（法7条1項）

(1) 建築物の新築、増築、改築、移転、修繕、模様替、用途の変更または使用について許可、認可、確認する際には、建築物の工事施工地または所有地を管轄する消防長または消防署長の同意を得なければ、許可、認可、確認をすることができない。
(2) 防火地域、準防火地域以外の区域内の住宅（長屋、共同住宅、政令で定める住宅（一戸建ての住宅で住宅以外の用途に供する部分の床面積の合計が延べ面積の1／2以上であるものまたは50㎡超のもの）を除く）は、この限りでない。

[2] 工事の停止（法5条）

消防長または消防署長は、防火対象物の位置、構造、設備または管理の状況について、火災の予防に危険であると認める場合等には、権原を有する関係者（特に緊急の必要があると認める場合においては、関係者および工事の請負人または現場管理者）に対し、当該防火対象物の改修、移転、除去、工事の停止または中止等を命ずることができる。

4　防火管理者の選任

[1] 多数が利用する建築物の防火管理者（法8条）

学校、病院、工場、事業場、興行場、百貨店、複合用途防火対象物その他多数の者が利用する防火対象物で政令で定めるものの管理について権原を有する者は、政令で定める資格を有する「防火管理者」を定め、消防計画の作成、消

火・通報・避難の訓練の実施、消防設備・消防用水・消火施設の点検および整備、火気使用に関する監督、避難施設の維持管理、収容人員の管理その他防火上必要な業務を行わせなければならない。

[2] 高層建築物等の防火管理者（法8条の2）
　高さ31mを超える建築物その他政令で定める防火対象物または地下街で消防長、消防署長が指定するものの管理者は、政令で定める資格を有する「統括防火管理者」を定め、消防計画の作成、消火・通報・避難の訓練実施、避難上必要な施設の管理その他当該防火対象物の全体についての防火管理上必要な業務を行わせなければならない。

5　維持管理（法8条の2の4）
　学校、病院、工場、事業場、興行場、百貨店、旅館、飲食店、地下街その他の防火対象物で政令で定めるものの管理について権原を有する者は、廊下、階段、避難口その他の避難上必要な施設について、避難の支障になる物件が放置され、またはみだりに存置されないように管理し、かつ、防火戸についてその閉鎖の支障になる物件が放置され、またはみだりに存置されないように管理しなければならない。

6　住宅用防災機器（法9条の2）
(1)　住宅（兼用住宅の住宅以外の部分を除く）の関係者は、市町村の条例に定められる基準に従って、住宅用防災機器を設置し、維持しなければならない。
(2)　住宅用防災機器とは、住宅における火災の予防に資する機械器具または設備で政令で定めるものをいう。
(3)　市町村は、政令で定める基準に従い、住宅用防災機器の設置および維持の基準その他住宅の火災予防に必要な事項を、市町村条例で定める。

7　消防用設備の設置（法17条）
　学校、病院、工場、事業場、興業場、百貨店、旅館、飲食店、地下街、複合用途防火対象物その他政令で定める防火対象物の関係者（政令で定める）は、政令で定める消防の用に供する設備、消防用水および消火活動上必要な施設（以下「消防用設備等」という）を、消火、避難その他の消防活動のために必

要とされる性能を有するように政令で定める技術上の基準に従って設置し、維持しなければならない。

(1) 政令で定める防火対象物（令6条、別表第一）

(一)	イ　劇場、映画館、演芸場又は観覧場 ロ　公会堂又は集会場
(二)	イ　キャバレー、カフェー、ナイトクラブその他これらに類するもの ロ　遊技場又はダンスホール ハ　風俗営業等の規制及び業務の適正化等に関する法律（昭和二十三年法律第百二十二号）第二条第五項に規定する性風俗関連特殊営業を営む店舗（二並びに（一）項イ、（四）項、（五）項イ及び（九）項イに掲げる防火対象物の用途に供されているものを除く。）その他これに類するものとして総務省令で定めるもの ニ　カラオケボックスその他遊興のための設備又は物品を個室（これに類する施設を含む。）において客に利用させる役務を提供する業務を営む店舗で総務省令で定めるもの
(三)	イ　待合、料理店その他これらに類するもの ロ　飲食店
(四)	百貨店、マーケットその他の物品販売業を営む店舗又は展示場
(五)	イ　旅館、ホテル、宿泊所その他これらに類するもの ロ　寄宿舎、下宿又は共同住宅

(2) 法17条の政令で定める消防の用に供する設備は、消火設備、警報設備および避難設備とする（令7条1項）。

消防用設備の種類（令7条）

消火設備 〔水その他消火剤を使用して消火を行う機械器具又は設備（2項）〕	1	消火器、簡易消化用具（水バケツ、水槽、乾燥砂、膨張ひる石または膨張真珠岩）
	2	屋内消火栓設備
	3	スプリンクラー設備
	4	水噴霧消火設備
	5	泡消火設備
	6	不活性ガス消火設備
	7	ハロゲン化物消火設備
	8	粉末消火設備
	9	屋外消火栓設備
	10	動力消防ポンプ設備

警報設備 〔火災の発生を放置する機械器具又は設備（3項）〕	1	自動火災報知設備
	1の2	ガス漏れ火災報知設備
	2	漏電火災警報器
	3	消防機関へ通報する火災報知設備
	4	非常警報器具（警鐘、携帯態様拡声器、手動サイレン、その他）、非常警報設備（非常ベル、自動サイレン、放送設備）
避難設備 〔火災が発生した場合に避難するために用いる機械器具又は設備（4項）〕	1	避難器具（すべり台、避難はしご、救助袋、緩降機、避難橋その他）
	2	誘導灯、誘導標識
消防用水（5項）		防火水槽、これに代わる貯水池その他の用水
消火活動用設備（6項）	1	排煙設備
	2	連結散水設備
	3	連結送水管
	4	非常コンセント設備
	5	無線通信補助設備
法29条の4に規定する必要とされる防火安全性能を有する消防の用に供する設備等（7項）		法17条1項に規定する政令で定める消防の用に供する設備、消防用水及び消火活動上必要な施設

8　危険物の貯蔵、取扱いの制限等（法10条1項）

　指定数量以上の危険物は、貯蔵所以外の場所で貯蔵し、または製造所、貯蔵所および取扱所以外の場所で取り扱ってはならない。

9　その他の規定

　以上の他に、「消火設備、警報設備及び避難設備等に関する設置及び技術的基準」が定められている。

● H30年度 一級建築士 学科試験（法規）に挑戦！

〔No.25〕次の記述のうち、消防法上、誤っているものはどれか。ただし、建築物は、いずれも無窓階を有しないものとし、指定可燃物の貯蔵又は取扱いは行わないものとする。

1. 主要構造部を準耐火構造とした延べ面積1,500㎡、地上2階建ての共同住宅で、壁及び天井の室内に面する部分の仕上げを難燃材料でしたものについては、原則として、屋内消火栓設備を設置しなければならない。
2. 地上3階建ての事務所で、各階の床面積が300㎡のものについては、原則として、3階に自動火災報知設備を設置しなければならない。
3. 各階から避難階又は地上に直通する2の階段が設けられた地上3階建ての工場で、各階の収容人員が100人のものについては、原則として、3階に避難器具を設置しなければならない。
4. 延べ面積6,000㎡、地上5階建てのホテルについては、連結送水管を設置しなければならない。

【正解　3】消防法

1. 消防法施行令11条1項　共同住宅は別表1（五）に該当し、同項二号は、延べ面積が700㎡以上のものが対象となるため設置が必要。正しい。
2. 消防法施行令21条1項十一号　3階以上の階で、床面積が300㎡以上のものは設置。正しい。
3. 消防法施行令25条1項　工場は別表1（十二）に該当し、同項四号は、防火対象物の3階以上の階又は地階で、収容人員が、3階以上の無窓階又は地階にあっては100人以上、その他の階にあっては150人以上のものとあり、150人未満のため対象外。誤り。
4. 消防法施行令29条1項　ホテルは別表1（五）に該当し、同項二号は、地階を除く階数が5以上の別表第一に掲げる建築物で、延べ面積が6,000㎡以上のものが対象。正しい。

第 2 節　耐震改修促進法

　建築物の耐震改修の促進に関する法律は、平成 7 年 1 月17日に発生した「阪神・淡路大震災」をきっかけに、平成 7 年に交付された法律である。

　阪神・淡路大震災では多数の既存建築物に大きな被害がでたが、一方で昭和56年 6 月の改正で導入された「新耐震設計法」に基づいて建築された建築物の被害が、それ以前の構造基準に基づいて設計された建築物の被害よりも軽微であったことから、既存建築物の耐震化を促進するために制定されたものである。

1　目　的（法 1 条）

　この法律は、地震による建築物の倒壊等の被害から国民の生命、身体および財産を保護するため、建築物の耐震改修の促進のための措置を講ずることにより建築物の地震に対する安全性の向上を図り、もって公共の福祉の確保に資することを目的とする。

2　用語の定義（法 2 条）

❶ 耐震診断
　地震に対する安全性を評価すること。

❷ 耐震改修
　地震に対する安全性の向上を目指して、増築、改築、修繕、模様替、一部の除却、敷地の整備をすること。

❸ 所管行政庁
　建築主事を置く市町村または特別区の区域については当該市町村または特別区の長をいい、その他の市町村または特別区の区域については都道府県知事をいう。建築基準法の特定行政庁と同様に、特別区や限定特定行政庁である市町村は、所管する範囲内の建築物のみを扱い、それ以外の建築物は、都道府県知事が所管行政庁となる。

3　基本方針・耐震改修促進計画（法第2章）

［1］基本方針（法4条）

⑴　国土交通大臣は、耐震診断および耐震改修の促進を図るための基本的な方針（基本方針）を定め、公表しなければならない（1項・3項）。

⑵　基本方針には、耐震診断および耐震改修の促進に関する基本的事項、目標の設定、技術上の指針、啓発および普及に関する基本的な事項等を定める（2項）。

［2］都道府県耐震改修促進計画等（法5条）

⑴　都道府県は、基本方針に基づき、当該都道府県の区域内の建築物の耐震診断および耐震改修の促進を図るための計画（都道府県耐震改修促進計画）を定め、公表しなければならない（1項・6項）。

⑵　計画には、耐震診断および改修の実施目標、促進施策に関すること、啓発・普及に関すること、所管行政庁との連携に関すること等を定める（2項）。

⑶　上記の他、病院、官公署等の公益上必要な既存耐震不適格建築物[※1]および通行障害既存耐震不適格建築物[※2]等の耐震診断結果報告に関する事項などを定めることができる（3項）。

> **用語チェック**
> [※1]　**既存耐震不適格建築物**：地震に関する耐震関係規定に適合しない建築物で、建築基準法3条2項の既存不適格建築物の適用を受けているもの
> [※2]　**通行障害既存耐震不適格建築物**：地震によって倒壊した場合に、その敷地の接する道路の通行を妨げ、多数の者の円滑な避難を困難とするおそれのある既存耐震不適格建築物

［3］市町村耐震改修促進計画（法6条）

市町村は、都道府県耐震改修促進計画に基づき、当該市町村の区域内の建築物の耐震診断および耐震改修の促進を図るための計画（市町村耐震改修促進計画）を定めるよう努めるものとする。

4　所有者が講ずべき措置（法3章）

［1］要安全確認計画記載建築物の所有者の耐震診断の義務（法7条）

要安全確認計画記載建築物[※]の所有者は、当該建築物について、耐震診断を行い、その結果を、都道府県耐震改修促進計画に定める期限までに所管行政庁に報告しなければならない。

> **用語チェック**　(※) **要安全確認計画記載建築物**：都道府県耐震改修促進計画に記載された既存耐震不適格建築物および通行障害既存耐震不適格建築物等、避難路沿道建築物

都道府県又は市町村が指定する緊急輸送道路等の避難路沿道建築物

耐震診断義務付け対象の避難路沿道建築物　　耐震診断義務付け対象の避難路沿道の組積造の塀

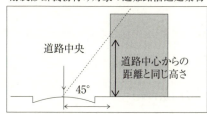 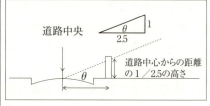

[2] 要安全確認計画記載建築物に係る報告命令等（法8条）

(1) 所管行政庁は、要安全確認計画記載建築物の所有者が、7条の報告をせず、または虚偽の報告をしたときは、当該所有者に対して、相当の期限を定めて報告を行い、または報告の内容を是正すべきことを命ずることができる（1項）。

(2) 所管行政庁は、命令をしたときは、その旨を公表しなければならない（2項）。

(3) 所管行政庁は、過失がなく当該報告を命ずる者を確知できず、かつ、当該の要安全確認計画記載建築物を放置することが著しく公益に反するときは、耐震診断を自ら行うことができる。この場合、あらかじめ公告しなければならない（3項）。

(4) 所管行政庁は、耐震診断結果の報告を受けたときは、報告内容を公表しなければならない（法9条）。

(5) 都道府県は、要安全確認計画記載建築物に該当する通行障害既存耐震不適格建築物の所有者から申請があったときは、法7条の規定により行われた耐震診断に要する費用を負担しなければならない（法10条）。

[3] 要安全確認計画記載建築物の所有者の耐震改修の努力（法11条）

要安全確認計画記載建築物の所有者は、耐震診断の結果、地震に対する安全性の向上を図る必要のあるときは、当該要安全確認計画記載建築物について耐震改修を行うよう努めなければならない。

[4] 要安全確認計画記載建築物の耐震改修に係る指導・助言・指示（法12条）
(1) 所管行政庁は、要安全確認計画記載建築物の所有者に対し、基本方針のうち技術上の指針となるべき事項（「技術指針事項」という）を勘案して、耐震改修について必要な指導および助言をすることができる（1項）。
(2) 所管行政庁は、要安全確認計画記載建築物について必要な耐震改修が行われていないと認めるときは、所有者に対し、技術指針事項を勘案して、必要な指示をすることができる（2項）。
(3) 所管行政庁は、所有者が正当な理由がなく指示に従わなかったときは、その旨を公表することができる（3項）。

[5] 特定既存耐震不適格建築物の所有者の努力（法14条）
　つぎに掲げる要安全確認計画記載建築物以外の既存耐震不適格建築物（「特定既存耐震不適格建築物」という）の所有者は、当該建築物について耐震診断を行い、その結果、地震に対する安全性の向上を図る必要があるときは、耐震改修を行うよう努めなければならない（1項）。

① 学校、体育館、病院、劇場、観覧場、集会場、百貨店、事務所、老人ホーム等の多数の者が利用する建築物で、政令で定める用途および規模のもの（1号）
② 火薬類、石油類等の政令で定める危険物で政令で定める数量以上のものの貯蔵場または処理場（2号）
③ 建築物が倒壊した場合に、その敷地の接する道路の通行を妨げ、市町村の区域を越える相当多数の者の円滑な避難が困難となることを防止するため、都道府県耐震改修促進計画に記載された道路に接する通行障害建築物（3号）

[6] 特定既存耐震不適格建築物に係る指導・助言・指示（法15条）
(1) 所管行政庁は、特定既存耐震不適格建築物の耐震診断および耐震改修の実施を確保する必要があるときは、所有者に対し、技術指針事項を勘案して、当該建築物の耐震診断および耐震改修について必要な指導および助言をすることができる（1項）。
(2) 所管行政庁は、次に掲げる特定既存耐震不適格建築物について、必要な耐震診断および耐震改修が行われていないと認めるときは、当該建築物の所有者に対し、技術指針事項を勘案して、必要な指示をすることができる（2

項)。
- ①　病院、劇場、観覧場、集会場、展示場、百貨店等の多数の者が利用する特定既存耐震不適格建築物（1号）
- ②　小学校、老人ホーム等の地震の際の避難確保上特に配慮を要する者が主として利用する特定既存耐震不適格建築物（2号）
- ③　火薬類、石油類等の政令で定める危険物で政令で定める数量以上のものの貯蔵場または処理場である特定既存耐震不適格建築物（3号）
- ④　建築物が倒壊した場合に、その敷地の接する道路の通行を妨げ、市町村の区域を越える相当多数の者の円滑な避難が困難となることを防止するため、都道府県耐震改修促進計画に記載された道路に接する通行障害建築物（4号）

(3) 所管行政庁は、所有者が正当な理由がなく指示に従わなかったときは、その旨を公表することができる（3項）。

5　建築物の耐震改修の計画の認定（法第4章）

[1] 計画の認定（法17条）

(1) 建築物の耐震改修をしようとする者は、耐震改修計画を作成し、所管行政庁の認定を申請することができる（1項）。

(2) 計画には、建築物の位置、階数・延べ面積・構造方法・用途、改修事業の内容、資金計画等を記載しなければならない（2項）。

(3) 所管行政庁は、改修計画が次の基準に適合すると認めるときは、計画の認定をすることができる（3項）。

認定基準の主な内容（3項各号）

❶ 耐震改修の内容が、耐震関係規定または国土交通大臣が定める基準に適合していること（1号）。

❷ 資金計画が、事業を確実に遂行するため適切であること（2号）。

❸ 耐震関係規定および耐震関係規定以外の建築基準法令に適合せず、かつ、既存不適格建築物の適用を受ける場合で、増築、改築、大規模の修繕、大規模の模様替をしようとするもので、工事後も引き続き耐震関係規定以外の規定に適合しない建築物であるときは、上記❶、❷の基準のほか、次に掲げる基準に適合していること（3号）。

　ア　当該工事が地震に対する安全性向上のため必要なもので、工事後も建築基準法令に適合しないことがやむを得ないもの。

　イ　建築物および敷地が、交通上の支障、安全上、防火上、避難上の危険の度、衛生上、市街地環境の保全上の有害度が高くならないこと。

この他に、耐火建築物としなければならない特殊建築物（建築基準法27条）、容積率、建蔽率に関する基準が規定されている。

［2］認定建築物と建築基準法の特例（法17条）

❶ 建築主事の同意（4項）

耐震改修の計画が、法6条1項の規定の確認または法18条2項の規定の通知を要するもので、計画の認定をしようとするときは、あらかじめ建築主事の同意を得なければならない。

❷ 消防長等の同意と書類の閲覧（5項）

建築基準法の確認および計画通知が必要な建築物の耐震改修計画の認定をするときには、法93条の消防長等の同意および法93条の2の書類の閲覧の規定が準用される。

❸ 既存不適格建築物の緩和（6項）

既存不適格建築物について、所管行政庁が耐震改修計画の認定をしたときは、法3条3項の規定にかかわらず、同条2項の既存不適格建築物の規定が引き続き適用される。

❹ 耐火規定に関する緩和（7項）

所管行政庁が計画の認定をしたときは、法27条1項、61条、62条1項の耐火

に関する規定は適用しない。

❺ その他
(1) 容積率や建蔽率に関する規定、建築確認や計画通知に関する手続き規定などが緩和される（法17条8項～10項）。
(2) 所管行政庁は、認定を受けた者（認定事業者）が、認定を受けた計画に従って耐震改修を行っていないと認めるときは、当該認定事業者に改善に必要な措置をとるべきことを命ずることができる（法20条）。
(3) 所管行政庁は、認定事業者が改善命令に違反したときは、計画の認定を取り消すことができる（法21条）。

6 建築物の地震に対する安全性に係る認定等（法5章）
[1] 建築物の地震に対する安全性に係る認定等（法22条）
(1) 建築物の所有者は、所管行政庁に対し、当該建築物が地震に対する安全性の基準に適合している旨の認定を申請することができる（1項）。
(2) 所管行政庁は、申請にかかわる建築物が耐震関係規定または国土交通大臣が定める基準に適合していると認めるときは、その旨の認定をすることができる（2項）。
(3) 上記の認定を受けた者は、認定を受けた建築物（基準適合認定建築物）に関する広告等に、当該建築物が認定を受けている旨の表示を付すことができる（3項）。

[2] 基準適合認定建築物に係る認定の取消し（法23条）
所管行政庁は、基準適合認定建築物が基準に適合しなくなったと認めるときは、認定を取り消すことができる。

[3] 基準適合認定建築物に係る報告、検査等（法24条）
所管行政庁は、基準適合認定建築物の認定を受けた者に対し当該建築物の地震に対する安全性に関し報告させ、あるいは職員に立ち入り検査をさせることができる。

7 耐震改修支援センター（法8章）
(1) 国土交通大臣は、建築物の耐震診断および耐震改修の実施を支援すること

を目的として、一般社団法人または一般財団法人その他営利を目的としない法人を、耐震改修支援センターとして指定することができる（法32条）。
(2) センターは、つぎの業務を行う（法34条）。
① 認定事業者に対する貸付けに係る債務保証
② 耐震診断および耐震改修に関する情報・資料の収集、整理、提供
③ 耐震診断および耐震改修に関する調査・研究　　等

8　罰　則（法9章）
違反の程度に応じて、30万円から100万円の罰金が規定されている。

第3節　バリアフリー法

1　目　的（法1条）

　この法律の正式名称は「高齢者、障害者等の移動等の円滑化の促進に関する法律」である。

　本法は、高齢者、障害者等の自立した日常生活および社会生活を確保することの重要性に鑑み、公共交通機関の旅客施設および車両等、道路、路外駐車場、公園施設ならびに建築物の構造および設備を改善するための措置、一定の地区における旅客施設、建築物等およびこれらの間の経路を構成する道路、駅前広場、通路その他の施設の一体的な整備を推進するための措置その他を講ずることにより、高齢者、障害者等の移動上および施設の利用上の利便性の向上の促進を図り、もって公共の福祉の増進に資することを目的とする。

2　基本理念（法1条の2）

　この法律に基づく措置は、高齢者、障害者等にとって日常生活または社会生活を営む上で障壁となるような社会における事物、制度、慣行、観念その他一切のものの除去に資することおよびすべての国民が年齢、障害の有無その他の事情によって分け隔てられることなく共生社会の実現に資することを旨として、行われなければならない。

3　定　義（法2条）

　主な建築関係の定義は、次のとおりである。

①	高齢者、障害者等	高齢者または障害者で日常生活または社会生活に身体の機能上の制限を受ける者をいう（1号）。
②	移動等円滑化	高齢者、障害者等の移動または施設の利用に係る身体の負担を軽減することにより、移動上または施設の利用上の利便性および安全性を向上することをいう（2号）。
③	施設設置管理者	公共交通事業者等、道路管理者、路外駐車場管理者等、公園管理者等および建築主等をいう（3号）。
④	建築主等	建築物の建築をしようとする者または建築物の所有者、管理者もしくは占有者をいう（14号）。

⑤ 建築物	建築基準法第2条1号に規定する建築物をいう（15号）。
⑥ 特定建築物	学校、病院、劇場、観覧場、集会場、展示場、百貨店、ホテル、事務所、共同住宅、老人ホームその他の多数の者が利用する政令（令4条）で定める建築物またはその部分をいい、これらに附属する建築物特定施設を含むものとする（16号）。
⑦ 特別特定建築物	不特定かつ多数の者が利用し、または主として高齢者、障害者等が利用する特定建築物であって、移動等円滑化が特に必要なものとして政令（令5条）で定めるものをいう（17号）。
⑧ 建築物特定施設	出入口、廊下、階段、エレベーター、便所、敷地内の通路、駐車場その他の建築物またはその敷地に設けられる施設で政令で定めるものをいう（18号）。
⑨ 建築	建築物を新築し、増築し、または改築することをいう（19号）。
⑩ 所管行政庁	建築主事を置く市町村または特別区の区域については当該市町村または特別区の長をいい、その他の市町村または特別区の区域については都道府県知事をいう（20号）。
⑪ 建築物特定事業	次に掲げる事業をいう（27号）。 ア　特別特定建築物の移動円滑化のために必要な建築物特定施設の整備に関する事業 イ　特定建築物における生活関連経路の移動等円滑化のために必要な建築物特定施設の整備に関する事業

4　特定建築物と特別特定建築物（令4条、5条）

	対象用途 （以下の用途はすべての新築、増築、改築、用途変更、修繕、模様替えで努力義務の対象）	義務付け対象
特別特定建築物	1．特別支援学校 2．病院または診療所 3．劇場、観覧場、映画館または演芸場 4．集会場または公会堂 5．展示場 6．百貨店、マーケットその他の物品販売業を営む店舗 7．ホテルまたは旅館	2,000㎡以上 の新築、増築、改築、用途変更に義務付け （18.公衆便所は50㎡以上）

	8. 保健所、税務署その他不特定かつ多数の者が利用する官公署 9. 老人ホーム、福祉ホームその他これらに類するもの（主として高齢者、障害者等が利用するものに限る） 10. 老人福祉センター、児童厚生施設、身体障害者福祉センターその他これらに類するもの 11. 体育館（一般公共の用に供されるものに限る）、水泳場（一般公共の用に供されるものに限る）もしくはボーリング場または遊技場 12. 博物館、美術館または図書館 13. 公衆浴場 14. 飲食店 15. 理髪店、クリーニング取次店、質屋、貸衣装屋、銀行その他これらに類するサービス業を営む店舗 16. 車両の停車場または船舶もしくは航空機の発着場を構成する建築物で旅客の乗降または待合いの用に供するもの 17. 自動車の停留または駐車のための施設（一般公共の用に供されるものに限る） 18. 公衆便所 19. 公共用歩廊	**地方公共団体の条例** 条例による面積の引き下げが可能 条例による義務づけ対象への追加が可能 （注）既存建築物についても、努力義務の対象
特定建築物	上記1.～19. 20. 学校（1の用途を除く） 21. 卸売市場 22. 事務所（8の用途を除く） 23. 共同住宅、寄宿舎または下宿 24. 保育所等（9の用途を除く） 25. 体育館、水泳場その他これらに類する運動施設（11の用途を除く） 26. キャバレー、料理店、ナイトクラブ、ダンスホールその他これらに類するもの 27. 自動車教習所または学習塾、華道教室、囲碁教室その他これらに類するもの 28. 工場 29. 自動車の停留または駐車のための施設（17の用途を除く）	

5 特別特定建築物の建築主等の基準適合義務等（法14条）

(1) 建築主等は、特別特定建築物の政令で定める規模以上の建築（用途変更をして特定建築物にすることを含む）をしようとするときは、当該特別特定建築物（以下「新築特別特定建築物」という）を、建築物移動等円滑化基準[※]に適合させなければならない（同条1項）。

(2) 建築主等は、所有し、管理し、または占有する新築特別特定建築物を建築物移動等円滑化基準に適合するように維持しなければならない（同条2

項)。
(3) 地方公共団体は、その地方の自然的社会的条件の特殊性により、法規定のみでは目的を十分に達成することができないと認める場合には、特別特定建築物に条例で定める特定建築物を追加し、建築の規模を条例で政令で定める規模未満で別に定め、または建築物移動等円滑化基準に条例で必要事項を付加することができる（同条3項）。
(4) 1項から3項までの規定は、建築基準法第6条1項に規定する建築基準関係規定とみなす（同条4項）。

> **用語チェック**　(※) **建築物移動等円滑化基準**：移動等円滑化のために必要な建築物特定施設の構造及び配置に関する政令で定める基準

6　特別特定建築物に係る基準適合命令等（法15条）

(1) 所管行政庁は、法14条の規定に違反していると認めるときは、建築主等に対し、当該違反を是正するための措置をとるべきことを命ずることができる（1項）。
(2) 国、都道府県または建築主事を置く市町村の特別特定建築物については、前項の規定は適用しない。これらの建築物が法14条の規定に違反している場合には、所管行政庁は当該特別特定建築物を管理する機関の長にその旨を通知し、違反是正の措置をとるべきことを要請しなければならない（2項）。
(3) 所管行政庁は、建築主等に対し、特別特定建築物の移動等円滑化について必要な指導および助言をすることができる（3項）。

7　特定建築物の建築主等の努力義務等（法16条）

(1) 建築主等は、特定建築物の建築をしようとするときは、当該特定建築物を建築物移動等円滑化基準にさせるために必要な措置を講ずるよう努めなければならない（1項）。
(2) 建築主等は、特定建築物の建築物特定施設の修繕または模様替をするときは、建築物等移動等円滑化基準に適合させるために必要な措置を講ずるように努めなければならない（2項）。
(3) 所管行政庁は、建築主等に対し、特定建築物の移動等円滑化について必要な指導および助言をすることができる（3項）。

8 特定建築物の建築等及び維持保全計画の認定（法17条）

(1) 建築主等は、特定建築物の建築、修繕または模様替をしようとするときは、主務省令で定めるところにより、特定建築物の建築等および維持保全の計画を作成し、所管行政庁の認定を申請することができる（1項）。

(2) 所管行政庁は、認定申請のあった計画が次に掲げる基準に適合すると認めるときは、認定をすることができる（3項）。

① 計画内容が、建築物移動等円滑化基準を超え、かつ、高齢者、障害者等が円滑に利用できるようにするために誘導すべき主務省令で定める建築物特定施設の基準（「建築物移動等円滑化誘導基準」という）に適合すること。

② 資金計画が、特定建築物の建築等の事業を確実に遂行するために適切なものであること。

(3) 容積率算定の基礎となる床面積には、所管行政庁の認定を受けた特定建築物（以下「認定特定建築物」という）の建築物特定施設の床面積のうち、移動等円滑化の措置をとることにより通常の建築物特定施設の床面積を超えることとなる場合の政令で定める床面積は、算入しないとされている（法19条）。

9 建築物移動等円滑化基準（令10条～23条）

建築確認の対象である特別特定建築物に適合が義務づけられている「建築物移動等円滑化基準」の主な内容は、次のとおりである。

[1] 廊下等（令11条）

(1) 表面を粗面または滑りにくい材料で仕上げる。
(2) 階段や傾斜路の上端に近接する廊下等の部分に、原則として点状ブロック等を設ける。

[2] 階　段（令12条）

(1) 踊場を除き、手すりを設ける。
(2) 表面を粗面または滑りにくい材料で仕上げる。
(3) 段を容易に識別できるようにする。
(4) つまずきの原因となるものを設けない。
(5) 踊場の部分に、原則として点状ブロック等を設ける。

(6) 主たる階段は、原則として回り階段でないこと。

[3] 傾斜路（令13条）
(1) 勾配が12分の1を超え、または高さが16cmを超える傾斜には、手すりを設ける。
(2) 表面を粗面または滑りにくい材料で仕上げる。
(3) 廊下等との色の差を大きくし、傾斜路であることを容易に識別できること。
(4) 傾斜がある部分の上端に近接する踊場に、原則として点状ブロック等を敷設すること。

[4] 便　所（令14条）
(1) 車いす使用者用の便房を1以上（男子・女子用が別の場合は、それぞれ1以上）設ける。
(2) 高齢者、障害者等が円滑に利用できる構造の水洗器具を設ける便房を1以上設ける。
(3) 男子用小便器を設ける場合には、床置式の小便器または同等のものを1以上設置する。

[5] ホテルまたは旅館の客室（令15条）
(1) 客室の総数が50以上の場合は、車いす使用者用客室を1以上設ける。
(2) 車いす使用者用客室は、便所や浴室の出入口の幅を80cm以上とすることなどが必要である。

[6] 敷地内通路（令16条）
(1) 表面を粗面または滑りにくい材料で仕上げる。
(2) 段の部分には、手すりを設け、踏面の端部が色により識別できるようにし、つまずきの原因となるものを設けない。
(3) 勾配が12分の1を超え、または高さが16cmを超え、かつ勾配が20分の1を超える傾斜路には手すりを設ける。
(4) 傾斜路は、前後の通路とは色の差により傾斜路を識別できるようにする。

[7] 駐車場（令17条）
(1) 車いす使用者用駐車施設を1以上設ける。

(2) 幅は350cm 以上とし、経路の長さができるだけ短くなる位置に設けること。

[8] 建築物へのアプローチ（移動等円滑化経路）（令18条）
(1) 道から利用居室、利用居室からトイレ、車いす使用者用駐車施設から利用居室までの経路について、高齢者、障害者等が円滑に利用できる経路を1以上設ける。
(2) 移動等円滑化経路の出入口の幅や戸、勾配、エレベーターについては一定の基準に適合する必要がある。例えば、経路の出入口の幅を80cm 以上にする、エレベーターのかごは、出入口の幅を80cm 以上、奥行を135cm 以上とすることなどの基準を満たす必要がある。

[9] 標識・案内設備（令19条～21条）
(1) 移動等円滑化の措置がとられたエレベーター、便所、駐車施設の付近には、原則として、それぞれその旨を表示する標識を設ける。
(2) 建築物またはその敷地には、原則として、移動等円滑化の措置をしたエレベーターなどの配置を表示した案内板を設ける。
(3) 移動等円滑化の措置をしたエレベーターなどの配置について、点字により視覚障害者に示すための設備を設け、また、点状ブロックや音声案内などにより、道等から案内板まで視覚障害者を誘導する設備を設ける。

10　建築基準法の特例

[1] 既存の特定建築物に設けるエレベーターの特例（法23条）
　この法律の施行の際に現に存する特定建築物に、車椅子利用者のためのエレベーターを設置する場合に、次の基準に適合し、所管行政庁が防火上および避難上支障がないと認めたときは、当該エレベーターの構造は耐火構造とみなす。
　① エレベーター及び当該特定建築物の主要構造部が、主務省令で定める安全上、防火上の基準に適合していること。
　② エレベーターの制御方法、作動状態の監視方法が主務省令で定める安全上の基準に適合していること。

[2] 容積率の特例（法24条）
　建築物特定施設の床面積が高齢者、障害者等の円滑な利用を確保するため通

常の床面積よりも著しく大きい建築物で、主務大臣が定める基準に適合するものは、建築基準法第52条14項１号に規定する建築物とみなして、特定行政庁の許可により容積率の限度を超えるものとすることができる。

●H30年度 一級建築士 学科試験（法規）に挑戦!

〔No．26〕次の記述のうち、「高齢者、障害者等の移動等の円滑化の促進に関する法律」上、誤っているものはどれか。

1. 既存の倉庫の一部の用途を変更し、床面積の合計が2,500㎡の物品販売業を営む店舗に用途の変更をしようとするときは、当該用途の変更に係る部分に限り、建築物移動等円滑化基準に適合させればよい。
2. 自動車教習所を新築しようとするときは、建築物移動等円滑化基準に適合させるために必要な措置を講ずるよう努めなければならない。
3. この法律の施行の際現に存する特定建築物に、専ら車椅子を使用している者の利用に供するエレベーターを設置する場合において、当該エレベーターが所定の基準に適合し、所管行政庁が防火上及び避難上支障がないと認めたときは、建築基準法の一部の規定の適用については、当該エレベーターの構造は耐火構造とみなされる。
4. 建築物移動等円滑化基準への適合が求められる建築物において、案内所を設ける場合には、当該建築物内の移動等円滑化の措置がとられたエレベーター等の配置を表示した案内板を設けなくてもよい。

【正解　1】バリアフリー法

1. バリアフリー法施行令22条１項二号　道等から用途変更に掲げる部分にある利用居室までの一以上の経路も適合が必要。誤り。
2. バリアフリー法施行令４条十七号の特定建築物に該当。法16条１項にて特定建築物は努力義務。正しい。
3. バリアフリー法23条の記載のまま。正しい。
4. バリアフリー法施行令20条３項の記載のまま。正しい。

第 4 節　建築物省エネ法

　この法律の正式名称は、「建築物のエネルギー消費性能の向上に関する法律」という。我が国のエネルギー需給状況が逼迫するなか、産業や運輸など他部門のエネルギー消費量の減少に比較し、建築部門のエネルギー消費量が著しく増加しており、省エネ対策の抜本的強化が必要不可欠との考え方から導入された。

　本法は、建築物の省エネ性能の向上を図るため、①大規模非住宅建築物の省エネ基準適合義務等の規制措置と、②省エネ基準に適合している旨の表示制度及び誘導基準に適合した建築物の容積率特例の誘導措置を一体的に講じたものである。平成27年7月に公布され、誘導措置等は平成28年4月1日に、規制措置は平成29年4月1日に施行されている。

1　目 的（法1条）

　この法律は、社会経済情勢の変化に伴い建築物におけるエネルギーの消費量が著しく増加していることに鑑み、建築物のエネルギー消費性能の向上に関する基本的な方針の策定について定めるとともに、一定規模以上の建築物の建築物エネルギー消費性能基準への適合性を確保するための措置、建築物エネルギー消費性能向上計画の認定その他の措置を講ずることにより、「エネルギーの使用の合理化等に関する法律」と相まって、建築物のエネルギー消費性能の向上を図り、もって国民経済の健全な発展と国民生活の安定向上に寄与することを目的とする。

○「エネルギーの使用の合理化等に関する法律（省エネ法）」との関係
1　目的（省エネ法1条）
　　内外におけるエネルギーをめぐる社会的経済的環境に応じた燃料資源の有効な利用の確保に資するため、工場、輸送、建築物及び機械器具についてのエネルギーの使用の合理化に関する所要の措置その他エネルギーの使用の合理化を総合的に進めるために必要な措置等を講ずることとし、もって国民経済の健全な発展に寄与することを目的とする。
2　定義（2条）
① エネルギー──燃料、熱、電気をいう（1項）。
② 燃料─原油、揮発油、重油等の石油製品、可燃性天然ガス、石炭、コークス等の石炭製品で燃焼等の用途に供するものをいう（2項）。

③ 「電気の需要の平準化」―電気の需要量の季節又は時間帯による変動を縮小させることをいう（3項）。

3　建築物に係る措置（省エネ法143条）

次に掲げる者は、基本方針の定めるところに留意して、建築物の外壁、窓等を通しての熱の損失の防止及び建築物に設ける空気調和設備その他の政令で定める建築設備（第四号において「空気調和設備等」という。）に係るエネルギーの効率的利用のための措置を適確に実施することにより、建築物に係るエネルギーの使用の合理化に資するよう努めるとともに、建築物に設ける電気を消費する機械器具に係る電気の需要の平準化に資する電気の利用のための措置を適確に実施することにより、電気の需要の平準化に資するよう努めなければならない。

① 建築物の建築をしようとする者（1号）
② 建築物の所有者（所有者と管理者が異なる場合にあっては、管理者）（2号）
③ 建築物の直接外気に接する屋根、壁または床（これらに設ける窓その他の開口部を含む。）の修繕又は模様替をしようとする者（3号）
④ 建築物への空気調和設備等の設置または建築物に設けた空気調和設備等の改修をしようとする者（4号）

2　定　義（法2条）

①	建築物	―建築法2条1号に規定する建築物をいう。
②	エネルギー消費性能	―建築物の一定の条件での使用に際し消費されるエネルギーの量を基礎として評価される性能をいう。
③	建築物エネルギー消費性能基準	―建築物の備えるべきエネルギー消費性能の確保のために必要な建築物の構造および設備に関する経済産業省令・国土交通省令で定める基準をいう。
④	建築主等	―建築主または建築物の所有者、管理者、占有者をいう。
⑤	所管行政庁	建築主事を置く市町村の区域は市町村長をいい、その他の区域は都道府県知事をいう。

3　基本方針等

❶ 基本方針（法3条）

国土交通大臣は、建築物のエネルギー消費性能の向上に関する基本的な方針

（以下「基本方針」という。）を定めなければならない（1項）。

　基本方針は、エネルギーの使用の合理化等に関する法律第3条1項に規定する基本方針との調和が保たれたものでなければならない（3項）。

❷　国の責務（法4条）

(1) 国は、建築物のエネルギー消費性能の向上に関する施策を総合的に策定し、実施する責務を有する。
(2) 国は、地方公共団体が施策を円滑に実施できるよう、助言その他必要な援助を行うよう努めなければならない。
(3) 国は、必要な財政上、金融上および税制上の措置を講ずるよう努めなければならない。
(4) 国は、研究、技術の開発および普及、人材の育成その他の必要な措置を講ずるよう努めなければならない。
(5) 国は、教育活動、広報活動その他の活動を通じて、国民の理解を深めるとともに、その実施に関する国民の協力を求めるよう努めなければならない。

❸　地方公共団体の責務（法5条）

　地方公共団体は、国の施策に準じて施策を講ずるとともに、その地方公共団体の区域の実情に応じた施策を策定し、実施する責務を有する。

❹　建築主等の責務（法6条）

(1) その建築等（建築物の新築、増築、改築（以下「建築」という）、修繕、模様替、空気調和設備等の設置もしくは改修をいう）をしようとする建築物について、建築物の所有者、管理者、占有者は、その所有し、管理し、占有する建築物について、エネルギー消費性能の向上を図るよう努めなければならない（1項）。
(2) 住宅の建築を業として行う建築主（以下「住宅事業建築主」という）は、前項に定めるもののほか、その新築する一戸建ての住宅を法27条に定める基準に適合させるよう努めなければならない。

❺　建築物の販売または賃貸を行う事業者の努力（法7条）

　住宅事業建築主その他の建築物の販売または賃貸を行う事業者は、その販売または賃貸を行う建築物について、エネルギー消費性能を表示するよう努めな

ければならない。

❻ 建築物に係る指導および助言（法8条）

　所管行政庁は、必要があると認めるときは、建築主等に対し、設計、施工、維持保全に係る事項について、必要な指導および助言をすることができる。

❼ 建築物の設計等に係る指導および助言（法9条）

　国土交通大臣は、特に必要があると認めるときは、建築物の設計または施工を行う事業者に対し、性能の向上および性能の表示について必要な指導および助言をすることができる。

❽ 建築材料に関する指導および助言（法10条）

　経済産業大臣は、特に必要があると認めるときは、建築物の直接外気に接する屋根、壁または床（これらに設ける窓その他の開口部を含む）を通じての熱の損失の防止の用に供される建築材料の製造、加工または輸入を行う事業者に対し、当該建築材料の断熱性に係る品質の向上および当該品質の表示について、必要な指導および助言をすることができる。

4　特定建築物の建築主の義務等

❶ 特定建築物の建築主の基準適合義務（法11条）

(1)　建築主は、特定建築行為(※1)をしようとするときは、当該特定建築物(※2)（非住宅部分に限る）を建築物エネルギー消費性能基準に適合させなければならない（1項）。

(2)　1項の規定は、建築基準法6条1項に規定する建築基準関係規定とみなす。

用語チェック

(※1) **特定建築行為**：特定建築物の新築、増築、改築又は特定建築物以外の建築物の増築（非住宅部分の増築の規模が政令で定める規模以上のもので、増築後に特定建築物になるものに限る）をいう。

(※2) **特定建築物**：居住のために継続的に使用する室その他の政令で定める建築物の部分（以下「住宅部分」という）以外の建築物の部分（以下「非住宅部分」という）の規模が、エネルギー消費性能の確保を特に図る必要がある大規模なものとして政令で定める規模以上である建築物をいう。

❷ 建築物エネルギー消費性能適合性判定（法12条）

(1) 建築主は、特定建築行為をしようとするときは、その工事に着手する前に、建築物エネルギー消費性能確保計画を提出して、所管行政庁の建築物エネルギー消費性能適合性判定を受けなければならない（1項）。

(2) 建築物エネルギー消費性能確保計画とは、特定建築基準法行為に係る特定建築物のエネルギー消費性能の確保のための構造および設備に関する計画をいう。

(3) 建築物エネルギー消費性能適合性判定とは、建築物エネルギー消費性能確保計画（非住宅部分に限る。）が、建築物エネルギー消費性能基準に適合するかどうかの判定をいう。

(4) 所管行政庁は、建築物エネルギー消費性能確保計画の提出を受けた場合は、提出を受けた日から14日以内に、当該提出に係る適合性判定の結果を記載した通知書を、当該提出者に交付しなければならない（3項）。

(5) 建築主は、3項の規定により「適合判定通知書」[※3]の交付を受けた場合には、当該特定建築行為に係る確認をする建築主事または指定確認検査機関に、当該適合判定通知書またはその写しを提出しなければならない（6項）。

> **用語チェック**　（※3）**適合判定通知書**：建築物エネルギー消費性能確保計画が建築物エネルギー消費性能基準に適合するものであると判定された旨が記載された通知書をいう。

❸ 登録建築物エネルギー消費性能判定機関による建築物エネルギー消費性能適合性判定の実施等（法15条）

所管行政庁は、国土交通大臣の登録を受けた者（以下「登録建築物エネルギー消費性能判定機関」という）に、建築基準法エネルギー消費性能判定を行わせることができる。

5　一定規模以上の建築物のエネルギー消費性能の確保の措置

❶ 建築に関する届出等（法19条）

(1) 建築主は、次の行為をしようとするときは、その工事に着手する21日前までに、当該行為に係る建築物のエネルギー消費性能の確保のための構造および設備に関する計画を所管行政庁に届け出なければならない（1項）。

(2) 所管行政庁は、届出に係る計画が建築物エネルギー消費性能基準に適合せず、性能確保のため必要があると認めるときは、届出を受理した日から21日

以内に限り、届出に係る計画の変更その他必要な措置をとるべきことを指示することができる。

6 特殊な構造又は設備を用いる建築物等の認定

❶ 建築物の認定（法23条）

国土交通大臣は、建築主の申請により、特殊構造または設備を用いて建築が行われる建築物が建築物エネルギー消費性能基準に適合する建築物と同等以上のエネルギー消費性能を有するものである旨の認定をすることができる（1項）。

❷ 審査のための評価（法24条）

国土交通大臣は、認定のための審査に当たっては、特殊の構造または設備を用いる建築物のエネルギー消費性能に関する評価であって、国土交通大臣の登録を受けた「登録建築物エネルギー消費性能評価機関」が行うものに基づき行うものとする。

❸ 認定を受けた建築物に関する特例（法25条）

(1) 認定を受けた特殊の構造または設備を用いる建築物のうち建築物エネルギー消費性能適合性判定を受けなければならないものについては、法12条3項による適合判定通知書の交付を受けたものとみなす（1項）。

(2) 認定を受けた特殊の構造または設備を用いる建築物のうち法19条1項の届出をしなければならないものについては、同項の届出をしたものとみなす（2項）。

7 一戸建て住宅のエネルギー消費性能の向上に関する基準（法27条）

経済産業大臣および国土交通大臣は、経済産業省令・国土交通省令で、住宅事業建築主の新築する一戸建ての住宅のエネルギー消費性能の一層の向上のために必要な住宅の構造および設備に関する基準を定めなければならない。

8 建築物エネルギー消費性能向上計画の認定

❶ 計画の認定（法29条）

建築主等は、エネルギー消費性能の向上に資する建築物の新築またはエネルギー消費性能の向上のための増築、改築、修繕、模様替、空気調和設備等の設

置もしくは改修をしようとするときは、「建築物エネルギー消費性能向上計画」を作成し、所管行政庁の認定を申請することができる。

❷ 計画の認定基準等（法30条）

所管行政庁は、申請のあったエネルギー消費性能向上計画が法に定める基準に適合すると認めるときは、認定することができる。

9　建築物のエネルギー消費性能に係る認定（法36条）

(1) 建築物の所有者は、所管行政庁に対し、当該建築物について建築物エネルギー消費性能基準に適合している旨の認定を申請することができる（1項）。
(2) 所管行政庁は、当該申請に係る建築物が建築物エネルギー消費性能基準に適合していると認めるときは、その旨の認定をすることができる（2項）。
(3) 認定を受けた者は、当該認定を受けた建築物（以下「基準適合認定建築物」という）、敷地等に関し、広告等に認定を受けている旨の表示を付することができる（3項）。

第5節 住宅の品質確保の促進等に関する法律

　住宅の品質確保の促進等に関する法律は、住宅の品質確保の促進と、消費者が安心して住宅を取得できる市場条件、住宅に係る紛争の処理体制の整備を図るため制定された法律である。
　多くの住宅取得者は、一般的に自らが住宅の性能を評価することは難しいことから、住宅の性能を表示するための共通ルールの策定と当該ルールに従って表示される内容を評価する体制の整備をはかるとともに、表示された性能に伴うトラブルを公正かつ的確に処理するための専門的な体制の充実を図るため、平成12年4月1日に施行された。

1 目　的（法1条）

　この法律は、住宅の性能に関する表示基準およびこれに基づく評価の制度を設け、住宅に係る紛争の処理体制を整備するとともに、新築住宅の請負契約または売買契約における瑕疵担保責任について特別の定めをすることにより、住宅の品質確保の促進、住宅購入者等の利益の保護および住宅に係る紛争の迅速かつ適正な解決を図り、もって国民生活の安定向上と国民経済の健全な発展に寄与することを目的とする。

2 用語の定義（法2条）

[1] 住　宅
　人の居住の用に供する家屋または家屋の部分（人の居住の用以外の用に供する家屋の部分との共用に供する部分を含む）をいう。

[2] 新築住宅
　新たに建設された住宅で、まだ人の居住の用に供したことのないもの（建設工事の完了の日から起算して1年を経過したものを除く）をいう。

[3] 日本住宅性能表示基準（法2条、3条1項）
　住宅の性能に関し表示すべき事項およびその表示の方法の基準で、国土交通大臣および内閣総理大臣が定めるものをいう。

3 住宅性能表示制度（法3条～5条）

［1］趣　旨
　売買等契約の前に住宅の性能を比較できるように性能の表示基準を設定するとともに、客観的に性能を評価できる第三者機関（登録住宅性能評価機関）を登録し、住宅の品質の確保を図る。

［2］具体的な内容
　具体的な内容は、以下のとおりである。
① 　構造耐力、遮音性、省エネルギー性等の住宅の性能を表示するため、大臣が日本住宅性能表示基準を定め、住宅の性能を比較しやすくする。
② 　住宅の性能評価を客観的に行う第三者機関（登録住宅性能評価機関）によって実施する。
③ 　登録住宅性能評価機関により交付された住宅性能評価書を添付して住宅の契約を交わした場合などは、その記載内容（住宅の性能）が契約内容とみなされる。
④ 　住宅性能評価書には、設計図書の段階の評価結果をまとめた設計住宅性能評価書と、施工段階と完成段階の検査を経た評価結果をまとめた建設住宅性能評価書がある。

4 住宅に係る紛争処理（法6章）

［1］趣　旨
　住宅性能評価書を交付された住宅にかかわるトラブルに対して、裁判外の紛争処理体制を整備し、万一のトラブルの場合に、紛争処理の円滑化、迅速化を図る。

［2］指定住宅紛争処理機関
　性能評価を受けた住宅であっても様々なトラブルが発生することが考えられる。そのような場合に、裁判によらずともトラブルに対して簡易、迅速に対応できる機関として、大臣が指定するものである。

［3］指定紛争処理機関の業務
　指定住宅紛争処理機関は、建設された住宅が住宅性能評価書を受けている場合に、その住宅に関する紛争のあっせん、調停、仲裁を行う。評価された性能

に関する紛争にとどまらず、当該住宅に関するすべての紛争を取り扱う。

[4] 指定紛争処理機関を利用できる者
　この機関の紛争処理は、紛争当事者の双方または一方の申請によって開始され、次に掲げる者が利用できる。
　① 評価住宅の建築業者
　② 評価住宅を建築業者に注文して取得した購入者
　③ 新築の評価住宅の販売業者
　④ 新築の評価住宅を販売業者から購入した者
　⑤ 新築の評価住宅を取得した人（評価住宅取得者）の相続人

[5] 住宅紛争処理支援センター（法82条～93条）
　指定紛争処理機関が、紛争処理業務を効率的に実施できるように支援するための機関である。

5　瑕疵担保責任の特例（法7章）
[1] 瑕疵担保責任の特例の内容

❶ 趣旨
　民法に基づく住宅の瑕疵担保期間は、契約で自由に変更することができたが、品確法により、すべての新築住宅の基本構造部分の瑕疵担保期間が定められた。建設業者や宅地建物取引業者だけでなく、一般の売主も瑕疵担保責任を負う。

❷ 住宅の新築工事の請負人の瑕疵担保責任（法94条）
　住宅を新築する請負契約において請負人は、注文者に引き渡した時から10年間、住宅の構造耐力上主要な部分、雨水の侵入を防止する部分の瑕疵担保責任を負う。

❸ 新築住宅の売主の瑕疵担保責任（法95条）
　新築住宅の売買契約において、売主は、買主に引き渡した時から10年間、住宅の構造耐力上主要な部分等の隠れた瑕疵について、瑕疵担保責任を負う。

[2] 瑕疵担保責任とは

❶ 瑕疵

　目的物が契約に定められた内容や社会通念上必要とされる性能を欠いていること。

❷ 瑕疵担保責任

　目的物に瑕疵があった場合に、その瑕疵を補修したり、賠償金の支払い等をしなければならない責任のこと。

[3] 瑕疵担保責任の対象となる基本構造部分

❶ 構造耐力上主要な部分

　住宅の自重、積載荷重、積雪、風圧、土圧、地震その他の震動、衝撃を支える部分で、以下に掲げる部分。

　例　基礎、基礎ぐい、壁、柱、小屋組、土台、斜材（筋交、方づえ、比打材等）、床版、屋根版、横架材（はり、けた等）

❷ 雨水の侵入を防止する部分

　屋根、外壁、開口部の建具、雨水排水管（屋根もしくは外壁の内部または屋内にあるもの）

❸ 地盤の扱い

　地盤は基本構造部分には含まれないが、地盤の状況を配慮しない基礎を設計、施工したために不同沈下が発生したような場合は、基礎の瑕疵として対象となる。

第 6 節　住宅瑕疵担保履行法

1　概要

「特定住宅瑕疵担保責任の履行の確保等に関する法律（住宅瑕疵担保履行法）」は、新築住宅の工事の請負人または売主（建設業者や宅地建物取引業者、以下「売主等」という）の瑕疵担保責任の履行を確保するため、平成19年5月30日に公布、平成20年4月1日に施行された。

新築住宅の売主等は、住宅の品質確保の促進等に関する法律により、住宅の主要構造部分の瑕疵について、10年間の瑕疵担保責任を負うが、倒産等により売主等が瑕疵担保責任を果たせない場合は、住宅購入者等が重大な影響を受けることになる。

このため、新築住宅の売主等に対して、瑕疵の補修等が確実に行われるよう「資力確保（保険加入または供託）」を義務づけることで、住宅購入者等の利益の保護を図るものである。仮に事業者が倒産した場合等でも、2,000万円までの補修費用の支払いを保険法人から受けることができる。

2　資力確保の対象となる新築住宅

(1)　資力確保（保険加入または供託）の対象となる新築住宅は、平成21年10月1日以降に引き渡される新築住宅が対象である。

(2)　新築住宅とは、工事完了日から起算して1年以内で、かつ、人の居住の用に供したことのない住宅である。竣工後1年を経過した住宅や、いったん居住し、その後転売された住宅は対象外である。

3　瑕疵担保責任と対象事業者

(1)　瑕疵担保責任とは、瑕疵（欠陥）があった場合に、補修または瑕疵によって生じた損害を賠償する責任のことをいう。

(2)　新築住宅の売主等は、特に重要な部分である「構造耐力上主要な部分」および「雨水の浸入を防止する部分」の瑕疵に対する10年間の瑕疵担保責任を負う。そのため、売主等に対して、瑕疵の補修等が確実に行われるように保険加入または供託が義務づけられる。

資力確保の義務付けの対象となる事業者

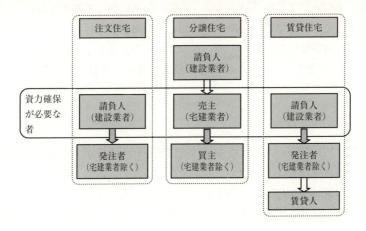

4　保険制度

(1) 新築住宅を引き渡す売主等が保険加入することにより、当該住宅に瑕疵があった場合、補修等を行った売主等に保険金が支払われる制度である。

(2) 売主等の倒産などにより補修等が行えない場合、保険に加入している新築住宅の取得者は、保険法人（国土交通大臣の指定を受けて住宅の検査や保険の引受けを行う「特定瑕疵担保責任保険法人」）に対し、瑕疵の補修などにかかる費用（保険金）を請求することができる（直接請求）。

(3) 保険への加入にあたっては、着工前に保険に申し込む必要があり、住宅の工事中に検査が行われる。

保険制度の仕組み

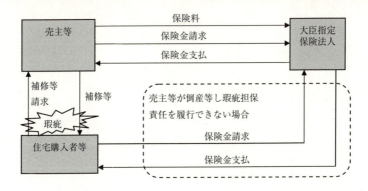

5 設計施工基準

(1) 各住宅瑕疵担保責任保険法人は、基礎や防水に関して基準を設けている。
(2) 木造住宅の場合では、基礎設計に先立ち現地調査を行ったうえで地盤調査を行う、屋根は勾配屋根とする、バルコニーの床は1／50以上の排水勾配を設ける、外壁は防水紙または雨水の浸入を防止する仕上材を用いる等である。

6 供託制度

(1) 新築住宅に瑕疵があれば売主等は補修等を行う責任があるが、売主等が倒産した場合等は責任を果たすことができないため、あらかじめ売主等が保証金を供託所（法務局等）に預けておく制度である。
(2) 売主等が倒産して補修等が行えない場合、新築住宅の取得者は、供託所に対して瑕疵の補修等に必要な金額について、保証金からの還付を請求することができる（還付請求）。

7 紛争処理体制

住宅瑕疵担保責任保険が付された住宅の売主等とその買主や発注者（買主等）との間で紛争が生じた場合、売主等または買主等は「指定住宅紛争処理機関（住宅紛争審査会）」に申請して、裁判外において適切かつ迅速な紛争処理（あっせん、調停、仲裁）を受けることができる。

主な参考文献

1 「わかりやすい建築基準法」
　　編著　建築基準法令研究会　　　大成出版社
2 「建築学の基礎4　建築法規第2版」
　　矢吹茂郎・加藤健三　著　　　　共立出版社
3 「図表でわかる新建築法規事典」
　　田辺和雄　著　　　　　　　　　理工学社
4 「建築法規の解説」
　　阿部富士弥　著　　　　　　　　社団法人　東京建築士会
5 「都市計画のあらまし」
　　東京都都市整備局　編集・発行

索　引

【あ　行】

圧縮材の有効細長比 …………… 205, 213
あっせん …………………… 432, 469, 474
異種用途区画 ……… 122, 126, 127, 130, 162
位置指定道路 ………… 224, 226, 227, 228
一団地の総合的設計制度 … 321, 347, 348, 349
一括下請負の禁止 ………………………… 430
一級建築士 ………………………………… 413
一般的措置 …………………………………… 44
一般の居室 …………………………………… 80
一般の配管設備 ……………………………… 95
違反建築物に対する措置 …………………… 44
違反者不明の場合 …………………………… 45
医療法 ………………………………… 14, 119
飲料水の配管設備 …………………………… 96
ウォーターシュート ………… 19, 36, 215
請負契約 ……… 62, 427, 428, 429, 431, 432, 468, 470
エスカレーターの構造 …………………… 107
エネルギーの使用の合理化に関する法律 ………………………………… 14
エレベーター機械室 ……………………… 106
エレベーターの安全装置 ………………… 106
エレベーターのかごの構造 ……………… 104
エレベーターの荷重 ……………………… 104
エレベーターの駆動装置及び制御器 ……………………………………… 105
エレベーターの昇降路の構造 …………… 105
エレベーターの設置台数 ………………… 156
縁側等の取扱い ……………………………… 80
沿道地区計画 …… 64, 227, 352, 360, 361, 379, 391
沿道地区整備計画 …………………… 64, 227
煙突 ………………………………………… 215
煙突の構造 ………………………………… 153
屋外広告物 ………… 14, 23, 405, 406, 409

屋外への出口 ………… 136, 145, 158, 162
屋上広場等 …………………………… 135, 146
踊場の位置及び踏幅 ………………………… 90
汚物処理場 ………………………………… 215
卸売り市場等の位置 ……………………… 255

【か　行】

階段 ………………………………………… 89
開口部 ……………………………………… 201
階数 ………………………………………… 69
階段室等の屋上部分の高さの算定 ……… 68
階段の幅、踊場の幅、蹴上げ、踏面寸法 ……………………………………… 89
開発行為の許可 ……………………… 224, 382
階避難安全検証法 …… 129, 134, 160, 161, 163, 164, 256
界壁・間仕切壁・隔壁 …………………… 128
外壁内部等の防腐措置等 ………………… 199
外壁の後退距離 ……………… 284, 339, 348
界壁の遮音性能 …………………………… 88
改良便槽 …………………………… 98, 101
火気使用室 ……………… 80, 85, 121, 131
確認が必要な建築物等 ……………………… 36
確認申請 …… 22, 25, 26, 33, 34, 35, 37, 38, 40, 43, 48, 99, 426
確認申請手続の流れ ………………………… 35
確認等の審査 ………………………………… 34
確認の特例 …………………………………… 37
かごの定格速度 …………………… 106, 158
火災警報器 ………………………………… 443
仮設建築物に対する緩和 …………………… 21
型式適合認定制度 ……………………… 7, 48
学校教育法 …………… 3, 14, 40, 417, 418
学校の木造の校舎 ………………… 198, 199
合併処理浄化槽の構造 …………… 100, 101
臥梁 …………… 200, 201, 202, 203, 204, 211
臥梁（がりょう） ………………………… 201
壁の厚さ …… 200, 201, 202, 203, 205, 212

i

壁の長さ	88, 200, 201, 203	景観協定	409

壁の長さ ……………… 88, 200, 201, 203
壁のみぞ ……………………………… 202
仮換地 ………………………………… 395
換気設備 …… 75, 80, 81, 82, 83, 84, 85, 86, 91, 92, 93, 98, 106, 111
換気設備の設置・種類 ……………… 85
換気、冷暖房の風道の貫通 ………… 127
換地 …………………………… 394, 395
換地処分 ……………………………… 394
管理協定 ……………… 400, 401, 408
完了検査 ……… 26, 27, 28, 34, 40, 41, 252
機械換気設備 ……… 75, 80, 82, 83, 85
規制対象の化学物質 ………………… 91
基礎 …………………………………… 175
基礎ぐい ……………………………… 191
既存建築物に対する緩和 … 119, 262, 275
既存不適格建築物 …… 7, 21, 119, 122, 251, 252, 253, 262, 321, 446, 450
北側高さ制限 ………………………… 304
給水管、配電管等の貫通 ……… 95, 127
給排水の配管設備 …………………… 95
行政代執行 ……………………… 45, 46
共同住宅等の遮音 …………………… 88
居室 …………………………………… 53
居室の換気 …………………………… 80
居室の採光 …………………… 19, 75, 76
居室の床の高さ、防湿方法 ………… 88
許容応度 …… 43, 173, 174, 178, 179, 181, 182, 183, 190, 191, 207, 426
近隣商業地域 … 63, 78, 237, 243, 245, 253, 256, 269, 273, 276, 279, 283, 289, 300, 315, 327, 331, 334, 375, 376
区域区分 ……………… 368, 374, 380, 382
区画整理法 ………… 14, 223, 224, 378, 394
くみ取便所の禁止等 ………………… 97
くみ取便所の構造 …………………… 98
クロルピリホス …………………… 91, 92
蹴上げ ……………… 89, 90, 91, 106, 159
計画通知 …… 7, 26, 35, 37, 40, 99, 252, 450, 451
計画の変更 …………………… 37, 466
景観協議会 …………………………… 406
景観行政団体 …… 344, 405, 406, 407, 408, 409, 410

景観協定 ……………………………… 409
景観計画の策定 …………… 344, 404, 406
景観重要建造物に対する緩和 ……… 22
景観重要建造物の指定 ……………… 407
景観重要公共施設の整備 …………… 408
景観重要樹木の指定 …………… 406, 408
景観整備機構 ……………… 406, 408, 409
景観地区 …… 7, 18, 36, 39, 63, 343, 344, 345, 376, 408, 409
景観地区に関する都市計画 …… 345, 408
景観農業振興地域整備計画 …… 406, 408
景観法 …………… 7, 14, 22, 343, 344, 404
警報設備 ……………………… 442, 443
劇場、映画館等の居室 ……………… 80
下水道法2条6号（終末処理場）……… 97
下水道法2条8号（処理区域）……… 97
検査済証交付前の使用制限 ………… 41
建設業 … 3, 14, 22, 47, 411, 427, 428, 429, 430, 431, 432, 433, 470, 472
建設業者 …… 427, 429, 430, 431, 432, 433, 470, 472
建設業の許可 ……… 427, 428, 429, 433
建設業法 ……………… 3, 14, 47, 411, 427
建設工事 …… 427, 428, 429, 430, 431, 432, 433, 468
建設工事紛争審査会 ………………… 432
建築 …………………………………… 61
建築監視員 ……… 27, 28, 29, 45, 46, 47
建築基準関係規定 …… 3, 22, 23, 25, 28, 33, 34, 35, 37, 38, 41, 42, 426, 456, 464
建築基準法に定める事務 …………… 24
建築基準法の建築物の定義から除かれているもの ……………………… 20
建築基準法の構成 …………………… 17
建築基準法の適用区域 ……………… 19
建築基準法の適用除外 ……………… 20
建築基準法の目的 …………………… 17
建築計画の手続き …………………… 33
建築材料 …… 8, 37, 48, 59, 66, 91, 92, 93, 170, 171, 464
建築士が行う業務 …………………… 419
建築士が行うその他の業務 ………… 420
建築士事務所 …… 421, 422, 423, 424, 425, 426

建築士でなければ設計・工事監理ができない建築物	414
建築士としての禁止事項等	420
建築士法	3, 4, 6, 14, 47, 60, 61, 62, 411, 413, 415, 416, 424, 425, 426, 427, 431
建築主事	25
建築審査会	28
建築制限等	383
建築設備	53, 95
建築主	62
建築物	52
建築物移動等円滑化基準	457
建築物移動等円滑化誘導基準	457
建築物省エネ法	461
建築物における衛生的環境の確保に関する法律	14, 29, 40
建築物の衛生	75
建築物の各部分の高さ	189, 235, 288, 290, 299, 304, 339
建築物の敷地が地域、地区の内外にわたる場合の措置	255
建築法規の体系	10
建築法規の範囲	3
建築法規の変遷	4
建築法規の目的	3
建築面積	67
建蔽率	4, 5, 7, 8, 18, 19, 39, 251, 376, 451
建ぺい(蔽)率の制限	7
公開による意見の聴取	44, 47, 48, 234, 350
高架水槽等	215, 216
興行場等の出口の戸	136
工業地域	63, 78, 237, 248, 269, 276, 289, 314, 315, 327, 331, 359, 375
広告塔	19, 36, 109, 175, 215, 216, 261
工作物	215
工作物の自動車庫	215
工作物の制限	253, 356
工事監理	413
工事監理者	60, 61, 426
工事監理に関する報告	431
工事現場の危害防止	18, 48
工事施工者	26, 27, 46, 48, 61, 62, 419, 426
構造計算	169
構造計算適合性判定	7, 8, 17, 25, 26, 34, 35, 37, 42, 43, 174, 418, 426
高層住居誘導地区	39, 63, 269, 289, 300, 320, 333, 334, 335, 339, 369, 376
構造設計	7, 35, 62, 174, 177, 199, 413, 416, 418, 419, 420, 424, 426
構造設計一級建築士	7, 35, 62, 416, 418, 419, 420, 424, 426
構造耐力	172
構造耐力上主要な部分	54
構造耐力上主要な部分である継手または仕口	198, 206
構造耐力上主要な部分等のささえ	203
構造耐力上必要な軸組等	196, 197
構造部材等	175
構造部材の耐久	175
高度地区	18, 63, 69, 335, 336, 339, 341, 376
高度利用地区	39, 63, 337, 339, 348, 368, 376, 390, 391
高力ボルト、ボルト及びリベット	207
告示1430号	87
国土形成計画法	370
国土交通大臣	24
国土利用計画法	14, 370, 371
国立公園及び国定公園	405
個人施行者	392
固定荷重	104, 108, 179, 181, 182, 184, 189, 217
小荷物専用昇降機の構造	108
ゴミ焼却	215
ごみ処理場	215
小屋裏物置等	70

【さ 行】

災害危険区域	169
再開発会社	393
採光関係比率	79, 93
採光補正係数の算定式	78
材料強度	180, 191, 192

3項道路 …………………………… 226
市街地開発事業 …… 62, 373, 374, 378, 379, 380, 383, 384
市街地開発事業等予定区域 …… 378, 380, 383
市街地建築物法 ………………… 4, 5, 6, 225
市街地再開発組合 ………………………… 393
市街地再開発事業 …… 352, 378, 380, 382, 389, 390, 391, 392
市街地再開発事業の施行者 ………… 392
敷地 ……………………………… 61, 169
敷地内の通路 …………………… 148, 454
敷地の衛生及び安全 ……………… 19, 75
敷地面積 ………………………… 67, 283
地震力 … 172, 179, 180, 181, 182, 184, 186, 189, 217, 218
自然換気設備 ………… 80, 81, 82, 85, 111
下請契約 ………… 427, 428, 429, 431, 433
下請代金の支払 ……………………… 431
自治事務と法定受託事務 ………… 10, 24
市町村長 … 25, 26, 344, 361, 372, 380, 383, 385, 386, 402, 409, 410, 462
指定確認検査機関 ……………………… 27
指定確認検査機関による検査 ………… 41
指定住宅紛争処理機関（住宅紛争審査会）
……………………………… 474
私道の変更・廃止 ………………………… 233
児童福祉施設等 …………………………… 62
屎尿浄化槽 …… 29, 37, 40, 97, 99, 100, 101
屎尿浄化槽の性能 ………………………… 99
地盤 ………………………………………… 191
地盤調査 ………………………… 49, 191, 474
地盤面 ………………………………………… 70
斜材、壁等の配置 ………………………… 207
斜線制限の緩和 …………………… 7, 345
修繕等 ……………………………………… 414
住宅瑕疵担保履行法 ……………………… 472
住宅の品質確保の促進等に関する法律
………………………… 14, 468, 472
住宅紛争処理支援センター ………… 470
集落地区計画 ………… 65, 227, 352, 361, 379
集落地区整備計画 ………………… 65, 227
首都圏整備法 …………………… 367, 374
主要構造部 ………………………………… 54

準工業地域 ……… 63, 78, 93, 215, 237, 245, 246, 250, 254, 269, 273, 276, 279, 283, 289, 300, 315, 327, 331, 334, 375
準住居地域 ……… 50, 51, 63, 236, 239, 241, 242, 243, 244, 250, 269, 270, 273, 276, 279, 281, 283, 289, 290, 300, 315, 327, 331, 334, 359, 375
準耐火構造（法2条7号の2）………… 57
準都市計画区域 ……… 7, 19, 21, 36, 63, 98, 215, 216, 224, 225, 235, 254, 269, 276, 344, 359, 369, 373, 374, 380, 382, 386, 401
準不燃材料（令1条五号）、難燃材料（令1条6号）……………………………… 59
照応の原則 ………………………………… 394
消火活動用設備 ………………………… 443
消火設備 …… 121, 123, 124, 135, 157, 259, 260, 442, 443
浄化槽法 ………………… 14, 23, 47, 99
商業地域 …… 5, 63, 78, 237, 243, 245, 250, 253, 256, 269, 271, 272, 273, 276, 279, 281, 283, 289, 300, 314, 315, 327, 331, 334, 375, 376
昇降機 ……………………………… 102, 215
消防長・消防署長 ………………………… 29
消防同意・保健所長通知 ……………… 40
消防法 ……… 3, 4, 14, 23, 170, 246, 439, 444
消防用水 ………………………… 441, 443
消防用設備の設置 …………………… 441
審査期間 ……………………… 7, 35, 37
筋かい …… 54, 186, 195, 196, 197, 199, 219
製造施設 ………… 19, 36, 215, 216, 253
積載荷重 ……………………………… 186
積雪荷重 ……………………………… 187
施工技術の確保 ……………………… 432
施錠装置 ……………………… 105, 106, 145
設計 ………………………………… 60, 413
設計者 ……… 26, 27, 46, 62, 309, 310, 426
設計図書 … 60, 61, 62, 413, 419, 420, 422, 424, 431, 469
接合 …… 104, 121, 193, 194, 198, 204, 206, 207, 211, 212
絶対高さ制限 ………………………… 287
接道義務 ………… 224, 230, 231, 233, 348

設備設計 …… 7, 35, 62, 413, 416, 418, 419, 420
設備設計一級建築士 … 7, 35, 62, 416, 418, 419, 420
全館避難安全検証法 … 129, 134, 160, 161, 162, 164, 256
前面道路とみなす道路等 …………… 299
総合設計制度 …… 68, 325, 326, 328, 329, 348, 349
促進区域 ………………………………… 377
組積造 … 193, 199, 200, 201, 202, 203, 204, 213
組積造の施工 ……………………… 200, 213
組積造の塀 ……………………………… 202

【た 行】

第一種市街地再開発事業 …. 389, 390, 391
第一種住居地域 … 236, 241, 242, 256, 272, 315, 331, 334
第一種中高層住居専用地域内 … 216, 240, 254, 256
第一種低層住居専用地域内 …… 238, 239, 240
第二種市街地再開発事業 … 389, 390, 391, 392
第二種住居地域 … 236, 242, 243, 289, 290, 315, 327, 331, 334, 359
第二種中高層住居専用地域 …… 63, 236, 241, 253, 269, 270, 276, 289, 290, 300, 304, 305, 309, 313, 315, 327, 331, 337
第二種低層住居専用地域内 …… 239, 256, 284, 308
大規模建築物の主要構造部 ……… 19, 115
大規模の修繕、大規模の模様替 … 36, 41, 61, 450
大規模木造建築物 ………………… 116, 148
大規模木造建築物の敷地内通路 …… 148
耐震改修促進法 ………………………… 445
耐水材料 ……………………… 59, 86, 96, 98
耐力壁 · 56, 57, 58, 116, 123, 203, 204, 208, 211, 212, 264
高さが60m以下の建築物 ……… 172, 178

高さが60mを超える建築物 ……… 172, 177
高さの起点 ………………………………… 68
高さの算定 … 67, 68, 70, 87, 290, 300, 305
高さの算定方法 ………………… 67, 68, 87
宅地建物取引業法 …………… 14, 47, 434
地域地区 …… 236, 255, 258, 327, 331, 333, 335, 337, 338, 340, 342, 343, 345, 375, 376
地階 ………………………………………… 62
地階に設ける住宅等の居室 ………… 86
地下街 ………… 52, 83, 154, 158, 159, 441
地下浸透方式の屎尿浄化槽 ………… 100
地区計画 ……………………………… 63, 352
地区計画等 …………………………… 65, 379
地区計画等の区域内の建築等規制 … 384
地区計画等緑地保全条例 ……… 402, 403
地区整備計画 …………………………… 63
地方公共団体 ……………………… 33, 393
中央管理方式の空気調和設備 …… 80, 83, 84, 85, 92
中間検査 ………… 7, 26, 27, 28, 34, 38, 42
仲裁 ……………………………… 432, 469, 474
駐車場法 ………………………………… 23
調停 ……………………………… 432, 469, 474
帳壁 …… 175, 176, 178, 180, 183, 201, 203, 204
帳簿の備付け等 ……………………… 431
直通階段 … 89, 90, 136, 137, 138, 139, 140, 141, 144, 145, 159, 160, 161, 162, 163, 164
貯蔵施設 ………………… 19, 36, 215, 253
定期報告 ………………… 7, 37, 43, 44
適用対象 …………………………… 19, 135
手すり、手すり壁 …………………… 202
鉄筋コンクリート造 … 36, 43, 49, 55, 169, 172, 173, 196, 201, 202, 203, 204, 205, 207, 208, 209, 211, 212, 213, 214, 215, 216, 218
鉄筋のかぶり厚さ …………… 208, 212, 213
鉄骨造 … 36, 43, 49, 50, 172, 173, 197, 199, 201, 205, 206, 207, 208, 213, 218, 338, 341, 384, 386
鉄骨組積造である壁 ………………… 202
田園住居地域 …… 8, 63, 68, 237, 244, 253,

　　　　254, 269, 270, 276, 287, 289, 290, 300, 304, 305, 309, 315, 320, 325, 327, 339, 348, 375, 383
電気設備 …………………… 18, 19, 109
天空率による高さ制限 ………… 309, 310
天井の高さの算定方法 ……………… 87
伝統的建造物群保存地区 …………… 22
道路 ………………………………… 223
道路高さ制限の緩和 ……………… 294
道路内の建築制限 …… 5, 19, 233, 308, 357
道路の定義 ………………………… 223
道路法 ………………… 3, 100, 223, 224
特殊建築物 ………………………… 52
特定街区 …………………………… 338
特定行政庁 …………………… 26, 65
特定行政庁による許可 ……………… 38
特定建築物 …………… 29, 40, 63, 360, 399, 454, 455, 456, 457, 459, 460, 464, 465
特定建築物地区整備計画 …… 63, 360, 399
特定届出対象行為 ………………… 407
特定防災街区整備地区 …………… 342
特定防災機能 ……… 63, 278, 359, 376, 397, 398
特定用途制限地域内の用途の制限 … 255
特別避難階段の構造 ……………… 143
特別用途地区内の用途の制限 ……… 254
特例容積率適用地区 …… 7, 39, 63, 68, 325, 331, 332, 333, 339, 341, 369, 376
都市計画 …………………………… 62
都市計画区域 ……………………… 373
都市計画区域マスタープラン …… 374
都市計画区域又は準都市計画区域 … 63
都市計画事業 ……… 224, 346, 362, 367, 373, 382, 383, 384, 385, 396
都市計画施設等の区域内の建築規制
　……………………………………… 383
都市計画制限 ……………… 373, 382, 386
都市計画の決定手続き …………… 380, 381
都市計画法の概要 ………………… 373
都市計画法の変遷 ………………… 367
都市再開発法 ……… 14, 223, 224, 368, 378, 389, 390
都市再開発方針等 ………………… 375, 380
都市再生機構 ……………… 392, 393, 396

都市再生特別地区 ……… 7, 18, 39, 63, 252, 320, 340, 341, 376, 390, 391
都市施設 ……… 62, 223, 373, 374, 377, 378, 379, 380, 384
土砂災害特別警戒区域内 …… 214, 217, 218
都市緑地法 …………… 14, 22, 377, 400
土台及び基礎 ……………………… 193
土地区画整理事業 …… 230, 299, 367, 377, 378, 382, 394, 395, 396
土地区画整理事業の施行者 ……… 396
都道府県知事 ……………………… 25

【な 行】

内装制限 …………… 131, 133, 134, 161
長屋、共同住宅の界壁 …………… 88
二級建築士 …… 35, 43, 44, 413, 414, 415, 416, 419, 420, 421, 423, 425
軒の高さ …… 5, 36, 69, 70, 172, 173, 202, 206, 292, 315, 316, 414
延べ面積 …………………………… 68
2以上の直通階段の設置 ………… 139
2項道路 ……………………… 225, 226

【は 行】

排煙設備 …… 111, 121, 133, 135, 150, 151, 152, 154, 157, 159, 160, 162, 164, 443
排煙設備の構造 …………… 152, 160, 162
排煙設備の設置 …………… 150, 160, 162
排水のための配管設備 ……………… 96
柱の小径 …………… 193, 194, 195, 210
柱の防火被覆 ……………… 207, 213
罰則 ………………………… 46, 410, 452
バリアフリー法 ………… 275, 453, 460
はり等の横架材 …………… 54, 194, 195
日影規制 … 6, 18, 19, 39, 68, 287, 290, 300, 304, 308, 314, 315, 316, 317, 319, 320, 321, 335, 339, 340, 341, 348
飛行塔等 ………………… 19, 36, 215
被災市街地復興推進地域 … 368, 377, 391
非常用照明装置の設置 …………… 154

非常用の昇降機（非常用のエレベーター）
　……………………………………… 155
非常用の照明装置 …… 50, 51, 154, 155, 164
非常用の進入口 ……………… 146, 147
一の敷地とみなすことによる制限の緩和
　……………………………………… 347
避難安全検証法 … 129, 134, 160, 161, 162,
　163, 164, 256
避難階段の構造 ……………… 141, 143, 163
避難階段の設置 ……………… 140, 144
避難関係規定 ………………… 135, 136
避難設備 ……………………… 442, 443
標識の設置 ………………… 45, 401, 403
避雷設備 ……………………… 19, 68, 109
風圧力 ………… 179, 181, 184, 188, 217, 218
風致地区 ………… 345, 346, 347, 376, 384
風致地区内の建築等の規制 ………… 384
幅員4m以上の道路 ………………… 223
幅員4m未満の道路 ………………… 225
不燃材料（法2条9号）……………… 58
不服申立て …………………………… 18, 47
踏面 ……………… 89, 90, 91, 106, 159, 458
プログラム ………… 43, 65, 172, 173, 174
文化財建築物 ………………………… 20
紛争処理 …………… 432, 469, 470, 474
へい …………… 20, 52, 202, 204, 208, 214
壁面線 …… 39, 48, 234, 274, 275, 278, 299
便所と井戸との距離 ………………… 101
便所の採光、換気 …………………… 98
防火管理者の選任 …………………… 440
防火規制 ……………………………… 258
防火区画 ……………………………… 122
防火構造（法2条8号）……………… 58
防火壁 …… 46, 69, 95, 120, 121, 122, 261,
　265, 290, 300
防災街区 ……………………………… 397
防災街区整備事業 ………… 378, 382, 398
防災街区整備地区計画 ……………… 398
防災街区整備地区整備計画 …… 64, 227
防災公共施設 ………………… 397, 398
法律に基づく事務の種類 …………… 24
法律の形式 …………………………… 11
法令の種類 …………………………… 9, 10
法令用語の知識 ……………………… 12

補強コンクリートブロック造 … 199, 203,
　204, 213
保健所長 ……………………… 29, 40, 99
ホルムアルデヒド …………… 91, 92, 93

【ま　行】

密集市街地 …… 63, 64, 224, 342, 352, 358,
　359, 368, 376, 378, 379, 397, 398
密集市街地法 ………………………… 397
無筋コンクリート造 ………… 173, 213, 214
棟飾等の屋上突出部の取扱い ……… 69
目地、空洞部 ………………………… 204
メゾネット型共同住宅 ………… 139, 144
面積の算定方法 ……………………… 67, 78
木材 …… 110, 115, 131, 170, 190, 191, 193,
　195, 196, 197, 243, 247, 263
木造 ………………………………… 193
木造建築士 …… 35, 413, 414, 415, 416, 417,
　418, 419, 420, 421, 423, 426

【や　行】

屋根 …………………………………… 260
屋根ふき材等の緊結 ………………… 175
遊戯施設 ………… 19, 36, 215, 216, 253
遊休土地転換利用促進地区 …… 368, 377
有効採光の窓 ………………………… 79
有効採光面積 …………… 77, 135, 148
有効面積の算定方法 ………………… 78
床面積 ………………………………… 67
容積率 ………………………………… 269
容積率制限の特例 …………………… 273
容積率の制限 …………………… 270, 274
用途地域 ……………………… 63, 236
用途の制限 … 237, 254, 255, 256, 360, 362,
　386
擁壁 ………… 19, 36, 76, 169, 215, 216, 233

【ら　行】

旅館業法……………………………… 3, 14
緑化地域の都市計画………………… 403
緑地保全・緑化推進の基本計画……… 400
緑地保全計画………………… 401, 402
緑地保全地域………………… 400, 401
隣地境界線に接する外壁……………… 261
隣地高さ制限…… 299, 300, 301, 302, 303, 305, 307, 308, 309, 310, 325
類似の用途等………………………… 252
冷却塔設備……………………… 96, 97
歴史的風致維持向上地区計画……… 8, 64, 227, 352, 360, 379
歴史的風致維持向上地区整備計画…… 64, 227
連担建築物設計制度……… 7, 348, 349, 350
廊下・避難階段・出入口……………… 135
廊下の幅…… 137, 144, 150, 160, 162, 257
漏水検査……………………………… 101

著者略歴

町田 修二
1978年　日本大学理工学部卒業
2001年　東京都都市計画局
2013年　東京都都市整備局理事
　〃　　（公財）東京都防災・建築まちづくりセンター前理事長
現　在　工学院大学非常勤講師

【改訂版】
基本を学ぶ建築法規
――一級建築士試験・学科Ⅲ（法規）対策テキスト――

2014年9月20日　第1版第1刷発行
2019年9月20日　第2版第1刷発行

著　　　　町　田　修　二
発行者　　箕　浦　文　夫
発行所　　株式会社 大成出版社
東京都世田谷区羽根木1―7―11
〒156-0042　電話 03（3321）4131㈹
https://www.taisei-shuppan.co.jp/

Ⓒ2019　町田修二　　　　　　　　　印刷　亜細亜印刷
落丁・乱丁はおとりかえいたします。
ISBN978-4-8028-3386-8